安徽省哲学社会科学规划项目研究成果　批准号:AHSKHQ2018D04

新安画派

画家艺术活动年谱

陈明哲　著

Xin'an Huapai
Huajia Yishu
Huodong Nianpu

安徽美术出版社
全国百佳图书出版单位

图书在版编目（CIP）数据

新安画派画家艺术活动年谱 / 陈明哲著. —合肥：安徽美术出版社, 2022.7

ISBN 978-7-5398-4606-4

Ⅰ. ①新… Ⅱ. ①陈… Ⅲ. ①画家—中国—明清时代-民国—年谱 Ⅳ. ①K825.72

中国版本图书馆CIP数据核字(2020)第277314号

新安画派画家艺术活动年谱

XIN'AN HUAPAI HUAJIA YISHU HUODONG NIANPU

陈明哲 著

出 版 人：王训海　　责任编辑：朱阜燕

责任印制：欧阳卫东　　责任校对：陈芳芳

封面题字：刘廷龙　　装帧设计：丁　馨

出版发行：安徽美术出版社

地　　址：合肥市翡翠路1118号出版传媒广场14层

邮　　编：230071

营 销 部：0551-63533604　0551-63533607

印　　制：雅迪云印（天津）科技有限公司

开　　本：787mm×1092mm　1/16

印　　张：29.5

版(印)次：2022年7月第1版　2022年7月第1次印刷

书　　号：ISBN 978-7-5398-4606-4

定　　价：498.00元

前言

新安画派是中国美术史上一个重要的画派，它的孕育、形成、发展和传承前后绵延数百年，其影响之广、人数之众、特点之明显、时间跨度之长，是任何一个画派无法与之并论的。

对新安画派的研究自清代中期以来已经有少数学者涉猎，到民国时期的书画大家黄宾虹，他的研究更为深入，不仅有《新安派论略》这一系统性的文章，还有很多对新安画派个案画家研究的文章问世。中华人民共和国成立到改革开放很长一段时期，对新安画派的研究相对薄弱，但也出现了汪世清的《渐江资料集》和一些学者对新安画派代表性画家研究的普及性著作。1984 年在安徽举办的“纪念渐江逝世 320 周年、黄宾虹诞辰 120 周年大会”，齐聚了一批对新安画派有较系统研究的中外学者，开启了新安画派的研究热潮。尤其是近年来出版了专门研究新安画派的数种著作，还有对渐江、查士标、程邃、戴本孝、黄宾虹、汪采白等新安画家的个案研究的专著，以及对石涛、萧云从、梅清等相关画家的研究著作，同时出现了一批如郭因、张国标等研究新安画派的专家。新安画派画家众多，如今对一些具有很高艺术成就的二线画家的研究相对薄弱，仅见于一些论文发表。目前为止，国内外对新安画派的研究正处于黄金时期，成果不断涌现，但是，也出现了研究成果资料混乱、考证不准确、作品真伪不辨等问题；不同文章里作者名号、生卒、里籍、师承、交游等不统一；有的前期已经考证发表的成果，后期研究者还在沿用之前错误的资料。因此，迫切需要一本较为全面、准确的新安画派相关考证资料的书籍。笔者在借鉴一些新安画派研究学者已经掌握的资料基础上（如汪世清对程邃、陈传席对渐江、许宏泉对戴本孝、任军伟对查士标、沙鸥对萧云从、陈期凡对梅清、郭怀宇对詹景凤等的研究成果），再加上笔者多年的资料积累，形成了这本涉及数百人、时间跨度四百年的《新安画派画家艺术活动年谱》。本谱是按照广义的新安画派概念编撰的，分为先声时期，明嘉靖二十八年（1549）至明崇祯十七年（1644）；鼎盛时期，清顺治二年（1645）至清康熙三十六年（1697）；传承时期，清康熙三十七年（1698）至清同治十三年（1874）；重振时期，清光绪元年（1875）至民国三十八年（1949）。本谱包括画家的小传、生卒、里籍、交游、创作，以及作品的质地、尺寸、年代、藏地、著录情况等。

本谱是安徽省哲学社会科学规划项目研究成果，安徽省书画院为学术指导单位，笔者为课题组负责人，成员包括安徽博物院的魏宏伟和李艳红、安徽省美学学会的陈祥明、安徽省书画院的范春晓、安徽省美术馆的张婷婷五位同志。由于人员有限，文中资料又大多出自古代文献，难免有纰缪之处，还请方家批评指正。

2019 年 9 月陈明哲于合肥

凡　例

1. 本谱中所载月日，均为农历。
2. 本谱里所涉及人物大多附有小传，此类小传一般见于初次提及该人物的按语中。
3. 本谱中人物小传参考了相关人物传记及数据库文献。
4. 本谱中同年人物艺术活动按月份编排，不详者编在是年之后。
5. 本谱中所录绘画、书法作品皆属于出版物所录之公私藏品。
6. 本谱中所引用的书籍版本，在首次引用时注明，后则不注。
7. 本谱中所引用的文献，标点皆系笔者所加。
8. 本谱正文内容用宋体，注解及按语用楷体，以示区别。
9. 本谱中所引用的古籍文字，模糊、不易辨识的一律用“□”标出。
10. 本谱中有系年不可确考之大事，皆统一系于首年；时间跨度较大者，则系于末年。
11. 为方便阅读，本谱中尺寸、年代、页数均用阿拉伯数字，人物岁数、书籍卷册数等均用汉字数字。
12. 本谱中涉及的拍卖公司名称一律使用约定俗成的简称，如纽约苏富比有限公司为纽约苏富比，中国嘉德国际拍卖有限公司简称为嘉德。

目 录

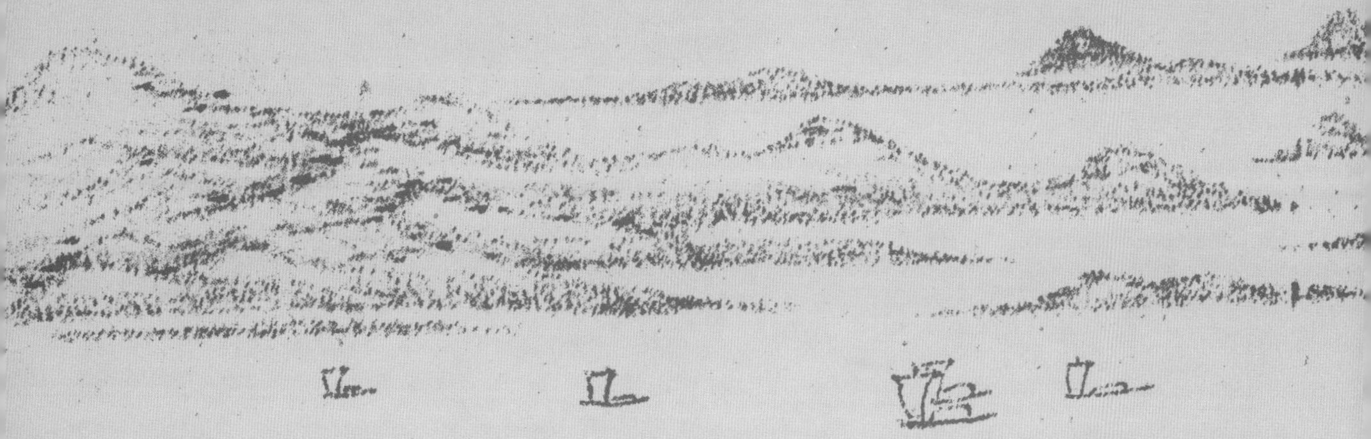

第一部分

先声时期画家艺术活动

（1549—1644）

明嘉靖二十八年　己酉（1549）

詹景凤，二十二岁。

按：詹景凤，字东图，号白岳山人，又号大龙宫客等，安徽休宁人。詹氏活动于明代晚期，在诗文、书画等方面富有声名，当时就有人把他和有明一代的书画领军人物祝允明、文徵明等相并称。明人朱谋垔称詹景凤："深于书学，用笔不凡，如冠冕之士，端庄可敬。狂草若有神助，变化百出，不失古法，论者谓可与祝京兆狎主当代。"詹景凤擅草书，用笔中侧锋互用，笔画圆润而有顿挫，时见性情，表现了其驾驭草书的高超技巧。詹景凤对徽州和后来新安画派的贡献很大，他毫不掩饰地给自己记了一大功，表示徽州书画能有勃兴之气象，皆从他开始。谓："自予书谈晋唐、画谈唐宋元，偶幸当世，郡内慕效，咸以得受笔法，高自许二艺，遂以彬彬甲宇内。"詹景凤《詹氏性理小辨》第四十卷《书旨》。

关于詹景凤的生卒年，李维桢《通判平乐府事詹公墓志铭》称詹景凤生于嘉靖戊子年（1528）五月十二日，卒于万历壬寅年（1602）九月二十二日，年七十五。学界关于詹氏卒年一致认同，然而关于其生年有几种不同的版本。美国伯克利加州大学高居翰教授主编的英文版《黄山之影》《中国艺术全鉴·中国书法经典》皆称詹氏生于正德十五年（1520）；《钱镜塘藏明代名人尺牍》称其生于嘉靖四年（1525）；汪世清先生《艺苑疑年丛谈》考证其生于嘉靖十一年（1532）。本谱从李维桢说。李维桢《大泌山房集》卷八十三，明万历三十九年刻本。

丁云鹏，三岁。

按：丁云鹏，字南羽，号圣华居士，安徽休宁人。书法学钟繇、王羲之。画善白描人物、山水、佛像，无不精妙。白描酷似李公麟，用笔细腻，作品高雅超逸。他与董其昌、詹景凤、陈继儒诸人交游，故流传作品多有董其昌、陈继儒等人的题赞。董其昌赠以印章，曰"毫生馆"。其得意之作，赏一用之。曾为名墨工程君房、方于鲁画墨模，并供奉内廷十余年。

明嘉靖三十四年　乙卯（1555）

董其昌，生。

按：董其昌，字玄宰，号思白，又号香光居士，华亭（今上海松江）人。华亭派的主要代表。明万历十六年（1588）进士，官至礼部尚书，卒谥"文敏"。存世作品有《岩居图》《昼锦堂图》等，著有《画禅室随笔》《容台文集》等，刻有《戏鸿堂帖》。

董其昌与徽州名士的交游对新安画派产生了很大的影响，其中，程嘉燧、程邃、郑元勋等都直接学习过董其昌。

明嘉靖三十五年　丙辰（1556）

杨明时，生。

按：杨明时，字存吾，号不弃，安徽歙县人。本姓杨，书款时作“扬”。诗、书、画俱擅，又精鉴别，《余清斋法帖》双钩上石出其手。画宗董源，工山水、兰竹。与董其昌、陈继儒等友善。

秋，詹景凤同吴钦仪、吴景明、侄万里来游文岐山并书壁。

詹景凤楷书碑刻现存于齐云山。

詹景凤　岩头临溪图　/　年代不详　安徽博物院藏

明嘉靖三十六年　丁巳（1557）

夏，詹景凤遇王畿过休宁讲学。詹景凤出示先祖南宋人詹初《异学序经杂录》一编，请王畿作序，“乞予一言以章之”。

詹初《寒松阁集》《休宁流塘詹氏家谱》，上海图书馆藏清抄本。

明嘉靖三十七年　戊午（1558）

三月初一，詹景凤与族侄詹璧于“寒松草阁”，刻宋代先祖詹初《寒松阁集》。

詹初《寒松阁集》《宋国录流塘詹先生集》。

王世贞，《艺苑卮言》辑成。

按：王世贞，字元美，号凤洲，又号弇州山人，江苏太仓人，明代文学家、史学家。嘉靖二十六年（1547）进士，先后任职大理寺左寺、刑部员外郎和刑部郎中、山东按察副使青州兵备使、浙江左参政、山西按察使，万历时期历任湖广按察使、广西右布政使、郧阳巡抚、应天府尹、南京兵部侍郎，累官至南京刑部尚书，卒赠太子少保。与李攀龙、徐中行、梁有誉、宗臣、谢榛、吴国伦合称“后七子”。李攀龙故后，王世贞独领文坛二十年，著有《弇州山人四部稿》《弇山堂别集》《嘉靖以来首辅传》《艺苑卮言》《觚不觚录》等。

明嘉靖三十八年　己未（1559）

詹景凤，题《文太史〈渔乐图〉》卷。

詹景凤《詹东图玄览编》；卢辅圣主编《中国书画全书》第四册，上海书画出版社2000年版，第54页。

文徵明，卒。

按：文徵明，原名壁（或作璧），字徵明，明代杰出画家、书法家、文学家。四十二岁起，以字行，更字徵仲。因先世为衡山人，故号“衡山居士”，世称“文衡山”，长洲（今江苏苏州）人。因官至翰林待诏，私谥“贞献先生”，故又称“文待诏”“文贞献”。为人谦和而耿介，宁王朱宸濠因仰慕他的贤德而聘请他，文徵明托病不往。正德末年以岁贡生荐试吏部，授翰林待诏。他不事权贵，尤不肯为藩王、中官作画，任官不久便辞官归乡。著有《甫田集》。

詹景凤喜鉴藏文徵明画，曾题跋文氏画：“要以太史短幅小长条，实为本朝第一。然太史初下世时，吴人不能知也。而予独酷好，所过遇有太史画无不购者，见者掩口胡卢，谓购此乌用？是时，价平平，一幅多未逾一金，少但三四五钱耳。予好十余年吴人乃好，后三年而吾新安人好，又三年而越人好，价埒悬黎矣。”

明嘉靖四十一年　壬戌（1562）

詹景凤，读书于易山精舍。

詹景凤《留都集》卷二十。

明嘉靖四十四年　乙丑（1565）

程嘉燧，生。

程嘉燧《耦耕堂集·亡妹闵氏孺人墓志铭》。

按：程嘉燧，字孟阳，号松圆、偈庵，又号松圆老人、松圆道人、偈庵居士、偈庵老人、偈庵道人。晚年皈依佛教，释名海能。安徽休宁人，应试无所得，侨居嘉定，折节读书，工诗善画，通晓音律，与同里娄坚、唐时升并称“练川三老”。谢三宾合三人及李流芳诗文，刻为《嘉定四先生集》。著有《松圆浪淘集》。

明嘉靖四十五年　丙寅（1566）

詹景凤，十二月十二日，与弟詹茂齐、侄詹鹏翼作《松林雪月记》。

詹景凤《留都集》卷二十一。

明隆庆元年　丁卯（1567）

詹景凤，乡试中举，其后“五上不第”，春闱屡挫。

詹景凤《詹氏性理小辨》第四十卷《书旨》。

明隆庆二年　戊辰（1568）

十月初七日，詹景凤同汪道昆、王谣、程有守、汪道贯、汪道会、僧祖胤并齐云而西抵岐山。

休宁县境内齐云山石刻文字：“隆庆二年十月初七日，都御史汪道昆，知县王谣，山人程有守，南京进士詹景凤，都御史弟文学道贯、道会，僧祖胤并齐云而西抵岐山，登石桥，寻棋盘石，下观大龙井，与山中主人国子生朱家相、家宾，文学汪尚嗣遇，遂宿于此。景凤题。”

是年，詹景凤作《宰永迹图》。

30厘米×2276厘米。西泠印社2010年秋拍成交价324.8万元。

该手卷前有万历十七年（1589）进士、左思明门人李晢“宰永迹图”的行书引首，并有隆庆二年（1568）进士胡格诚、万历十四年（1586）进士李楠跋语。作品笔墨雄壮，意境传神，似夏圭笔法，为北宗画之正传，不特与历史风俗有关，更为后世藏家、学画者永宝之，具有较高的

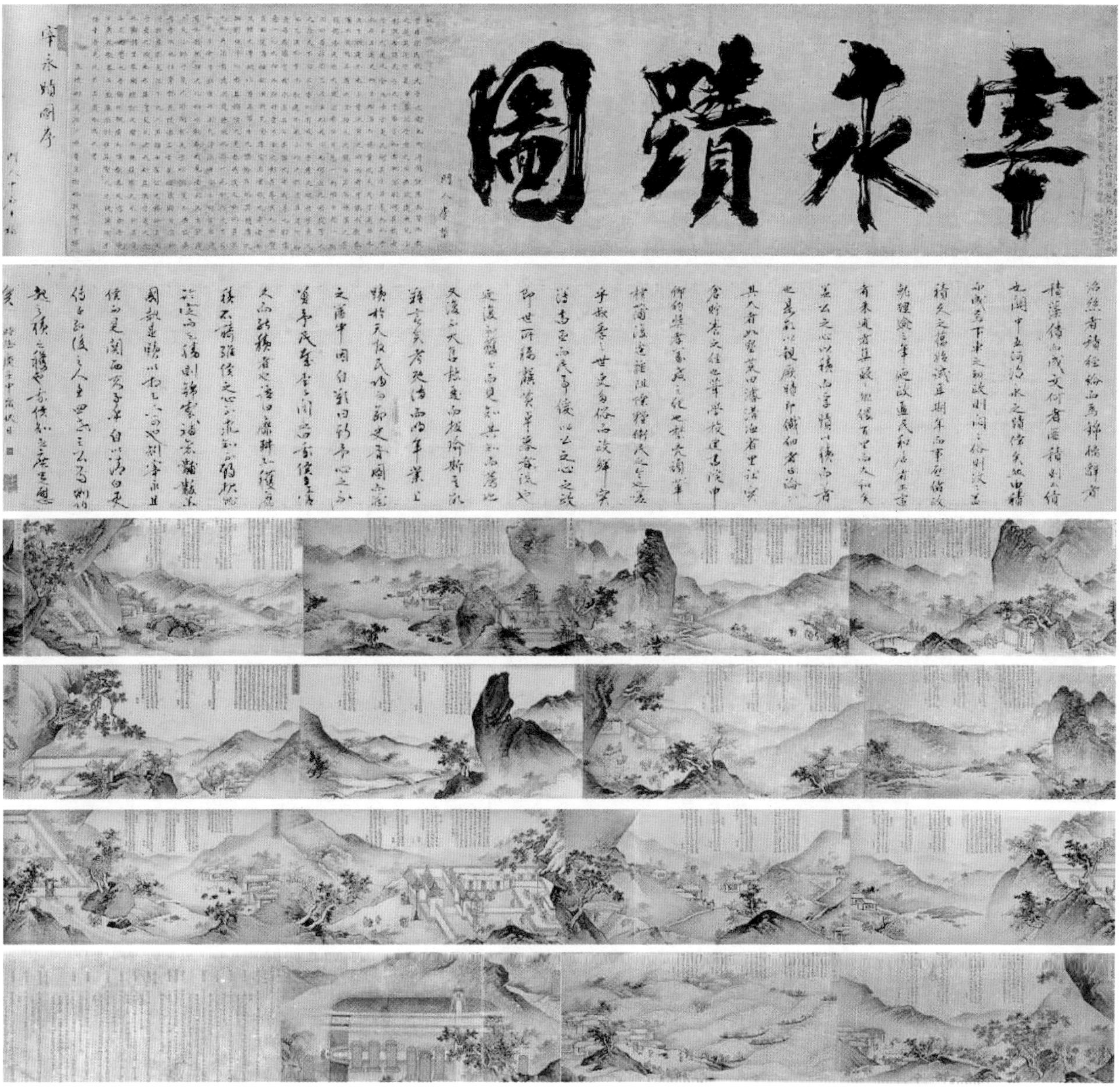

詹景凤　宰永迹图　/　1568年　西泠印社2010年秋拍成交价324.8万元

文献价值。此卷是为歌颂陕西耀州人左思明而作，其时左思明已从河南永城县令移任他职，百姓感恩他在永城为民造福，心碑口传，成为佳话。詹景凤为之感动，分十五段绘成此卷，各段均以左氏在永城的利国安民事迹为描绘内容，计有：1.兴学效（校）以造士。2.导沟渠以利农。3.省里甲以苏困。4.讲圣谕以明民。5.修城池以待暴。6.实仓廪以备赈。7.造桥梁以济涉。8.严保甲以弥盗。9.禁凶人以惩恶。10.阻移粮以捍患。11.建公廨以居吏。12.清书皂以革奸。13.招流移以复业。14.奠民居以拯溺。第15段无画目，乃表左氏丰碑。卷后文字则为左思明自隆庆二年（1568）至五年（1571）任职永城时期的述职记录及府、道各级官吏对其所作考语、批语，完备详尽。左思明任职永城前后四年，呕心沥血，赢得政声，百姓感谢他、尊重他，历史记住了他，手卷得以保存至今即是证明。这是一件即使在今天看来都是十分有意义的集书画与文献价值于一体的历史遗物。

詹景凤，下第南还经钱塘，李攀龙下帖请，未赴。

詹景凤《詹氏性理小辨》第三十九卷。

明隆庆三年　己巳（1569）

五月，汪道昆，邀詹景凤等人游览城阳山。

“余既历东南，尽山泽，归息云门之下，将从七圣而游彼方，逍遥乎亡何有之乡，卒不至。诹五月宿甲辰有事城阳，结客与俱，必皆莫逆。邑中则王仲房、江民璞、吴虎臣及余仲氏，海阳则陈丈人达甫、詹东图、陈仲鱼。会民璞奉檄且行，舍民璞七人而已。程思玄请东道主，以舟楫从”。汪道昆《太函集》卷七十二《游城阳山记》，胡益民、余国庆点校，黄山书社2004年版，第1490页。

明隆庆四年　庚午（1570）

胡皋，生。

按：胡皋，字公迈。古皖婺源（今江西婺源）人。画追顾恺之、陆探微，尤工书法、诗古文辞。明天启间从赵佑宣抚朝鲜，朝鲜人得其字画皆珍宝之。期年砚穿，因作《穿砚赋》。后以魏党肆虐辞归，家虽贫，于求画必困，而后应之。安徽博物院藏有其山水作品。

七月初一，詹景凤，与汪道昆、方定之、汪仲嘉、汪仲淹等十余人参加“肇林社”聚会。

秋，詹景凤，侄詹鹏翼偶然于白下得旧拓《黄庭经》。

詹景凤《留都集》卷十二。

冬，詹景凤，计偕入京途中与黄两高会于京口金山，后又会于吕梁。

詹景凤《留都集》卷十七。

程嘉燧，从葛霁怀先生学，“授以章句、训义”，年逾三冬。

程嘉燧《松圆偈庵集·祭葛师》。

明隆庆五年　辛未（1571）

许国，回歙县拜望休宁程爵。

按：许国，字维桢，安徽歙县人。明嘉靖四十四年（1565）进士，历仕嘉靖、隆庆、万历三朝，先后出任检讨、国子监祭酒、太常寺卿、詹事、礼部侍郎、吏部侍郎、礼部尚书兼东阁大学士，入参机务。万历十二年（1584），因“平夷云南”有功，晋太子太保、武英殿大学士。去世后，朝廷追加谥号为“文穆”，著有《许文穆公集》。今在歙县城内，还存有举世闻名的八脚牌坊“许国石坊”。董其昌为其门生。

詹景凤，于北京参加会试，于京城市场见赵孟頫《兰亭十三跋》一本，售者索价“五金”，时以下第将南还，探囊无几何，竟未能买，终为恨也。

詹景凤《留都集》卷三十。

于北京城隍庙见王诜《临王右丞〈辋川图〉》、王维《辋川雪景》。

詹景凤《留都集》卷三十。

与胡子仁、陈仲鱼同游济宁“李白浣笔池”。于乌聊山索乾德间封越国公汪华《墨敕》观之，其迹酷似《尚书宣示》，独少韵耳。

詹景凤《留都集》卷十二。

明隆庆六年　壬申（1572）

十月十五日，詹景凤，作《题汪芝〈黄庭〉后》。

詹景凤《留都集》卷十二。

十二月，詹景凤，于清绮阁中重题汪芝《黄庭经》。

詹景凤《留都集》卷十二。

詹景凤，与王世贞相遇在苏州虎丘。王世贞处处讥弹徽州人，二人日后在南京曾有数次“纵横论辩”。

詹景凤《詹氏性理小辨》第三十九卷。

明万历元年　癸酉（1573）

腊月，詹景凤，为山泉作《草书墨法记并画竹合卷》。

故宫博物院藏，京1-1977。

程嘉燧，先妣张孺人“不幸早逝，次妹随先妣殇”，“后母抚之有慈，生一子嘉燃”。

程嘉燧《耦耕堂集·亡妹闵氏孺人墓志铭》。

明万历二年　甲戌（1574）

三月，詹景凤，下第南还。三月十九日，于聊城客舫作《性理寤言·引》。

詹景凤《留都集》卷二十。

明万历三年　乙亥（1575）

李流芳，生于嘉定县南翔镇，祖籍安徽歙县。

按：李流芳，初字茂宰，后更字长蘅，以所居檀园为号，别署香海、六浮道人等，晚年自称慎娱道人、檀园老人。诗、书、画、印皆负盛名，名列“嘉定四先生”“画中九友”之一。祖父李文邦曾任成山卫指挥使，封赠公爵，始从歙县丰南迁至嘉定县南翔镇侨居。李流芳伯父李汝节，明嘉靖四十四年（1565）乙丑科进士，授安吉知州，后任登州同知。堂兄李先芳，明万历七年（1579）己卯举人、万历十七年（1589）己丑科进士，官至刑科给事中，卒于四川布政使司参议任上。大哥李元芳（1564—1637），字茂初，诸生，善七言长句，著有《梦庵集》。二哥李名芳（1565—1593），字茂才，明万历十九年（1591）辛卯举人、万历二十年（1592）壬辰科进士、翰林院庶吉士，著有《李翰林集》。弟李三芳，定海县丞。子李杭之，字僧筏，诗文书画皆有父风。中岁即弃诸生，放浪山水间，崇祯末，死于民乱。孙李圣芝，字秋森，号衡霞，弱冠游郡庠，善诗文，入都名动公卿，著有《衡霞山人集》。曾孙李谦，字雪岑，仍世家业，擅长绘事，善守家法。侄李宜之，字缁仲，李名芳子，三岁而孤，由母亲沈氏教养，博学强记，兼善诗画，才艺卓荦，著有《寓园集》。

李流芳与程嘉燧交好，程嘉燧谓李流芳“素交之内，唯兄一人。凡世缔之好，相益、相劘、相护、相恤，过于同气，几如一身”。

程嘉燧《松圆偈庵集·奠李长蘅》。

明万历四年　丙子（1576）

九月十三日，詹景凤，题《丁公游云蘅落石诗后》。

十一月，詹景凤，北上去北京，途中造访秀水（今浙江嘉兴）大收藏家项元汴，得观项氏庋藏，指出其所藏优劣各半，并说项元汴对自己的收藏尤为称道，观者若顺其意便能多观其藏品。

詹景凤云：“余于万历丙子（1576）十一月北上，从钱塘放舟过其（项元汴）家见之。……

使之悦而尽发所藏也。”詹景凤《詹东图玄览编》。

冬，过钱塘，钱塘人持来丁氏所藏宋人摹吴道子《天女散花图》欲售与詹景凤。

詹景凤《留都集》卷三十二。

是年，詹景凤，赴京参加会试，落副榜。汪仲淹于闽中得李成纸本《山水》一轴，持来鉴定，詹景凤认此本为赵孟頫临李成本。

詹景凤《留都集》卷二十九。

明万历五年　丁丑（1577）

五月，詹景凤，复来北京，于维扬舟中灯下阅文氏刻题，作《文氏、顾氏翻刻定武〈兰亭〉跋》。

詹景凤《留都集》卷二。

是年，詹景凤，进入南京国子监获得“监生”资格。

詹景凤曾致信歙县方用彬：“眷侍教生詹景凤顿首拜。别来两月，无任悬迟，比来欲下金陵监事，苦无阿堵物可行。前已面言吾丈蒙许，今奉上诸物，约值八十余两，求当三十余两，至感至感，其利一听铺中旧规，明春夏来取。特爱缓频，求为委屈一处。此得应手，感不可言，无论雪中之尔也。”表明其为筹措赴南京办理监生事宜，要典当物品。陈智超《美国哈佛大学哈佛燕京图书馆藏明代徽州方氏亲友手札七百通考释》，安徽大学出版社2001年版；詹景凤《詹氏性理小辨》第三十九卷。

詹景凤与陈子野会，陈赠詹香囊，詹有诗《陈子野寄有香囊于燕台》。

詹景凤《留都集》卷二十四。

按：陈子野，金陵人，画墨竹花卉，绝无俗气。文徵明赏鉴其竹枝，谓“清气逼人”。

詹景凤由水路离京，过京郊张家湾有诗。过直沽（今天津）有诗。过聊城登光岳楼有诗。过济宁游李白浣笔池。过徐州遇雨，阻断行程有诗。途中遇查与明、朱汝仪有诗。与道士郭次甫过淮城镇安氏家，观其所藏法书并有诗。淮上宿金德润馆，有诗词。

詹景凤《留都集》卷二十四。

丁云鹏，寄居在松江附近佛寺之中，作《十六罗汉图》册页。

高居翰在《山外山——晚明绘画（1570—1644）》中提到“他在绘此1577年的画册（指《十六罗汉图》）时，正好寄居在松江附近的一所佛寺之中”，后来又写到“在完成《罗汉》画册之后的一二年间，他又画了《五相观音图》卷，当时他可能是以画客的身份，被延请至顾正心先生或许是顾正谊的兄弟或从兄弟的家中做客”。

作《仙山楼阁图》扇面。

金笺，墨笔，15.5厘米×49.3厘米。南京博物院藏，苏24-0156。

明万历六年　戊寅（1578）

春日，作《寒岩飞瀑图》。

纸本，设色，133.4厘米×31.2厘米。故宫博物院藏，京1-2070。题款："万历戊寅春日，写似玉年先生教正，丁云鹏。"

四月望后，作《玩蒲图》。

纸本，设色，152.5厘米×49厘米。广东省博物馆藏。

八月二十日，詹景凤，作《新居七井记》，详述"七井"之渊源。

詹景凤《留都集》卷二十四。

秋日，丁云鹏，作《秋林书屋图》。

美国纽约大都会艺术博物馆藏。题款："万历戊寅秋日，呈星楼先生，丁云鹏。"

借居顾正心家。

作《调鹦图》扇面。

纸本，设色。上海博物馆藏，沪1-1241。

明万历七年　乙卯（1579）

二月初一，詹景凤，于醉茶轩又题《文氏、顾氏翻刻定武〈兰亭〉跋》。

六月二十五日，詹景凤，作《复寒松阁旧址记》。

詹景凤《留都集》卷二十一。

是年，詹景凤，为丁应宾作《丁公歌》。

按：丁应宾（1534—1593），号梓洲，字聘之，湖南常德人，治《春秋》，32岁中嘉靖四十四年（1565）乙丑科进士，曾任郡丞。

明万历八年　庚辰（1580）

春，詹景凤，入京会试，落榜。

夏，丁云鹏，作《白描罗汉图》手卷。

纸本，水墨，26厘米×341.5厘米。美国普林斯顿大学艺术博物馆藏。

六月，詹景凤，任南丰教谕。作《放歌行》。

詹景凤《留都集》卷二十一。

是年，詹景凤，出《初至南丰示学傍士民》，内容为整饬县学环境。与刘国澂同饮于陈

丁云鹏　白描罗汉图（局部）/　1580年　美国普林斯顿大学艺术博物馆藏

伯符衙中，并有诗。

詹景凤《留都集》卷二十五。

丁云鹏，作《春景山水图》扇面。

丁云鹏　春景山水图　/　1580年　故宫博物院藏

金笺，设色，15.6厘米×49.2厘米。故宫博物院藏，京1-2071。

作《五相观音图》。

美国纳尔逊-艾金斯艺术博物馆藏。画上董其昌题云："丁南羽写此图时，在吾松为顾光禄所馆，年三十余，故极工妙。自后不复能事，多老笔漫应，如杜陵入蜀以后诗矣。"

明万历九年　辛巳（1581）

十二月，詹景凤，在豫章（今江西南昌），时张伯任为新建令，二人当时曾谈论聂豹尚书之孙持颜真卿《祭侄季明文稿》求易之事，詹景凤曾为张伯任作《木雁轩记》，约在本年。

詹景凤《留都集》卷二十一。

是年，詹景凤，还盱水（今江西南丰抚河），有诗挽黎民表。陈世宝刊刻詹景凤辑《古今寓言》（十二卷），有王宗载、陈世宝序跋。

山东省图书馆藏明万历九年（1581）刻本。

明万历十年　壬午（1582）

钱谦益，生。

按：钱谦益，字受之，号牧斋，晚号蒙叟，东涧遗老。学者称虞山先生，清初诗坛的盟主之一，常熟县鹿苑奚浦（今江苏张家港塘桥鹿苑奚浦）人。明万历三十八年（1610）探花。新安画派画家程邃与之交游唱和。金鹤翀编《钱牧斋先生年谱》，1932年铅印本。

春初，詹景凤，以外艰归，奔千余里请王世贞为父亲撰写墓志铭。

王世贞曰："詹仲子（詹景凤）之弃其官而奔处士翁丧也，念弗克视含殓仰天而号曰，何以逭我诛于是？天下之工为史者汪伯玉，前以传寿之矣。仲子曰，不可复也。走千余里谒余请文，其隧中之石乎，事状几三千言而避其溢，（曰某行某善得之父兄若姻党者也，某行某善得之闾左某子甲以至技作臧获者也。）庶几戚疏远迩无间矣。余故善仲子而素严伯玉，曰请以伯玉之史而信。且夫不知詹翁，知詹翁之子，乃为之志。"王世贞《弇州山人四部续稿》卷九十一。

三月二十日，詹景凤，在福建宁德县，天降雨谷。

詹景凤《詹氏性理小辨》第四十一卷。

三月，詹景凤，有《曾南丰先生砚记》，记载其在南丰以龙尾荷叶砚易端砚，精古而雅甚，自己加装函，王世贞、汪道昆赞赏并题砚铭。

詹景凤《留都集》卷二十一。

六月，詹景凤，雪蕉斋中为丁云鹏题宋拓洛本《十七帖》。有书向番禺黎吏部求端坑旧石。

七夕，柳塘太守邀詹景凤与友人游览石潭精舍。

詹景凤《留都集》卷二十五。

丁云鹏，作《桃花源图》扇面。

洒金笺，设色。上海博物馆藏，沪1-1242。

丁云鹏　桃花源图　/　1582年　上海博物馆藏

作《观音图》。辽宁省博物馆藏。

题款："万历壬午春暮，善男子丁云鹏拜写。"

明万历十一年　癸未（1583）

白榆社在徽州成立，汪道昆为社长，詹景凤、方定之、陈仲鱼、方献成、方君在、方羽仲、郑夷吾、程子虚等陆续加入。

上海市嘉定区地方志办公室编《程嘉燧全集》，上海古籍出版社2015年版。

丁云鹏，作《冯媛当熊图》卷。

纸本，设色，32.6厘米×148.8厘米。故宫博物院藏，京1-2072。

陈继儒，坐馆王锡爵家，同王衡读书于支硎山。

陈梦莲编《眉公府君年谱》。

明万历十二年　甲申（1584）

闰九月，詹景凤，重阳日雨，与邓震卿、丘谦之同王山人聚会，有诗。

詹景凤《留都集》卷二十五。

十一月二日，詹景凤，夜泊静海县，梦中得七绝诗。

詹景凤《留都集》卷二十五。

冬，詹景凤，在武林，王氏持刀柄来易。

詹景凤《留都集》卷三十。

是年，程嘉燧，偕李名芳于郡之闱，同舍待试。

程嘉燧《松圆偈庵集·祭李茂材》，钱谦益曰："少学制科不成，去学击剑，又不成，乃折节读书，刻意为诗。"

詹景凤，补湖北麻城掌教。

《录太史东图族祖叙述詹氏谱略》载："万历十二年予（詹景凤）领麻城掌教，于黄安接壤。"则詹景凤初至麻城任职为1584年。《休宁流塘詹氏家谱》，上海图书馆藏清抄本。

明万历十三年　乙酉（1585）

正月，詹景凤，在北京灯市，助韩世能二十金购得张旭《宛陵帖》，助沈纯甫购唐寅《山水》、吴镇《墨菜》，并评价莫是龙鉴赏水平。

九月，杨明时，作《柳荫高士图》。

18厘米×54厘米。题款："万历乙酉九月杨明时写。"嘉德2013年秋拍成交价29.9万元。

九月二十七日，詹景凤，在黄鹤楼为邢侗作《题少参邢公藏右军〈澄清堂帖〉后》。邢侗参藩楚中，詹为属下。

詹景凤《留都集》卷十二。

冬日，丁云鹏，作《浔阳饯别图》。

美国纽约大都会艺术博物馆藏。题款："乙酉冬日写于扬子侯成趣园，丁云鹏。"画上有刘然题写楷书《琵琶行》。

作《霜岳秋山图》扇面。

金笺，设色。上海博物馆藏，沪1-1243。

詹景凤，迁南京翰林院孔目，擢南吏部司务。

程嘉燧，居阳羡（今江苏宜兴），与李名芳同泛攸济。

程嘉燧《松圆偈庵集·祭李茂材》。

明万历十四年　丙戌（1586）

迎春日，詹景凤为"观澜学士"作《草书王建〈宫词〉》轴。

上海博物馆藏。

二月二十九日，詹景凤，在京城请莫是龙题《兰亭帖》。

张连《莫是龙年谱》，《朵云》1990年第3期。

三月二十七日，詹景凤，过杨韶水司谏衙斋为其跋《李营丘〈寒林平远图〉》，下第，夜过曹仲宣，假贷南还，有诗。

詹景凤《留都集》卷二十四。

孟秋，丁云鹏，作《煮茗图》扇面。

纸本，设色。题款："丙戌孟秋，为□兄写，云鹏。"上海明轩2015年春拍成交价264.5万元。

九月，丁云鹏，作《少陵秋兴图》卷。

题款："少陵秋兴，丙戌九月之吉，治下编氓丁云鹏敬写。"北京匡时2016年春拍成交价2875万元。

引首题："少陵秋兴。东岩使君公余之暇采芝茹菊，洒然欲出尘表，人以'仙吏'称之。独喜少陵《秋兴诗》，日执一编，啸歌自若，每语人曰：借此老八咏，消我胸中块垒，以当三秋乙事耳。南羽丁君为之补图，俾予题识，使君志少陵之志，深得秋兴之味者，是图复得秋兴之神，皆为子美千秋知己。予则坐秋林对秋山，披图起兴，觉一派苍茫萧爽之气。浩浩落落，袭人襟袖，则亦为秋风客而已，呵呵。天都外史何其贤题于一琴堂。"

十月，詹景凤，"量移"南京翰林院孔目。

丁云鹏 煮茗图 / 1586年 上海明轩2015年春拍成交价264.5万元

詹景凤《留都集》卷二十一。

是年，詹景凤，作《草书七绝诗》轴。

纸本，125厘米×43厘米。上海博物馆藏，沪1-1208。

作《赠观澜学士诗》轴。

356厘米×104厘米。上海博物馆藏。题款："万历十四年迎春日，书此赠观澜学士世讲，詹

丁云鹏 少陵秋兴图 / 1586年 北京匡时2016年春拍成交价2875万元

景凤。”

丁云鹏，作《楚泽芳丛图》卷。

纸本，墨笔。故宫博物院藏，京1-2073。

作《春游图》扇面。

纸本，设色，18.7厘米×56.5厘米。故宫博物院藏，京1-2074。

作《濯足图》扇面。

纸本，设色。上海博物馆藏，沪1-1244。

明万历十五年　丁亥（1587）

二月，詹景凤，抵任南京翰林院孔目。

詹景凤《留都集》卷二十一。

春日，詹景凤，在京与周天球、王世懋于韩世能处索观其藏褚遂良《倪宽赞》。

张丑《清河书画舫》；卢辅圣主编《中国书画全书》第四册，第184页。

六月二十七日，詹景凤，为沈仲亨作《题沈仲亨虞部所藏祝京兆草书》。

詹景凤《留都集》卷十二。

詹景凤，问病于方采山、韩世能、王世贞、胡尚玺。

齐鲁大旱，有诗悲之。

詹景凤《留都集》卷二十五。

七月，詹景凤，作《草书千字文》册于秦淮河上。

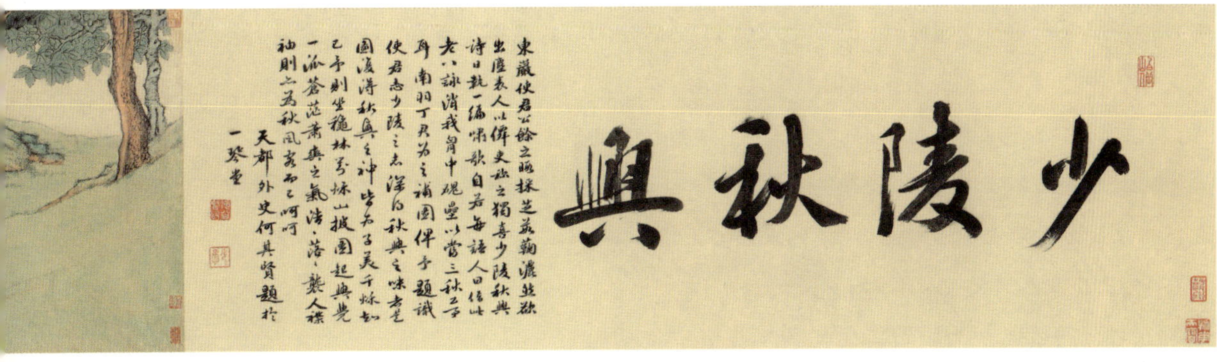

纸本。南京博物院藏，苏24-0153。

八月十四日，王孟起、张子明过饮詹景凤署中。

詹景凤《留都集》卷二十五。

九月九日，詹景凤在南京，病起，与项慎初、项仲连、孙子真登楼赋诗。

秋日，詹景凤，同赵、李二公过方钟岳处，有诗。

是年，李世达，擢南京吏部尚书兵部，参赞机务，詹景凤赠诗三首贺之。

詹景凤《留都集》卷二十五。

明万历十六年　戊子（1588）

春日，丁云鹏，作《洗象图》。

题款："万历戊子春日之吉，奉佛弟子丁云鹏敬写。"台北故宫博物院藏。

通篇画作采用窄长竖形的构图，河水呈"S"形曲折绵延，作者巧妙地安排了一群僧侣侍从在树下洗象的场景。通过对人物动作与神情的精心描绘，以及利用色彩的冷暖呼应，将洗象和旁观人物及沿河两边连缀在一起。人物虽然密集十二人，但个个井然有序，神情专注。画中的山石、树木等配景用浅淡青绿设色，远追钱选，勾写运笔的形态取法文徵明，造型古拙文雅。整个画面疏朗、明洁，透出高古静穆的气息。

春，李流芳，作竹刻作品，上刻行书苏东坡《蝶恋花》词。

宁波博物馆藏。作品原文："梅子黄时青杏小。燕子飞时，绿水人家绕。枝上柳绵吹又少，天涯何处无芳草。墙里秋千墙外道。墙外行人，墙里佳人笑。笑渐不闻声渐悄，多情却被无情恼。"题款："唯翁道兄，戊子春日，李流芳书于玉峰。"

三月十八日，詹景凤，作《叙西陵董夫人存稿叙》。

詹景凤《留都集》卷二十八。

夏，詹景凤，受王世贞、方采山邀共饭于瓦官寺，鉴赏石刻《升元阁图》。

詹景凤《詹氏玄览编》卷三记载："万历戊子，夏，王司马弇山公、方司徒采山公邀共饭于瓦官寺，寺僧拓一石刻《升元阁图》来观，图中有七指顶许小字及诸佛像。曰：'此凿池地下所得，吴中诸名公皆以为唐时石刻。'予曰：'不然，画法比北宋似过之，说唐却又不是；字法非北宋能比，唐却又不及，殆五代人笔也。'已而弇山公记臆曰：'升元是五代李（后）主年号，会阁成，僧来请名，后主遂以升元名之。'采山公大喜，曰：'曩者但称吴人具眼，今具眼非吾新安人耶？'弇山公默然。"

五月，詹景凤，为姚叙卿太守题《跋王雅宜帖后》。

秋日，詹景凤，于留喜白玉窗中书《跋祝允明草书〈云江记〉》卷。

詹景凤　柳汀春涨图　/　年代不详　安徽博物院藏

26厘米×80厘米。故宫博物院藏。题款："万历戊子秋日，书于留喜白玉窗中，新安詹景凤。"

是年，丁云鹏，作《梅竹山禽图》扇面。

金笺，设色。上海博物馆藏，沪1-1245。

作《雪钓图》扇面。

纸本，设色。上海博物馆藏，沪1-1246。

程嘉燧，过江视闵氏妹。

程嘉燧《寄闵氏妹婿瓜洲四首》。

李流芳，与吴左千合作绘制的《泊如斋重修宣和博古图录》刻成。

董其昌，中进士。

明万历十七年　己丑（1589）

二月，詹景凤，作《题邢侗〈张节妇碑〉后》。

五月，詹景凤，在白下雪舟斋跋《元张渥〈九歌图〉吴睿书辞》卷。

上海博物馆藏。

六月，詹景凤，作《题宋拓〈黄庭〉后》。借观王世贞藏《宋拓〈黄庭经〉》，约在本年。

十二月，詹景凤，作《张子明诗序》。

詹景凤《留都集》卷二十八。

丁云鹏，作《仿黄鹤山樵山水》扇面。

金笺，设色。上海博物馆藏，沪1-1247。

程嘉燧，送友娄坚赴京兆试。与唐时升、周恭先、陈箕仲游南京玄武湖，至栖霞寺。

程嘉燧有《雨中出太平阻栖霞道中作》《薄暮至栖霞寺》二诗。

程嘉燧，谒见王世贞，署中作《怀叔达》，向王世贞"乞铭"，遂归歙，"卜兆涉江忘恩亲"诗为王世贞所激赏。是年前后，寓居杭州，后又侨居嘉定。

程嘉燧《松圆浪淘集》卷一《涉江卷》自注。

明万历十八年　庚寅（1590）

三月，程嘉燧，与唐时升、孙履和等友于横塘回舟。又共游支硎花山。复同张名由、唐时升在城南张氏园宴集。

程嘉燧《松圆浪淘集》卷三《横塘回舟，有怀唐子，柬娄子吴江》双行小注云："庚寅，同唐、孙、张三子。"

端午，程嘉燧，与王世贞弇园留滞，共泛舟赋诗。送丘集至白下刻印藏经。

程嘉燧《松圆浪淘集》卷一。

秋，詹景凤，白下卖古董者持王安石于皇祐壬辰年（1052）作的《山水》及其他元代名家摹本见示。

詹景凤《留都集》卷三十一。

十一月初一，詹景凤自序《詹氏性理小辨》。

詹景凤《留都集》卷十九。

是年，丁云鹏，作《松林客至图》轴。

纸本，设色，129厘米×29厘米。故宫博物院藏，京1-2074。

作《曲径寻幽图》扇面。

纸本，设色。上海博物馆藏，沪1-1248。

王世贞，卒。年六十五。

郑丽华《王世贞年谱》。

明万历十九年　辛卯（1591）

春，程嘉燧，与唐时升、娄坚、张其廉、徐孺谷在张二丈新筑居中陪徐错游。

程嘉燧《松圆浪淘集》卷二《奉陪徐宗伯集张二丈新居，同叔达、子柔、伯隅、孺谷即事二首》。

三月，程嘉燧，送唐时升并与钱将军北上作别。后至润州泛舟金山寺，又登瓜洲大观台眺望会山寺。作《贺徐宗伯公七十大寿》诗。送友殷都之南比部，登城隅钟楼与诸友宴集。同张名由访丘集，值雨同宿。题诗于丘集吕墅草堂。

程嘉燧《松圆浪淘集》卷二《奉陪徐宗伯集张二丈新居，同叔达、子柔、伯隅、孺谷即事二首》。

三月十七日，詹景凤，作《墨竹图》。

张珩《木雁斋书画鉴赏笔记》绘画二下，文物出版社2000年版，第525页。

仲春，汪肇来访詹景凤，留署，孙子真为其写像，詹景凤在画中补写松石壶觞及《离骚经》文一卷，并赞之。

按：汪肇，字德初，安徽休宁东门人。早年出自詹景凤之从兄詹景宣门下，擅山水、人物、翎毛、花卉。用笔爽利，有浙派之风。

夏日，陈文烛，为詹景凤《留都集》作序。

七月，有人携梁王冢出土玉圭等来白下找詹景凤，准备出售给他。

十二月十一日，詹景凤，作《南京吏部司厅新构观自轩记》。

詹景凤《留都集》卷二十一。

是年，程嘉燧，同表叔李先芳还乡展墓，登白岳（今安徽休宁境内），后游西湖，作《春盘诗》等。

程嘉燧《松圆偈庵集》中《游齐云观天门虎崖记》云："辛卯三月庚子，与李氏表叔有事祠下。"

詹景凤，《詹东图玄览编》成书，为笔记体。

此书分四卷记述作者生平所见书画碑帖名迹，鉴赏部分不仅著录作品的内容、款识、印章等，并有很多对画家及画派在笔墨技法、风格上的评价和阐述。卷末附录作品题跋。此书仅有明抄本，1947年故宫博物院铅印出版。

李流芳，入学，为嘉定县学生员。

吕舜祥辑《明清嘉定诸生录》载："明万历十九年辛卯科十六名：李流芳，字长蘅、茂宰，里居南翔。"

詹景凤，入京，韩世能示以曹不兴《山水图》。

詹景凤《留都集》卷二十九。

明万历二十年　壬辰（1592）

正月初七，丁云鹏，作《溪山烟霭图》卷。

纸本，墨笔，21.5厘米×356厘米。南京博物院藏，苏24－0157。题款："壬辰献岁人日，写于泠然阁，圣华居士云鹏。"

五月十五，詹景凤，在留都画设色《芦雁图》赠王仲长。

七月望日，丁云鹏，作《竹亭远山图》扇面。

纸本，设色。上海博物馆藏，沪1－1249。题款："壬辰七月望日，丁云鹏。"

十月，詹景凤，临李珩十一开《竹谱》图册。

纸本，墨笔，每开尺寸为29.6厘米×32厘米。南京博物院藏，苏24－0154。末开题款"新安詹景凤"。

丁云鹏，作《竹亭远山图》扇面。

纸本，设色。上海博物馆藏，沪1－1249。

杨明时，作《河岸柳景图》。

19厘米×58厘米。题款："壬辰秋日，为丹丘先生写，明时。"香港佳士得2015年秋拍成交价14万元。

明万历二十一年　癸巳（1593）

春，程嘉燧，同张由云、娄江夜泛舟之虎丘，由横塘至茶磨岭，下舟入治平寺，登上方楞伽寺。

上海市嘉定区地方志办公室编《程嘉燧年谱简编》。

秋，程嘉燧，由余杭归歙治葬地。

程嘉燧《松圆浪淘集》卷三小注云："癸巳秋，由余杭归歙治葬地。邻人有言，时孙氏兄弟每来山，居郡城，与方伯雨诸子偕。"

詹景凤，作《双竹图》轴。

纸本，墨笔，127.5厘米×31厘米。西泠印社藏，浙4－015。

九月，程嘉燧，作《茅斋行》。

十月六日，詹景凤，作《题熊姬本〈倪宽赞〉后》。

冬日，杨明时，作《仿倪瓒山水》轴。

纸本，墨笔，83.2厘米×34厘米。故宫博物院藏，京1－2334。题款："癸巳冬日明时写。"董其昌题款："十八年前，长安旧游，杨不弃日在余邸舍，婆娑古画，瞳目叫好，其人已千古矣。今日观此图，大有倪元镇笔韵，目前未有其□也。丙辰正月玄宰题。"

冬，詹景凤，任江西分宜教谕，两月后熊姬丧。

詹景凤《留都集》卷二十六。

是年，詹景凤，因“僚嫌形短者谗之，以考功令中先生”，除江西分宜教谕。

李维桢《大泌山房集》卷八十三《通判平乐府事詹公墓志铭》；詹景凤《詹氏性理小辨》；吴国伦《明詹母吴孺人墓志铭》。

有诗《赴谪别诸社友》。

胡积堂《笔啸轩书画录》；卢辅圣主编《中国书画全书》第十四册，第279页。

有诗别祝无功。

詹景凤《留都集》卷二十六。

汪道昆，卒，年六十九。

汪道昆《太函集》。

明万历二十二年　甲午（1594）

三月，程嘉燧，复返嘉定。

程嘉燧《松圆浪淘集》卷三。

夏，詹景凤，与郡司理徐泰岩登钤山（今江西分宜境内），山顶有严嵩所构“浔翠楼”。与徐泰岩夜饮万年桥，皆有诗。登钤山怀故乡社友，有诗。

詹景凤《留都集》卷二十六。

八月，詹景凤，作《题熊姬书松涧序文后》。

秋日，丁云鹏，作《临流看云图》扇面。

纸本，设色。南京博物院藏，苏24-0158。

十月二十五日，詹景凤，作《墨竹图》。

中国国家博物馆藏。

冬日，丁云鹏，作《狮蛮图》。

题款：“甲午冬日，丁云鹏写。”纽约苏富比2014年秋拍成交价19.7万美元。

除夕，程嘉燧，泊舟富阳城下，登城角上钟楼观钟。

程嘉燧《耦耕堂集》有《题归舟漫兴册》云：“甲午除夕，泊富阳城下，登城角上钟楼看钟。”

是年，丁云鹏，作《山水》轴。

纸本，设色，102.2厘米×21.8厘米。故宫博物院藏，京1-2076。

作《仿倪瓒山水》轴。

纸本，墨笔，96.2厘米×33.3厘米。清华美术学院藏，京8-011。

詹景凤，作《竹枝图》轴。

纸本，墨笔，145.4厘米×33.3厘米。上海博物馆藏，沪1-1207。

明万历二十三年　乙未（1595）

程嘉燧，元日，过富阳、桐庐，入七里泷，会吴中旧友。正月，还吴，同友孙履和至梁宋间。

程嘉燧《松圆浪淘集》卷四小注云："乙未正月，葬毕还吴，同孙履和至梁宋间。"

春，詹景凤，以徙蜀去分宜，迁熊姬灵柩于圣山。

詹景凤《留都集》卷十五。

三月，程嘉燧，再送孙履正郡试，会郡城饮酒，观阅军场演驰射操练，酒醉后作《骑马醉歌行》。

六月，詹景凤，由江西分宜携家小还休宁，途经豫章，为宗侯默庵作《松石图歌》。

詹景凤《留都集》卷三。

九月九日，杨明时，作《古木修篁图》轴。

纸本，墨笔，135.8厘米×32厘米。故宫博物院藏，京1-2335。题款："万历乙未写于圆通寺，奉似亦吾先生，明时。"

丁云鹏　竹林漫步图　/　1595年　故宫博物院藏

冬，詹景凤，由休宁至保宁，过汉阳时会喻海屋，有诗。

詹景凤《留都集》卷二十六。

冬十二月，詹景凤，谪四川保宁。

是年，詹景凤，迁四川保宁教授。

丁云鹏，作《竹林漫步图》扇面。

金笺，墨笔，18厘米×56厘米。故宫博物院藏，京1-2077。

作《山水》扇面。

纸本，墨笔，15.7厘米×50厘米。中国国家博物馆藏，京2-177。

明万历二十四年　丙申（1596）

春，詹景凤，秉烛夜游灵云洞，后八月朔日与门生王衍伯、孙延喜同游圆觉寺。

詹景凤《留都集》卷一。

三四月间，保宁太守刘公激诗赋，詹景凤应诗二首。

詹景凤《留都集》卷二十六。

四月，王元贞，为詹景凤《詹氏性理小辨》第六十四卷作序。

夏日，杨明时，作《竹石幽兰图》。

南京博物院藏。题款："丙申夏日，仿赵承旨《竹石幽兰图》，未孩子扬明时。"

程嘉燧，送徐允禄之无锡。重赴六合道中，有羁怀诗数首，过伎家赠陈翠七绝。同丘集、张应武、唐时升夜泛舟作《金间曲》四首。

程嘉燧《松圆浪淘集》卷四。

六月，詹景凤，以公事抵绵州（今四川绵阳），作《灵雨诗》四首。

詹景凤《留都集》卷二十七。

六月，詹景凤，书《行草书千字文》卷。

31.5厘米×1034厘米。休宁县博物馆藏，皖7-01。

七月十日，詹景凤，作《阆游记》。

詹景凤《留都集》卷二十六。

秋，丁云鹏，作《应真云汇图》。

题款："丙申秋月之吉，圣华居士丁云鹏写。"台北故宫博物院藏。

程嘉燧，秋晚同友张名由、唐时升步行至嘉定城南张氏园。

程嘉燧《松圆浪淘集》卷四有《夜泛，同丘五丈、张二丈、孙二兄》《秋晚，同张二丈、唐四兄步城南张氏园》二诗。

九月，詹景凤，舟行至巫峡，访神女峰等古迹，作《舟出巫峡图》。

金瑗辑《十百斋书画录》；卢辅圣主编《中国书画全书》第十册，第676页。

九月二十五日，詹景凤，谪保宁还经涪州（今重庆）停舟，拜谒伊川先生祠，题写北嵇寺明贤祠壁。寻伊川先生所居北岩洞。

詹景凤《留都集》卷二十七。

九月，刘公予（顺庆府丞）访詹景凤于舟上，詹有诗赠之。为王圭叔作《无尽园图》并题诗。荆州张传野中丞、程子跃访詹景凤于舟上，有诗。同时期马鹑野观察携三子访詹景凤舟上，有诗。

詹景凤《留都集》卷二十六。

十月，萧云从，生。

按：萧云从，字尺木，号默思、于湖渔人、石人、梅石道人、东海贡生、谦翁、梦履、梅主人、无闷道人、钟山老人、钟山梅下等。清嘉庆《芜湖县志》卷十三《人物志·文学》记载："萧云从，字尺木，一号无闷道人。父慎余，明乡饮。生云从时，父梦郭忠恕（字恕先）至其门，曰：'吾当为嗣。'"萧云从画常有"郭恕先后身"之印迹。

冬，程嘉燧，因瓜洲渡值大风雪，欲回南岸（即镇江）不得，遂赋诗二首及《江雪六言》四首。

程嘉燧《松圆浪淘集》卷四。

是年，僧普门，于黄山开山筑路，建慈光寺。

丁云鹏　松溪雅集图　/　1596年　嘉德2012年春拍成交价69万元

丁云鹏，作《驯象图》轴。

纸本，墨笔，132.5厘米×47厘米。苏州灵岩寺藏，苏2-06。

作《宫阁琼宴图》扇面。

纸本，设色。上海博物馆藏，沪1-1250。

作《松溪雅集图》扇面。

纸本，设色。嘉德2012年春拍成交价69万元。

明万历二十五年　丁酉（1597）

春，李流芳，滞留京口（今江苏丹徒）一带，前往银山、玉山亭中摊书独坐。游焦山。偕郑胤骥游白门（今江苏南京江宁西北）。与潘方儒游胥门横山。

李流芳《檀园集》；上海市嘉定区地方志办公室编《嘉定李流芳全集》，2013年版。

四月，程嘉燧，送沈武仲、龚一清于栖霞山读书，复送娄坚之南京应试。

程嘉燧《松圆浪淘集》卷四。

五月十五日，詹景凤，作《行书天马歌》卷。

纸本，墨笔。清华美术学院藏，京8-009。

五月，詹景凤，作《草书〈李陵答苏武书〉》册。

纸本。广东省博物馆藏，粤1-0125。

长至后五日，詹景凤，为奎义作《草书前后〈出师表〉》。

浙江省文物考古所藏。

六月，詹景凤，作《行书〈千字文〉》二十一开册页。

纸本。故宫博物院藏，京1-1979。

秋日，程嘉燧，与李流芳东堂同观曝图画。送金兆登北上。送王衡惜别。画《寒林》扇赠方时化。

程嘉燧《松圆浪淘集》卷四。

九月，詹景凤，作《跋方从义〈云山图〉卷》。

27厘米×95厘米。美国纽约大都会艺术博物馆藏。题款："万历丁酉九月，詹景凤东园父识。"

重九后三日，詹景凤，于宝纶阁书《古诗十九首》三十六开册页。

陆心源《穰梨馆过眼录》；卢辅圣主编《中国书画全书》第十九册，第316页。

九月二十五，杨明时，作《滋兰树蕙图》。

上海博物馆藏。题款："岁丁酉秋九月二十有五日，予馆于吴用卿余清斋中。客有来相拜访者，主人饮以桑落酒，诵灵均词。客复道时事，有拔剑起舞者，纵横上下，如神光掣电。予甚壮之，乃号之三，遂取纸笔写此，仍题曰‘滋兰树蕙图’。未孩子扬明时。”

十二月，詹景凤，作《草书〈千字文〉》卷（卷前附竹图）。

天津博物馆藏。

十二月二十五日，詹景凤，作《墨竹图》轴。

上海博物馆藏。题款：“万历二十五年十二月之廿五日，予自流塘七十二松中还至北郭。是日早微雨，自予出七十二松归，而忽开霁，亦兴致悠然。偶客有此纸，遂为写此行。詹景凤记事。”又题：“画竟复系小诗：‘美尔有真性，青青长不遗。纵因狂风舞，也似凤来仪。’景凤又题。”

是年，詹景凤，作《草书〈宫词〉》九开册页。

绫本，每开尺寸为26.5厘米×56厘米。故宫博物院藏，京1–1978。

作《草书〈千字文〉》卷。

30.5厘米×143厘米。广东省博物馆藏，粤1–0124。

丁云鹏，作《山水》扇面。

纸本，墨笔，17.2厘米×51.4厘米。中国国家博物馆藏，京2–178。

明万历二十六年　戊戌（1598）

金声，生。

按：金声，名子骏，字正希，号赤壁，安徽休宁人。崇祯元年（1628）中进士，官翰林院庶吉士。次年，宫廷召对时，以《廷试策》得到崇祯皇帝激赏，升任御史、监军。后成为明末抗清义军首领。清军攻陷南京，金声同门生江天一率众在徽州起兵抗清，应者甚众。隆武元年（1645）八月，清军分三路围攻徽州，他与江天一等人依凭山关险隘，固守绩溪，清兵久攻不克。后因黄澍出卖，失陷被俘，拒绝降清，临刑前遥拜明孝陵后端坐饮刃，时年五十六岁。金声治学严谨，道德文章，备受后人推崇。遗著有《金太史文章》《尚志堂集》等。

早春，程嘉燧，从殷都于吴氏园赏梅。后陪殷都与唐时升、娄坚二兄载酒娄江上赏桃花。

孟春，程嘉燧，为娄坚之父作《娄翁望洋先生寿序》。

清明，程嘉燧，买田未成，作俚体诗记之。复送张彦至吴门学绘画。

六月，詹景凤，作《草书〈千字文〉》卷。

纸本。上海博物馆藏，沪1–1209。

深秋，程嘉燧，同舟送孙履正、孙履和兄弟入郡北上，并惜别。

程嘉燧《松圆浪淘集》卷五。

重阳后四日，詹景凤，自题上年所作《草书〈千字文〉》卷。

天津博物馆藏。

除夕，杨明时，跋《虞世南临王羲之〈兰亭序〉》卷。

跋语："万历戊戌除夕，用卿从董太史索归。是为通观者：吴孝父治、吴景伯国逊、杨不弃明时，焚香礼拜，时在燕台寓舍。执笔者杨明时也。"

是年，詹景凤，作《古木竹石图》扇面。

刘九庵《宋元明清书画家传世作品年表》。

作《山水图》扇面。

安徽博物院藏。款署"新安詹景凤画"。

詹景凤，升广西平乐府通判，为官颇有政声。

李维桢《通判平乐府事詹公墓志铭》记载："案往牒，采风谣，询故老，察民疾苦，凡十四事以上，台司着为令，檄下褒异郡，得詹倅而平乐不为虚名矣。郡多盗，道梗，申游徼侦逻之法，偷魁就擒。而中涓开矿贺县，苛刻刺骨，前后三令惧，莫肯莅职，摄者视如死地，涕泣求免。台司议，必詹倅可往。下车发邑干没库金与中涓监奴，匿确物者，贺人踊跃相庆。……移摄梧州，矿盗揭竿斩木，一日而万人乌集，上官莫知计所出，先生单骑入其窟穴，譬晓之，众皆叩首弃杖，誓不再反。猺獞为盗声援，赍金钱彩缯诸物诣八洞，号召其酋长慰劳之，择少年美姿仪识文字者，以鼓乐旗帜导而谒学宫，与衣冠俎豆之士相周旋习礼，容诸洞蛮聚观以为荣，回心乡道矣。贾汪某行过富川，蛮夺数千金去，富川令不敢问，躄蹩六百里而赴愬先生，先生使洞主往谕蛮，缚盗自归。"

丁云鹏，作《山居图》扇面。

纸本，设色。上海博物馆藏，沪1-1251。

杨明时，作《山水》扇面。

纸本，设色，17.2厘米×55.3厘米。故宫博物院藏，京1-2336。

明万历二十七年　己亥（1599）

正月，程嘉燧，送李先芳，次韵答殷都，赋《春归叹》。雨雪日作《空斋行》。春日，同殷都在徐孺谷家中赏梅。

程嘉燧《松圆浪淘集》卷五《徐孺谷宅雪中东阁看梅，同殷丈分得池字》。

三月，詹景凤，作《草书临怀素〈千字文〉》卷。

纸本，30.5厘米×1230厘米。江西省博物馆藏，赣1-08。

三四月间，程嘉燧，与友方邦望等同游吴县支硎花山，在朱济之家赏牡丹，宴集寻乐，作《纪游四十韵》。重过虎丘。

程嘉燧《松圆浪淘集》卷五。

闰四月初九，詹景凤，作《草书唐诗》四条屏。

纸本。上海博物馆藏，沪1-1206。

五月，程嘉燧，同方平仲往瓜洲东郭访隐士王季。同月，游白下居方时化馆，同诸友游清凉台、燕子矶弘济寺，于瓦官寺观石刻佛像，宿牛首，游灵谷寺，后宿南庵。

程嘉燧《偈庵集》上《闵翁少峰八十序》云："岁己亥闵翁八十，其夏五月某拜翁于南京之江东门外。"

夏六月，詹景凤，作《草书千字文》三十二开册页。

纸本。故宫博物院藏，京1-1981。

七月，程嘉燧，同殷都、唐时升、金兆登诸友夜集惠山，与张灵石泛舟西定桥。

詹景凤，于湘潭舟中作《山水图》。

日本泉屋博物馆辑《中国绘画·书》，便利堂出版，1981年版，第5页。

九月，詹景凤，应友人之请，作《竹谱册》并题，详述画竹之要及枝干、枝叶的类型。

金瑗辑《十百斋书画录》；卢辅圣主编《中国书画全书》第十册，第602页。

九月，程嘉燧，重过天平白云寺题壁。城西题张仲复西康草堂。

冬，程嘉燧，复乘舟过惠山。

程嘉燧《松圆浪淘集》卷五。

是年，李流芳，与王志坚同游西湖。

李流芳《檀园集》卷十一《紫阳洞》载："余己亥岁与淑士同游，后数至湖上，以畏入城市，多放浪两山间，独与紫阳洞隔阔。"

詹景凤，作《草书〈千字文〉》卷。

纸本。故宫博物院藏，京1-1980。

作《草书杜诗》轴。

纸本，315.5厘米×103.5厘米。广东省博物馆藏，粤1-0126。

丁云鹏，为《齐云山志》绘图十幅。

鲁点编《齐云山志》。

作《达摩像》轴。

纸本，设色，112.3厘米×32厘米。故宫博物院藏，京1-207。

作《春深台阁图》扇面。

纸本，设色。上海博物馆藏，沪1-1252。

作《山川舟楫图》扇面。

纸本，设色。上海博物馆藏，沪1-1253。

作《庐山高图》轴。

台北故宫博物院藏。

明万历二十八年　庚子（1600）

早春，程嘉燧，同李先芳过东林庄，居东林寺与友话旧。

程嘉燧《松圆浪淘集》卷六。

正月初二，程嘉燧，贺殷都七十大寿。同娄坚陪殷都、张名由诸公出郊赏梅。

程嘉燧《松圆浪淘集》卷六。

二月，杨明时，作《松萝幽居图》。

111厘米×28.5厘米。贵州省博物馆藏。题款："松萝幽居图，为松萝高逸写，庚子春二月望日，杨明时。"方向孝题："不弃丹素，追轶前古，品致幽玄，脱然世外。雨中过来蝠楼，伯达出此图，属余□曩岁所作松萝歌颜其上，余不胜有故人之想，辄取佛头加秽之笑耳。弟方向孝。"

秋，程嘉燧，在王士骐府芍药园中听曲，赠诗赵淮。同唐时升雨中过访徐元嘏徐氏园，游丹晖阁等景，宿海曙楼。作《戏效长庆排律》与伎高文倩。殷都邀程嘉燧游石冈园，程嘉燧于殷都家中戏作《荔枝酒歌》呈席中诸老。

程嘉燧《松圆浪淘集》卷六《同唐叔达雨中过徐氏园，信宿海曙楼即事六首》。

约是年，汪肇，作《风雨归舟图》。

绢本，墨笔，146厘米×74.5厘米。安徽博物院藏。

明万历二十九年　辛丑（1601）

查继佐，生。

按：查继佐，初名继佑，初字三秀，更字友三，号伊璜，又号与斋，别号东山钓史、钓玉。浙江海宁人。崇祯六年（1633）举人。明亡后，随鲁王监国绍兴，授兵部职方。在浙东地区亲自率军抗击清军。顺治九年（1652）于西湖觉觉堂讲学，旋至杭州铁冶岭之敬修堂讲学，从学者众，人称敬修先生。康熙元年（1662），因南浔庄廷鑨私刻《明史》案中列名参校，下狱论死，后获救。晚年喜写梅。著有《罪惟录》《国寿录》《鲁春秋》《东山国语》《班汉史论》《续西厢》等。

春，程嘉燧，过娄江上观桃花。留通州天宁寺题张彦画，后游狼山。殷都适邀同过江阴，临发，风雨大作，夜不寐，作《风雨》七律，后同舟至锡山邹园。游江阴君山、虞山、孙氏大石山房等处。

程嘉燧《松圆浪淘集》卷六《风雨》题注云："王同伯欲余谒顾司马，殷丈适邀同过江阴，临发风雨，不寐。”

五月，董其昌见徽人吴江村，持董源《溪山行旅图》，展看三次，如逢旧友。

董其昌题跋：“余求北苑画于江南不得，万历癸巳春，与友人饮顾仲方第，因语及之。仲方曰：‘公入长安，从张乐山金吾购之，此有真迹。’及从吾郡马耆卿清和尚往者。先是，余也时于清公观画，犹历历在眼，特不知为北苑耳。此入都三日，有徽人吴江村持画数幅谒余，方肃客倦甚，未及发其画，首叩之曰：‘君知有张金吾乐山否？’吴愕然曰：‘其人已千古矣，公何为讯之亟也？’余曰：‘吾家北苑画无恙否？’吴执图以上曰：‘即此是。’余惊喜不自持，展看三次，如逢旧友，亦有冥数云。辛丑五月二十六日记。此画为《溪山行旅图》，沈石田家藏物。石田有自临《溪山行旅图》，亦妙品也。玄宰。”

汪肇　风雨归舟图　/　年代不详　安徽博物院藏

是年，程嘉燧，作《行书游虞山诗》扇面。

金笺。上海朵云轩藏，沪7-0100。

丁云鹏，作《春郊走马图》扇面。

纸本，设色。上海博物馆藏，沪1-1254。

作《罗浮花月图》扇面。

纸本，设色。上海博物馆藏，沪1-1255。

明万历三十年　壬寅（1602）

春，李流芳，与徐孺谷、张君实、史荃之同游弹山赏梅。偕郑胤骥在西隐之偏读书。

上海市嘉定区地方志办公室编《嘉定李流芳全集》，2013年版。

二月，程嘉燧，归新安，留方时化烟村溪堂，在此逾六阅月，以东坡岐亭韵赠友孙履和，悠然忘归。此间，为方时化藏《寒林扇图》（丁酉时程嘉燧画赠）题诗。

程嘉燧《溪堂题画诗引》。

三月，程嘉燧，又作《南山雨图》，为方平仲馆题画。后载伎重游王潭马砦岩，舟中题扇予伎。

李流芳《檀园集》。

夏日，李流芳，作《墨菊岩石》扇面。

安徽博物院藏。题款："夏日，李流芳。"

程嘉燧，寻洞庭润公不遇，留松寥山阁，与焦山湛公谈诗品茶至通宵。

程嘉燧《松圆浪淘集》卷一《松寥诗引》。

秋，自新安返嘉定。七夕后一日，程嘉燧，在凤山台与友饯集。作《滩月图》题赠许康侯。

秋日，李流芳，作《山水图》卷。

日本东京国立博物馆藏。

程嘉燧，答谢友人徐孺谷饷粟，寄诗一首。

九月二十二日，詹景凤，卒，年七十五。

李维桢《通判平乐府事詹公墓志铭》称詹景凤生于嘉靖戊子年（1528）五月十二日，卒于万历壬寅年（1602）九月二十二日，年七十五。

十月，程嘉燧，再往松寥寻洞庭润公不遇，夜留诗于壁。

程嘉燧《松圆浪淘集》卷一《松寥诗引》。

十一月初四，史可法，生。

按：史可法，字宪之，号道邻，明末抗清名将、民族英雄，河南祥符（今开封）人。崇祯元年（1628）进士，任西安府推官。后转战各地平叛叛乱。北京城被攻陷后，史可法拥立福王朱由崧为帝，继续与清军作战。官至督师、建极殿大学士、兵部尚书。弘光元年（1644），清军大举围攻扬州城，不久城破，史可法拒降遇害。史可法死后，南明朝廷谥之为"忠靖"。清乾隆帝追谥为"忠正"。其后人收其著作，编为《史忠正公集》。

詹景凤，与杨芳一同编纂《殿粤要纂》四卷刻成。

明万历三十一年　癸卯（1603）

郑元勋，生。

按：郑元勋，字超宗，号惠东。崇祯十六年（1643）进士。官至清吏司主事。工诗善画，为江东名流。善山水，宗吴镇，尤工山水小景，措笔洒落，全以士气得韵。英年早逝。徐沁《明画录》卷五谓："因悍镇分地临扬，欲纾难而出语小误，为众击，惨死，时论惜之。"卒年四十二。

春，程嘉燧，自新安还，访王衡。

程嘉燧《松圆浪淘集》卷七《从新安归，访王辰玉内翰》。

九月，程嘉燧，同张彦留南京弘济寺，居印侍僧房。值戚都督手书招幕府，遂从南京归，赋诗投谒。

程嘉燧《松圆浪淘集》卷七小注云："癸卯秋日，游白下。"

是年，孙逸，作《为以贞作山水》轴。

金笺，设色。故宫博物院藏，京1-4762。

是年，李流芳，偕徐孺谷过白下，登玉山亭子小饮。

李流芳《檀园集》卷八《游玉山小记》载："癸卯，偕孺谷过白下，登亭子小饮。"

明万历三十二年　甲辰（1604）

程正揆，生。

按：程正揆，字端伯，号鞠陵，别号清溪道人、青溪老人、青溪旧史。湖北孝昌人。明时任翰林院编修、尚宝司卿，入清又任工部右侍郎。后罢官，居南京，工诗文书画，擅山水，师法黄公望、沈周，笔墨枯劲简老，设色浓湛，结构随意自然。书法擅楷书、行书，师法李邕、颜真卿，结体平正中寓奇险，丰韵萧然。论画主张"画贵简，不贵繁"，主张既师造化，又重传统，富有见地。其画颇为时人所重，与石谿并称"二溪"。有《江山卧游图》等传世，所作诗文题跋，卒后由其子程大皋辑为《青溪遗稿》，共二十八卷。

春日，丁云鹏，作《扫象图》。

题款："甲辰春日，佛弟子丁云鹏敬写。"香港佳士得2015年春拍成交价664万元。

二月，李流芳，与王志坚、王志长兄弟，同参云栖，饱览西湖雪景，作《六和晓骑图》，舟中作题画诗。

题款："燕子矶上台，龙潭驿口路。昔时并马行，梦中亦同趣。后来五云山，遥对西兴渡。绝壁瞰江立，恍与此境遇。人生能几何？江山幸如故。重来复相携，此乐不可喻。置身画图中，那复言归去。行当寻云栖，云深渺何处？此予甲辰与王淑士、平仲参云栖，舟中为题画诗。"李流芳《檀园集》卷十一。

又作《江干积雪图》。

题款："甲辰同二王参云栖，时已二月，大雪盈尺。由赤山步，一路琼枝玉干，披拂照耀。望江南诸山，皑皑云端，尤可爱也。"李流芳《檀园集》卷十一。

暮春，丁云鹏，作《释迦牟尼像》。

天津博物馆藏。题款："甲辰春暮，佛弟子丁云鹏敬写。"

此图远景层峦叠嶂，云气蒸腾，近景苍松虬结。释迦牟尼随意坐于蒲团上，大耳垂肩，发髻卷曲，头倚膝盖，似在沉思。人物衣纹线条均匀，勾勒流畅，螺髻的画法与色彩尤为引人注目。图中松针规整，有装饰化特点，山石皴笔较为繁密，用石青、石绿敷染，色彩浓重，风格典雅。

夏，程嘉燧。在戚大将军幕府中占得星字，留数月后，偕李流芳旅京口。李流芳作《游焦山小记》。

除夕，李流芳，作五言律诗四首。

李流芳《檀园集》卷三《除夕》。其一："愁事殊不了，如何已岁除。千门宵鼓后，半榻佛灯初。性癖甘从笑，交贫或易疏。随缘吾未得，世路正踌躇。"

是年，丁云鹏作《洗象图》轴。

纸本，设色，116厘米×59.3厘米。清华大学美术学院藏，京8-012。

丁云鹏　释迦牟尼像 / 1604年　天津博物馆藏

又作《橘柚梧桐图》轴。

纸本，设色，139.9厘米×62.4厘米。上海博物馆藏，沪1-1254。

是年，何震，卒。

詹景凤曾云："近日吾休何震，字主臣，篆刻似胜寿承。始刻亦庸庸尔，既与予游，指示刀法，乃大长进，当为今日天下篆刻第一。"詹景凤《詹氏性理小辨》第四十二卷《具雅》。

明万历三十三年　乙巳（1605）

春，程沧作《松林趣话图》扇面。

纸本，设色，16.7厘米×52厘米。安徽博物院藏。题款："乙巳春月写于阳□署中，白岳程沧。"

按：程沧，字元清、之清，安徽歙县人，明末人士，具体生卒年均未详。平生工画山水，笔墨老到，树亦苍古。

程嘉燧，同郑胤骥、李流芳出郭赏梅，游江桥作诗记之。游李流芳读书处石冈园。

程嘉燧《松圆浪淘集》卷八。

暮春，李流芳，同龚方中泛舟溪山堂览景。

李流芳《檀园集》卷三《春尽，同仲和泛舟溪山堂》。

同龚方中泛舟石冈园池，并作五言律诗一首。

李流芳《檀园集》卷三《石冈园池同仲和泛舟作》。

孟夏，程嘉燧，作《刘母康氏硕人六十寿序》《文川汪公墓志铭》。

五月，李流芳，为郑胤骥作《白岳游纪序》。

李流芳《檀园集》卷七《白岳游纪序》中载："乙巳竹醉日。"

夏，李流芳为宋珏画作题七言绝句一首。

题款："盘螭山外太湖明，万顷堆银五点青。我卜新居开小阁，松风梅雨爱君听。"李流芳《檀园集》卷六《为宋比玉题画》。

初秋，程嘉燧，宿西爽轩。过檀园，题次醉阁。

秋，汪建，作《灵石图》扇面。

泥金，设色，17.6厘米×54.8厘米。安徽博物院藏。题款："乙巳秋日写似继湖词丈，汪建写。"

按：汪建，字元植、士建，号次友。安徽歙县岩寺人，明末人士，具体生卒年均未详。与弟士道俱以画名。士道善设色，士建善水墨。绘竹石尤苍秀可喜，但真迹罕见。

深秋，程嘉燧，过昆山西城，拜孙振颐先生墓。

除夕，李流芳，感伤于冬去春来，壮志成灰，作七言律诗一首。

李流芳《檀园集》卷四《除夕（乙巳）》。

是年，朱简访李流芳。李流芳作《朱修能见访，闻予方葺檀园，以诗枉讯，次韵答之。时修能将至茸上》，诗曰："七年不见喜重过，共指生涯素发多。池上新庵仍署泡，阶前旧壑已名萝。畏人小筑犹难就，对客高吟岂易哦。便欲相留同结夏，扁舟峰泖奈君何。"始建寓所檀园。檀园的次醉阁落就，程嘉燧赋诗以恭贺，《题长蘅次醉阁》："为爱檀园开北阁，两回三宿小房栊。坐深曲洞香灯焰，睡美疏棂晓日烘。白拂花飞方丈雨，素屏滩响一床风。

程沧　松林趣话图　/　1605年　安徽博物院藏

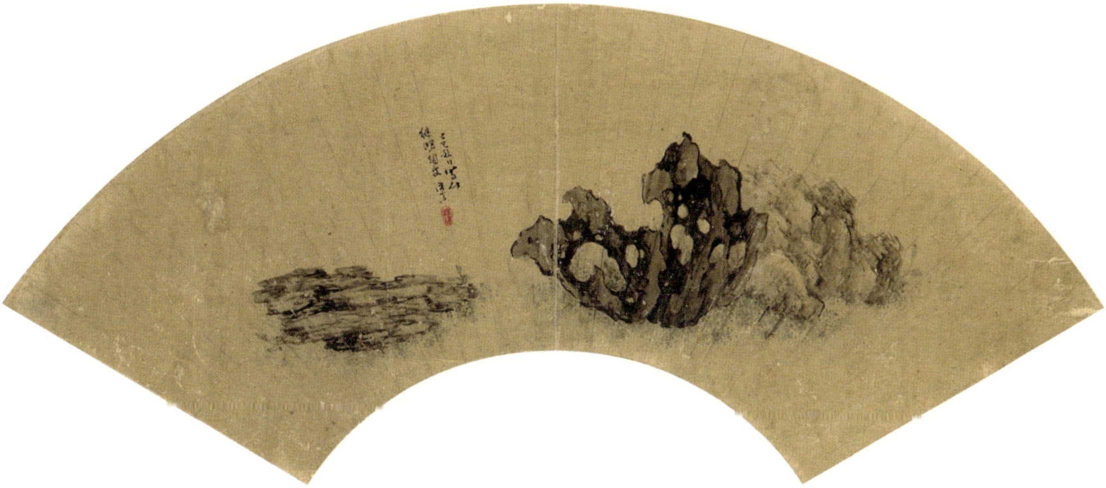

汪建　灵石图　/　1605年　安徽博物院藏

但名次醉犹嫌俗，合作禅栖住远公。”李流芳抑制不住内心的喜悦，写下《小葺檀园初成》：“短筑墙垣仅及肩，多穿涧壑注流泉。放将苍翠来窗里，收取清泠到枕边。世欲何求休汗漫，我真可贵且周旋。一龛尚拟追莲社，不用居山俗已捐。”

李流芳《檀园集》卷四《小葺檀园初成》。

丁云鹏，为程大约绘制的《程氏墨苑》历时11年刻成，有《五岳图》《白岳灵区》《玄光灵芝》《连理石》《画眉黛》等。

明万历三十四年　丙午（1606）

正月，郑重，因长期拟宋元名迹，积劳成疾，病愈后学礼佛，在黄山白龙潭上自建茅屋居住，与半山的莲花庵印我和尚晤谈相洽，并绘制水陆道场相送。

春日，丁云鹏，作《关公像》。

纸本，设色，133厘米×47厘米。题款："丙午春日之吉，善男子丁云鹏敬写。"保利2011年秋拍成交价120.75万元。

二月，程嘉燧，移居龚氏舍旁。同一雨禅师过禅悦院，宿心上人房。

清明，程嘉燧，赋诗吊唁瓜洲闵氏妹婿。

程嘉燧《松圆浪淘集》卷九。

四月，李流芳、程嘉燧、郑胤骥游泖上（今上海松江）九峰。程嘉燧有诗记此游。

程嘉燧《松圆浪淘集》卷九《中宵》诗题下附注："四月，同长蘅、闲孟游泖上九峰还。"

五月，程嘉燧，送徐元暇（尔常）。夏，从雪浪恩公谈《楞严经》于惠山河浒庵。

程嘉燧《松圆浪淘集》卷八。

秋，李流芳，在白门结识徐方广，后年在昆山洽谈良久。

李流芳《檀园集》卷七《徐思旷制义序》。

偕龚方中游玉山。

李流芳《檀园集》卷八《游玉山小记》载："丙午，复偕仲和至此，皆值秋涨，石没水中。"

与龚方中、汪伯昭寓清凉寺。

李流芳《檀园集》卷六《送汪伯昭游白门，伯昭将自京口至栖霞寺，因忆旧游，走笔得四绝句》，第四首绝句后有小注："丙午，余与仲和寓清凉寺，时伯昭自鸡笼策蹇相访，值雨宿留。"

孟秋，丁云鹏，作《松泉清音图》。

台北故宫博物院藏。题款："丙午秋孟写于石叶山居，丁云鹏。"

七月十五日，丁云鹏，作《洗象图》。

纸本，设色，112.5厘米×41.5厘米。江苏省美术馆藏。题款："万历丙午中元日生日，佛弟子丁云鹏敬写。"

秋，程嘉燧，复游白下，作《感秋诗》，画《秦淮秋雨图》。

十月十六日，程嘉燧，同李流芳作《怀子柔诗》。在流波馆听黄间琴歌。后与友吴梦旸（允兆）、臧懋循（晋叔）、汪道会（仲嘉）诸君宴饮。送友潘景升，时潘载《华严经》刻板欲归新安。

程嘉燧《松圆浪淘集》卷九《清凉台同李长蘅即日有怀子柔》，题下附注："十月十六日。"诗曰："斜阳系马集花宫，踏阁攀台坐竹丛。佳客正逢新赏惬，前期还惜故人同。"

李流芳，偕陆化熙、程嘉燧游滁州龙潭山。

李流芳《檀园集》卷四《旅宿滁州，同子将、无际步屧至龙潭山，忆丙午偕羽明、孟阳来游已一纪矣》《滁州道中见梅感赋》。

冬日，李流芳与周之谟、朱贞一、钱谦益同举南京。

李流芳《檀园集》。

是年，程嘉燧，作《山水》扇面。

金笺，设色。辽宁省博物馆藏，辽1-226。

丁云鹏，作《松泉清音图》轴。

纸本，设色，143.5厘米×33厘米。故宫博物院藏，京1-2079。

作《关羽像》轴。

纸本，设色。上海文物商店藏，沪11-037。

作《松下说法像》轴。

纸本，墨笔。北京荣宝斋藏，京11-017。

作《画佛图》轴。

纸本，墨笔。台北故宫博物院藏。

李流芳，作《雨景山水》扇页。

金笺，墨笔。上海博物馆藏，沪1-1622。

明万历三十五年　丁未（1607）

程邃，生。

按：程邃，字穆倩，号垢区、青溪、垢道人、野全道者、江东布衣，明

丁云鹏　洗象图　/　1606年　江苏省美术馆藏

末诸生。安徽歙县人，生于松江华亭（今上海松江）。曾拜华亭名士陈继儒门下，新安画派的代表人物之一。作画枯笔渴墨，模糊蓊郁，苍茫简远，干皴中含苍润，别具韵味。篆刻效法秦汉，首创朱文仿秦小印，又博采何震、文彭之长，自成一派。

程邃生年记载向多分歧。今据李念慈《谷口山房诗集》卷十六中一首《程穆倩七十寿》诗作于康熙十五年（1676）丙辰，推定生于1607年。靳治荆《思旧录·程处士穆倩先生邃》谓“先生歙人，生于云间”。

人日，程嘉燧，同雪浪师别。送娄坚参谒云栖寺。

正月，李流芳，赴京参加会试。与钱谦益一起落第而归。同过滕县，饮酒赏梅。

钱谦益《初学集》卷一《丁未春与李三长蘅下第，并马过滕县，贳酒看花，已十四年矣。感叹旧游，如在宿昔。作此诗以寄之》。

四月，程嘉燧，同李流芳、郑胤骥游泖上九峰还。作《寄怀昆山响梵阁季常上人》及《游九峰》数首诗。杂题画扇作《忆金陵》六首绝句。吊唁昆山张仲服，时昆山诸老迎雪浪大师。

丁云鹏　云山图　/　1607年　天津博物馆藏

程嘉燧《松圆浪淘集》卷九《中霄》。

夏仲，李流芳，同程嘉燧、郑胤骥游云间诸山，往还五日。

李流芳《檀园集》卷十一《江南卧游册题词·石湖》。

夏，丁云鹏，作《达摩面壁图》。

纸本，墨笔，134厘米×51厘米。庞元济旧藏。题款：“丁未长至，凡夫丁云鹏敬写。”西泠印社2006年秋拍成交价225.5万元。《虚斋名画续录》卷二；卢辅圣主编《中国书画全书》第十二册，上海书画出版社2000年版，第653页。

七月，丁云鹏，作《云山图》。

纸本，墨笔，47.5厘米×21厘米。天津博物馆藏。此图有董其昌题跋。

是年，李流芳，与钱谦益一同拜谒华山雪浪大师。

钱谦益《初学集》卷六十九《华山雪浪大师塔铭》。

明万历三十六年　戊申（1608）

春，程嘉燧，同友朱白民、龚一清、郑胤骥、李流芳入山赏梅，席间作《夏山图》卷，作《松窗访易图》并题诗。

程嘉燧跋邵松年《仿倪黄山水》卷，曰："戊申春，余同长蘅入山看梅。"

春日，丁云鹏，作《王右丞诗意图》。

纸本，设色，146厘米×59厘米。题款："寂寞掩柴扉，苍茫对落晖。鹤巢松树遍，人访荜门稀。绿竹含新粉，红莲落故衣。渡头烟火起，处处采菱归。戊申春日，喜写王右丞诗意。圣华居士丁云鹏。"保利2016年春拍成交价575万元。

清明，程嘉燧拜张二丈墓。复闻娄坚得子，喜赋诗一首贺之。

五月，李流芳，入夏以来，淫雨水患，有感于去冬今春干旱，作《苦雨行》五言长诗。座师林先生被召北上，为座师送行，并作五言诗记之。

中秋，程嘉燧在斋中同遣舟来访的庄民敬将军、张季修共赏月。

八月十八日，与庄将军别，留饮至夜分。题《江月图》赠建昌梅庆生（子庾）。友宋珏赠篆一方，遇琴馆中作歌酬之，聊以慰七年相闻不相见之叹，同宵者有翁铉（吾鼎）、陈彦质。

程嘉燧《松圆浪淘集》卷十。

九月九日，李流芳，与孟髯同游石湖，并作五言诗记之。秋，与侯震旸及其二子梁瞻、雍瞻登苏州灵岩山，游馆娃宫旧地。

李流芳《檀园集》。

孟冬八日，宋珏，坐李流芳檀园山雨楼中，作《山楼对雨图》轴。

故宫博物院藏。题款："山雨楼中试墨时，霜豪（毫）雪茧对君披。别来对雨遥相忆，添写松间雨后枝。戊申冬孟八日，有雨意，午后忽晴。予坐长蘅小楼中，出古子石研（砚），试叶道人墨，遂拈高丽纸，相对作画。时已渐暝，而予画未竟，因携归清凉庵补之。是日忽雨，人迹不到，补竟因系以诗，长蘅见之，为一莞尔否？宋珏识事，十三日也。"

是年，僧寓安，向汪公图南求"一袈裟地"，在丞相源建起了掷钵禅院，后易名云谷寺。

丁云鹏　王右丞诗意图　/　1608年
保利2016年春拍成交价575万元

杨明时　仿石田山水图　/　1608年　安徽博物院藏

《黄山志续集·重兴一钵禅院记》。

杨明时，作《仿石田山水图》。

安徽博物院藏。

明万历三十七年　己酉（1609）

吴山涛，生。

按：吴山涛，字岱观，一字寒松，晚号塞翁，安徽歙县人，“天都十子”之一。书法飘逸，山水不落蹊径，在程正揆、查士标之间。细密之作，深入元人阃奥，潇然淡远。汪世清于1986年撰《吴山涛生卒考》以证前说之误，并考得其生卒当为1609年至1690年。

方以智，生。

按：方以智，字密之，别号无可、鹿起、愚者等。安徽桐城人，出身世家。其祖父方大镇，曾任万历朝大理寺左少卿，治《易经》《礼记》，著述宏富。父亲方孔炤，万历四十四年（1616）进士，崇祯朝官至湖广巡抚，通医学、地理、军事，有《全边略记》《周易时论》等著作。方以智自幼秉承家学，接受儒家传统教育，曾随父宦游，至四川嘉定、福建福宁、河北、北京等地，见名山大川，历京华胜地，阅西洋之书，颇长见识。成年后，载书泛游江淮吴越间，遍访藏书大家，博览群书，交友结社。曾与陈贞慧、吴应箕、侯方域等主盟复社，裁量人物，讽议朝局，人称“四公子”，以文章誉望动天下。永历三年（1649），拜礼部尚书、东阁大学士，俱辞不就。明亡后削发为僧，改名大智，字无可，别号弘智、浮山愚者、愚者大师，人称“药地和尚”。方以智博涉多通，诗文书画为其余事。山水得元人法，不计形似而有生趣。是“桐城派”先驱者之一。著《浮山集》《通雅》《物理小识》《药地炮庄》《医学汇通》《旧韵定本》《东西均》《禅乐府》等书传世。

吴伟业，生。

按：吴伟业，字骏公，号梅村，别署鹿樵生、灌隐主人、大云道人，江苏太仓人。明末清初著名诗人。明崇祯四年（1631）进士，曾任翰林院编修、左庶子等职。清顺治十年（1653）被迫应诏北上，次年被授予秘书院侍讲，后升国子监祭酒。顺治十三年（1656）底，以奉嗣母之丧为由乞假南归，此后不复出仕。与钱谦益、龚鼎孳并称“江左三大家”，又为娄东诗派开创者。长于七言歌行，初学“长庆体”，后自成新吟，后人称之为“梅村体”。

春，丁云鹏，作《十八罗汉图》册。

美国纽约大都会艺术博物馆藏。题款：“己酉春之吉，佛弟子丁云鹏敬写。”

春日，李流芳，到弹山看梅。连续两夜借宿山阁，读壁间旧题，思及当年与徐孺谷、张君实、张茎之同游情景，怅然兴怀，有诗。

李流芳《檀园集》卷一《己酉春日，以看梅到弹山，信宿山阁，读壁间旧题，如昨日耳。而当时共事者徐孺谷、张君实与小史荃之皆死矣。退之有言：“人欲久不死，而观居此世者，何也?”怆然兴怀，爰作此诗》。

二月十三日，李流芳，为友人徐思旷《时文集》作序。

李流芳《檀园集》。

二月，程嘉燧，宿李流芳斋中，即事有怀宋珏。

程嘉燧《松圆浪淘集》卷十《宿长蘅斋阁即事有怀比玉》。

清明前一日，李流芳，冒雨泛舟杭州西湖之上，作《西湖烟雨图》卷。

题款：“己酉清明前一日，烟雨，泛舟西湖，为忍公兄作。”《天津市艺术博物馆藏画续集》，第67—68页。

三月，李流芳，与程嘉燧、郑胤骥、汪明标、张廷棫、李无垢、李宜之，登杭州乌石峰，游紫云洞、九溪十八涧。

李流芳《檀园集》卷十一《西湖卧游册跋语·紫云洞》载：“己酉三月，偕闲孟、无际、子薪、舍弟无垢、从子缁仲，登乌石峰，寻紫云洞。”《洞中第一桥》跋语：“己酉始至十八涧，与孟阳、闲孟、无际、子薪、舍弟无垢、舍侄缁仲俱至徐村第一桥，饭于桥上。溪流淙然，山势回合，坐久之不能去。予有诗云：溪九涧十八，到处流活活。我来三月中，春山雨初歇。奔雷与飞霰，耳目两奇绝。悠然向溪坐，况对山嵯峨。我欲参云栖，此中解说法。善哉汪子言：闲心随水灭。无际亦有和余诗，忘之矣。”

上巳日，李流芳，作《山茶花图》扇面。

上海博物馆藏。

四月，程嘉燧，游莺脰湖并过访旧友。参谒云栖寺，夜观画。

夏日，丁云鹏，作《十八罗汉图》。

纸本，墨笔，162厘米×62厘米。题款：“己酉夏日，丁云鹏敬写。”此图有陈继儒题款：“南羽先生写应真相，眉目意态，顾盼笑语，囤囤始动。此幅极得吴道子、李龙眠笔法，供养所在，度有吉祥云护之，不可亵玩。眉公陈继儒获观，题于晚香堂，时年七十又七。”董其昌题款：“唐吴道子画《渡海罗汉图》，余昔年见之都下，后为新安吴太学所购，余无十五城之偿，惟之心艳之。今观丁南羽临本，笔法苍古，语曰：巧者不过习者之门，信矣。董其昌题。”香港宝港2016年拍品。

秋，李流芳，同程嘉燧在虎山桥观月，程嘉燧作《送长蘅北上三首》并题画扇送之。

程嘉燧《松圆浪淘集》卷十一。

八月，李流芳，北上赴考，途中行船经过莲泾，访积善庵双林上人，并为其画竹卷题字。

丁云鹏　十八罗汉图（陈继儒、董其昌跋）
1609年　香港宝港2016年拍品

李流芳《檀园集》卷十一《题灯上人竹卷》载："往岁己酉北上，舟过莲泾，访双林上人于积善庵，出所画竹卷，属余题字。"

九月九日，李流芳，北上应试途中，在黄河边作五言诗一首，寄怀家中兄弟。

李流芳《檀园集》卷一《黄河九日寄怀家中兄弟》。

九月，程嘉燧，值方方叔北上，惜别。作《平山堂歌》。

冬，程嘉燧，作《风雨夜泊沽酒图》，追送故人方时化，雨夜惜别。

程嘉燧《松圆浪淘集》卷十一。

李流芳，抵达京师，安心准备考试，并在寓舍作《山水图》扇面。与同在京师准备参加会试的袁中道、钱谦益、韩敬、徐田仲、贺中泠等举人于城西极乐寺结社修业。

题款："己酉冬日，长安邸中作。流芳。"《明人画扇四册》第四册，第11页；《石渠宝笈初编》卷四。

是年，丁云鹏，作《洛神图》卷。

重庆博物馆藏。题款："己酉泊舟枫桥，为非菲丽人写，云鹏。"图卷中有高士奇、同乡朱之赤等名家收藏唱咏，题字者共计十九人。

程嘉燧，作《牧牛图》扇面。

金笺，墨笔。上海博物馆藏，沪1-1467。

作《为仲和作山水》扇面。

金笺，墨笔。上海博物馆藏，沪1-1468。

萧云从，始学画，临摹唐寅《鹤林玉露图》。

陆心源《穰梨馆过眼续录》卷二十三载："余髫时便模唐解元此册，不能淡远，与子西所云超轶尘外之义殊失也。"

杨明时，作《仿石田山水图》。

217.5厘米×141.5厘米。安徽博物院藏。

明万历三十八年　庚戌（1610）

渐江，生。

按：渐江，俗姓江，名韬，字六奇，又名舫，字鸥盟，法号弘仁。自号渐江学人、渐江僧，又号无智、梅花古衲，安徽歙县人。和查士标、孙逸、汪之瑞并称为"海阳四家"。他兼工诗书，爱写梅竹，但一生主要以山水名重于时，是新安画派的领袖。

有关渐江之生卒传记文字，最早当是王泰徵之《渐江和尚传》，写于康熙三年（1664）春；还有许楚《黄山渐江师外传》，撰于康熙六年（1667），付刻之弘眉《黄山志》中。

王泰徵《渐江和尚传》：

渐江和尚者，歙人也。俗姓江，名韬，字六奇。少孤贫，以巨孝发声，类其家次翁；卖薪养母类文通；其割毡耽学则休映；而文章气节，又君家之古心、古崖间矣。幼有远志，不入队行，人莫得而器焉。尝掌录而舌学，以铅椠膳母。一日，负米行三十里，不逮期，欲赴练江死。母大殡后，仁者之粟，谊友之赙，师卒瘏偿之。曰：不以我凯风寒泉累人也。生平不婚不宦。乌聊既定之明年，师有友程子守者，师所订石交也。一日，携其小史十卷作幔亭游。既至，则喟然兴叹，控鹤仙人安在哉！《武夷君传》：秦皇帝政之二年，君置酒会乡人于此峰上，安陵拍鼓，英妃奏琴，令歌师唱人间可哀之曲矣。今我在蟪蛄窟中，云茵霞褥，念世亦有类昔人呼我为曾大父者乎？思之凄断，以此在碧水丹山间最久。因归古航师圆顶焉。其于画则儿时好之，凡晋、唐、宋、元真迹所归，师必谋一见也。且云："董北苑以江南真山水为稿本，黄子久隐虞山而写虞山，郭河阳至取真云惊涌以作山势，固知大块自有真本在，书法家之钗脚漏痕，不信然乎？"师故独得画禅三昧。其见人欻然而晤，则乐之，其不浃己者，加富二等，就官一列，不以涂吾身也。生平畏见日边人，多有好我，蹙额远遁，如王九光母见刘彻三尸狡乱，惧以浊秽混上真矣。尝过樗园，予倾之甚，向黄公酒垆与师订交，师则速去；俄而不招即又来。予笑曰："渐公畏除目中人，所谓'三朝损道心'耶？"抑识蔡家儿濯骨沃焦，三十年前已从狗窦过乎？虽然，师则竟契我于骊黄外也。一日谓非二程子，予明年有持钵行，子盍语樗老人为我题一卷册。夫猖狂汗漫之游，非醫缺、被衣不能述也。师盖已迸出眼光识霍山三退牙有此钝置翁矣。师行即不果，不谓知己之言，吾已刻于心乎！师从浮屠氏游，故不禁宴会。壬寅，过匡阜，吊宗雷之遗事，感刘竺之微言，觉远公声影犹在，师乃始毅然著发愿文也。脱非迁化，莲社之灯其再续乎？师未示疾时，尝语人墓上种梅为绝胜事。归卧竹根之日，尚有清香万斛，濯魄冰壶，何必返魂香也？他生异世，庶不蒸芝菌，滴醴泉，以媚人谄口，其赖此君哉！疾止晷刻，欲以所蓄墨妙分给同人，尚喃喃佛号不绝。友人卜地于披云峰下，取谪仙访许宣平处，莳梅花数十本以大招之，从师治命也。师平生画宗"倪黄"，书宗颜，诗在惠诠、清顺之间。身后检得诗偈一集，皆绝句也。其以诗画称岁寒交者，为姜如农、张来初、吴石庵诸君子；其于武夷倡和成集者，为张蚩蚩、周元修、王尊素诸君子；其以文章声气为梓里游者，为汤岩夫、许芳城、程非二诸君子；尤以墨妙世其学，得师心印者，则有侄允凝，名注。

论曰：《南华》，世外之书也。而读《人间世》一卷，仲尼之语子高，义命两大戒，父君两大事，娓娓烦言累牍，乃知臣忠子孝，即是世外至人。甚矣，漆园之微于托也。今渐江之事，世都谓摩诘后画家北宗一派属之，甚而引古尊宿六十余家见于《王氏画苑》者，以为唐之翛然、禅月，宋之寂音、妙喜，元之海云、玉涧，庶几相伦。噫！是皆以画论师，以古德论画，非师旨也。夫师少而养母，壮而羁游，鼎鼎百年之间，与海内名人巨子交，无不器重师者。一乃不婚不宦，赍志以殁，可谓茫然无一寄托，止以翰墨行乎？今但汇师一生微响述之。予故不能深知师，后之君子，感时论世，忾乎常怀米家之书画船耶？竺氏之五宗录耶？皇甫士安之《高士传》耶？谓师皆分身入流焉，而师皆不在焉可。

甲辰春孟陬，社弟王泰徵书于友林之鹦枋。

许楚《黄山渐江师外传》：

渐公自幔亭归黄山，往来云谷、慈光间又十余年。挂瓢曳杖，憩无恒榻。每寻幽胜，则挟汤口聋叟负砚以行。或长日静坐空潭，或月夜孤啸危岫。倦归则键关画被，欹枕苦吟，或数日不出。山衲踪迹其处，环乞书画，多攒眉不应；顷忽涤砚吮笔，淋漓漫兴，了数十纸，不厌也。云谷僧常为其祖寄公请书塔铭，师踞石运思，笔致遒逸，得晋魏风味，传之士林，以为海岳书《龙井方圆庵记》今再见也。一日师至研山亭，谓予曰："近游浮溪，始知二十四源孕奇于此，沿口以进，寥廓无量，两山辖云，涧穿其腹，老梅万株，倒影横崖，纠结石罅，寒漱浑脱，根将化石。每春夏气交，人间花事已尽，至此则香雪盈壑，沁入肺腑，流冉巾帔，罗浮仇池，并为天地。因念单道开辟谷罗浮，晓起惟掬泉注钵，吞白石子数枚，淡无所为，心向慕之。荒坛断碣之隙，衲将劚香茆一把，老是乡而解蜕焉。龛门之石，则青岩公事也。"予笑而未答。明年，师还自庐山写《三叠泉》以见饷。逾数月，寻脱破芒鞋，示寂于五明禅院。仙源汤岩夫诔师松下，会从游诸子，剃草种梅而累其塔。祠部王先生为铭以瘗之。又三年，慈光八公修葺山史，属予录山中栖托高衲。余以师虽埋骨披云，其烟驾香幢，无日不在灵泉法海间也。爰得次师入山一二事，以报浮溪之石。

正月四日，程嘉燧，张次公留宿遇琴馆，程与之对雪作诗。过张崇儒（鲁生）白鹤山郊居寻梅。客朱济之家，时友娄峰、金兆登登西山看梅，遇雨阻未还。作《唐时升六十初度》诗。访李流芳，画柳叹别。

程嘉燧《正月四日，张次公先生过遇琴馆留宿对雪即事》。

元夕，李流芳，作《山水图》扇面。

上海博物馆藏。

春，李流芳，再次落第。而同年举人钱谦益殿试一甲三名，入翰林。在都下与王志坚漫步檐下，读郑胤骥所寄《郑胤骥诗册》。燕中归，为郑胤骥画《烟林小景》，并题诗。

李流芳《檀园集》卷一《燕中归，为闲孟画〈烟林小景〉，有感而作》。

四月，李流芳，过宜兴。应潘克家、蒋韶宾之邀，游善卷洞，为山僧作《善卷洞图》，系以长诗，署名六浮道人。

吴荣光《辛丑销夏记》卷五《明李长蘅〈善卷洞图〉》。

夏，程嘉燧，再过杭州访许承宗，与鲍溪父话旧。雨中游宝石山并题画。与吴介甫、邹之峄游西湖。赋《西湖杂题》六首。

程嘉燧《松圆浪淘集》卷十一。

李流芳，寓居西湖，与娄坚力邀程嘉燧来湖上相聚。

程嘉燧《松圆浪淘集》总目《荆云十二》。

秋，李流芳，偕友人朱鹭在西湖苏堤、白堤赏月。

李流芳《檀园集》卷十一《西湖卧游册跋语·江干积雪图》载："庚戌秋，与白民看月两堤。"

八月，程嘉燧，送客观潮，夜归遇许承宗，画《垂杨人马》扇面，并题诗。

十月，李流芳，送程嘉燧游楚中，作诗《送程孟阳游楚中》。

诗云："我昨劝君为楚游，喜君翻然即掉头。今日置酒与君别，见君行色我始愁。平生心知两莫逆，人言君痴我亦癖。村扉城郭嫌疏索，那能别此长为客。去年送我扬子湄，焦山落日江逶迤。岂意今年复送君，楚云湘水劳相思。君家书阁秋山中，千山万山松入风。我亦买山梅花里，诛茆卜邻期子同。惜哉此意不得遂，连年漂泊徒西东。人生万事常相左，饥来驱人欲谁那。君今新得贤主人，相将且拽寒江舵。江月山花远趁君，诗囊画本留贻我。"程嘉燧《松圆浪淘集》卷十一；李流芳《檀园集》卷二。

冬，程嘉燧，题吴若虚《风雪沽酒图》。往武昌，欲游楚。

程嘉燧《松圆浪淘集》卷十一。

是年，汪之瑞，于揽云阁作《松石图》巨幅。

郑重，与普门法师赴京化缘，筹建慈光寺。在京绘制《法海图》进呈，明神宗朱翊钧御赐"护国慈光寺"招牌，归黄山，自此名声大噪。与潘之恒等人结"天都社"。

按：郑重，明末清初人，具体生卒年未详，主要活动于明万历三十八年庚戌（1610）至顺治五年戊子（1648）之间。字千里，号重生、潭上居、风道人、天都懒人；释名无着。安徽歙县人，流寓金陵。善作佛像，从学于丁云鹏；云鹏推为赵伯驹后身（郑重遂字千里，号重生，盖以赵千里自喻也）。兼画山水，取法宋元，不名一家。重写家乡，善用青绿。创作以人物法写山水，工细严谨而情景交融。风格自茂密至疏简，始终以情贯之。曾因摹古成疾，愈后遂礼佛。与黄山印我和尚在白龙潭上结茅而居，并约为之绘《水陆道场图》。黄钺有《游仁义寺观吴仲道、郑重生画壁诗》，注云："杭州净慈寺方丈悬千里所画大士像，长丈余，有须数十基，相庄严之致。江宁大报恩寺殿壁天尊像，相传亦郑千里笔也。"明万历三十八年庚戌（1610）与普门法师赴京化缘，筹建慈光寺。又为杭州净慈寺、江宁报恩寺作壁画，声誉满江南。神宗闻之，命其画御书《莲经》引首，东宫亦命其画扇。虽赐锦宴、宫笺，封待诏中翰，但终以方外力辞归山。安徽博物院藏其作品有《空谷荒村图》斗方、《云涧林壑图》立轴、《山水》五开册页，均未署年月。

袁宏道，卒，年四十三。

葛万里撰《三袁先生年表》，清初刻本，上海图书馆藏。

明万历三十九年 辛亥（1611）

春日，丁云鹏，作《云山林霭》扇面。

纸本，墨笔，17.5厘米×52.5厘米。题款："辛亥春日，为见捷词丈写，云鹏。"上海宝龙2012年春拍成交价109万元。

春，李流芳，同家弟李无垢往苏州西碛山雨中看梅，过灵岩，作诗十首。

李流芳《檀园集》卷十一《江南卧游册题词·灵岩》载："辛亥同家弟看梅西碛，过灵岩诗云：'灵岩山下雨绵绵，香径琴台云接连。忆得秋山黄叶落，松风水月梦中禅。盖谓此也。'"

三月，李流芳，在双桥舟中，为严敇作《隔墙塔影图》扇面。

金笺，墨笔。上海博物馆藏，沪1-1623。

夏，程嘉燧，在南屏寺，同闻上人（净慈）宿于朗微阁。入韬光，同闻上人、鲍溪父、张成甫、蕙光登兆高峰，宿绝顶僧寺。

程嘉燧《松圆浪淘集》卷十一。

李流芳，偕邹方回、程嘉燧避暑法相寺竹阁，题扇作诗送友人。在小筑，与邹方回池上看荷花，作诗一首。

四月，李流芳，游西湖，值莼菜方盛，采撷之以饱尝美味，作《三潭采莼图》，并作晚明诗词中脍炙人口的名篇长诗《莼羹歌》。

丁云鹏　云山林霭　/　1611年　上海宝龙2012年春拍成交价109万元

李流芳《檀园集》卷十一《西湖卧游册跋语·三潭采莼图》题款："辛亥四月，在西湖，值莼菜方盛时，以采撷作羹饱啖。有《莼羹歌》，长不能载，大意谓：西湖莼菜，自吾友数人而外，无能知其味者。袁石公盛称湘湖莼羹，不知湘湖无莼，皆从西湖采去，又谓非湘湖水浸不佳，不知莼初摘时，必浸之，经宿乃愈肥。凡泉水湖水皆可，不必湘湖也。然西湖人竟无知之者。图中人舟纵横，皆萧山卖菜翁也。可与吾歌并存，以发好事者一笑。癸丑十月，吴江舟中篝灯题。"

五月，李流芳，同邹之峄从湖上小筑，游杭州云居寺，拜访张懋良，顺便重游紫云洞，有题跋记之。于落日中坐长廊上饮酒。夜，伴月踏歌而归。次日，为邹之峄作《云居寺图》。

李流芳《檀园集》。

八月，程嘉燧，同鲍溪父观天竺桂树，题《弄月图》。

程嘉燧《松圆浪淘集》卷十一。

九月，同娄坚、天谷丈集，与隐峰师东林轩话别，离楚。

李流芳，作《行书〈般若波罗蜜多经〉》，署"云栖弟子李流芳，法名广熄和南敬书"。

王杰等辑《石渠宝笈续编·秘殿珠林》第二册。

十月，程嘉燧，得娄坚、李流芳致密云张季修书于湖上。二日，同友乘舟至昆山。十六日夜，登瓜洲城观月。和友李洋河于舟中戏为俚体以遣怀。因伤秋题画扇示友。作《桃花流水图》赠友。

冬，程嘉燧，同友唐时升、娄坚过访安亭张名由。

程嘉燧《松圆浪淘集》卷十一。

李流芳，为侄儿李宜之近两年习作集作《庚辛草序》。

李流芳《檀园集》卷七《从子缁仲庚辛草序》载："辛亥冬日。"

嘉平日，李流芳，作《仿白阳山人笔图》轴。

上海博物馆藏。

又作《仿沈周山水图》扇面。

纸本，墨笔。吉林省博物院藏。

是年，丁云鹏，作《兰亭修禊图》扇面。

纸本，设色。上海博物馆藏，沪1-1257。

作《山水》扇面。

金笺，设色。上海博物馆藏，沪1-1258。

李流芳　仿沈周山水图　/　1611年　吉林省博物院藏

明万历四十年　壬子（1612）

周亮工，生。

按：周亮工，字元亮，又有陶庵、减斋、缄斋、适园、栎园等别号，学者称栎园先生、栎下先生。明末清初文学家、篆刻家、收藏家。河南祥符人。明崇祯十三年（1640）进士，曾任山东潍县知县，迁浙江道监察御史。入清后，任盐法道、兵备道、布政使、左副都御史、户部右侍郎等。康熙元年（1662），起复为青州海道、江安储粮道。周亮工擅古文，宗唐宋八大家。他一生饱经宦海沉浮，曾两次下狱，被劾论死，后遇赦免。生平博极群书，爱好绘画篆刻，工诗文，著有《赖古堂集》《读画录》等。

正月，李流芳，重游西湖。同行有邹之峄、严调御、闻启祥等。后一日，独往断桥徘徊终日，作《断桥春望图》。翌日，为杨谶西题扇，以寄寓自己寂寞冷落的心情。

正月三十，李流芳，与仲锡、闻子和自云栖步行至永兴寺，夜返西湖之滨，于湖上小筑与邹之峄、严调御、闻启祥等把酒言欢。

二月一日，李流芳，作《永兴兰若图》。

李流芳《檀园集》。

二月二日，李流芳，作《云栖晓雾图》。

李流芳《檀园集》卷十一《西湖卧游册跋语·云栖晓雾图》载：“壬子正月晦日，与仲锡、子与出云栖，慧法师、季和居士送予辈至三聚亭下。是日大雾，山林模糊，已而霁，至西溪，还小筑。明日孟阳持册子索画，遂追图此意。”

二月，李流芳，为闻启祥题《夜游》卷，作五言长诗一首。

程嘉燧，同瞿式耜同舟自武昌回，半月方至浔阳（今江西九江）。

清明，程嘉燧，舟中赋诗画扇。

程嘉燧《松圆浪淘集·自序》。

三月，李流芳，在邹之峄寓舍小筑，于酒酣之后画《紫云洞图》，并题。

李流芳《檀园集》卷十一《西湖卧游册跋语·紫云洞》载："己酉三月，偕闲孟、无际、子薪、舍弟无垢、从子缁仲，登乌石峰，寻紫云洞。洞石甚奇，而惜少南山秀润之色。然境特幽绝，游人所罕至也。后三年，在小筑灯下，酒酣弄笔，作水墨山水，觉旧游历历都在目前，遂题云'紫云洞图'，竟不知洞果如是画否，当以问尝游者。余画大都如此，亦可笑也。"

在小筑，为邹之峄画《孤山夜月图》，并题。

题款："曾与印持诸兄弟，醉后泛小艇，从西泠而归。时月初上新堤，柳枝皆倒影湖中，空明摩荡，如镜中，复如画中。久怀此胸臆，壬子在小筑，忽为孟阳写出，真是画中矣。"李流芳《檀园集》卷十一。

夏，汪关，来访，为李流芳刻印数枚。长至前十日，题汪关《汪杲叔印谱》。

题曰："今年夏，汪杲叔自海上来访余，为余刻名字数印，余未尽赏之，已见杲叔印谱而爽然自知也。余尝论篆刻之事，以为今人皆知有秦、汉印章，而不知当时自钟鼎、大篆而外，别有摹印一种。其字之传既有限，而后之人复不得以意增减。其间，则不得不借钟鼎、大小篆以补其所不及。故秦、汉之不得不降而为宋、元也，势也，所谓穷则通焉者也。胜国有吾子行，号精于此道，然已不能不通秦、汉而为宋、元矣。国初名人印章，皆极芜杂可笑。吾吴有文三桥、王梧林，颇知追踪秦、汉，然当其穷，不得不宋、元也。新安何长卿，始集诸家之长，而自为一家，其体无所不备，而各有所本，复能标韵于刀笔之外，称卓然矣。余少年游戏此道，偕吾友文休竞相模仿，往往相对，酒阑茶罢，刀笔之声，扎扎不已；或得意叫啸，互相标目，前无古人。今渐老，追忆往事，已如隔世矣。见杲叔，不觉童心复萌。今世以此道行者，自长卿而后有苏啸民、陈文叔、朱修能诸人。独杲叔贫而痴，足迹不出海隅，世无知之者，然能掩有秦、汉、宋、元之长，而独行其意于刀笔之外者，不得不推杲叔。吾谓长卿而后，杲叔一人而已。世有知者，当不以吾为妄也。万历壬子长至前十日，泡庵居士李流芳题。"韩天衡《历代印学论文选》，第206页。

初夏，郑重，作《仿王蒙〈葛洪移居图〉》。

135.8厘米×29.1厘米。台北故宫博物院藏。题款："壬子初夏，仿黄鹤山樵笔，郑重。"

秋，程嘉燧，移居城南垫巾楼，与唐孟先同舍。

冬，程嘉燧，送侯震旸谒选。为李流芳作《放歌行送长蘅北上，兼柬陆羽明》。

程嘉燧《松圆浪淘集》卷十三。

丁云鹏，作《玉川煮茶图》轴。

纸本，设色，138厘米×65厘米。故宫博物院藏，京1-2080。题款："玉川煮茶图。壬子冬日，为逊之先生写于虎丘僧寮。"

十月四日，李流芳，与程嘉燧、闻子与夜话，题《断桥春望图》。

十月六日，在定香桥舟中重题《六和晓骑图》。

十月，李流芳，作《断桥残柳图》扇面，一作《船窗兀傲图》。

金笺，墨笔。上海博物馆藏，沪1-1624。题款："壬子十月，同孟阳、方回、子与泛舟断桥，残柳差差不令致，因为作两株扇页示子与。新月欲上，子与且将被从予招提。并识此。使它日见之，思我傲船窗时也。流芳。"

是月，又于大佛寺倚醉楼题《法相寺山亭图》。

十二月十三日，李流芳，在金阊舟中，题邹之峄所携《胜果寺月岩图》册页。北上京师，赴会试。程嘉燧、方应祥、徐元晦、金尔珍、翁子远、郑子野、张彦、李无垢、李宜之等至金阊舟中送行。

十二月，李流芳，在鹿城（今江苏昆山）舟中，重题《云居寺图》。北上，为乃师友谷老人作《闲家具序》。

李流芳《檀园集》卷七《闲家具序》。

是年，李流芳，作《山水》轴。

金笺，墨笔。新疆维吾尔自治区博物馆藏，新1-33。

作《秋林茅屋图》轴。

纸本，墨笔，96.5厘米×27.5厘米。广州美术馆藏，粤2-108。

明万历四十一年　癸丑（1613）

顾炎武，生。

按：顾炎武，本名绛，乳名藩汉，别名继坤、圭年，字忠清、宁人，亦自署蒋山佣；南都败后，因为仰慕文天祥学生王炎午的为人，改名炎武。因故居旁有亭林湖，学者尊为亭林先生。江苏昆山人。明末清初的杰出思想家、经学家、史地学家和音韵学家，与黄宗羲、王夫之并称为明末清初"三大儒"。他一生辗转，行万里路，读万卷书，创立了一种新的治学方法，成为清初继往开来的一代宗师，被誉为清学"开山始祖"。顾炎武学问渊博，于国家典制、郡邑掌故、天文仪象、河漕、兵农及经史百家、音韵训诂之学，都有研究。晚年治经重考证，开清代朴学风气。其学以博学于文、行己有耻为主，合学与行、治学与经世为一。诗多伤时感事之作。其主要作品有《日知录》《天下郡国利病书》《肇域志》《音学五书》《韵补正》《古音表》《诗本音》《唐韵正》

《音论》《金石文字记》《亭林诗文集》等。

春，李流芳，与闻启祥一同抵达京师，备考。与方应祥、胡休仲、闻启祥一同拜访肖士玮，相互攀谈。

钱谦益《初学集》卷五十四《闻子将墓志铭》，记李流芳、闻启祥两人未及会试而返，钱谦益遣人制止却掉头不顾。

李流芳再次下第，同行的闻启祥亦未能金榜题名。南归，作七言古体诗《南归戏为长句自解》。

诗云："人言债多能不愁，我今真作隔夜忧。天生吾舌尚可用，况有薄技供遨游。但恐饥寒命所注，纵有衣食非人求。一家嗷嗷三十口，老母弱子将焉谋。我欲卖却百亩田，不堪持作三年羞。不然计且无复之，请屏所爱不一留。先卖几头子石砚，不爱墨花绣涩春云流。次卖商尊父丁篆，不爱宝色剥落夔龙虬。次卖西山梅花二十亩，不爱春湖草阁临青浮。最后卖却山雨之飞楼，不爱松风梧月芙蓉秋。如此不足办吾事，天实为之吾何尤。人年四十老将至，譬如已死亦即休。"李流芳《檀园集》卷二《南归戏为长句自解》。

仲春，丁云鹏，作《佛像图》。

纸本，设色，108.5厘米×55.5厘米。题款："癸丑仲春，古云居弟子丁云鹏敬写。"瀚海2003年拍卖成交价130万元。

清明，李流芳，作挽王锡爵词并《王辰玉太史哀辞》六绝。同茂初、郑胤骥访张其廉村居。

五月十三日，程嘉燧，陪茂初兄弟在宝尊堂宴集。

仲夏，再访李流芳，同游杭州西溪，李流芳图写《永兴兰若》。

程嘉燧《松圆浪淘集》卷十三。

八月，李流芳，在清晖阁题《两峰罢雾图》。

李流芳《檀园集》卷十一。

八月夜，程嘉燧，再访张崇儒，题扇赠之。同隐峰长老访海慧堂，赠诗怡玄。作《毛锥行》。

秋夜，程嘉燧，观汪关印章及娄坚题字。题王翘《草虫册》共五绝八首。

程嘉燧《松圆浪淘集》卷十三。

中秋，李流芳，在西湖赏月，因流连两山间，滞留杭州，至深秋红叶落而还。

十月一日，李流芳，作《花卉竹石图》册。

题款："予醉后往往喜弄笔，山水、木石、花竹，虽不似而气韵生动，反似能造诸种种者。正不解何谓，徒供醒者一笑而已。今夜得酒连画，得十八帧，孟阳爱而藏之，幸勿示人。癸丑十月一日，西湖小筑清晖阁灯下题。流芳。”金瑗辑《十百斋书画录》卷三。

十月，李流芳，题《雷峰暝色图》。

题款：“癸丑十月醉后题。”李流芳《檀园集》卷十一《西湖卧游册跋语·雷峰暝色图》。

是月，补题《江干积雪图》。

题款：“癸丑阳月题。”李流芳《檀园集》卷十一。

与邹之峄、闻启祥兄弟同舟至吴门，夜泊乌镇，酒后题《云栖晓雾图》。

题款：“癸丑十月，孟阳及子将兄弟与余同舟至吴门，夜泊乌镇，酒后题字。”李流芳《檀园集》卷十一《西湖卧游册跋语·云栖晓雾图》。

在乌镇舟中补题《永兴兰若》。

题款：“癸丑十月，乌镇舟中题。”李流芳《檀园集》卷十一。

同月，李流芳，在吴江舟中补题《三潭采莼图》。

题款：“癸丑十月，吴江舟中篝灯题。”李流芳《檀园集》卷十一。

是年，释普门，在黄山玉屏峰建寺院。

丁云鹏，作《应真像》轴。

纸本，墨笔。台北故宫博物院藏。

明万历四十二年　甲寅（1614）

元日，程嘉燧，试笔赋诗答娄坚，期同游黄山。

程嘉燧《松圆浪淘集》卷十四。

仲春，丁云鹏作《天都晓日图》。

纸本，设色，212.7厘米×55.4厘米。美国克利夫兰美术馆藏。题款：“玄扈出云，天都晓日。万历甲寅仲春，仲鲁五十初度之晨写此奉寿，通家弟友丁云鹏。”

三月望日，李流芳，题有汪关百余方作品的《宝印斋印式》，其中说到为其改名“尹子”的缘由：“一日过吴市，得一汉铜章，龟钮碧色，斑斓错锈，其文曰‘汪关’，杲叔宝爱之，遂更名‘关’，问字于余，余字之曰‘尹子’。”

韩天衡《历代印学论文选》。

四月初八，李流芳，与江士衡、李无垢泛舟桐泾，在积善精舍与灯上人啜茶试墨，再次重题《灯上人竹卷》。

孟夏，程嘉燧，游广陵，宿李流芳家，因夜论诗，约为黄山之游，作《李长蘅檀园近诗序》。

程嘉燧《松圆偈庵集》卷上。

五月一日，程嘉燧，过东林轩，与孙士徵于甘露寺僧房话旧。为孙照邻作《奕园歌》。泛舟安江门外，出广陵至会山访一巾禅师不遇，同宋珏和苏轼韵感旧。

程嘉燧《松圆浪淘集》卷十四。

中秋，程嘉燧，应湛公邀同宋珏、张崇儒放舟松寥山，留二十日至重阳始别，时润公演《法华经》于金山。方期结夏山中为书《圆觉经》。

程嘉燧《松圆浪淘集》卷十四。

九月，丁云鹏，在苏州虎丘，作《枫岭秋声图》。

广东省博物馆藏。题款："更闻枫叶下，淅沥度秋声。甲寅九月之望，写于虎丘僧寮。云鹏。"

同月，李流芳，回故里新安扫墓，途经吴门，与季弟无垢话别于寓舍。无垢持素册相赠，嘱作新安山水美景。

李流芳《檀园集》卷十一《题画册》："甲寅九月，扫墓新安，过吴门，别季弟无垢于寓舍。持素册授余，曰：'遇新安山水佳处，当作数笔，归以相示，可当卧游。'领之而别。"

九月九日，李流芳，为友人沈雨若作《沈雨若诗草序》。

九月十一日，李流芳，为友人沈巨仲作《沈巨仲诗草序》。

丁云鹏　枫岭秋声图　/　1614年　广东省博物馆藏

李流芳《檀园集》。

腊月，李流芳，自新安还，与好友邹之峄、李大白、邹方回、闻启祥饮于西湖小舟上。大雪，夜宿舟中，作诗画不得，终觉一欠事。时已近年关，但闻启祥等苦苦相留。次日，大雪初霁，李流芳早早起来，招一小船独自归家。

李流芳《檀园集》卷十一《西湖卧游册跋语》。

作《仿米山水》卷。

故宫博物院藏。

十月四日，丁云鹏，作《竹林观音图》。

纸本，墨笔，137.5厘米×53.5厘米。题款："甲寅小春之四日，佛弟子丁云鹏敬写。"香港艺术馆编《好古敏求——敏求精舍三十五周年纪念展览》，1995年版，第62页。嘉德2013年春拍估价350万元。

是年，程嘉燧，作《为三泉作山水》扇面。

金笺，墨笔。上海博物馆藏，沪1-1469。

作《为孟约作山水》扇面。

金笺，墨笔。上海博物馆藏，沪1-1470。

丁云鹏，作《观梅图》轴。

金笺，设色，150.5厘米×64.3厘米。故宫博物院藏，京1-2081。

郑重，与普门和尚北上京都谢恩。

明万历四十三年　乙卯（1615）

元日，程嘉燧，同唐孟先于垫巾楼宴坐。

正月十八日，程嘉燧，宿李流芳家，感旧赋诗。

三月，程嘉燧，重返扬州。

程嘉燧《松圆浪淘集》卷十四。

夏，李流芳，为世远仁兄作《松图》扇面。

天津博物馆藏。

秋，李流芳，作《仿吴仲圭山水》扇面，一作《流水绕林图》。

金笺，墨笔。上海博物馆藏，沪1-1625。

九月初八日，查士标，生。

《休宁查氏家谱》卷四查士模《皇清处士前文学梅壑先生兄二瞻查公行述》云："先兄生于故明万历四十三年九月初八日辰时。"公历为1615年10月19日。

冬，李流芳，北上赶考，虽携带画册，然“京师尘埃蔽天，笔冻欲死，画意益不得发”。

李流芳《檀园集》卷十一《题画册》载：“乙卯北上，乃复携之而行。京师尘埃蔽天，笔冻欲死，画意益不得发。”

丁云鹏，作《秋山远眺图》轴。

纸本，墨笔，129.2厘米×33.6厘米。苏州博物馆藏。题款：“秋山远眺。乙卯冬日，写于榆村聚星堂之左厢。丁云鹏。”

除夕夜，程嘉燧有诗怀寄六安孙履和。

程嘉燧《松圆浪淘集》卷十四。

明万历四十四年　丙辰（1616）

汤燕生，生。

按：汤燕生，字元翼，一字岩夫，号黄山樵者。安徽太平人。与渐江、梅清为友。甲申后弃诸生，寓居芜湖。工书画，善诗文，博览群书，究心于《易》，有《商歌集》。

春，董其昌，为丁云鹏七十寿辰作《为丁云鹏贺寿诗》。

原文：“南羽丁先生高士七十初度，诗以为寿。白社年弥进，黄山秀益增。清言流齿颊，古色上眉棱。险句追长吉，新图拟右丞。孤筇期汗漫，老笔太飞腾。岩壑何寥廓，云霞互蔚蒸。蓬瀛极可度，庐霍卧堪升。自昔无兼体，惟君具国能。前身虽画史，多劫或诗僧。痴绝吾何有，神游理共凭。当为张彦远，着尔厕咸彭。”嘉德2009年秋拍成交价683.2万元。

春，李流芳，在京师，第四次应会试，与龚本立、徐廷葵同住显灵道院。寒夜，与虞山徐廷葵拥火，促膝谈心，通宵达旦。居所后有楼阁，每于雪夜后朝曦，两人便携酒登眺，尽揽北京西山之秀，亦欣赏大内宫

丁云鹏　秋山远眺图
1615年　苏州博物馆藏

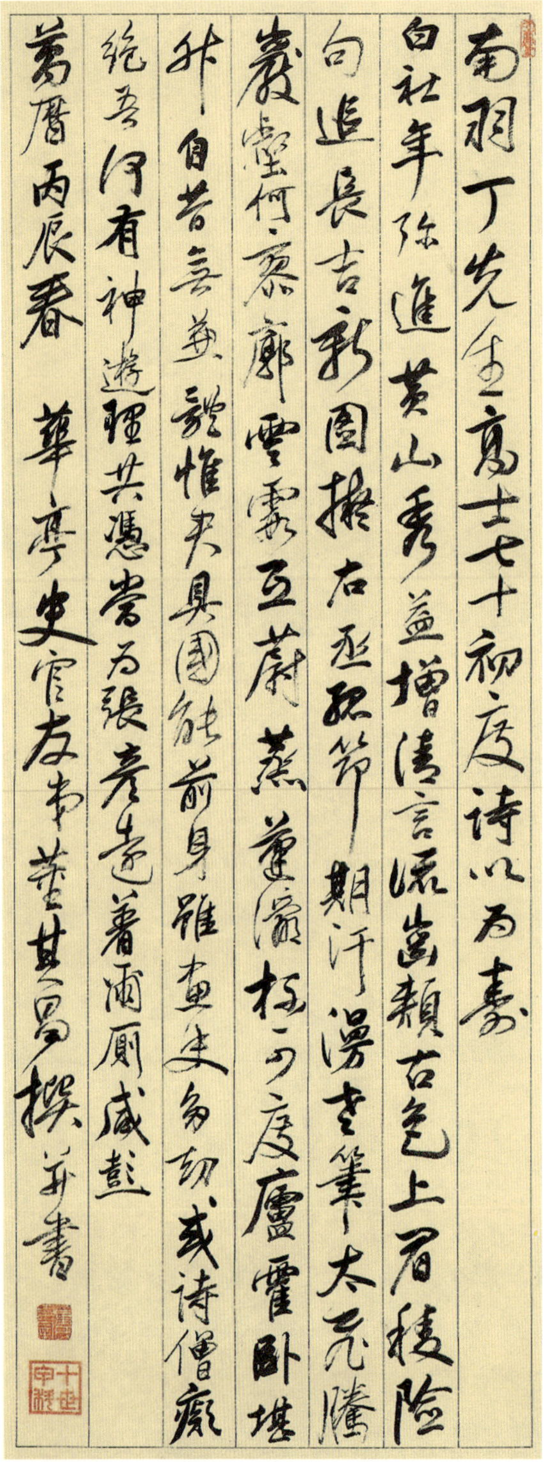

董其昌　为丁云鹏贺寿诗　/　1616年
嘉德2009年秋拍成交价683.2万元

阙之壮丽，对饮几乎不醉无归。

李流芳《檀园集》卷七《徐廷葵燕中草序》。

李流芳，作《游西山小记》一文，寄与程嘉燧诸兄在西湖者一笑。

李流芳《檀园集》卷八《游西山小记》。

二月十三，程嘉燧，游阳山，宿文殊寺。次日，游西白龙庙，观古柏题壁。送葛实甫入佘山访陈继儒。

程嘉燧《松圆浪淘集》卷十五。

四月，程嘉燧，同方季康游虎丘，宿铁佛房，赋《虎丘览古》等诗。

夏，李流芳，落第南归，过拂水山房，作《山水》扇面。程嘉燧与隐峰庵主莲居师品茗话旧。

题款："丙辰夏日，过云初口拂水山房作。"

夏日，丁云鹏，作《伏虎尊者图》。

安徽博物院藏。题款："丙辰夏日，佛弟子丁（云鹏写）。"

六月立秋，李流芳，作《徐廷葵燕中草序》。

题款："丙辰六月立秋日。"李流芳《檀园集》卷七。

八月五日，程嘉燧，作《祭孙履和》。中秋，送外甥之扬州，过李流芳宅，赋《蓼蓼亭》。在吹阁画焦先岭。出郊看江树怀唐孟先，访柳宗元郊居。画《霜月寒林图》。

十月，程嘉燧，与方季康游西湖，

题写《江沙落木图》。

程嘉燧《松圆浪淘集》卷十五。

腊月，李流芳屏居檀园，岁末穷愁，百感交集，作《题溪山秋意图》卷，并题。

李流芳《檀园集》卷十一《题溪山秋意图》卷载："去年残腊，屏居檀园。岁末穷愁，百感交集，酒杯书卷皆为愁具。篝灯无睡，间以笔墨自遣，或一木一石，期于引睡而止。"

是年，李流芳作《兰花》卷。

纸本，墨笔。吉林省博物院藏，吉1-091。

作《行书诗》卷。

纸本。南京博物院藏，苏24-0264。

作《简笔山水》扇面。

金笺，墨笔。浙江省博物馆藏，浙1-075。

丁云鹏　伏虎尊者图　/　1616年　安徽博物院藏

明万历四十五年　丁巳（1617）

元日，程嘉燧，于东林轩和娄坚韵。

正月八日，程嘉燧，作《亡妹忌日感述》，画《邗江柳》。

二月，程嘉燧，画《钟陵霁雪图》。李元芳携诗邀观梅，留友葛实甫宿垫巾楼。

二月二十九，程嘉燧，出盐铁塘，访曹榍躬宅观仲山父鼎和古画。题宋珏之《霜叶红于二月花图》诗。

三月，丁云鹏，作《卢仝煮茶图》。

纸本，设色。题款："丁巳三月，丁云鹏写。"香港佳士得2014年春拍成交价268万港元。

丁云鹏　卢仝煮茶图　/　1617年
香港佳士得2014年春拍成交价268万港元

三月三日，程嘉燧泊舟虞山下，步寻等慈师不遇。

四月，程嘉燧，居停阊门，题《江沙落木图》。与李流芳同舟至武林，在灵岩山麓中题李流芳《仿倪黄山水》卷。题先辈闵青芝画像并作歌。重过虞山塔院与兰公话旧。

程嘉燧《松圆浪淘集》卷十六。

四月，李流芳，前往杭州，正值程嘉燧暂留阊门，遂同舟入溪山。

李流芳《檀园集》。

五月二十四日，李流芳作《题画册》。

题款："甲寅九月，扫墓新安，过吴门，别季弟无垢于寓舍。持素册授余，曰：'遇新安山水佳处，当作数笔，归以相示，可当卧游。'领之而别。自禹航从陆至丰干，一路溪山红树，掩映曲折，或旷或奥，皆在画中行。归自屯溪，买舟沿溪而下，清流见底，奇峰怪石，参错溪中，两岩束之，上限云日，所谓舟行若穷，忽又无际者。昔人称新安江之胜，今始见之，每欲下一笔，逡巡不敢。归与无垢言之，但相对一笑而已。然此册犹在余箧中，每开视之，犹作新安山水想。乙卯北上，乃复携之而行。京师尘埃蔽天，笔冻欲死，画意益不得发。丙辰落魄而南，长夏闲居，思理笔研，简得此册，则曩时新安山水，又付之子虚乌有矣。因随意弄笔，以解烦热，数日而册满，尚欲题字，识此一段因缘，邹仲锡一见便夺去，固索不得。好画如仲锡，便脱手相赠，不足复惜。但此册未画时，已走新安，往返二千里，京师八千里，中间游览之乐，车马风尘，菀枯冰炭之感，历历皆影现于此，不可不惜也。因题而归之，丁巳五月二十四日。”李流芳《檀园集》卷十一《题画册》。

六月，程嘉燧，欲赴铁山品杨梅，积雨未行，灯下题画寄怀一雨师。

六月十一日，李流芳，在西湖小筑为邹之峄题《溪山秋意图》。

李流芳《檀园集》。

七月，程嘉燧，与等慈师观画于虎山。

程嘉燧《松圆浪淘集》。

立秋，程嘉燧，在拂水山房同钱谦益作诗遣兴，为其讲诗法。

金鹤翀编《钱牧斋先生年谱》，1932年铅印本。

八月九日，程嘉燧，同宋珏泛游北郊山地，沈弘正邀之共饮。

中秋，程嘉燧，夜过吴门，李流芳乘舟往会。十六日晚，游虎丘并画虎丘景。李流芳偕邹之峄、张崇儒过吴门，游虎丘。十七日，李流芳复偕邹之峄至虎山桥看月，饭后舟次横塘，作《行书卷》，并题诗一首。又同邹之峄、张崇儒游虎山，并作七言长诗《虎山踏月行示同游邹孟阳、张鲁生》。十八日，引邹之峄至苏州铁山。盖因曾购铁山一小丘，欲建六浮阁，望邹之峄捐资。作《六浮阁图》，并题诗一首。是日，游苏州胥门横塘。在邹之峄苏州阊门寓舍画《横塘图》。

九月，李流芳，复与邹之峄同舟至武林，雨夜，泊舟朱家角。六日，于清溪道中补题《虎丘》。

原文：“虎丘，宜月，宜雪，宜雨，宜烟，宜春晓，宜夏荫，宜秋爽，宜落木，宜夕阳，无所不宜。而独不宜于游人杂沓之时，盖不幸与城市密迩，游者皆以附膻逐臭而来，非知登览之趣者也。今年八月，孟阳过吴门，余挐舟往会。中秋夜，无月。十六日晚霁，偕游虎丘，秽杂不可近，掩鼻而去。今日为孟阳画此，不觉放出山林本色矣。丁巳九月六日，清溪道中题。”《檀园集》卷十一《江南卧游册题词·虎丘》。

九月七日，李流芳，于西塘舟中补题《灵岩》。

李流芳《檀园集》卷十一《江南卧游册题词·灵岩》。

九月二十四日，程嘉燧，同宋珏、郑胤骥、郑胤骡等诸君宴饮垫巾楼，题《醉中墨竹图》。

十月十八日，程嘉燧，再同郑胤骥、汪无际等泊舟程桥，由吾谷观枫叶，上维摩，至望海亭，憩拂水崖，宿等慈师山房。冬日，独游东皋草堂。

程嘉燧《松圆浪淘集》卷十六。

十一月，李流芳，为邹之峄作《怪石图》卷，并题五言诗一首，自号慎娱居士。

作《南山云气图》轴。

天津博物馆藏。

十一月十三日，程嘉燧，友方季康至，邀集曲中，复请唱南曲《单题柳》，并题画《新柳图》，赠歌叟徐四。

十一月十八日，枕上作歌别宋珏，仿苏轼上巳日诗，以聊存陈迹，不必铨叙。

程嘉燧《松圆浪淘集》卷十六。

是年，李流芳，为友人邹之峄作《吴中十景山水图》册。

金笺，设色，每开尺寸为27.8厘米×34厘米。上海博物馆藏，沪1-1626。

《吴中十景山水图》册是其挹取苏州一带十处胜景所作的十景图：《虎丘》《岣嵝云涧》《横塘》《石湖》《灵岩》《虎山桥》《石公山》《毛公坛》《天池》《天平山》。十景图运笔洒脱自信，勾染自然得宜，为李流芳成熟时期的代表作。每开均以隶书题写地名，前五景李流芳自题记跋，后四景钱谦益于崇祯己卯年（1639）补题。最后一景为近人吴湖帆题跋，然而吴湖帆在题跋中，将李流芳为邹之峄（孟阳）作的《吴中十景山水图》册，误为程孟阳。

李流芳，作《山水》扇面。

金笺，设色。辽宁省博物馆藏，辽1-248。

程嘉燧，作《云山松桂图》轴。

绢本，设色，151.5厘米×47.5厘米。吉林省博物院藏，吉1-082。

程嘉燧，合作《山水》四开册页。

绢本，设色，每开尺寸为19.1厘米×22.5厘米。上海博物馆藏，沪1-1471。

明万历四十六年　戊午（1618）

柳如是，生。

按：柳如是，明末清初女诗人，本名杨爱，字如是，又称河东君，浙江嘉兴人。与马湘兰、卞玉京、李香君、董小宛、顾横波、寇白门、陈圆圆同称“秦淮八艳”，后嫁钱谦益为侧室。与程嘉燧有交集，程作《朝云诗》《七夕行》详叙其与柳偕游嘉定之事。

施闰章，生。

按：施闰章，字尚白，号愚山、屺云、玉溪外史、媲萝居士。安徽宣城人。天性颖慧，主学于体仁，道德文章冠绝一时。参加清世祖顺治选学使御试，名列第二，擢升为山东提学佥事。顺治十八年（1661）任江西布政司参议，分守湖西道。康熙时举博学鸿词。官至侍读，纂修《明史》。施闰章很会讲学，往往听者云集。他还是清代前期较出名的诗人，其诗清新俊丽，委婉蕴藉，有阴柔之美。工于五言诗，想象丰富，题材广阔。律诗颇有唐人余韵，绝句格调绮丽。诗作虽多为言志抒情或应酬唱和之作，但亦不乏抨击时弊的作品。因与山东莱阳诗人宋琬齐名，时人并称为“南施北宋”。晚年好延誉后进，蒲松龄受其推誉。平生善画山水，风格秀逸高超，堪称奇绝，惜画名为诗文所掩。著有《学余堂诗集》《试院冰渊》《青原志略补辑》《矩斋杂记》等。

立春，李元芳见访。程嘉燧同李流芳雨中回舟题画与刘长卿。

三月，李流芳，居檀园，书《楷书陶渊明诗》轴。

纸本，150.5厘米×73.9厘米。浙江省博物馆藏，浙1-092。

三月十二日，程嘉燧，同瞿式耜、陆羽明、许康侯诸人往桃源涧葬张老。宿钱谦益馆。从虞山西行至焦山怀湛公。

程嘉燧《松圆浪淘集》卷十六。

四月，程嘉燧，在扬州方季康馆，作《古木空亭图》。

绢本，水墨，73.9厘米×29.8厘米。安徽博物院藏。题款：“万历戊午四月，过江见方季康，留此志别。程嘉燧。”

程嘉燧，复会京口，泊下关。过访滁州方时化学舍。由荥泽广武山下渡河登太行，赴山西长治。

四月二十五日，李流芳，读唐代寒山子诗，随性挥毫，竟成一画卷，并题跋语。

《李流芳题画诗跋·题寒山诗卷》载：“一月弥雨，索居无聊，如似小船独泛大海中，极目滔天，无可放脚处。所谓对此茫茫，不觉百端俱集也。今日湿气稍解，焚香磨墨，读寒山子诗，随喜辄画，竟画此卷，聊复记之。戊午四月廿五日。”

夏，李流芳，抄佛经于皋亭真歇禅师塔院。

长至后一日，李流芳，作《山水花果》十一开册页。

金笺，墨笔，每开尺寸为24.8厘米×28厘米。南京博物院藏，苏24-0265。

六月，李流芳，出山，舟中甚热，笔砚开而复卷。

七月，李流芳，友人闻子与下葬，作《祭闻子与文》。

七月十六日，李流芳，作《画册》并题。

李流芳《檀园集》。

八月，李流芳，重至西湖，作画五帧。

李流芳《檀园集》卷十二《题画册》载：“八月，重至湖上，复携此册而往，舟中无事，画

程嘉燧 古木空亭图 / 1618年 安徽博物院藏

得五帧，意倦辄止。”

中秋夜，程嘉燧，送刘长卿归新安。

程嘉燧《松圆浪淘集》卷十六。

九月，李流芳，复来杭州，买舟西湖，流连十日，饱看两山红叶而归。归途经苏州，会好友王志坚，作画三帧。于吴江舟中，作《疏树孤亭图》轴。

天津博物馆藏。李流芳《檀园集》卷十二《题画册》载：“舟次吴江，风雨如晦，灯下饮数杯，辄画三纸。明日抵葑门，晤淑士，小饮而别。”

冬日，程嘉燧，自序《松圆浪淘集》，编次十二卷。

程嘉燧《松圆偈庵集》卷上。

李流芳，作《仿倪瓒山水图》。

故宫博物院藏。

作《松阴高士图》卷。

纸本，设色，27.5厘米×142.6厘米。上海博物馆藏，沪1-1628。

与娄坚合作《书画合璧》卷。

纸本，墨笔，42.7厘米×430厘米。上海博物馆藏，沪1-1627。

作《山水图》卷。

金笺，设色。上海朵云轩藏，沪7-0136。

与闻启祥及刚中举的汪无际

一道入京参加会试。

除夕，李流芳，在南京，与宋珏、闻启祥、汪无际一起饮酒守岁。

李流芳《檀园集》卷四《除夕白门喜比玉携榼至寓舍，同子将、无际、升父、无我守岁，伯敬复遣人饷酒（戊午）》。

是年，丁云鹏作《大士像》十六开册页。

台北故宫博物院藏。

程嘉燧，作《霸亭柳色图》扇面。

金笺，墨笔。上海博物馆藏，沪1-1472。

郑重，作《江山揽胜图》。

上海博物馆藏。

约是年，郑重，作《云涧林壑图》轴。

纸本，墨笔。安徽博物院藏。

明万历四十七年 己未（1619）

龚贤，生。

按：龚贤，字岂贤。别号半千、野遗、

李流芳 疏树孤亭图
1618年 天津博物馆藏

郑重 云涧林壑图
约1618年 安徽博物院藏

柴丈、半亩、半亩居人、半庵、蓬蒿人、半山野老、客隐、东海隐士、镜遗等。印章中又有半山、臣贤、柴僧、香叟、上元人、大布衣、江东布衣、野遗贤、钟山野老、半山野人、半山野贤、半千丈、龚处士、清凉山下人、草香堂、安节堂、安宁等。龚姓乃昆山大族。祖父（名无考）仕明，官至长史。父名元美，亦仕明，生子数人，贤居长。

龚贤生年，众说不一。现从汪世清先生考，即1619年。据顾麟士《过云楼续书画记》著录《龚贤廿四幅巨册》成于丙辰（1676）春夏之交，龚氏自题："余年近六十，恐后来精力稍倦。"丙辰是康熙十五年（1676），上推五十八九，应是明万历四十七年己未（1619）；又上海图书馆藏《龚半千自书诗册》（龚心剑抄本）有《春日偶述》一首，首句"六年前已五旬过"。诗册起自康熙十一年壬子（1672），迄于十四年乙卯（1675），作品按写作之先后为序。《春日偶述》一诗作于康熙十三年甲寅（1674），龚贤是年五十六岁，正合。

元日，李流芳，作《元旦枕上口占（己未）》。偕闻启祥、汪无际过宋珏居停，同赏古砚，听费节卿置酒说剑。春，偕闻启祥、汪无际北上赴试，至濠梁（今安徽凤阳北），因病弃考返还。作《濠梁道中，别子将、无际南归》六首，与闻启祥、汪无际作别。

二月二日，李流芳，与子薪、韫父、尔凝及家伯季从子，泛舟南郊，听江君长弦歌。遇雨，子薪偕尔凝、君长宿檀园，共赏正在开放的兰花。

李流芳《檀园集》。

三月十八日，李流芳，从吴门还家。翌日，招好友张廷棫、郑彦逸及家侄等聚饮于宝尊堂。留宿山雨楼头。次日晨起，登楼看雨，焚香品茗。续饮，赏花行令，颇畅。二十一日晨，二子欲辞行，李流芳以家酿好酒相挽留。张廷棫请画，遂入慎娱堂，且画且谈，作《盆兰图》卷，二十二日画毕，题跋赠之，署名泡庵道人。

李流芳《檀园集》卷十二《题画卷与子薪》。

四月朔日，李流芳，至好友张廷棫花癖斋赏莺粟花，画《盆兰卷》，并作跋语。

四月二十五日，程嘉燧，作五言诗示儿士颛。题《墨花蝴蝶图》。题写《烟岚》小幅寄宋珏。

程嘉燧《松圆浪淘集》卷十六。

六月，李流芳，见《云栖破晓图》，为好友闻子与早逝感伤不已，复题之。

跋文："当游时画时，子与皆在，今已作故人，永隔言笑，真可痛也。己未六月重题。"

夏，李流芳，在虎丘精舍重题《江干积雪图》。

九月，李流芳，至杭州巧遇谭元春，一起泛舟西湖。十年神交，一朝相遇，喜而赋诗，约谭元春太湖看梅。谭元春以诗答之。李流芳此行携江南三琴师同至，谭元春作诗《听李长蘅所携客弦索歌》《又听长蘅所携客挝鼓歌》。与谭元春结伴造访闻启祥山居，二人舟居共处一日。谭元春有诗感赋。后李流芳又与严武顺、闻启祥、邹之峄、谭元春等在杭州聚会，停留十日。

谭元春《谭友夏合集》卷十七《与李长蘅舟寓诗三首》《月会诗为严、闻、邹、李诸兄弟作》。

冬，李流芳，同沈守正在西湖涌金舟中同饮。

李流芳《檀园集》卷十《祭沈无回文》载："己未之冬，兄以假，而弟适至西湖，始得一握手。是夜月明，同饮于涌金舟中，酒阑。"

李流芳，延请白鹤寺象法师至檀园讲《起信论》。友张子薪留宿檀园，三人常辩难至深夜。灯下，作小景册付儿子李杭之。

李流芳《檀园集》卷十二《题画册付儿子李杭之》。

是年，李流芳，作《仿荆关山水》卷。

绢本，墨笔，25厘米×266.2厘米。广州市美术馆藏，粤2-109。

除夕，程嘉燧，画《鹊与鸣鸡图》。宋珏伴于香浮东阁共度岁。

程嘉燧《松圆浪淘集》卷十六。

明万历四十八年　庚申（1620）

人日，程嘉燧，始得家书，赋七律《示儿》以明志。弟嘉燃，卒，作《悼景先亡弟》。

程嘉燧《松圆浪淘集》卷十六。

正月十日，李流芳，试笔于檀园剑蜕斋中，为《摹书帖》题跋。

李流芳《檀园集》卷十二《跋摹书帖》载："庚申新正十日，试笔题于剑蜕斋中。"

春日，李流芳，为承叔道友作《溪山林屋图》轴。

纸本，墨笔。南京博物院藏，苏24-0266。题款："庚申春日，为承叔道友仿黄子久笔。李流芳。"

秋日，李流芳，作《仿倪云林山水图》扇面。

题款："庚申秋日写。李流芳。"

冬，李流芳，作《泉石青松图》扇面，一作《王维诗意图》。

金笺，墨笔。上海博物馆藏，沪1-1629。

是年，李流芳作《山水图》轴。

金笺，墨笔，102.7厘米×29.3厘米。无锡博物馆藏，苏6-057。

明天启元年　辛酉（1621）

郑为虹，生。

按：郑为虹，字天玉、去疾，号师山后学，别号为虹。安徽歙县人，郑玉后嗣，元勋之侄。明崇祯十六年（1643），与叔同中会试，明亡后佑其兄练乡勇，保卫扬州。授知蒲城。唐王朱聿键召为御史，部民乞留，乃令以御史巡视仙霞关，驻蒲城。丙戌（1646）六月十三日，清兵破城，执之，遂自刺死，时年仅25岁。郑为虹平生善画，山水宗法吴镇，著有《师山集》一书传世。安徽博物院藏其《松谷草堂图》轴，未属年月。

正月十二日，李流芳，作《仿宋元各家山水册》。

每幅尺寸为28.2厘米×35.8厘米。苏州博物馆藏，苏1-175。

二月五日，李流芳，同龚方中顶大风游大小石湾。

二月十一日，李流芳，还舟过锡山，作《山水》扇面。

首都博物馆藏，京5-274。题款："辛酉二月五日，大风同仲和寒游大小石湾，江涛际天，石壁亦开吐寒流，不能久留，小憩备止雨还。十一日，舟过锡山，遂书扇头图之，仿佛而已。流芳。"

三月，江益，作《江壑回堤图》。

安徽博物院藏。

清明，程嘉燧，作《松寥诗引》。

程嘉燧《松圆浪淘集》卷十六。

五月端午，李流芳，作《题画册》。从舍弟无垢处得宋纸十六帧，画得八帧，赠送友人张宗晓。

程嘉燧，与刘永清（浚元）于六涧堂唱和。因得家书画《聚竹图》。

六月既望，程嘉燧，客长治县，作《祭仲防之弟》。

程嘉燧《松圆浪淘集》卷十六。

七月，李流芳，在张廷械宅窗前看红叶茉莉，酒后作画十帧成一册。

秋日，作《秋林远岫图》卷。

上海博物馆藏。

七月初九，戴本孝，生。生于和州西河村（今安徽和县城北）。

按：戴本孝，字务旃，号鹰阿山樵，别号黄水湖渔父、太华石屋叟，又号前休子、破琴老生、鹇口道人、碧落精庐主人、西顾岩樵叟、石天蹈海人、迢迢谷口农、守砚庵老生、横江槎客、白石洞天逋臣、无根道人等。安徽和县人。父重为抗清名将，明亡绝食死。本孝一生不仕，以布衣隐居鹰阿山中，故号鹰阿山樵。性喜交游，与渐江、龚贤、石涛等友善。性情高旷，尝与友人夜谈华山之胜，晨起即襆被往游。工诗文书画。尤善画山水，师法倪瓒、王蒙、黄公望，师古能化，注重师法造化，曾游幽燕秦陇等地，领略大自然之胜概。山水多取材于黄山风景，善用枯笔，强调虚实对比，线条丰厚沉着，格调松秀枯淡，墨色苍浑，得元人之趣。石涛早期山水画曾受其影响。本孝亦善画松梅。画史将其列入清初新安派。亦工书法及诗，著有《前生诗稿》《余生诗稿》等。

秋仲，丁云鹏，观卢浩然《山居十志图》。

吴升《大观录》卷十一著录卢浩然《山居十志图》载："辛酉秋仲，丁南羽先生求观此卷，捧而叹曰：希世之宝，千金之玩也。人生会觏，实有往因，焚香拜而展之。"

九月晦前一日，程嘉燧，重登百谷山，作《重登百谷山欢泉宴》游记。

程嘉燧《松圆偈庵集》卷上。

冬，李流芳，在虎丘僧舍作《兰花图》扇面。

上海博物馆藏。

程嘉燧，过易水，有怀古诗。除夕，踏雪观松，于浮白斋观伎。

程嘉燧《松圆浪淘集》卷十七。

是年，作《桐下高吟图》轴。

纸本，墨笔。上海博物馆藏，沪1-1473。

十月，李流芳，过常熟虞山看枫叶，访兴福寺。又到苏州虎丘，舟中赏月。

十一月，李流芳，于娄东舟中，为王与游作《画册》并跋。

十二月三日，李流芳，欲北上京

江益　江墅回堤图　/　1621年　安徽博物院藏

师会试。屡屡名落孙山，心灰意冷。动身前暂住虎丘铁佛僧舍，候好友闻启祥一同北行。三日深夜，灯下为儿子题《画册》，与诸友作别。

李流芳《檀园集》。

为士远作《山水》册。

故宫博物院藏。

是年，李流芳，作《秋林远岫图》卷。

洒金笺，墨笔，17.2厘米×137.5厘米。上海博物馆藏，沪1-1630。

作《仿大痴山水》扇面。

金笺，墨笔。上海博物馆藏，沪1-1631。

作《山水》十开册页。

纸本，墨笔，每开尺寸为17厘米×26厘米。广州市美术馆藏，粤2-110。

明天启二年　壬戌（1622）

春，李流芳，与好友闻启祥一同抵达北京郊外。惊闻后金兵渡辽河，攻陷东北重镇广宁，引发朝野震动，京师戒严，九门昼闭，故决意放弃科举考试。南归途中，记录沿途见闻，写下了著名的组诗《南归诗》，回首二十年来的悲苦酸辛。

钱谦益《初学集》卷五十四《李长蘅墓志铭》载："岁壬戌，广宁陷，都城震惊，遂喟然束装南归。"

抱病作《南村水竹图》。

上海博物馆藏。题款："欲挂衣冠神武门，先寻水竹渭南村。却将旧斩楼兰剑，买得黄牛教子孙。壬戌春日南还，抱疴闭门，偶作此图，颇有长林丰草之致，怅然有感而书此诗。李流芳并记。"

作《长林丰草图》轴。

上海博物馆藏。

在檀园萝壑作《老树孤亭图》轴。

纸本，墨笔，122.2厘米×31.9厘米。云南省博物馆藏，滇1-19。

吴眉，作《秋江独钓图》扇面。

纸本，设色，17.7厘米×52.6厘米。安徽博物院藏。题款："壬戌春为尔登老契兄写。吴眉。"

按：吴眉，明末人氏，具体生卒年均未详。原名吴媚，字眉生。安徽歙县人，适汪氏。平生善画，山水出入倪云林、黄公望，竹石及墨花亦标韵清远。诗词婉畅，书体遒媚，时称女博士。

吴眉　秋江独钓图　/　1622年　安徽博物院藏

夏，李流芳为子陶兄画《山水图》扇面。

上海博物馆藏。

五月七日，程嘉燧，与刘去非、牛贞孺携榼湖边吟诗。投潮音寺，宿宝藏禅师处。

程嘉燧《松圆浪淘集》卷十七。

六月，李流芳，重题《画册》。

秋日，李流芳，在剑蜕斋，为童仰园祝寿作《松石图》轴。

绫本，墨笔，138.2厘米×53.7厘米。上海博物馆藏，沪1-1632。

七夕，程嘉燧，与钱谦益坐谈作《中峰夜雨图》。

程嘉燧《松圆浪淘集》卷十七。

七月十一日，张廷械病中，以李流芳去年所赠红叶茉莉等画册请题。由于酷暑，李流芳迟迟未能动笔，画册竟丢失于寓所。为不使朋友失望，连夜补画补题。

吴家凤，作《云壑松亭图》。

纸本，设色，235厘米×112厘米。安徽博物院藏。题款："天启二年七月望日，为昌国老叔寿。家凤。"

七月，为亡友郑胤骥作《题闲孟诗册》。

李流芳《檀园集》卷十二。

七月二十二日，程嘉燧，送荫子锦衣张济方入蜀访烈愍殖。赠杨震寰诗，答谢其为己摹填王瑞像，留其月余。

吴家凤　云壑松亭图　/　1622年　安徽博物院藏

作《仿董源山水图》轴与《花卉树石》册页。

故宫博物院藏。

八月，李流芳，与夏华甫同舟过吴门，同王志坚兄弟会晤，留宿虎丘。又至鹿城（今江苏昆山），于舟中两日间，画就小景一册，并题。

李流芳《檀园集》卷十二《题画册》载："去年八月过吴门，晤王淑士兄弟，宿留虎丘。秋热甚酷，舟还至鹿城，稍有凉意。同舟夏华甫携得宋笺册子，爱其光润宜墨，辄作小景，两日间遂尽此册。"

十一月二十四日，程嘉燧，题画扇赠宣坦。

是年，李流芳作《为子陶作山水》扇面。

金笺，设色。上海博物馆藏，沪1-1633。

钱谦益，因遭科场诬陷，移疾出京。

明天启三年　癸亥（1623）

殷曙，生。

按：殷曙曾作《渐江师传》。

《渐江师传》：

渐江师者，歙之桃源人也。法讳弘仁，字无智，别号渐江；俗姓江氏，为邑中鼎族，名韬，字六奇。少孤贫，事母以至孝闻。尝借铅椠养母氏，一日，负米行三十里，不逮期，欲赴练江死。母大殡后，凡餽粟致赙者，师悉卒瘏偿之，曰："我不以凯风寒泉累友人也。"师秉性幽贞，绝意婚宦，独酷嗜读书作画，聊以永日。壮岁即屏去世缁，遍游宇内名山。至武夷，依古航大师，谒圆顶焉。素深得画家三昧，尝曰："董北苑以江南真山水为稿本，黄子久隐虞山而写虞山，固知大块自有真本在，若书法之钗脚漏痕，不信然乎？"爰是携小阮允冰氏住静黄山，收其松云岩壑之奇，一一寄之于画。曾诵许旅亭翁为师辑梓《画偈》，有云："坐破苔衣第几重，梦中三十六芙蓉。倾来墨沈堪持赠，恍惚难名是某峰。"师于黄山不啻寤寐以之矣。且其归黄山诗云："黄山影里是予栖，别后劳云固短扉。客久恐招猿鹤怪，奚囊载得雪霜归。"非因山悟画，因画谈禅者欤？癸卯游匡阜归，与旅亭、允冰二君休夏披云峰下。每理棹石淙，焚香瀹茗，各出所藏书画鼎彝，纵观移日。忽夕阳西驰，黄山献秀，师不禁解衣脱帽，索纸布图，极浮游容与之致。自秋徂冬，感疾不起，十二月二十二日示寂于五明寺，报龄五十有四，僧腊二十有一。遗命于塔前多种梅花，曰："清香万斛，濯魄冰壶，何必返魂香也？他生异世，庶不蒸芝菌，滴醴泉以媚人谄口，其赖此哉！"先是，欲以所储墨妙分给同人，疾革时，尚喃喃佛号不绝。坐化之日，缁素号恸，吴越凄悲。遂以甲辰二月六日卜地寺左，为莳梅数十本，以大招之。箧内检其遗诗若干，皆题画绝句也。盖师偶有感触，辄含毫伸素，诗画并作。求者值此，各厌所欲而去。然多金要人购之，弗应。即不解事者强之，必不肯作。故识者多爱重焉。其以诗画称岁寒交者，为姜如农、邹衣白、程端伯、郭石公、王无闷、汤严夫、王芦人诸君子；其于武夷唱和有集者，为张蚩蚩、王尊素诸君子；其以文章声气为梓里游者，为许旅亭、玄范、程非二、毕阶三、方一兮、吴文度、不炎诸君子。若夫以墨妙承师心印者，有侄允冰，名注，恒栖息于黄山诸名刹云。

论曰：古高僧多不言诗及画，然何必不言诗及画也。师生平不易作诗，亦不易作画。所云遗诗，皆画中说偈耳。有家弃家，有名弃名，有诗画并弃诗画。旅亭翁盖深于知师者矣。寓形浮屠，无足与偶，乃纵游名山；名山闲于耗日，又托毫素以宣写之。随乞随散，了不经意；而穷幽极奇，获其一缣一箑者等于球璧。夫岂师之志也哉！

初春，李流芳，为张廷棫题《白云青嶂图》。

李流芳《檀园集》卷十二《题白云青嶂图》。

孟春，李流芳，作《雨中山色图》卷。

纸本，墨笔，29.5厘米×288.5厘米。安徽博物院藏。题款："癸亥孟春，雨中过明公僮斋作，李流芳。"

夏，程嘉燧，题画送方计都（子玄），画《松圆山居图》。

伏日，程嘉燧，庐邻有馈饼。送友刘永清（浚元）归上党。送江似孙赴朝鲜毛帅幕府。

程嘉燧《松圆浪淘集》卷十七。

八月，李流芳，过迈斋看早桂，乘兴作《溪山平远图》卷。

天津博物馆藏。

八月十二日，在檀园萝壑题画册。

李流芳《檀园集》卷十二《题画册》载："天启癸亥八月十二日，题于檀园萝壑。"

中秋，李流芳，为友人张廷棫题画。

题款："天启癸亥中秋。"李流芳《檀园集》卷十二《题画为子薪》载："此册仿诸家，虽不

李流芳　雨中山色图　/　1623年　安徽博物院藏

尽得形模，然笔墨气韵，差不大谬于古人，岂独焕然复还旧观，直可谓后来居上矣。”

为友人徐田仲绘《钱塘十图》册页。

题款：“今年在湖上为李郡伯、陈司李画二册，适同年徐使君田仲见而爱之，心欲之而不言。余窥其意，归而作《钱塘十图》以遗之。大都常游之境，恍惚在目，执笔追之，则已逝矣。强而名之曰：某山某寺某溪某洞，亦取其意可耳，似与不似当置之，勿论也。”李流芳《檀园集》卷十二《题画为徐田仲》。

十月，李流芳，于留光舟次重题两年前所作《题画册》。

题款：“天启癸亥十月，题于留光舟次。”李流芳《檀园集》卷十二。

仲冬，程嘉燧，与周虞卿、葛一龙、郭圣胎、恒光师、牧隐师于石镫庵话别。

腊月二十四日，梅清，生。

“敢冀生今日，相看一老狂。”梅清《天延阁删后诗》卷十四《雪庐偶存草·壬子腊月廿四日感怀》。

按：梅清，字渊公，一字远公，号瞿山，别署梅楞、雪庐、瞿山道者、新田山人、敬亭山农、瞿硎老人等。安徽宣城人。室名有天延阁、茶峡草堂等。少时读书，竟夜不倦。及长，英伟豁达，以博雅称。顺治十一年（1654）中举人。再试礼部不第，乃游于燕齐梁宋间，士大夫多与之交，王士禛、徐文元尤为倾服。工书，画又妙绝，并以诗名江左，与族人梅庚齐名。所著有《天延阁前后集》。晚岁，又合未刻之稿，编为《瞿山诗略》三十三卷，并行于世。

十二月二十八日，李流芳，于剑蜕斋作《林峦积雪图》。

纸本，墨笔，163厘米×48.5厘米。上海博物馆藏，沪1-1634。题款：“癸亥逼除，连日大雪，闭门独饮，小酣辄弄笔墨。偶得旧楚纸，喜其涩滑得中，为破墨作《林峦积雪图》。古人画雪，以淡墨作树石，凡水天空处，则以粉填之，以此为奇。予意此与墨填者，皆求其形似者耳。下笔飒然，有飘瞥掩映于纸上者，乃真雪也。愿与知者参之。廿八日，薄暝映雪，题于剑蜕斋中。”

为子育作《山水》卷。

故宫博物院藏。

作《秋林归隐图》卷。

故宫博物院藏。

作《山水》卷。

绢本，设色，27.5厘米×340.5厘米。湖南省博物馆藏，湘1-022。

明天启四年　甲子（1624）

元日，程嘉燧，出高平（今山东巨野）登太行，谒孔子回车庙，渡河至汴。

程嘉燧《松圆浪淘集》卷十七。

李流芳，试笔作画，题七言绝句二首，示家弟无垢。将携家至武林皋亭别业桃花坞中。

李流芳《檀园集》卷六《甲子元日，试笔作画，兼题二绝句，示家弟无垢，是岁予五十，将携家至武林，有别业在皋亭桃花坞中，山水佳处也》。

元夕，程嘉燧，于南宿州驿舍作《尝甘漫题》。

正月十八，程嘉燧，同龚一清等侯园赏梅，同唐时升在金兆登东园观桃花。

程嘉燧《松圆浪淘集》卷十七。

二月，李流芳，客武林，淹留至八月而归，始得临丧致祭文。二月二十三日，杭州隐士沈太治去世，为其撰墓志铭。

四月二十八日，题《手书持册》。

李流芳《檀园集》。

夏日，李流芳，作《仿黄公望山水》轴，题五言绝句一首。

中国美术馆藏。题款："月落林木心，风开湖山雨。亭虚梦亦晴，推帘人不见。甲子夏日，仿大痴道人笔意漫题。李流芳。"

书作《游西山小记》成扇。

李流芳《檀园集》卷八《游西山小记》。

八月，李流芳，从杭州回，以蔬果祭奠好友张廷棫，并作《祭张子薪文》。

八月十五日，程嘉燧，侯服长邀其泛舟观伎。

游黄山，画《龙潭晓雨》扇页。

故宫博物院藏。

秋日，李流芳，作《溪山楼阁图》。

绢本，墨笔，161厘米×47.5厘米。西泠印社藏，浙4-026。

冬，李流芳，于檀园剑蜕斋作《徐陵如之制义序》。

李流芳《檀园集》卷七《徐陵如之制义序》。

作《寒山烟树图》轴。

纸本，墨笔，99厘米×35厘米。上海博物馆藏，沪1-1636。题款："甲子冬日画。李流芳。"

十二月，李流芳，从子李宜之以高丽纸茧册乞画，恰逢连日阴雨，于家中连画十二帧，不几日竟成一册。题记《画册》与从子。

题款："今年在西湖六七月，日以书画为役，手腕几脱。秋中言归，遂绝意此事。数月以来，牵于尘鞅，间有酬应，非其所乐。腊月自吴门还，……偶简得从子缁仲所乞高丽茧册，连画得十二帧，或挑灯酒阑，杂以梦境；或映檐呵冻，盥栉都忘。人生闲适之味，不可多得。至于笔墨，适意尤难。吾不知此画，方之作者工拙若何？然其胸怀所寄不受促逼，或亦不当以工拙目之矣。"李流芳《檀园集》卷十二《题画册与从子》。

十二月九日，泊舟苏州阊门，作《云山图》，并题。

题款："甲子嘉平月九日大雪，泊舟阊门，作此图。"李流芳《檀园集》卷十二《题〈云山图〉》。

十二月十三日，归舟中作《城南雪景图》轴。

题款："甲子腊月十三日，归自吴门，大雪弥日。舟过城南，见留光树色，冒雪含烟，颇不乏致，辄画此纸。李流芳。"徐邦达《历代流传书画作品编年表》，第110页。

是年，程嘉燧，作《松谷庵图》扇面。

金笺，墨笔。上海博物馆藏，沪1-1474。

李流芳作《山水》十开册页。每开都有李流芳对题书法。

纸本，设色，每开尺寸为22厘米×14.2厘米。上海博物馆藏，沪1-1635。

程邃，从黄道周游。

傅抱石《明末民族艺人传》谓："程邃早上京师。启祯间，从漳浦黄石斋道周、清江杨机部廷麟二公游。"

明天启五年　乙丑（1625）

吴定，生。

按：吴定，字子静，号于一、息庵，安徽休宁人。后人常将之与桐城学派刘大櫆门生歙县人吴定（1644—1709）同名相谬，其实本是两人，前者乃新安画派后学之人。从目前留世的吴定作品来看，早年山水初学渐江，有着清淡明洁的风格，但留世的其他很多作品也有着各家笔意。书法早年沿袭颜真卿、赵孟頫的肥腴厚重，中年章草有钉头雁尾的韵味，中晚年有"二王"洒脱之风韵。

江注，生。

《新安东关济阳江氏宗谱》，乾隆五十三年（1788）刻本，安徽博物院藏。

按：江注，一名万禧，字允凝、允冰，号若米舫，安徽歙县人。渐江侄。工诗画，山水得渐江指授，程邃称其“嗣厥美，毫发无遗憾”。为新安画派代表画家之一。隐居黄山，尝与梅清、梅翀等游太平十寺。其画山水，意境幽僻，得倪瓒遗意，笔墨苍古，酷肖渐江。著有《允凝诗草》。

元夕前三日，李流芳，作《虎丘重修浮图、天王殿记》。

二月，李流芳，作《溪山秋霭图》轴。

绢本，墨笔。上海博物馆藏，沪1-1637。

春日，作《山水轴》，并题七言绝句一首。

题款：“朝看雨脚暮看晴，山半昏沉湖半明。昨日风光今又变，眼中谙熟手中生。乙丑春日，李流芳书画。”后有尤侗题款：“先辈风流绝调孤，一生寄兴在西湖。偶然写出湖中景，得似檀园水本无。辛未秋日，尤侗题。”周二学著《一角编》甲册《李檀园山水真迹》。

二月十二日，程嘉燧，作《遥山晴色图》扇面。

金笺，设色，16厘米×52厘米。安徽博物院藏。题款：“乙丑花朝舟中喜晴漫作。孟阳。”

夏日，李流芳，作《仿小米山水图》扇面。

金笺，设色。上海博物馆藏，沪1-1638。

四月，李流芳，历时三月完成《山林逸兴图册》。

上海博物馆藏，沪1-1643。全册十二开，引首自题“山林逸兴”四字，每开一字，前钤“慎娱室”朱文长印，后押“李流芳印”“长蘅氏”两枚白文方印。册后李流芳自跋：“慎娱居士有幽忧之疾，夜苦不寐，寒冬漏长，独酌易尽，久读伤神，又无观力，不耐枯坐。唯赖笔墨，可以自遣，心手有托，形神暂调，意适而忘，与梦俱至。此册自冬徂春，经三月而成，为山水林木者廿帧，为杂花折枝者十帧，为古德机语真行书十帧，盖皆可以自娱而不可以传者，其真慎娱居士之诗画也欤。天启乙丑清和，李流芳题。”册后又有程嘉燧于崇祯十二年（1639）夏六月十四日在此画册书写一跋：“长蘅少余十年，与余同学书画，其为律诗及画山水，皆以晚年乃造神妙。昨岁在杭州邹孟阳家，尽见其平生得意之作。最后画吴中虎山洞庭一册，未及题字者尤为精绝。尝恨妙迹永秘，不得时为几席之玩。此册故仲和所藏，乃其问疾时留以为诀者。笔墨简古，气格清远，可谓全神之作。每过尔韬，时一披玩，如对二君笑谈击节也。崇祯十二年夏六月十四日，偈庵老人嘉燧书。”

四月，李流芳值雨季，无事重录《南归诗卷》，共十九首。

孔尚任《享金簿》载：“《录〈南归诗卷〉》题云：‘乙丑清和，檀园坐雨无事，重录一过，凡得九章，慎娱道人李流芳。'" 徐邦达《历代流传书画作品编年表》，第110页。

五月，程嘉燧，自休宁故里徙寓嘉定，与唐时升、娄坚并李流芳等同居一城。

程嘉燧《耦耕堂集·自序》。

秋，程嘉燧，与程启阳家叔同舟泊于嘉兴湖上，作《祭唐孟先文》。和韵慰钱谦益失子。送侯峒曾（豫瞻）谒选。贺陈继儒七十寿赋诗一首。作《祭郑闲孟文》。

秋日，丁云鹏，作《白马驮经图》。

台北故宫博物院藏。题款："乙丑秋日，奉佛弟子丁云鹏拜写。"

李流芳，作《西泠放艇图》轴。

上海博物馆藏。题款："不向苏堤即白堤，孤舟随意六桥西。秋林画出无人爱，邀得山僧共品题。乙丑秋日画，并题旧作。李流芳。"

同月，在檀园剑蜕斋，作《仿古山水》册页。

故宫博物院藏。

与友人伯英同舟过虞山，作《秋山图》卷。

题款："天启乙丑晦日，将过虞山，伯英见访槎上，因与同舟入城。是日风气萧爽，船窗相对，颇适。因出吴绫属画。为仿荆、关笔意，作《秋山图》一卷。泡庵李流芳。"徐邦达《历代流传书画作品编年表》，第110页。

冬，李流芳，在檀园萝壑，作《仿黄子久〈秋山图〉》扇面。

金笺，设色。上海博物馆藏，沪1-1640。

冬夜，李流芳在西湖舟中，为闻启祥作《墨花图》卷。

纸本，墨笔，21.5厘米×332厘米。上海博物馆藏，沪1-1641。

是年，程嘉燧，作《风江夜泊图》扇面。

金笺，墨笔。上海博物馆藏，沪1-1475。

程嘉燧，作《枯木竹石图》轴。

纸本，墨笔，122.4厘米×51厘米。辽宁省博物馆藏，辽1-227。

李流芳，与范允临等为江阴徐霞客追题《晴山堂》卷。

徐弘祖《徐霞客游记》增订版，附录《徐霞客先生年谱》。

李流芳，作《秋山图》扇面。

金笺，设色。上海博物馆藏，沪1-1642。

作《山居图》扇面。

金笺，设色。上海博物馆藏，沪1-1639。

李流芳，作《湖天雪意图》扇面。

金笺，墨笔。四川博物院藏，川1-100。

李杭之，作《山水》扇面。

金笺。故宫博物院藏，京1-3184。

明天启六年　丙寅（1626）

朱耷，生。

按：朱耷，字雪个，号八大山人、个山、人屋、道朗等，江西南昌人。擅书画，花鸟以水墨写意为主，形象夸张奇特，笔墨沉毅，风格隽永。山水师法董其昌，笔致简洁，有静穆之趣，得疏旷之韵。擅书法，能诗文。

春日，郑重，作《十八罗汉渡海图》。

18厘米×54.5厘米。故宫博物院藏。题款："天启丙寅春日之吉，宝莲居士，郑重画。"

李永昌，作《为潜夫作山水册》。

三月谷雨，李流芳，为友人夏华甫所作的画册题跋。

李流芳《檀园集》卷十二《题画册》。

夏，李流芳作《仿梅道人山水图》扇面。

金笺，墨笔。上海博物馆藏，沪1-1644。

六月九日，李流芳作《清皋图》轴，又名《山远泉清》轴。

题款："墨妙皋清茧纸香，飕飕画妙兔毫芒。挂君素壁心无事，六月梅花凉不凉。夏日兰花大开，芬馥满堂，命童子焚香煮茗涤宋砚，开帘延凉，风意思古。适试笔图之，聊以自遣而已。时

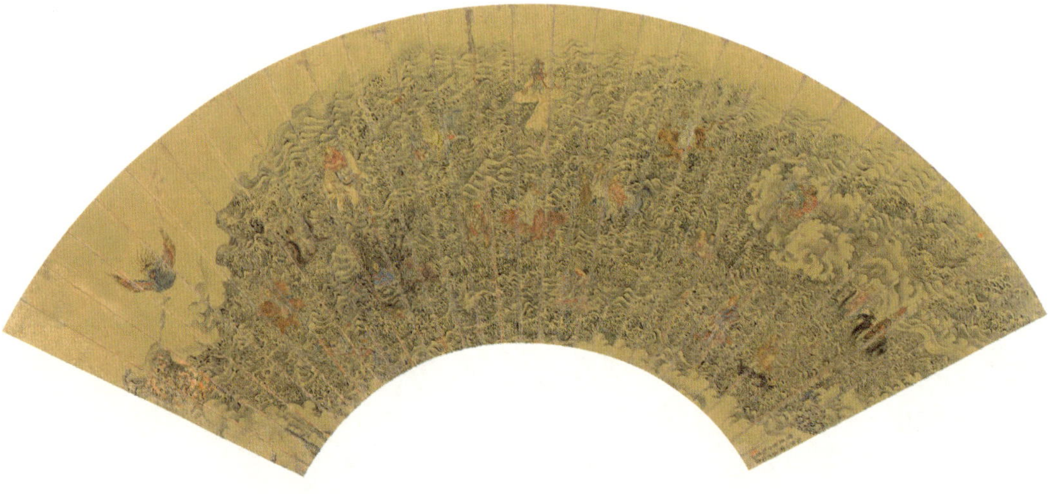

郑重　十八罗汉渡海图　/　1626年　故宫博物院藏

李永昌　为潜夫作山水册　/　1626年　藏地不详

丙寅六月九日。李流芳。”孙位等编《唐宋元明清画选》，上海人民美术出版社1960年版，第59页。

六月十一日，程嘉燧，题李流芳《溪山秋霭图》卷。客常熟，远寄《采茱图》有怀李流芳。

李佐贤《书画鉴影》卷八。

秋日，闻启祥招李流芳过西湖，有诗句云：“惟子淡宕人，一切如敝屣。况子画与书，我爱入骨髓。草草一为之，余子皆可死。”

闻启祥《自娱斋集·秋日招长蘅过西湖》。

李流芳作《溪山高隐图》轴。

金笺，墨笔，117.1厘米×61.1厘米。上海博物馆藏，沪1-1645。

作《山水册》。

广东省博物馆藏。

作《松荫观泉图》轴。

上海人民美术出版社藏。

作《溪山秋露图》，后纸程嘉燧题记。在练祁舟中作《采莼图》卷。

李流芳《檀园集》卷二。

七月五日，李流芳，在阴城（今湖北老河口）湖畔，与邹之峄、幼舆放舟乘凉时，为邹之峄题画。

李流芳《檀园集》卷十二。

十二月，立春后三日，李流芳，题《莼羹歌》。

徐邦达《历代流传书画作品编年表》，第111页。

是年，李流芳，作《山水》扇面。

金笺，墨笔。辽宁省博物馆藏，辽1-249。

李流芳，作《水亭远山图》轴。

纸本，墨笔，100.8厘米×28.8厘米。辽宁省博物馆藏，辽1-250。

郑重，作《醉汉》轴。

纸本，设色，92.3厘米×49.7厘米。上海文物商店藏，沪11-071。

萧云从，作《秋山行旅图》卷。

29.2厘米×185厘米。日本东京国立博物馆藏。民国谭氏区斋影印《石渠宝笈续编》著录此画，有萧云从题款："作此画几十年矣，当时偶没之废册中，若不知有此。今予年六十有二，重一相遇，不能复得，因以叹昔之胫力强壮、工细自适，谁谓画师必老而后佳也。丁酉花朝题，钟山萧云从。"

明天启七年　丁卯（1627）

早春，李流芳，作《秋景山水图》扇面。

故宫博物院藏。

作《山水图》轴。

上海博物馆藏。

四月二十四日，李流芳，在心聊斋阁题壁。

刘翰《南归日记》载："丁卯四月廿四日，饭心聊斋阁，见李长蘅题壁。有北苑抹晴，米家写雨春多，子久各半，倪迂颇尽湘中之变。"

五月十日，李流芳，与肖士玮、谭元春同游西湖寄兴。

夏，李流芳，在杭州龙井山斋，偕谭元春寻闻启祥。谭元春有诗记之。

谭元春《岳归堂集·同李长蘅寻闻子将龙井山斋二首》。

夏秋之交，李流芳，作《仿古山水图》册页。

末开题款："丁卯夏日画，李流芳。"

作《芳树幽亭图》扇面。

金笺，墨笔。上海博物馆藏，沪1-1648。

八月十四日夜，李流芳，舟停虎丘，与程嘉燧、钱谦益同饮。

钱谦益《初学集》卷四《八月十四夜，舣舟虎丘，与孟阳、长蘅小饮》。

八月二十七日，李流芳，作《溪山秋意图》轴。

纸本，设色，319.5厘米×23.4厘米。上海博物馆藏，沪1-1649。题款："胜国高人画隐多，不求名闻自摩挲。如今尽是临摹手，倪懒黄痴认得么？丁卯八月廿七日，独坐池上，岩桂已香，无与鼻同者。偶简此卷，辄作《溪山秋意图》。泡庵道人李流芳。"

十月，李流芳，到苏州，闻朝廷下旨毁魏忠贤祠，喜作《山水图》，题跋述其快意。

二玄社编印《虚白斋藏书画选》，第58页。

作《仿米家山水》扇面。

故宫博物院藏。

十月十九日，程嘉燧，作《祭方方石文》。

上海市嘉定区地方志办公室编《程嘉燧全集》。

李流芳　秋景山水图　/　1627年　故宫博物院藏

作《疏林亭子图》轴。

114.5厘米×32厘米。广东省博物馆藏。

十一月二十八日，李流芳，舟过娄东，题董其昌《行草七言诗》册。

汪鸣珂撰集《澹虑堂墨刻》。

冬，李流芳，作《竹树水仙图》轴、《檀园墨戏图》轴、《疏林亭子图》轴、《仿各家山水图》册。

故宫博物院藏。

是年，李流芳，作长幅山水画卷。吴梅村见后，大加赞赏："长蘅学梅道人，墨沈淋漓，如山雨欲来，苍翠若滴，此其得意作也。"

作《仿古山水图》。

南京博物院藏。

作《山水》十开册页。

纸本，设色，每开尺寸为21厘米×15.5厘米。广东省博物馆藏，粤1-0238。

作《山水》卷。

纸本，墨笔，17厘米×80厘米。上海朵云轩藏，沪7-0137。

郑重，作《佛像》轴。

绢本，设色。故宫博物院藏，京1-2717。

李流芳　仿古山水图之五、之六　/　1627年　南京博物院藏

明崇祯元年　戊辰（1628）

闵麟嗣，生。

按：闵麟嗣，字宾连，号橄庵，安徽歙县人。明末清初著名学者、旅行家。喜游历吟咏，每至一地，均纪游诗。编撰《黄山志定本》八卷，集历代黄山志书之大成，以体例精当、搜罗宏富完备著称于世。另著有《庐山集》《古国都今郡县合考》《黄山松石谱》《周末列国有今郡县考》《闵宾连悟雪诗草》。

姚文燮，生。

按：姚文燮，字经三，号羹湖、听翁、乐耕堂，晚称黄蘗山樵。安徽桐城人。清顺治十六年己亥（1659）进士，官中书。工诗古文词。诗皆古调，画亦入神。善作山水，用笔简贵，设色淡雅。尝绘《赐金园图》，朱彝尊有诗称云："画手前身李伯时。"又尝与萧云从论画云："画画切莫用画笔，枯毫秃颖势律萃。蘸墨干皴莫皴湿，意到云烟自横溢。"

正月，程嘉燧，病中书怀。

二十六日，与汪善卷泛舟。作《风雪行》，柬姚允仞。送黄州幕僚陈效彬。

春，李流芳，作《疏林远岫图》轴。

美国纳尔逊-艾金斯艺术博物馆藏。题款："每爱疏林平远山，倪迂笔墨落人间。幽人占卜城南位，写出春风水一湾。戊辰春作此图，因题旧句。李流芳。"

秋，李流芳，作《山水图》扇面。

金笺，墨笔。上海博物馆藏，沪1-1654。

李流芳，作《山村读书图》轴。

安徽博物院藏。

是年，程嘉燧，作《绿树越溪图》轴。

纸本，墨笔，129.7厘米×21.6厘米。上海博物馆藏，沪1-1476。

程嘉燧，作《杜甫诗意图》扇面。

纸本，墨笔。上海博物馆藏，沪1-1477。

嘉定县令谢三宾力倡刊印《嘉定四先生文集》，前往南翔拜访李流芳。李流芳正卧病在床，强起尽出所作诗文与题跋，亲手删定为十二卷，定名《檀园集》，命侄子李宜之和子李杭之校勘。《檀园集》卷首为谢三宾崇祯二年（1629）七月所撰《檀园集序》。

郑重，作《山水》扇面。

金笺，设色。辽宁省博物馆藏，辽1-245。

作《山水》扇面。

金笺，设色。上海朵云轩藏，沪7-0130。

作《山水二段》卷。

纸本，墨笔，132.3厘米×23.3厘米。湖南省博物馆藏，湘1-020。

钱谦益，被大学士温体仁陷害，坐杖论赎，踉跄回南方。李流芳得知后，惊诧怅惋，叹息不止，竟至一病不起。

钱谦益《初学集》卷五十四《李长蘅墓志铭》。

许楚，游黄山。

许楚《青岩集》卷五《宿莲华顶示性空禅师》诗注："余于崇祯戊辰来登此峰。"

明崇祯二年　己巳（1629）

朱彝尊，生。

按：朱彝尊，字锡鬯，号竹垞，又号醧舫，晚号小长芦钓鱼师，别号金风亭长，浙江秀水人。清朝词人、学者、藏书家，明代大学士朱国祚曾孙，康熙十八年（1679）举博学鸿词科，除翰林院检讨。二十二年（1683），入直南书房。博通经史，参加纂修《明史》。作词风格清丽，为"浙西词派"的创始人，与陈维崧并称"朱陈"，与王士禛称南北两大诗宗"南朱北王"。精于金石，购藏古籍图书不遗余力，为清初著名藏书家之一。著有《曝书亭集》80卷，《日下旧闻》42卷，《经义考》300卷，选《明诗综》100卷。《词综》36卷（朱彝尊、汪森合辑）。康熙四十八年（1709）卒，年八十一。

元夕后五日，李宜之，作《檀园集》后序，记其叔李流芳行事。清康熙二十八年（1689）重刻本《檀园集》附录。

正月二十三日，李流芳，辞世，年五十五。

钱谦益《初学集》卷五十四《李长蘅墓志铭》载："亡何，遂不起，崇祯二年之正月也。享年五十有五。"程嘉燧《松圆偈庵集》卷下《奠李长蘅》载："维崇祯二年岁己巳闰四月三日戊午，亡友李三长蘅之殁既百日，且卒哭矣。"

十八日，钱谦益，自拂水山庄至吾谷，登南岩，憩维摩寺金粟堂，后下破山。

钱谦益，作《仿倪瓒山水》轴。

纸本，墨笔，94.2厘米×33.5厘米。故宫博物院藏，京1-2359。

程嘉燧，作《乐游园图》扇面。

纸本，墨笔。上海博物馆藏，沪1-1478。

李永昌，作《山水图》。

金瑗辑《十百斋书画录》。

是年，陈子龙、夏允彝、徐孚远在松江成立"几社"。

程嘉燧　乐游园图　/　1629年　上海博物馆藏

明崇祯三年　庚午（1630）

四月，程嘉燧，徙常熟，辑《耦耕堂集》和《破山寺志》四卷，钱谦益作序。

程嘉燧《耦耕堂集·自序》。

六月，李永昌，作《山水图》。

程万孚旧藏题款："画不求形求以声，一笔一墨须神明。流峙之理足法程，亦有唐宋可使令。点染但勿博时名，自有烟云腕下生。惟一寄吾之性情，图成富贵皆可轻。崇祯三年庚午夏六月平月，黄海李永昌题。"许承尧边跋："李周生为汪之瑞师，书画盛名倾动一时，遗墨极难得，此真迹也。茀叟为万孚世兄题。"

八月，张世伟载酒过居。十二日夜，秋水阁初成，连三天合招友人。

程嘉燧，作《秋林图》。

美国弗利尔美术馆藏。

除夕，程嘉燧，与宋珏在龚一清家守岁。

是年，程嘉燧，作《山水人物》扇面。

薛翔著《新安画派》，吉林美术出版社2003年版。

又作《松鸡图》轴。

纸本，墨笔，135.5厘米×42厘米。广东省博物馆藏，粤1-0207。

又作《横斜疏影图》扇面。

纸本，墨笔。上海博物馆藏，沪1-1480。

程嘉燧　秋林图　/　1630年　美国弗利尔美术馆藏

又作《仿倪山水》扇面。

纸本，墨笔。上海博物馆藏，沪1-1481。

胡皋，作《溪山访友》轴。

纸本，墨笔。上海文物商店藏，沪11-061。

嘉定县令谢三宾将李流芳的《檀园集》，与唐时升、娄坚和程嘉燧三人诗文，合编成《嘉定四先生文集》出版。

吴伟业，与陈子龙、黄宗羲等因应试集于南京，举办“金陵大会”。

罗振玉《万年少年谱》，民国八年（1919）排印本。

明崇祯四年　辛未（1631）

春，程嘉燧，过延福禅院访怡空长老。挽钱谦益为李流芳作墓志铭。访顾侍御严叟园居。与钱谦益东皋宴集观菊。

九月，程嘉燧，在虞山耦耕堂作《陶渊明诗意》。

故宫博物院藏。

十一月，董其昌，在扬州，跋郑元勋画。

《容台别集》卷二有董其昌《跋郑超宗画卷》一文载：“超宗游云间，欲观吾家所收诸画。会余滞留吴门，且迫岁除，不能多待。家有装池未竟二三卷，就裱工阅之。如子猷看竹，不问主人也。兹余赴阙，过广陵，超宗出示此卷，笔法出入子昂、子久、叔明、元镇间。又如江淹梦中见景纯索锦，恨其裁割都尽。海内画苑添此国能士气作家，当入邓氏《画继》。”

按：董其昌也是郑元勋的忘年交，郑元勋于崇祯戊辰年（1628）冬游松江时，因董其昌在苏州未得相见。崇祯辛未年（1631）董其昌应召赴阙，北上途中，十一月在扬州与郑元勋晤面，为作此跋。

冬，程嘉燧，移居，访娄坚兼怀拂水山居。

是年，龚贤，与杨文骢同师董其昌。

程嘉燧，作《松荫高士图》轴。

纸本，设色，130.6厘米×31.5厘米。故宫博物院藏，京1-2360。

作《行书自书诗》八开册页。

故宫博物院藏，京1-2361。

郑元勋，作《临石田山水》轴。

纸本，墨笔，125.5厘米×52厘米。苏州博物馆藏，苏1-220。

程正揆，登进士，官工部侍郎。

髡残20岁，削发为僧，投龙山三家庵中。

明崇祯五年　壬申（1632）

王翚，生。

按：王翚，字象文、石谷，号雪笠道人、海虞、山樵、清晖主人、乌目山人、耕烟外史、清晖老人、耕烟老人、耕烟散人、剑门樵客，江苏常熟人。清代著名画家，师法王时敏，擅长山水、人物、鞍马，笔法洒脱，用墨疏淡清逸，为"清初四王"之一。

汪士鋐，生。

按：汪士鋐，原名征，字扶晨，一字栗亭，安徽歙县潜口人，工诗古文辞。著有《四顾山房集》。张潮《尺牍友声三集》卷四汪士鋐《与张潮书》，自称"七十二老人"，此札写于康熙四十二年癸未（1703）。

二月十二日，李流芳，下葬于李氏南翔之祖茔。钱谦益撰《李长蘅墓志铭》，程嘉燧作《李长蘅文》，侯峒曾作《祭李长蘅先生文》。碑铭由程嘉燧书丹，宋珏篆盖。

《李长蘅墓志铭》：长蘅姓李氏，讳流芳，其先徽州歙县人也。其祖赠奉训大夫，讳文邦，始徙嘉定。文邦之子讳汝筠，继室以陈氏生长蘅。长蘅风流儒雅，海内知名者垂三十年。其殁也，识与不识，皆闻而悲之。然长蘅之生平，孝于亲，友于兄弟，澹荡于荣利，而笃挚于君臣朋友，则世未必尽知之也。

长蘅少有高世之志，才气宏放，不可绁羁。自其兄翰林君蚤世，始抚心下气，求工应举之业，以慰其父母。更十余年，与予偕举南京。当是时，长蘅之年渐长，而又以为不逮其父，虽矫褐趋时，其中固已不能无厌薄之矣。再上公车不第，又再自免归，皆赋诗以见志。自是绝意

李永昌　策杖行吟图　/　年代不详　安徽博物院藏

进取，誓毕其余年暇日以读书养母，谓人世不可把玩，将刳心息影，精研其所学于云栖者，以求正定之法。未久而病作，犹焚香洮颒，手书《华严》不辍；又以其间写唐、宋大家诗至数十帙，皆未就而卒。呜呼！其可悲也！长蘅事母，色养甚备；敬其长兄，抚其弟妹若侄，绝甘分少，皆人所难能者。顾不事修饬边幅，以孝谨取名。与人交，落落穆穆，不以握手出肺肝为信；磨切过失，周旋患难，倾身沥肾，一无所鲠避。平居不入公府，谭居间竿牍之事，辄头面发赤。家贫，资脩脯以奉母。稍赢，则以分穷交寒士，卒未尝立崖岸之行，以洁廉自表襮也。性好佳山水，中岁于西湖尤数，所至诗酒填咽，笔墨错互，挥洒献酬，无不满意。山僧榜人皆相与款曲软语，间持绢素请乞，忻然应之。其为人和乐易直，外通而中介，少怪而寡可。其于君臣朋友之间，大节确然，不可得而犯干也。岁壬戌，广宁陷，都城震惊，遂喟然束装南归。其意以为母老，身未仕犹可以无死也。以可以无死而归，则其不可以无死而死焉必也。假令世不幸而有有唐天宝之事，苟受一命如王维、郑虔之为，我知其必不忍也。丑、寅之交，每窃叹曰："事不可为矣！"往往纵酒无聊，至于泣下。遂病，喀血不能止。病且革，闻余被放，抚枕叹诧。亡何，遂不起，崇祯二年之正月也。享年仅五十有五。呜呼！其尤可悲也！

长蘅交知满天下，其少所与游处曰郑胤骥闲孟、王志坚弱生。故其子娶闲孟之女，而其女归弱生之子。其尤敬爱者曰程嘉燧孟阳。孟阳谓长蘅书法规模东坡，画出入元人，尤似吴仲圭，诗仿佛斜川、香山，晚于格律更细，尤叹赏《皋亭》《南归》诸篇，以为非今人可及也。

长蘅既亡三年，以今年二月某日葬南翔之祖茔。其子杭之泣而言曰："宜铭吾先人者谁乎？有先人之友程与钱在。"孟阳曰："吾老矣，过时而悲，不能文也。铭莫如钱氏宜。"于是杭之累然衰服来征铭，孟阳助之请尤力。嗟乎！长蘅精勤学佛，既了然于去来之际矣，余铭之不胜其悲，其以余为怛化已夫！

铭曰：云栖之教，落日悬鼓，西方为家。华严楼阁，涌现笔端，重重开遮。人世琐碎，辟大海水，跳掷鱼虾。姱修介节，纷然建竖，犹算河沙。命耶才耶？籧顿屈信，其又奚嗟。文章粉绘，留世间者，灿烂春花。后千斯年，与此铭章，倬为云霞。

赐进士及第嘉仪大夫礼部右侍郎兼翰林院侍读学士协理詹事常熟钱谦益谨述。

钱谦益《初学集》卷五十四。

是年，程嘉燧，偕二子移居西城与唐时升为邻。送许仲嘉侍讲。东园观芍药，为王尚宝（逊之）赋歌。为张应武作《游山记序》。与周敏仲一同客过吴江拂水山庄。

作《候潮图》扇面。

纸本，墨笔。上海博物馆藏，沪1-1482。

作《雨景山水》扇面。

纸本，墨笔。上海博物馆藏，沪1-1483。

渐江，作《梅竹高士图》。

程邃，从黄道周游。黄道周至余杭，建大涤书院，聚徒讲学。程邃或亦从游入山。

郑亦邹辑《黄石斋年谱》，记黄道周于是年"秋至余杭，同人毕集，因筑书院于大涤山"。

戴本孝，随父移南京避难。此后居南京五载。

高照纂《直隶和州志·戴重传》载："重知和州将乱，移家避之。"

明崇祯六年　癸酉（1633）

郑旼，生。

据汪世清、汪聪合辑的《渐江资料集》考证，黄涌泉先生在浙江进行书画鉴定时曾发现民间所藏郑旼手书并印制的八册日记，黄先生曾撰写论文《郑旼〈拜经斋日记〉初探》，通过郑旼日记找出了能证实郑旼生于明崇祯六年癸酉（1633）与卒于清康熙二十二年癸亥（1683）的材料，并进一步考证出郑旼生于明崇祯六年癸酉（1633）九月三十日。旧说出生于明万历三十五年丁未（1607）为误。据黄宾虹考证，郑旼著有《致道堂》《正己居》等二十四部书，均有书目，惜未梓行。

吴龙，约是年生。

按：吴龙，主要活动于明末清初。字云友，号在田、研友。安徽歙县人。平生工画山水，风格近沈周。名与程邃、查士标、祝昌、汪家珍、江无际等相伯仲。笔墨一出，宇内争相购求。安徽博物院藏其《一坞斜阳图》，纸本，墨笔，205厘米×76厘米。题款："绿树阴森好鸟鸣，雨余高涧杂风声。空山尽日无车马，一坞斜阳曳杖行。以恒辞兄仿梅沙弥画意，吴龙。"题左侧加钤"吴龙之印"白文方印与"在田氏"白文方印各一枚。又有《草亭听泉图》轴，绫本，设色，91厘米×50.5厘米。题款："松柏森森一草亭，闲来趺坐听泉声。青峰秀拔云根静，仿佛蓬莱岭上情。丰溪吴龙。"题下加钤"吴龙"白文方印与"在田"朱文方印各一枚。

程嘉燧，作《骑驴图》扇面。

纸本，墨笔。上海博物馆藏，沪1-1484。

吴山涛，随父去诸暨。

复社虎丘举行大会。

陆世仪撰《复社纪略》卷二，清初抄本。

明崇祯七年　甲戌（1634）

王士禛，生。

按：王士禛，字子真，一字贻上，号阮亭、渔洋山人，世称王渔洋。雍正时避帝讳，改称"士正"；乾隆时又改称"士祯"。卒谥"文简"。山东新城（今山东桓台）人。清初杰出的诗人、文学家。顺治十五年（1658）进士，康熙四十三年（1704）官至刑部尚书，颇有政声。王士禛继钱谦益之后主盟诗坛，与朱彝尊并称"南朱北王"。诗论创"神韵说"，于后世影响深远。早年诗作清丽澄淡，中年转为苍劲。擅长各体，尤工七绝。好为笔记，有《池北偶谈》《古夫于亭杂录》《香祖笔记》等。康熙朝书画家宋荦称王士禛"书法高秀似晋人"。与新安画派画家程邃、梅清、查士标等相交。

春，程嘉燧年七十，送友侯峒曾谒选往南吏部。

三月二十四日，程嘉燧，虞山归舟过新洋江作《山水》。

故宫博物院藏。《中国古代书画图目》第二十一册，第158页。

四月二日，程嘉燧，过访张崇儒家。作《朝云诗》八首，详叙与柳如是嘉定之游。

春日，李永昌，为泰如词丈作《仿元人山水》轴。

132.3厘米×45.2厘米。浙江省博物馆藏，浙1-142。题款："甲戌春日，仿元人画似泰如词丈，李永昌。"

夏，许楚，居披云峰。李舒章来游黄山，与许楚、王玄度等赋诗互赠。

李略、李畤编，李雯《蓼斋集》，清顺治十四年（1657）刻本。

八月，程嘉燧，于耦耕堂作《墨笔山水》。

杨翰《归石轩画谈》；卢辅圣主编《中国书画全书》第十二册。

八月既望，程嘉燧，作《溪山寻隐图》。

《历代名画大观·山水册页》，上海书店出版社1997年版。

秋，渐江为灵运词坛画扇，用黄公望法。

上海汪氏家藏。题款："甲戌秋，写为灵运词坛。江韬。"

秋，郑重，作《携琴访友图》。

金笺，墨笔。保利2013年春拍成交价69万元。

九月九日，程嘉燧，同唐时升夜游园。重过拂水山庄，经宿，遂撤新楼，复申墓田，述耦耕之约。

程嘉燧《耦耕堂集·自序》。

是年，程嘉燧，作《虞山归舟图》轴。

纸本，墨笔，57.1厘米×31.3厘米。故宫博物院藏，京1-2362。

又作《雪景山水》扇面。

郑重　携琴访友图　/　1634年　保利2013年春拍成交价69万元

纸本，墨笔。上海博物馆藏，沪1-1485。

李雯，来歙游黄山，有酬赠王尊素诗作。

诗云："王郎读书如俊鹘，一扫林莽无留行。家传名山世所识，神峰磊落冠群英。"又云："闻君少年不得意，家徒四壁书百城。胸中常有不平事，拔剑夜起星辰横。"《黄宾虹文集》。

查士标，补休宁县学庠生，试必上等。

查士模《皇清处士前文学梅壑先生兄二瞻查公行述》载："弱冠补邑弟子员，试必上等，特棘闱尚未利也。"

程邃，与杨文骢吴门看梅。时杨文骢选为华亭教谕，杨自南京还松江，途经吴门。

杨文骢《看梅记》有谓程邃："千仞欲回旧路，穆倩不许。发兜子先归，以示烧绝栈道之意。于是御风而行，如在天上。"

李永昌，作《行楷书诗》扇面。

金笺。四川博物院藏，川1-120。

又作《松石图》轴。

纸本，墨笔，111厘米×54.7厘米。故宫博物院藏，京1-2287。

董其昌，屡疏乞休，诏加太子太保致仕，由京城返回松江。

郑威编著《董其昌年谱》，上海书画出版社1989年版。

明崇祯八年　乙亥（1635）

正月十一，程嘉燧，与友欢饮达旦。

六月，程嘉燧作《幽亭老树图》轴。

绫本，墨笔，84.5厘米×25厘米。常熟博物馆藏，苏4-011。

秋，许楚，游灵山，作记。又追作前游之《黄山初记》。

汪世清、汪聪编纂《渐江资料集》《渐江年表》。

八月，程嘉燧，画《霜林远岫图》轴，上海博物馆藏。作《絙云诗》八首，追忆与柳如是嘉定之游，怅惘若失之情毕现。

是年，程嘉燧，作《松石图》轴。

纸本，墨笔，130.4厘米×30.7厘米。故宫博物院藏，京1-2363。

作《月下对话图》扇面。

纸本，墨笔。上海博物馆藏，沪1-1486。

作《篱边秋水图》扇面。

纸本，墨笔。上海博物馆藏，沪1-1487。

程嘉燧　幽亭老树图　/　1635年　常熟博物馆藏

程嘉燧　霜林远岫图　/　1635年　上海博物馆藏

程嘉燧　疏林远岫图　/　1635年　私人藏

作《疏林远岫图》轴。

纸本，墨笔，101.5厘米×45.6厘米。私人藏。

作《松石图》轴。

纸本，墨笔，135厘米×30厘米。上海朵云轩藏，沪7-0101。

吴家凤，作《仿倪瓒〈耕云轩图〉》卷。

纸本，墨笔，35.4厘米×104.3厘米。故宫博物院藏，京1-2900。

明崇祯九年　丙子（1636）

春，程嘉燧，同李元芳、沈彦深游湖，寻花放艇。

二月，程嘉燧，同柳如是上浣踏青。

上海市嘉定区地方志办公室编《程嘉燧全集》。

六月，程嘉燧，与朱子暇鸳湖夜饮，同柳如是惜别。

作《为平仲作山水》扇面。

纸本，墨笔。上海博物馆藏，沪1-1489。

十月，萧云从，作《南岳七十二峰之图》卷。

纸本，设色。衡阳博物馆藏。

是年，姜绍书，参南中府军事，李永昌与之相过从，并出示所藏书画。

萧云从，遇胡曰从于金陵。

乌程庞氏1909年刊本庞元济撰

《虚斋名画录》卷十载萧云从《山水》轴，跋文："曰从先生长余十二岁。别三十年，偶来金陵，拜瞻几杖。年开九秩，人景千秋，犹镌小印，篆成蝇头，神明不隔，真寿征也。丁未九月，区湖七十二弟萧云从诗画呈教。"丁未为1667年，推前三十年应为是年。

萧云从，作《雪岳读书图》。

故宫博物院藏。刘九庵《宋元明清书画家传世作品年表》。

明崇祯十年　丁丑（1637）

正月，程嘉燧，访李元芳，寝疾里中，留滞郡城。作《赤壁夜游图》扇面。

金笺，墨笔，15.7厘米×48厘米。广东省博物馆藏，粤1-0208。

八月，程邃，与邢昉相别于南京。邢昉赴云间，杨文骢延之西席。

按：邢昉，字孟贞，一字石湖，江苏高淳人。诸生，复社领袖。明亡，弃诸生服，伏湖滨，弹琴赋诗，以终其身。曾筑室于石臼湖上，著有《石臼集》。

李永昌　高士闲坐图　/　年代不详　安徽博物院藏

李永昌　雨山林溪图　/　年代不详　安徽博物院藏

李永昌　春山亭子图
1637年　安徽博物院藏

程嘉燧　柳湖游艇图　/　1637年　上海博物馆藏

除夕，李永昌，作《春山亭子图》堂幅。

纸本，墨笔，103.6厘米×47.2厘米。安徽博物院藏。题款："此夕从人事，余情独自闲。戏拈银不律，呵冻写春山。丁丑除夕似眉翁词兄政，李永昌。"题下加钤"李永昌印"白文方印和"周生"朱文方印各一枚。

是年，程嘉燧，作《松云图》扇面。

金笺，墨笔。19厘米×56厘米。首都博物馆藏，京5-249。

作《柳湖游艇图》扇面。

金笺，墨笔。上海博物馆藏，沪1-1490。

作《山水》扇面。

金笺，墨笔。上海博物馆藏，沪1-1491。

作《仿倪瓒山水》卷。

纸本，墨笔。上海博物馆藏。

萧云从，往高淳避乱，与友人戴重、邢昉聚于石臼湖，后返芜湖。

清嘉庆《历阳典录》卷六，《艺》六十，邢昉诗题："寇定后，送戴敬夫、萧尺木还乡省亲。"

程正揆，作《行书杂书稿》卷。

纸本。故宫博物院藏，京1-3703。

邢昉，于石臼湖送戴重、萧云从归乡里。

邢昉《石臼集》有《寇定后，送戴敬夫、萧尺木还乡省亲》诗一首。

萧云从，与弟萧云倩参加复社。

程嘉燧 仿倪瓒山水 / 1637年 上海博物馆藏

吴应箕《复社姓氏》前卷载："太平府芜湖县姓氏。"

董其昌，卒，年八十二。

李元芳，卒。

程嘉燧作《祭李茂初文》。钱谦益作《岁暮怀孟阳》。

明崇祯十一年 戊寅（1638）

春，程嘉燧，游横山宿桐坞。

上海市嘉定区地方志办公室编《程嘉燧全集》。

二月，程邃，与邢昉相见于苏州。邢昉随杨文骢游东西洞庭。

程邃《萧然吟·良友赠言》记载："往岁与穆倩别白门，今年二月相见于吴阊，出示近诗，有云'我求春赁无生活'。予悲其意，为赋《赁春篇》。"

夏，程嘉燧，酬谢翁吾鼎还砚，赋歌写图。与张卿子、汤稚含游西湖，泛舟赏荷。于西湖僧舍跋所见梁摹《乐毅论》真迹。湖上，逢曹辛野话旧。题写《弄潮仕女图》。

上海市嘉定区地方志办公室编《程嘉燧全集》。

秋，钱谦益，放归过高阳，谒其师孙承宗，后居丙舍馆。

八月，汪之瑞作《寒泉松影图》。

102厘米×45厘米。题款："崇祯戊寅年八月，山史汪之瑞仿梅道人，寒泉松影图。"嘉德2012年秋拍成交价138万元。

九月，程嘉燧，与大儿一室，醉中写墨兰十七幅。访萧伯玉，适值萧舟系于瞿氏园。

程嘉燧《耦耕堂集·自序》。

作《秋林策蹇》扇面。

故宫博物院藏。

是年，程嘉燧，作《仿王绂山水》扇面。

金笺，墨笔。上海博物馆藏，沪1-1492。

戴重，参与复社纠弹阮大铖，在起草的《留都防乱公揭》上署名。

高照纂《直隶和州志·戴重传》。

梅清，在宛陵，通过童子试。学诗于方文。

“使者将按郡，先君督应童子试。余始键户攻苦无昼夜，久而不知其疲。同学与从者皆病……居三年，多病，乃从病中学诗。余之学诗也，断自方子嵞山始。”梅清《瞿山诗略·序》。

明崇祯十二年　己卯（1639）

许尚远，生。

按：许尚远，字文羽，一字闻宇，号补峰，安徽歙县人（一作黟县人），有诗书画三绝之称。工山水、花鸟。书画皆宗米襄阳，尝与查二瞻学画，年八十后书画益见苍劲。著有《补峰集》。安徽博物院藏其《山水图》。

程萝，生。

按：程萝，字宾白，一作提庵，安徽歙县人。能诗，善画山水、人物，笔意在华秋岳、王鹿公之间。见黄宾虹《虹庐画谈》。

春，杨文骢，出宰青田，程邃有诗送之。

按：杨文骢，字龙友，贵州贵阳人，崇祯中客居南京。与程邃为友。《萧然吟》里《送杨龙友宰青田》：“依旧春江森森寒，去年鷁首话漫漫。杨林借我风流醉，兵甲生君激烈端。衣绶娱亲仍着彩，空山拂石动谢禅。士元百里名逾大，卧对槐根日数竿。”

正月，程嘉燧，作《山水图》十开册页。

纸本，设色，每开尺寸为13.2厘米×23.3厘米。上海博物馆藏。

二月六日，查士标，在休宁家中，与吴其贞、汪尔张同观黄公望《幽亭图》。

吴其贞《书画记》卷二载黄大痴《幽亭图》：“小纸画一幅，气色尚佳……识二字曰‘大痴’，上有数人题咏，忘其名姓。而幽亭者乃诗中语也。此图同汪尔张观于邑中查二詹（瞻）家。二詹（瞻）讳士标，能诗画。是日所见名画不入记者有倪云林《浴钵昙花图》，有董思白两题跋。

程嘉燧 山水图册页选六 / 1639年 上海博物馆藏

时己卯二月六日。”卢辅圣主编《中国书画全书》第八册，第39页。

三月，渐江，与李永昌、孙逸、汪度、刘上延五人联画《冈陵图》卷，为新安人李生白四十寿辰祝寿。

纸本，墨笔，29.2厘米×385.5厘米。渐江绘其中一段《冈陵松屋》，题款：“己卯春日，为生白社兄寿，江韬。”钤印“六奇”。卷末有黄钺题款：“古有联吟而无联画。此卷为吾乡诸老创格，祝李生白寿所作，笔墨澹逸，诚新安派之尤者也。按卷中五人，周生名最著，弟子亦多。新安四家之汪无瑞即其高足。汪度者岂其弟子欤？抑无瑞族人欤？然不可考。刘上延，字宾仲，新安人，流寓芜湖，书画仿董香光，后即为其代笔。曾见赠文文水唐诗小幅，笔情高妙，不特入香光室，且升松雪堂矣。惜地志失载，近世之著谱史者，亦不知也。孙无逸与萧尺木齐名，故时称孙萧。然所见往往不及，或有大著作在耶？江韬，渐江师也。渐江，明诸生，甲申后始入黄山为僧，兹题己卯三月，盖崇祯十二年春，是时师尚儒冠也。特是诸公之名，或天下知之，或一国知之，或所造未深，而仅一乡一邑知之。传之远近大小，皆其生前之精神有以贯之也。乃刘公所作，且欲高出乎一切，而湮没不彰如此，传亦有幸不幸耶？而吾党犹砣砣穷年，吮毫欲腐，思借

诗画以见于后世，不更大可危哉！噫！乾隆己亥夏，吾同里胡文悭亭出示此卷，并属书此意于纸尾，殊愧白圭之有玷也。左君黄钺跋。”从诸跋知此图作于己卯年三月，作者皆新安人，故知此时渐江已从杭郡迁回新安，而此前曾为杭郡诸生。

四月，程嘉燧，同潘方孺、郑胤骙过张崇儒（鲁生）斋。

五月，程嘉燧，作《柳堤牧马图》轴。

夏至，程嘉燧，在祁江西阁。作《乔松磐石图》。

美国明尼亚波利斯艺术馆藏。

六月望，巨冶和无著师过访程嘉燧。

上海市嘉定区地方志办公室编《程嘉燧全集》。

秋，邢昉，赴杨文骢青田署中，程邃有诗送之。

程邃《萧然吟·命酒送邢孟贞授经青田》：“四壁霜声来下多，萧萧寒夜爱相过。人风历国持真气，世眼连天送放歌。短褐匪完吾待典，空樽未御尔颜酡。伯阳好就关门户，吐论遥知着不磨。”

秋，黄柱，作《凭高眺远图》。

程嘉燧　乔松磐石图
1639年　美国明尼亚波利斯艺术馆藏

188厘米×99厘米。安徽博物院藏。

八月九日，程嘉燧，城南登高。

上海市嘉定区地方志办公室编《程嘉燧全集》。

程邃，与姜垓、万寿祺、钱邦芑聚于南京，夜宴联句，万寿祺有序记其事。

中秋，程嘉燧，为海虞公写《唐人诗意图》轴。池州何痦民投访。送胡广文之润州。

九月，程邃，索孙逸画。孙逸为其作十六开《山水册》。

故宫博物院藏。其第八开题曰：“垢道人嘉予进呈《黄山图》，意致酣畅，出旧纸索画。予性懒拙，匝岁有成小册。力量不及宋元，觉清气尚未尽泯耳。己卯秋杪，海阳孙逸识。”

十月，萧云从，鉴定唐小李将军金碧山水真迹。

上海神州国光社1925年刊本《听帆楼书画记》卷一，《唐李昭道山水卷》题款曰：“唐天宝间，召宗室李思训画大同殿壁，此大李将军也。其子名昭道，号小李将军。以帝胄勋贵，而能继志，尤为可贵。又观《益州名画录》有李锦奴者，自比昭道，蜀人呼为小李将军。尝作《青城面山图》，其楼台桥舫，构结精巧；春骑如粟，云雁如尘；长短之缣，随人征索。此或然欤，今细玩此卷，虽不著款，而笔墨精工，非小李将军不能臻此绝诣。则两小李将军，必居一于此耳。崇祯十二年己卯阳月，尺木萧云从识。”

暮秋，程嘉燧作《松溪放棹图》。

纸本，墨笔。上海敬华2004年秋拍成交价40.7万元。

又作《唐人诗意图》。

纸本，墨笔。嘉德2005年春拍成交价41.8万元。

除夕，程嘉燧，与钱谦益守岁。

黄柱　凭高眺远图

1639年　安徽博物院藏

程嘉燧　松溪放棹图

1639年　上海敬华2004年秋拍成交价40.7万元

程嘉燧　唐人诗意图

1639年　嘉德2005年春拍成交价41.8万元

是年，程嘉燧，作《西湖纪游图》扇面、《芦汀笛唱图》扇面。

金笺，设色。每幅扇面尺寸为16厘米×51.2厘米。故宫博物院藏，京1-2364、京1-2365。

作《送别图》扇面。

金笺，墨笔。上海博物馆藏，沪1-1495。

作《观鱼图》轴。

纸本，墨笔。75.9厘米×30.8厘米。上海博物馆藏，沪1-1496。

作《唐人诗意图》轴。

纸本，墨笔。62厘米×31.7厘米。上海博物馆藏，沪1-1497。

作《山水》扇面。

金笺，墨笔。上海博物馆藏，沪1-1498。

作《梧荫纳凉图》扇面。

金笺，墨笔。上海博物馆藏，沪1-1499。

作《坐月图》扇面。

金笺，墨笔。上海博物馆藏，沪1-1500。

李永昌，与汪度、刘上延、孙逸、渐江合作《冈陵图》卷。

纸本，设色，29.2厘米×385.5厘米。上海博物馆藏，沪1-2364。

吴山涛，中举人。

方式玉，与许楚、王玄度游燕子矶，相与啸咏五日。

许楚《青岩集》卷二《秋归江行杂咏》载："崇祯己卯与王尊素、方玉如留此啸咏五日。"

江必名，作《白云高风图》轴。

纸本，设色，299.2厘米×105.4厘米。苏州博物馆藏，苏1-200。

萧云从，中科副榜第一准贡，其弟萧云倩中举人。

清康熙《芜湖县志》卷六《选举》、卷三十《人物》《文学》。

陈继儒，卒，年八十二。

陈梦莲编《陈眉公年谱》。

明崇祯十三年　庚辰（1640）

立春前一日，李永昌，于瑞墨斋作《山水图》。

纸本，设色。故宫博物院藏，京1-2288。题款："庚辰立春前一夕，画于瑞墨斋中，李永昌。"

正月，程邃，与刘友光相遇江上，刘友光为程邃的诗集作序。

刘友光《香山草堂诗》谓"庚辰闰正月，予与穆倩并舟入銮江，寻子胥解剑之浦，稍憩汪园一日，书画舫合，泛大江，览三山，舟居林亭，眠觞与乐。因得尽观数年所作之诗"，又谓"两袂将扬，穆倩愿以予言为近诗序"。

春，程嘉燧，作《秋山行旅图》扇面。

纸本，墨笔，17.4厘米×50.6厘米。安徽博物院藏。题款："崇祯庚辰春，孟阳画。"

程邃，与王岱定交于南京。

李永昌　山水图　/　1640年　故宫博物院藏

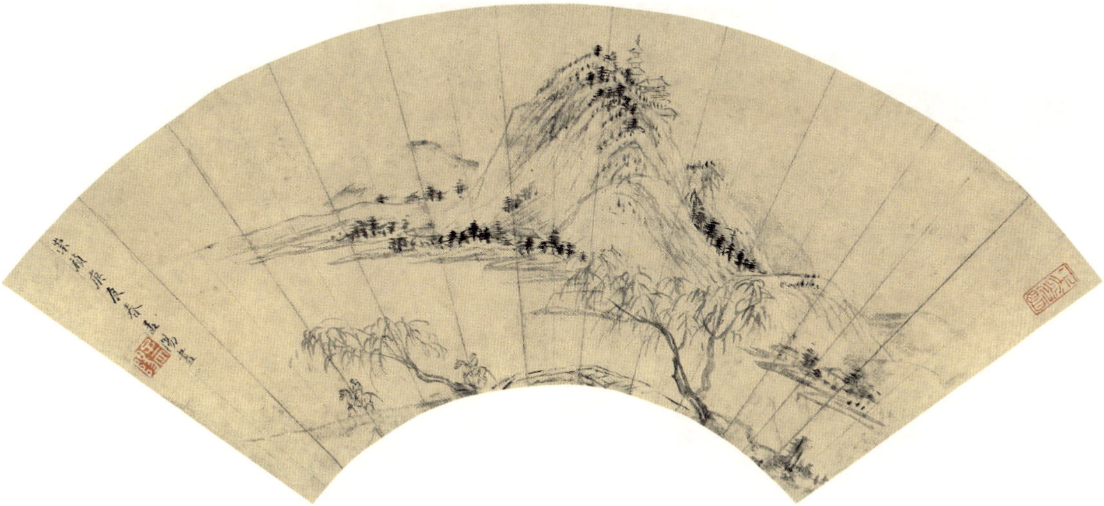

程嘉燧　秋山行旅图　/　1640年　安徽博物院藏

王岱《且园近集》卷二《赠程穆倩序》有“予与穆倩交于庚辰”之句。

按：王岱，字山长，号了庵，又号且园，湖南湘潭人，崇祯己卯年（1639）举人。著有《了庵诗集》二十卷、《了庵文集》十五卷、《且园近诗》五卷、《且园近集》四卷。

是春，程邃，与钱谦益舟次；与范景文舟次。

程邃《萧然吟》中有《从钱牧斋先生舟次酬宋其武》和《从范质公先生舟次赠茅止生》二诗。

二月，程嘉燧，居拂水山庄。

作《萧山枯木图》。

纸本，墨笔。题款：“崇祯庚辰二月，孟阳画于拂水山庄。”嘉德2014年春拍成交价59.8万元。

三月，程嘉燧，徙耦耕堂。清明，值友黄淳耀（蕴生）归省。送黄子羽之任休宁。上巳日，作《题荐亡友沈无回三七忏疏后文》。为江西杨廷麟写《髯参军图》。

上海市嘉定区地方志办公室编《程嘉燧全集》。

吴伟业，作《临江参军》诗。

吴伟业《梅村诗话》。

五月五日，程邃与冒襄等十七人聚于扬州影园，同赋黄牡丹诗。

郑元勋《影园瑶华集》上卷记《咏影园黄牡丹》之作者为黎遂球（美周，广东番禺人）十首、梁云构（眉居，河南兰阳人）一首、万时华（茂先，江西南昌人）三首、徐颖（巢友，浙江海盐人）二首、冒襄（巢民，江苏如皋人）二首、陈名夏（百史，江苏溧阳人）二首、梁应圻

程嘉燧　萧山枯木图　/　1640年　嘉德2014年春拍成交价59.8万元

（君士，陕西三原人）一首、顾尔迈（不盈，江都人）二首、梁于涘（饮光，江都人）四首、王光鲁（汉恭，江都人）一首、李陈王（谦庵，江西吉水人）一首、程邃（穆倩，歙县人）一首、马是龙（通州人）一首、姜垓（如须，山东莱阳人）一首、李之本（道生，如皋人）一首、陈丹衷（曼昭，江宁人）二首、李之椿（大生，如皋人）二首、姜承宗（开先，上元人）二首，故知程邃予此盛会。

十一月，程嘉燧，在半野堂与吴伟业夜集作别，欣慨交集，约偕游黄山。

程嘉燧《耦耕堂集·自序》。

是年，戴本孝，娶妻。

查士标，开始学画。

上海博物馆藏查士标《黄鹤遗规图》卷，纸本，墨笔，27.5厘米×119.6厘米，款识有云："余学画五十年，前人画法无不摹拟……时康熙庚午岁元夕，并识于邗上旅居之东郭草堂。士标。"庚午即康熙二十九年（1690），以此上推五十年，查士标学画当在崇祯十三年庚辰（1640）前后。

程邃，助姜垓起草铲除阮大铖名疏稿。

张慧剑《明清江苏文人年表》记载：1640年，安徽程邃助姜垓起草铲除阮大铖名疏稿。

程邃，作《仿黄子久〈深岩飞瀑图〉》。

郑旼，幼年即善棋艺，"八岁胜社里之人"。

黄涌泉《郑旼〈拜经斋日记〉初探》。

吴之麟，作《野山闲居图》扇面。

纸本，设色，18.5厘米×55.1厘米。安徽博物院藏，黄宾虹旧藏。题款："疎林不动嫩凉风，天入秋溪万里空。此际一杯闲不得，好山都在夕阳中。岱五姻兄雅玩，吴之麟。"图左下角钤"黄宾虹"三字白文方印一枚。

按：吴之麟，明末清初人士，具体生卒年均未详。字子野、驭千、莲道人、古香阁。安徽歙县人。平生能诗，工山水、花卉。往往乘酒染翰，生气盎然，得元人法。

李杭之，作《竹石》扇面。

金笺，墨笔，16.1厘米×51厘米。原北京市文物商店藏。

梅清，守丧于家，居于宛陵城内之茶峡草堂。

汤燕生，授徒于宣城。

吴肃公《汤岩夫先生传》，《街南续集》卷六，清康熙程士琦等刻本。

程嘉燧，作《山水》八开册页。

纸本，墨笔，每开尺寸为22.1厘米×14厘米。故宫博物院藏，京1-2366。

吴之麟　野山闲居图　/　1640年　安徽博物院藏

程嘉燧　柴门送客图　/　1640年　故宫博物院藏

作《柴门送客图》扇面。

金笺，设色，16.7厘米×55.1厘米。故宫博物院藏，京1-2367。

作《载酒图》扇面。

金笺，设色。辽宁省博物馆藏，辽1-228。

周亮工，登进士。

方以智，登进士。

明崇祯十四年　辛巳（1641）

三月一日，钱谦益，游黄山，过长翰山松圆山居，题诗壁上。

程嘉燧《耦耕堂集·自序》。

三月二十四日，钱谦益，在离桐庐二十里的桐江上与程嘉燧相遇，篝灯永夕，泫然而别。

程嘉燧《耦耕堂集·自序》。

十一月十二日，程嘉燧，再赴沆泉。画送照微师归莲花峰碣石居。

是年，复社领袖张溥卒，年四十。

蒋逸雪《张溥年谱》，商务印书馆1946年版。

程嘉燧，还休宁，开新安当地画家“喜仿云林”之风。

作《松萱图》轴。

纸本，墨笔。上海博物馆藏，沪1-1500。

程邃，与刘城相遇于苏州，有唱和诗。

刘城《峄桐诗集》卷八有《虎丘月夜，程穆倩邃过话，用社集韵》七律一首，编于辛巳，知作于是年。

客秣陵（今江苏南京）僧舍，作《仿子久〈深岩看瀑图〉》。

郭味蕖《宋元明清书画家年表》；《知鱼堂书画录》列此图，知此图作于是年。

姜垓，主盟班荆社于南京，同方文赋其初集。

方文《嵞山集》六卷有《姜如须班荆初集赋此》七律一首，列在辛巳；《萧然吟》亦有《班荆社诗·姜如须主盟》诗一首。

郑元勋，作《为镜月山水》扇面。

金笺，墨笔。苏州博物馆藏，苏1-221。

汪浚，作《云山采芝图》卷。

纸本，设色。南京博物院藏，苏24-0479。

按：汪浚，名应星，字湛若，号秋涧。万历、崇祯间在世。工诗歌，善书画，少从董其昌游，得“钟王”笔妙，“倪黄”诸家画意，摹写皆臻神品。中年侨寓扬州，与杜浚、周亮工、孙枝蔚、汪楫、程邃诸名流时相过从，读画征歌，雅相推重，人争购之。晚归故里，自购精舍，题门楣曰“山响”，著有未刊本《山响斋诗》《山响斋集》。汪浚为董其昌书画题跋甚多，其中为其《溪山初霁图》卷题：“文敏公书画遍寰宇，即余取经见亦每矣，无如赝迹混淆乱真者，众求其灼然可据而无疑样者，百不能二三见也。昔米元章诏李营丘画风见三百本，真者仅三本。余于文敏公亦以为然，若此卷全师‘董巨’，而墨清笔道，气韵生动，所诏灼然可据而无疑样者此其一也。江上先生携过相赏，请以都见质之，新安后学汪浚顿首。”卷后有查士标题跋。

明崇祯十五年　壬午（1642）

石涛，生。

按：石涛，原姓朱，名若极，广西桂林人，祖籍安徽凤阳，小字阿长，别号很多，如大涤子、清湘老人、苦瓜和尚、瞎尊者，法号有元济、原济等。南明元宗朱亨嘉之子，与弘仁、髡残、朱耷合称“清初四僧”。石涛是中国绘画史上十分重要的人物，他既是绘画实践的探索者、革新者，又是艺术理论家。他的画笔情恣肆，淋漓洒脱，不拘小处瑕疵，作品具有一种豪放郁勃的气势，以奔放之势见胜。对清代以至现当代的中国绘画发展产生了极为深远的影响。有《搜尽奇峰打草稿图》《淮扬洁秋图》《惠泉夜泛图》《山水清音图》《细雨虬松图》《梅竹图》《墨荷图》《竹菊石图》等传世。著《苦瓜和尚画语录》，阐述了他对山水画的认识，提出“一画说”，主张“借古以开今”“我用我法”和“搜尽奇峰打草稿”等绘画理念，在中国画史上具有十分重要的意义。

王原祁，生。

按：王原祁，字茂京，号麓台、石师道人，江苏太仓人，王时敏孙。康熙八年（1669）进士，以画供奉内廷，康熙四十四年（1705）奉旨与孙岳颁、宋骏业等编《佩文斋书画谱》。擅画山水，继承家法，学“元四家”，以黄公望为宗，喜用干笔焦墨，层层皴擦，用笔沉着，自称笔端有金刚杵。与王时敏、王鉴、王翚并称“四王”，形成娄东派，左右清代三百年画坛，成为正统派中坚人物。享年七十四岁。

春，梅清，在宛陵，与方文、梅超中等人泛舟响山，后访梅磊别业。

梅清《天延阁删后诗》卷一有《稼园集·春日同方尔止、麻孟漩、蔡大美、家季升诸子泛舟响山兼访家杓司别业》二首。

春，程邃，作《苍松青溪图》。

二月，程嘉燧，在歙县为启晨写《山水》扇面。

六月，程邃，与黄道周、杨廷麟相别于三宿岩。

程邃《萧然吟》有《三宿岩呈别黄石斋先生、杨机部先生。壬午之夏》诗。

夏，梅磊下榻梅清茶峡草堂，施闰章、倪正、吴肃公、蔡瑶、王露等友人竞赛默诗。

梅清《瞿山诗略》序载：“犹忆壬午夏，杓司下榻草堂。浴罢衔卮，取陶谢李杜诸集及乐苑诸书，两人竞读。每夜默之，各以数百计。时愚山、观湖、晴岩、晓原、鹤问诸同学，蒸蒸然来和之，致足乐也。”

八月，万寿祺东归，有诗留别程邃。

李允基《万年少先生年谱》载：“壬午十五年，先生有东归诗，留别草臣、如须、穆倩、满字、开少。”诗云：“八月廿日予东归，空江秋风水正肥。持螯两手劝酬急，抱膝一人心事违。西引二楚鼠始硕，北闻三辅雁初飞。吾曹聚散亦有分，仆仆车马徒诮讥。”

程邃　苍松青溪图　/　1642年　藏地不详

秋，梅清，游扬州。

梅清《天延阁删后诗》卷二《稼园集》序载："瞿山人曰：'岁壬午，从城内旧第携家迁此地。……是岁游广陵，并附有淮海数诗。'"

冬，梅清，邀越人徐继恩等同游敬亭。

梅清《天延阁删后诗》卷五《宛东草》载："壬午冬，羽三与徐世臣、徐汉官、叶蕃仙同客宛东。阅两月，论文把酒，相得欢甚。迄今别去十六年。"

冬，杨廷麟赋诗答赠程邃。

杨廷麟《杨忠节公遗集》卷四《答赠程穆倩》诗曰："秋来索米愧迎逢，失路迷鸦笑楚风。自在箪瓢烟水外，卷怀天地辘轳中。不将樵径劳疑鹿，独摘寒花饯隐虫。爱尔登高能作赋，空江倦叶滞归鸿。"此诗收入《萧然吟·良友赠言》，题款："壬午冬，石城感赋，柬穆倩辞贤，并正。"故知作于是年冬也。

十月，程嘉燧，写《疏林远岫图》轴。

纸本，墨笔。故宫博物院藏，京1-2368。

十一月十四日，郑旼，十岁，见前辈画家黄桃石画兰花，对之生敬慕之情。

康熙十一年壬子（1672）十一月十四日，郑旼在日记中记云："予犹三十年前于郡市看桃石先生写兰……予时发初覆额，敬而慕之。"

是岁，范景文，坚聘程邃参幕席，未就。

按：范景文，字梦章，号质公，河北吴桥人。崇祯十一年（1638），因疏救黄道周，被削籍。十三年侨寓南京。是年起复南京兵部尚书，寻改工部尚书。

萧云从，复中壬午科副榜。

清乾隆《芜湖县志》卷九。清乾隆二十三年（1758）《太平府志》卷二十，《贡生》载："萧云从十二年己卯科副榜准贡，复中壬午科副榜。"

又作《秋山访友图》。

王石城《萧云从》，上海人民美术出版社1979年版。

作山水设色长卷《关山行旅图》。

28厘米×320厘米。上海博物馆藏。《中国古代书画图目》第四册。

郑元勋，作《山水》扇面。

金笺，墨笔。故宫博物院藏，京1–3186。

梅清，由宛陵城内移居城东外三里之稼园，安居于此。

"稼园在郡城东三里许。余少时惬志田畴，不乐居嚣市。岁壬午，从城内旧第携家迁此地。虽近郭而细径曲折，古木幽深。俯仰周遭，划然有人世之别。曰'稼园'，砥初志也。先是有《稼园》二卷，大略田间作苦之辞，不敢告世，曾删其半。兹复取其所为半者删之。匪以存诗也，存初志也。是岁游广陵，并附有淮海数诗。"梅清《天延阁删后诗》卷二《稼园集》序。"田舍近依千亩竹，柴门遥接万重山。烟云肯于奉松径，车马何期叩金石。瓮倒谩邀高阁句，花开解照故人颜。莫怜野老今憔悴，赢得沧州日日闲。"梅清《天延阁删后诗》卷二《稼园集·田居喜吴兴闵中介、齐安余十房、五狼陈善伯、歙州赵藏若、同里黄鸣仙诸子过访，分得闲字》。

浪迹南京，暂居寺庙。后将其间往来赠答之诗集成《休夏草》，惜不存。

"余不敏，自束发即有志四方。思以诗之贽当世，首于壬午岁浪迹白门，萍寄萧寺。往来赠答有《休夏草》，顾子与治序之，此余问世初编也。"梅清《天延阁删后诗》卷六《休夏集》序。

为好友俞绥作《父书楼图》，三年始成。

"画岂能神书岂圣，但恨笔墨无逸兴。涧翁索画父书楼，积逋三年不敢酬。每思策杖溪洞口，看山落笔吾何有。今年秋病独闭门，能卧真抗羲皇尊。忽传西涧新诗至，不辞促迫非能事。起余之病真怪哉，一挥尺幅无安排。但取秋山并秋水，有人把卷高楼里。惭余亦置画图中，回头何处瞿硎峰。我有父书不能读，对此沉吟损幽独。"梅清《天延阁删后诗》卷二《稼园集·题〈父书楼图〉荃丁山俞涧影》。

为道士倪正作《瞿树图》。

"道士入山寻石室，手持一卷古《周易》。心在羲皇未画先，肯向尘中言阖辟。洞门瞿树几千春，古干孤根皆至真。图就高呼更长望，意中若见披袈人。"梅清《天延阁删后诗》卷二《稼园集·倪观湖读易，山门偶作〈瞿树图〉寄之》。

为梅超中作画。

“古树参差荻草堂，遥看积雪断飞觞。暑来写就寒山意，助尔西窗一枕凉。”梅清《天延阁删后诗》卷二《稼园集·季升投诗索画依韵题卷端答之》。

程邃，在南京期间与金陵白梦鼎、梦鼐兄弟定交。

按：白梦鼎，字孟新，号醒庵；弟梦鼐，字仲调。时称“金陵二白”。

戴本孝，随父游鸡笼山。父应南京乡试被放，欲上书请崇祯帝迁都陕西。谓：“中原流寇充斥，国家倘逢不测，欲一旦京都南迁取道无由，莫若早据关中，可以扼河山之固，号召天下。”书阻遏未得上。

许宏泉《戴本孝评传》。

李杭之，作《山水》扇面。

金笺，墨笔。浙江省博物馆藏，浙1-145。

约是年，渐江，为明老法师作《天池石壁图》轴，署名“江韬”。

题款：“子久天池石壁遗意。为明老法师写。江韬。”此轴著录于容庚《颂斋书画小记》：“纸本墨笔，高二尺九寸三分，广一尺四寸九分。”款署“江韬”，当是顺治乙酉年（1645）入闽前之作。容庚得此，有罗惇㬊、黄宾虹二跋。

罗惇㬊跋：“渐师画偶师宋人，为僧后悉变元人一派，于云林、子久两家尤擅胜场。此帧款署江韬，尚是少年所作。笔墨简淡，已自清超拔俗。非禀江山灵淑之气，曷克臻此。其后造诣益深，卓然名家，虽髡残、道山莫能轩轾也。癸未清明后五日，希白道兄出此属题，悉檀居士罗惇㬊记于须曼那室晨窗。”

黄宾虹跋：“昔程蚀庵撰渐师碑文云：报龄五十四，僧腊二十一。是帧未书年月，款题原名，当在癸未圆顶年三十四岁以前。渐师生长歙之右族，相门帝胄，世多令名。其人品学问，文词书画，力争上游。又得丰溪、苹墟诸大鉴家收藏，临摹观览。先由宋画莽苍，骎至唐人之室。故能雅洁清绝，未可徒以宗向‘倪黄’目之。所谓子久天池石壁遗意，正从唐宋脱化，非沾沾于元人，洵可宝也。希白先生属。癸未暮春黄宾虹题。”

许楚，移居灵金支峰高庙山经营石雨田舍。

许楚《青岩集》卷十一《石雨田舍记》载：“崇祯壬午以来，兵火踵至，誓墓心决，从潭上旧里移贮山阁者。”

明崇祯十六年　癸未（1643）

春，程邃，与林古度、杜浚、胡统虞、刘友光、王岱聚首南京，时相唱和。

王岱《了庵文集》卷二《秣陵流寓放言诗自序》云：“秣陵流寓者何？癸未春明，烽烟北庭，

孙逸　茅屋长松图　/　1643年　故宫博物院藏

计偕不得，俱滞秣陵，江以南，叛卒据江杀掠，归道隔绝，寓而至于流落也。放言者何？同盟胡寿绪、杜于皇、刘杜三、林茂之、程穆倩，抚时生感，相勖以诗。”

秋，孙逸，为以贞作《茅屋长松图》。

故宫博物院藏。题款：“癸未新秋写祝以贞词兄，孙逸。”

七月，萧云从，作《岩壑奇观图》长卷。

纸本，设色，30.3厘米×261.7厘米。《中国古代书画图目》第二十二册。

作《山水》立轴。

故宫博物院藏。《陶风楼藏书画目》中载“清萧云从山水轴”，国学图书馆1932年版。

九月，程嘉燧，在松圆阁写《富春烟暝》册页。编次《耦耕堂集》五卷。

冬月，程嘉燧，为钱谦益《初学集》作序。

作《晴山疏影图》。

纸本，设色。西泠印社2011年春拍成交价57.5万元。

又作《高逸图》。

上海博物馆藏。

十二月，程嘉燧，卒于歙县长翰山松圆阁，年七十九岁。

上海市嘉定区地方志办公室编《程嘉燧全集》。

是年，三月，黔兵扺徽州，金声、江天一起兵御之。李自成称新顺王于襄阳，改襄阳为襄京。十月，汝州大胜，

程嘉燧　晴山疏影图

1643年　西泠印社2011年春拍成交价57.5万元

程嘉燧　高逸图　/　1643年　上海博物馆藏

破潼关，杀孙传庭，进破西安。本年，张献忠五月取武昌、汉阳，杀楚王，连下岳州、长沙、衡州，进入江西。十二月，决策入川。本年，清兵自山东北还，前后破三府、十八州、六十七县，降一州、五县，掳获人口、牲畜、金帛无数。八月，皇太极死，福临嗣位，多尔衮参与辅政。

郑元勋，中进士。

徐沁《明画录》卷五。

程嘉燧，作《策蹇图》扇面。

金笺，墨笔。上海博物馆藏，沪1-1502。

明崇祯十七年　甲申（1644）

汪家珍，约是年生。

按：汪家珍，又名葵、叔向，字壁人。安徽歙县人，少为诸生，明亡弃举子业，厮守民间。学养深厚，能诗好画。花鸟鱼虫，尤传神入妙。山水初学黄公望及王蒙，后又临仿渐江，同时参学新安其他诸家，与汪之瑞、孙逸齐名。中年在渐江等新安画家的影响下，走访家山，貌写黄山。安徽博物院藏其《黄山一角图》，纸本，设色，93厘米×36.9厘米。题款：“与我前僧社兄别来无好怀，但有黄山一角供之卧游。时丙申十月，汪家珍识。”

三月，范景文，卒，年五十八。

王孙锡《范文忠公年谱》。

五月，程邃，寓寺舍断臂，陈悖贻载酒频过。有诗记之。

程邃《萧然吟·寺舍断臂，悖贻载酒频过。甲申五月》载：“前帝前朝别几时？收回魂魄见清夷。无定遘疾佳山水，因子为欢亦涕洟。圮屋釜尘深鼠迹，短窗蜗汁粲苔丝。频仍载酒维摩舍，正值升之赋五悲。”悖贻，陈姓，名待考。

八月，程邃，与万寿祺夜游虎丘。

罗振玉《万年少年谱》有《甲申十七年八月，夜游虎丘，与程大邃夜饮西隐赋诗》。

十一月，程邃，与黄道周相别于大涤山。

程邃《萧然吟·良友赠言》有黄道周诗二首，款署“甲申十一月，大涤山中，雪后赠别”。其一云：“程生有奇制，往往凌郊岛。当其得幽隽，如出华山道。翠斧劖枯崖，纤刀剪碧草。三年再相见，跳叫忘人老。”

是年，三月，李自成率起义军进入北京，崇祯帝朱由检自缢死。五月，清兵入关，定鼎北京。福王朱由崧即位于南京，改元弘光。九月，清世祖福临至北京，十二月，福临即皇帝位，改年号为清顺治。

萧云从　秋山琴诗图
年代不详　安徽博物院藏

程邃，作《行书七律诗》扇面。

金笺。江苏美术馆藏，苏19-17。

李杭之，作《设色山水》轴。

纸本，设色。故宫博物院藏，京1-3185。

作《山水》八开册页。

纸本，墨笔。故宫博物院藏，京1-3186。

作《溪桥散步图》扇面。

金笺，设色。浙江省博物馆藏，浙1-146。

汪之瑞，作《山水》轴。

纸本，墨笔。故宫博物院藏，京1-3992。

龚贤，孤身赴扬州谋生。赋《将之广陵留别南中诸子》五律一首。

丁云鹏　漉酒图
年代不详　上海博物馆藏

诗曰："壮游虽我志，此去实悲辛。八口早辞世，一身犹傍人。定知隋苑晓，还记蒋山青。揖别诸兄弟，追随有故贫。"

梅清，在宛陵。清朝定鼎后，继续举子业。

梅清《瞿山诗略·序》载："岁甲申，典朝鼎既定，余乃复事举子业。"

萧云从，离芜湖到高淳避居。

萧云从《移居诗》诗序。

作《春岛琪树图》轴。

纸本，墨笔。故宫博物院藏。郭味蕖《宋元明清书画家年表》中有"春岛荣琪树"题画诗句。沙鸥认为《宋元明清书画家年表》载萧云从作《春鸟奇树图》，有误，应为《春岛琪树图》。

去金陵遇跳石道兄，并画《山水》扇面赠之。

日本东京组田昌平收藏。铃木敬编《中国绘画总合图录》。

作《无题》山水图轴。

纸本，设色，88.1厘米×33.6厘米。故宫博物院藏。《中国古代书画图目》第二十二册。

始作《离骚图》。

民国二十三年（1934）蝉隐庐影印了《陈萧二家绘〈离骚图〉》，上面有清张秀壁《天问图》跋。

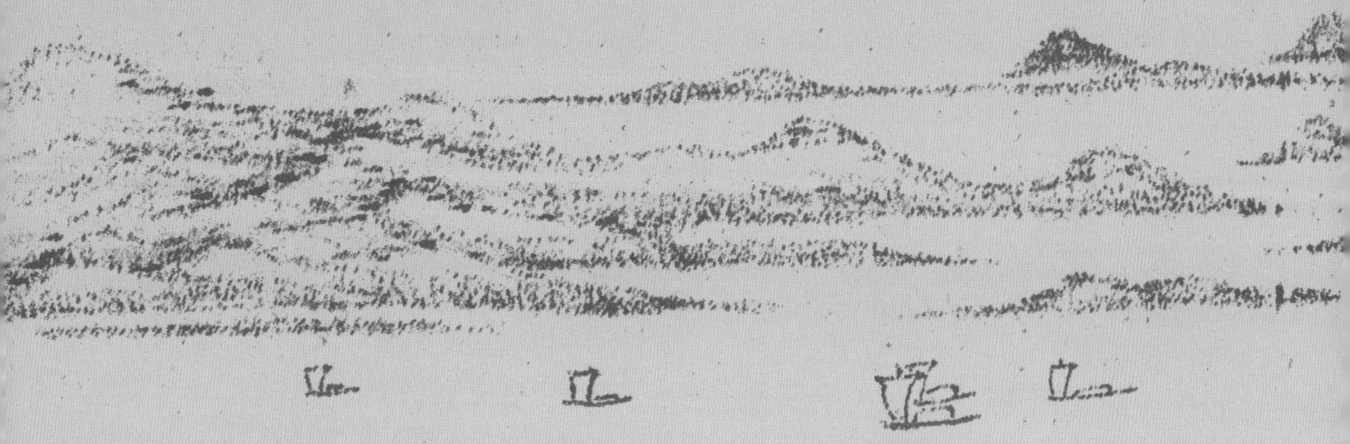

第二部分

鼎盛时期画家艺术活动

（1645—1697）

清顺治二年　乙酉（1645）

程功，生。

按：程功，字幼鸿，号子鹤、柯亭，室名含远楼。安徽怀宁人。清康熙十四年乙卯（1675）举孝廉。因屡困南宫，遂不仕，归。擅写山水，画有奇气，非当时新安派人可比。每恶时人不善学黄子久、吴仲圭，而尽以墨填染，臃肿涣散之陋，悉屏弃之，辄作悬崖绝壑、奇峰古木，神韵独出，望之有凌云之思。著有《天咫阁诗集》一书传世。安徽博物院藏其《山水》八开册页，纸本，设色，每开尺寸为16.2厘米×20.5厘米。

春，萧云从，作《纵情图》山水长卷。

纸本，设色。美国洛杉矶博物馆藏。

程邃，与邢昉、万寿祺、范又蠡、方文、邬继思、潘陆、钱邦寅相聚于京口。

邢昉《石臼后集》卷三《同万年少、程穆倩、范小范、方尔止、邬沂公、潘江如、钱驭少集戴园，得沙村二字》。诗作于乙酉，时杨文骢监军润州，诸子来京口相会。

四月，清兵攻陷扬州，屠城十日，明大督师大学士史可法遇害。

五月，郑元勋，卒，年四十八。

徐沁《明画录》卷五载：“因悍镇分地临扬，欲纾难而出语小误，为众击，惨死，时论惜之。”

清兵攻克南京，程正揆、钱谦益、王铎等迎降；明弘光帝去芜湖，被执。

七月，清兵连下苏、常、杭，破嘉定、昆山。

八月，清兵攻陷江阴、松江、金山，皆屠戮甚惨。

程邃，返南京，劫后与程正揆重逢，各赋诗志喜。

程邃《萧然吟·良友赠言》有程正揆《乙酉八月，喜穆倩、小阮还白门有作三首》。《诗观二集》卷之二有程正揆《丧乱之后，喜穆倩、小阮聚首石城，赋赠》。《萧然吟》有《兵中得还白

程功　山水册页　/　年代不详　安徽博物院藏

门，青溪太史公有诗志喜，敬和原韵》。

中秋，萧云从，仿吴镇山水一幅。

日本黑川古文化研究所藏。铃木敬编《中国绘画总合图录》。

中秋后七日，萧云从，完成《离骚图》并题序。

民国二十三年蝉隐庐影印《陈萧二家绘〈离骚图〉》，萧云从题序，作七言诗《吊邑人周孔来殉节泾县学署》。清乾隆《芜湖县志》卷二十三。

九月，戴重，于湖州举兵反清，流矢穿腹，被其子戴本孝救回和州鹰阿山中。

萧云从，作《山水图》十二开册页。

香港何氏至乐楼藏。刘九庵《宋元明清书画家传世作品年表》。

御史黄澍降于清，引清兵入，徽州遂破，金声及江天一被俘而亡。渐江遂随师入闽，临离歙时，与好友程守哭别于相公潭上，然后经水路过杭州，到达福州。

除夕，程邃，有诗呈程正揆。

程邃《萧然吟》有《乙酉除夕，既醉书壁，呈青溪太史公》二首，其一："飞雨浪浪晓，持斋起拜天。佛经宣译语，通国尽衔烟。不见扶桑日，那论木榻年。焚香而却扫，一室主人怜。"其二："客有夸徐稺，吾方少乐羊。帝王轻过眼，宇宙是何乡？孝子苍生笃，穷夫混帐狂。窗中屋檐水，滴滴滴肝肠。"

郑旼，其父郑康成作《乙酉夏闻雁》诗寄怀。

诗云："洛阳当日杜鹃鸣，为任荆公宋室倾。今此江□谁作宰？茂林鸿雁叫朱明。"父亲的遗民节操和处世态度对郑旼遗民思想的形成有直接影响。黄宾虹曾到郑旼故里考察，认为郑旼父名"郑康成"，而据汪世清引证《双桥先德录》记为"郑康宸"，有待进一步考辨。

萧云从，与戴重等友人避难于石臼湖，并为戴重义举送行。

章学诚《和州志·戴重传》载："时同避乱于石臼湖者，萧云从等皆一时高士。湖中邢于定亦贤而隐者，馆重其家，意气甚得。至时重欲远行，诸隐士相与饯于大枫桥下，雪泣别去。"

萧云从，作《霜林秋嶂图》，又名《秋山霜霁图》。

纸本，墨笔，60.2厘米×21厘米。广东省博物馆藏。史金城《鲁连蹈海典属还家》，《南京艺术学院学报》1984年第1期。

郑重，作《品古图》扇面。

金笺，设色，15.5厘米×47.5厘米。故宫博物院藏，京1–2718。

王尊素，入闽，避乱于武夷九曲之间，与张蚩蚩、周元修、渐江唱和。

石涛，四岁，由宦官（即后来的喝涛）带至全州湘山寺出家为僧。

清顺治三年　丙戌（1646）

雪庄，生。

按：雪庄，字惺堂，号雪庄，释传悟，又号沧溟道者、黄山野人、青溪后学、铁鞋道人，江苏淮安楚州人，师从法洞宗南庵大依禅师。康熙二十八年（1689）雪庄夜读《黄山志》，被黄山的奇松、怪石、云海等奇异景色所吸引，冒雨进山。其后三十二年间，日持笔墨徜徉山中，以写黄山峰峦、山花为乐。宋荦《西陂类稿》："楚州雪庄悟公，住黄山之皮篷，性孤高，有花癖，尤善绘事，时时含丹吮粉，于幽崖邃壑中，貌人间未见花，久之成帙。"黄宾虹："方外之侣，其来居黄山者，实繁有徒。至工画事者，僧渐江而后，惟称僧传悟，字雪庄，画黄山奇峰奇卉。"

春，程邃，与方亨咸相遇于南京。

程邃《萧然吟·良友赠言》有方亨咸五律二首，有"白门春始逢"之句，又注曰："穆时客青溪父执所。"故知作于是年春来南京重晤时。

按：方亨咸，字吉偶，号邵村，安徽桐城人。

九月九日，程邃，在苏州，与沈以曦相叙。

程邃《萧然吟》有《即席为沈旭轮司李》《丙戌重阳雷雨》七律二首。

按：沈旭轮，名以曦，湖南临湘人。崇祯庚辰年（1640）进士。时为苏州府推官。

初冬，程邃，与吴伟业相遇于苏州。

程邃《萧然吟·良友赠言》有吴伟业《丙戌初冬过半塘，遇穆倩社兄将有楚行，率尔赋赠并正》，还有《半塘过吴骏公先生》，当亦此次相遇时而作。

十一月，戴重，绝食而卒。

萧云从《和州含山张不二先生乙酉殉节纪实》一文称："（重）举义被创，扶还故邱，因和先生辞，以哭先生，辄失声，亦绝粒不食，于迢迢谷死焉。论者谓，和州为高皇帝汤沐郡，自开天三百年来，竭力致身以报国者，惟此幽忠数人而已，岂非两闻正气焉。"章学诚《和州志·戴重传》。

是年，陈洪绶，四十九岁，在浙东为清兵俘获，后逃出，至云门寺落发为僧。

黄道周，卒，年六十二。

杨廷麟，卒，年四十九。

杨文骢，卒，年四十九。

郑为虹，卒，年二十五。是年，作《山斋读书图》。

绢本，墨笔。安徽博物院藏。

渐江，入武夷山，与王玄度等唱和，居天游峰最胜处一年。

渐江《与程蚀庵》书云："入武夷，居天游最胜处，不识盐味且一年。"可见，此时渐江并

郑为虹　山斋读书图　/　1646年　安徽博物院藏

未皈依僧寺。

许楚，离歙县去宣城，后移家嘉兴。

程正揆，作《秋山亭子图》轴。

纸本，设色，62.3厘米×34.1厘米。吉林省博物院藏，吉1-128。

清顺治四年　丁亥（1647）

汪洋度，生。

按：汪洋度，安徽歙县人，汪洪度弟。

秋，萧云从，从高淳归芜湖，写《移居诗》六首。

民国《芜湖县志》卷五十九《杂识》诗。

重九前三日，胡皋，作《雨景山水图》轴。

纸本，水墨，83.6厘米×31.7厘米。安徽博物院藏。题款："和风烟雨至，恍惚失山村。丁亥重九前三日写于蚺城客次，似于王词兄一笑，胡皋。"

十二月，萧云从，作《仿王蒙山水图》卷。

原北京市文物商店藏。刘九庵《宋元明清书画家传世作品年表》。

除夕，程邃，与周亮工、匡兰馨、胡玉昆为"祭墨之会"。

周亮工《赖古堂集》卷七《丁亥除夕，独宿邵武城楼，永夜不寐，成诗四章》之四有云"下榻怀人同拜

胡皋　雨景山水图　/　1647年　安徽博物院藏

墨”，原注：“客岁此夕，胶西匡九畹、黄山程穆倩、秣陵胡元润宿予衙斋，为祭墨之会。”匡九畹即匡兰馨，亮工官潍县所取士之一。

是年，陈子龙卒，年四十。

按：陈子龙，字人中，一字卧子，青浦人。程邃《萧然吟》有《偕陈卧子、谢提月探梅玄墓》，陈子龙曾为程邃避难调护。

萧云从，为香士作《山水轴》。

胡积堂辑《笔啸轩书画录》，清道光刻本。

渐江，在武夷山，出家为僧，皈依古航道舟禅师，始用法名弘仁，字无智，号渐江。

渐江《与程蚀庵》书云：“哭别相公潭上，公已无归志。弟以二尊人大义相责。今已闻家食矣。入武夷，居天游最胜处，不识盐味且一年。业披缁皈古航本师。乞食固分内事，毕子阶三赠以十缗。非公莲花峰顶之言，彼安知有苦行头陀也。尊素蚩蚩时来啸咏。不更及。”

查士标，同程奕先雨中登北固山。

查士标《种书堂遗稿》卷二《济若掩关甘露，冬日奉访，因得再登北固。忆丁亥同程奕先雨中来游，江山云树，仿佛目中，忽忽遂越十载，感慨系之》。

戴本孝，其父死后，以布衣云游四方。

程邃，作《山水》扇面。

王尊素，离闽，客居扬州，与纪伯武、赵友沂、吴园次、龚贤、李秀升交游。

清顺治五年　戊子（1648）

姚宋，生。

按：姚宋，初名金，字雨金、羽京，号野梅、三中子、木石闲人。安徽歙县人，客居芜湖。善于吟咏，与吴豫杰同时名扬江南。书法工行草，有董其昌潇洒出尘的风韵，楷书却有隶书意味。其笔墨变幻多端，以能信笔画石称著一方。而山水、花鸟、兰竹亦无不精妙；兼有能于瓜子上作十八罗汉之微画绝技。画梅师摹倪瓒，山水初学渐江，几可乱真。但未另辟蹊径，故终未出渐江画格。安徽博物院藏其《仿黄鹤山樵山水图》和《山径泊舟图》，未属年月。

元月，王玄度，与洪琮同客芜湖。

春，萧云从，完成《太平山水图》，初夏题跋。

南京图书馆藏怀古堂藏版《太平山水诗画》。张万选将之编入《太平三书》卷十二。

四月，程邃，作《赠汉恭山水图》。

上海博物馆藏。题款：“海内朋友系余怀想者，汉恭大士为尤勤，十许年锁尾失乎，亘是有故人之乐？时谈吴桥公旧事，相与感涕，无重斯会，因抽笔作此赠之。戊子四月也，黄海社弟程邃。”

与方文相遇扬州，话旧。

方文《嵞山集》卷七有《与程穆倩感旧》七律一首，诗云：“万岁楼前司马台（杨龙友先生以职方监军润州），与君觞咏日悠哉。惊沙一起秋风乱，故里重寻晚角哀。湖海相逢犹历落，肝肠不语自崩摧。南徐以后无知己，薄俗谁怜樗散才。”诗编于戊子年（1648），时方文来扬州与程邃相见。

冬，龚鼎孳，来扬州与程邃相聚。复同舟至淮，赴淮安府推官马颀之招也。

程邃《萧然吟》有《从龚孝升先生联船淮阴，予赴马司理颀公招也》。近人潘厚辑《明清两朝画苑尺牍》有马颀写与程邃的信，曰：“五日未亲教言，便如隔岁。阴雨颇暇，端迟杖履以商清课。非但杯酒藉也，一切应携之物，望与俱来。”

十二月，程邃，作《山水》扇面。

金笺。邵松年《澄兰堂古缘萃录》卷七著录《各家名人书画扇面册》，其第九开为程邃山水金笺面，署年“戊子十二月”。

是年，八大山人二十三岁，在进贤县邑西五十里之介冈剃发为僧，自号“雪个”，僧名“传綮”。

程邃，移家扬州。作《拄杖回头图》。

纸本，墨笔，51.4厘米×44.9厘米。上海文物商店藏。

萧云从，作《烟鬟秋色图》卷、《疏林图》轴。

两图现藏于天津博物馆。《中国古代书画图目》第九册。

作《畴昔爱种石》卷。

《萧云从、张洽山水画》，天津杨柳青画社2002年版。

又作绢本《白马洞天图》轴。

金瑗辑《十百斋书画录》。

郑重，作《十月岭梅》扇面。

程正揆，作《临阁帖》卷。

纸本，22.1厘米×198.2厘米。上海博物馆藏，沪1-2400。

清顺治六年　己丑（1649）

寒食日，萧云从，与侄萧一芸合作《青山高隐图》。

邵松年《澄兰堂古缘萃录》卷七，上海古籍出版社1996年版。

初夏，汪之瑞，作《册页》一帧。

上海神州国光社《新安名画集锦册》，题款："己丑初夏为香士社兄画，汪之瑞。"左方有方增兆题诗云："眼看画里疑无路，身到山中自有人。万壑千峰谁写就，翻嫌青碧不曾真。"

五月，汪之瑞，作《山水图》，上有查士标己未年题跋。

纸本，墨笔，79厘米×52厘米。故宫博物院藏，京1-3993。题款："己丑夏五月，画似跨千老盟兄，笔下有离别之气，瑞识。"查士标题款："此乘槎真迹，古气苍蔚，如见伊人。瑞老道兄购得之，持以相示，为题数语。己未七月，邗上旅人士标。"

秋，梅清，在宛陵，作《曳杖过溪图》轴。

美国纽约大都会艺术博物馆藏。题款："谷里云烟常隐约，门前松石喜平安。歌完曳杖过溪去，图得青山自在看。己丑秋日，呈□翁老师教之。瞿山道人梅清。"

九月，许楚，游西湖，时仍客浙西。

许楚《青岩集》卷八《西陵竹枝词·自序》载："仆以己丑秋晚旅滞明湖，啸咏无题。"

十一月，萧云从，作《幽谷村居图》。

纸本，设色，80厘米×30.5厘米。沈阳故宫博物院藏。《中国古代书画图目》第十五册。

许楚，舟过富春山，仍客浙西。

许楚《青岩集》卷五《己丑霜月，舟过富春山，不及登钓台谒严先生，酹茗遥拜。偶轶后二句，次春读〈钓台集〉，遂追补之》。

冬，梅清，作《仿李营丘〈雪景图〉》扇面。

题款："己丑冬月，呵冻仿李营丘法。瞿山梅清。"廉泉编《明清名家扇面大观》，上海文明书局1916年版。

是岁，渐江，自武夷回黄山。约是年，作《武夷图》。

题款："黄海归来，为圣木居士作武夷峰水，盖未敢唐突天都耳。"程弘志《黄山志》之《弘仁小传》。汪济淳有《渐江游黄山归为程子图跋》亦附录于此："予未至武夷，不知与黄海孰优？渐公云：未敢唐突天都。似武夷犹属小巫。迨观渐公《武夷图》，水以山曲，山以水润，方舟泳游，眺赏较逸。黟山虽奇，亦陆海耳。武夷优欤？予谓武夷以水为水，黟山以云为水，三十六峰浮沉云涛中，雄称海若。若武夷，但河伯耳。虽然，予黟山人也。优此于彼，得毋为吾家黄海高声价乎？请渐公平心洁笔再写黟山，两图并悬，优当有属矣。"跋后尚有程弘志小注："渐公绘事方今第一手。汪子此跋，若得缣素韵其山窗，是赚兰亭妙法也。"此图今仅存目。

王尊素，客扬州。

祝昌，中进士。

按：祝昌，字山嘲、山史、山公。安徽桐城人，久居新安，晚客邗上。性品孤介，或遇不以礼，虽饼金购尺幅终不许也。山水画初学弘仁，后吸收元代各家法，得其意趣而稍有变化。画多无皴，淡墨微染，元气浑厚，神完气足。为新安画派健将之一。张大镛《自怡悦斋书画录·祝昌山水》云："长松森拔，并不有意作盘曲古劲之势，而浩浩落落、特立不群之概，若于笔墨外遇之。通幅无皴擦纹，而以淡墨微微渲染，却已元气浑厚，精神具现，古淡中神完气足，此画家境诣之极超者，不图山史之能如是也。"

程正揆，作《山水》十六开册页。

纸本，设色。故宫博物院藏，京1-3704。

梅清，迁居新田。读书于此，时与同里诗友订为文会。

梅清《天延阁删后诗》卷三《新田诗》序载："计余移居新田，则在岁之己丑间也。新田，逸山名，与华阳、柏枧诸峰联络鼎峙。一庐数亩，寝食于斯。俯仰之间，闲焉自适。维时家益穷，而读书之兴未倦。与里族同志数子订为文会，或邻一溪，或隔一岭，相望而呼，风雨靡辍。制艺之余，酒酣兴发，泼墨挥毫，分题拈韵。倡和之篇，所在都有。阅数年间，颇有读书之乐。迄今回首，邈不可追。甲午冬底，辑而删之。原稿仅存百首，兹复删其大半，存三十余首。嗣后己亥从北征归，携家托迹鲁墨，仓皇之中，得诗十余首。鲁墨与新田咫尺，并附各体之后，仍名曰'新田草'。"

曾在扬州，送孙默归黄山。

梅清《天延阁删后诗》卷三《新田诗·维扬送孙无言归黄山》诗云："梦里分明见黄海，惆怅余怀三十载。七十二峰重复重，朵朵芙蓉青不改。欲往从之咫尺难，千年灵境空相待。淮南孙子天都裔，掉头拂袖不可羁。邗江客散春潮退，送将归去谁追随。独携孤剑更何有？自言采药寻吾师。明年我问丹台路，云里呼君在何处。"

曾过山东境，有《宁阳道上》诗。

梅清《天延阁删后诗》卷三《新田诗·宁阳道上》。

赠诗天都许子柔。

梅清《天延阁删后诗》卷三《新田诗·赠天都许子柔》。

按：许茹，字子柔，许楚之子。梅清诗友。

萧云从，建醮于庭，道士召白鹤至，回翔久之，方文与绣铭皆赋诗。

方文《嵞山集》卷七《萧尺木建醮于庭，有道士召白鹤至，回翔久之，予与绣铭皆有赋》。

方文，去芜湖访萧云从，并赠诗。

方文《嵞山集》卷七《芜阴访萧尺木有赠》。

清顺治七年　庚寅（1650）

张潮，生。

按：张潮，字山来，号心斋居士，安徽歙县人。自幼“颖异绝伦，好读书，博通经史百家言，弱冠补诸生，以文名大江南北”。先后自著诗文、词曲、笔记、杂著数十卷，辑成《檀几丛书》（康熙三十四年刊）、《昭代丛书》（康熙三十六年刊）等中大型丛书。在康熙中后期，人称其“著作等身，名走四海，虽黔滇粤蜀僻处荒徼之地，皆知江南有心斋居士矣”。

二月，吴绮，招同程邃、龚鼎孳、宗元鼎集玉琴斋。

龚鼎孳《定山堂诗集》卷二十《邗江春夜，园次招同定九、穆倩集玉琴斋，限韵》。

按：吴绮，字园次，安徽歙县丰南人，居扬州。宗元鼎，字定九，号梅岑，江都人。

萧云从，作《雪景山水》扇面。

《明清扇面选》第25页，上海人民美术出版社1959年版。

夏，姚孙棐，来扬州，同程邃等人集高季鲍菽园。

按：姚孙棐，字绳甫，号戊生，安徽桐城人。著有《亦园诗集》六卷。该集卷五有《因李梅公少司马、赵洞门大中丞、李腹公太史、李大生太仆、李小有明府、王于一、程穆倩、李玉润、吴园次集高季鲍菽园》五古一首。

除夕，萧云从，作《雪景山水》轴。

纸本，设色，113.3厘米×52厘米。故宫博物院藏。署名“钟山老人”，定远方氏清光绪三年（1877）锦城柏署刊本，方浚颐撰《梦园书画录》卷十七有“萧尺木雪景直幅”。

渐江，作《碧山灌木图》。

作《芦江秋泊图》扇面。

纸本，墨笔。广东省博物馆藏，粤1–0399。

汪家珍，为方式玉作《格庵山水合锦卷》。

中贸圣佳2003年秋拍成交价330万元。此山水画卷为方式玉所集，故卷首题签“玉如画集”。全卷共八人合绘，依次为汪家珍、汪然、祝昌、张安苞、吴星、弘仁、何颙、王尊素，均是明末清初活动在江南的画家，每段旁都有各人自题。此幅合作山水卷曾选入《虹庐画谈》。画之主人方式玉也记载了此图，“又作《格庵山水合锦卷》，精美无匹”。此卷主人方式玉及合作八人，均属安徽人或寓居安徽。从诸人所署年款看，作画时间有先后，汪家珍最早，作于顺治七年庚寅（1650）十二月十七日，其余均在顺治八年辛卯（1651），王尊素最晚，时在“腊八前一日”，即阴历十二月初七日。此卷合作为时近一年，而且在滁州、扬州、南京等不同地点绘制，可见主人策划之经意和尽心。此卷为八家合绘山水，诸人既各尽其妙，合成又共现新安派山水之趣，可谓新安画家合璧佳作。

又作《山水》扇面。

金笺，设色。浙江省博物馆藏，浙1–189。

程正揆，作《江山卧游图》卷。

纸本，设色。故宫博物院藏，京1-3705。

萧云从，与方文、罗天成登范罗山。

方文《嵞山集》卷五《初度日，宋玉叔计部载酒见访，因偕萧尺木、罗天成登范罗山，限春光二字》、卷七《萧尺木有诗见讯答之》。

方文，去宛陵，家人乏食，萧云从曾赠米一石予方文家人。

方文《嵞山集》卷七《予去宛后，家人乏食，萧尺木、罗天成、胡允右、张与瞻各饷米一石，归日赋此诩之》。

清顺治八年　辛卯（1651）

春，渐江，在歙县。作《峭壁孤松图》轴。

纸本，设色，120厘米×53厘米。侯彧华藏。题款："黄海有松呼如意，灵曜烟霞永护呵。昔上莲花亲觌面，偶然拈供硕人薖。辛卯小春写，渐江弘仁。"此图是现存可见最早署"渐江弘仁"字号者，影印于《渐江、石谿、石涛、八大山人书画集》。

夏初，萧云从，到南京钟山，写《钟山梅下诗》八首。

黄钺《萧汤二老遗诗合编》。

四月初八，汪家珍，作《山水》扇面。

题款："辛卯浴佛日，为倩夫壁社兄。家珍。"

秋，萧云从，作《辛卯秋至南庄作》及《辛卯十月初度》诗二首。

民国《芜湖县志》卷五十九《杂识》诗。

八月，孙逸，作《秋山一片响泉声》。

题款："几年笔墨订交情，素抱如君久益倾。我向石城留晤对，秋山一片响泉声。辛卯八月，余移家白门，小言并图奉别伯玑社兄兼祈正。天都孙逸。"

十月，渐江，在南京，为方式玉补作《格庵山水合锦卷》。

题款："渐江学人为玉如先生。辛卯。"此卷著录于上海神州国光社于1935年5月出版的《神州国光集·第九辑》之《格庵山水合锦卷》。鉴藏印记有"高邕邕之""大风堂""松壑""桐叶轩藏""挹翠阁"，后纸有饶宗颐题跋。

十月二十五日，萧云从，在戊子春旧作上题诗作跋。

《萧云从、张洽山水画》。

腊月，渐江，作《为庭襄山水图》轴。

题款："辛卯腊月，写博庭襄居士正。渐江僧。"此图黄宾虹跋："此渐公甲申后七年作也。

罗浮既归，戢影云海，时惟寄情书画。纵观宋元名迹，故其落笔，肥不臃肿，轻不枯羸，得‘倪黄’之神髓，而非姚宋、祝昌辈所可及。此轴烟云蓊郁，洋溢楮墨之表。虽经水渍尘涴，然珠光剑气，自不磨灭。芭公先生幸善护之。潭上黄质宾虹题。”许承尧跋：“汪旧翁言，闻之父老，渐公化后名益高。征其书画者日众，遗笔已罄，苦无以应。乃由江允凝、祝山嘲、姚野梅辈为之，而请汤岩夫题诗。汤亦不介，其佳者可乱真。故今见渐公画有汤题者，亦不尽可信也。然大半无上款。此幅与《晓江风便图》题字无二，且有上款，确为手墨无疑。惜余得此时，旧翁已逝，不能共赏矣。丙子秋，许承尧。”

腊月初七，王尊素，为方式玉作《格庵山水合锦卷》。

题款：“己丑冬，曾与玉如载酒平山，酌六一之清泉，吊雷塘之寂寞。今又两易裘葛矣。此番把臂銮江，喜出望外，连宵诗酒，玄味堪咀。愧我途穷，囊中羞涩。览诸公《持赠云烟卷子》，起我江湖浩渺之思，因漫作一亭子归之，正玉如芦花浅水时也。辛卯腊八前一日，玄度识。”

是年，方式玉，北上谒选，路经南京，与渐江相遇。

祝昌，作《山水图》卷。

汪然，为方式玉作《格庵山水合锦卷》。

王尊素，五十寿，龚贤为之诗。

“河上老人王玄度，布袍声誉驰京华。颇来落笔诗满纸，纵意大书还自夸。双眼识画侠烈士，王侯意气不敢加。扬州散金笑李白，我辈囊橐宁复奢。卒见异物不足怪，天地翻覆无呼嗟……”黄宾虹《黄山丹青志》。

王尊素又为方式玉作《格庵山水合锦卷》。

萧云从，到扬州与郑士介相聚，为其作《山水》十开册页。

纸本，设色。四川博物院藏。

汪中，作《梅花水仙图》扇面。

金笺，设色。浙江省博物馆藏，浙1-188。

石涛，十岁，好集古书，习书，又学画山水、人物，以及花卉、翎毛。

约是年，渐江，在南京，为查士标作《高桐幽筱图》轴。

题款：“意作高桐幽筱，特纸促不称。二瞻以之覆瓶，甘所愿也。若为存贮，有玷秘笥。渐江学人。”题下加钤“渐江学人”四字白文方印一枚。图左下角钤“安徽省博物馆所藏书画之印”朱文方印一枚。孙逸题：“文石岩岩翠竹新，秋桐一树正堪邻（怜）。九龙山下王高士，师笔能分一段神。孙逸。”题下加钤“孙逸私印”四字朱文方印一枚。

清顺治九年　壬辰（1652）

春，孙逸，作《溪桥觅句图》轴。

绢本，设色，150.6厘米×56厘米。安徽博物院藏。题款："茆檐面湖色，隔岸出诸峰。一杖过桥者，将无觅句从。壬辰春为元修社兄设并题似正。"图右上角引钤"坚白斋"三字朱文方印一枚。图右下角压钤"镜塘心赏"四字朱文方印一枚。图左下角压钤"缕青草堂"四字朱文方印、"海昌钱塘藏"五字朱文方印各一枚。

秋，方以智，与施闰章初识于苍梧，二人同游庐山。

中秋，萧云从，为名扬作《云开南岳图》。

香港何氏至乐楼藏。刘九庵《宋元明清书画家传世作品年表》。

九月，渐江在安徽宣城，宿碧霞道院，画《竹岸芦浦图》卷。

纸本，墨笔，24.8厘米×238.2厘米。日本泉屋博古馆藏。题款："乱篁丛苇满清流，记得江南白鹭洲。我向毫端寻往迹，闲心漠漠起沙鸥。壬辰九月望后，留宿碧霞道院，率笔图此，并题以志。渐江弘仁记。"

原为日本住友宽一家族所藏，此卷影印于1981年日本出版的《中国绘画·书》。图中描绘的是南京白鹭洲之景。据题画诗意可知，其曾游南京白鹭洲，宿宣城碧霞道院时，靠记忆画之。

十二月，程守自南京来芜湖，与渐江相见，旋即别去。程守有《于湖阻雪与渐江联床》诗。

孙逸　溪桥觅句图　/　1652年　安徽博物院藏

程守《省静堂集·一年诗》，知顺治九年壬辰（1652），程守出游苏州、扬州，十二月经南京溯江返歙，至芜湖与渐江相晤，旋即别去。《于湖阻雪与渐江联床》诗云："未游先有倦，初欲入崚嶒。酒碧谁非客，炉红我与僧。笋舆千里雪，椒壁一宵灯。即不明朝别，当知别不能。"

是年，渐江，作《长松羽士图》轴。

纸本，墨笔，114厘米×56厘米。贵州省博物馆藏。无款，仅见画幅右侧有白文方印"渐江僧"。诗堂查士标跋云："渐江上人画名重一时，于丘壑竹树无不尽善，独人物不多见。此图作长松羽士，神韵悠闲，笔致皎洁，深得李伯时遗意，往曾为余作《系舟图》，一人危坐篷底，意度潇洒，正与此同。余野人也，固宜赠以野人面目。□□先生深于道者，乃无意而得此蓬瀛之客，岂天之所以赠金门曼倩，柱下老聃乎！辛未夏日查士标题。"

吴山涛，在北京，作客金台，假邸慈仁老松之下。作《与张学曾山水合装》卷。

绫本，墨笔，24厘米×244厘米。上海博物馆藏，沪1–2711。此卷前段为吴山涛画，画左为行书自跋十行。首句云："壬辰作客金台，假邸慈仁老松之下。"慈仁，寺名，即元朝建报国寺，明成化中改名大慈仁寺，在今北京宣武门外、广安门内。寺内有古松，有如怒虬，诗人多咏之。

方以智，作《意在笔外图》。

程正揆，作《江山卧游图》二卷。

故宫博物院藏，京1–3706、京1–3707。

萧云从，作《雪巍读书图》。

纸本，设色，124.8厘米×47.7厘米。故宫博物院藏。郭味蕖编《宋元明清书画家年表》。

又作山水《秋林出云》卷。

萧云从题："此卷作自壬辰。"陆心源《穰梨馆过眼续录》卷十三。

作《山水》扇面。

上海博物馆编《中国书画家印鉴款识》，文物出版社1987年版。

程邃，与程守、赵洞门、赵友沂、范玑集于犊乐斋。

《赵洞门先生及令子友沂、校书范玑社集穆倩兄犊乐斋》诗云："吾身不一诉途穷，特幸新知饮事同。久识有人骚赋后，初归今夜谑庄中。高城似障严霜失，永巷无车素月通。桃叶渡头喧字句，又听歌吹竹西风。"

与程守、李小有、孙坦夫、徐次履、洪汉清应赵洞门、赵友沂父子招集。

《赵洞门总宪招集，同李小有、孙坦夫、徐次履、程穆倩、洪汉清、赵友沂》载："客久不无伤，可堪岁云暮。时时行市中，自顾如冻雀。山僧同负暄，忽记美人约。来必倚梅株，未觉在官阁。永夜各雄谈，此中忘击柝。未登江上楼，如已见黄鹤。归去此病身，种花先种药。"

程守，到扬州与程邃相聚。

程守《省静堂集·一年诗》，均为此年之作，程守《过家程穆倩用韵》。

查士标，客真州，与进日道兄同宿修竹庵，为其作《仿古山水》八开册页。

纸本，设色，每开尺寸为32厘米×22.2厘米。故宫博物院藏。第一开题款："己亥，士标观壬辰旧作记此。"第二开题款："壬辰距己亥又几十年，重见之，不觉发笑，勉记而归之。士标。"第三开题款："己亥二月识，距壬辰作此，遂八年矣。标。"第四开题款："此余壬辰学迂翁笔也，视近作不无少逊，然正欲观此以验吾学力之浅深。古人又何必自悔其少作邪。己亥春，标识。"第五开题款："壬辰岁，客真州，与进日道兄同宿修竹庵，出此相赏，漫拟是册，自愧径庭也。"第六开题款："己亥春，余寓白门，进日盟兄过访，索画此帧以补壬辰所作九册之后。古人谓，笔力与年俱老，余窃愧之，相距八载，视往册亦差有区别，终未能自许为合作也。士标识。"第七开题款："己亥二月，士标重观因识。"第八开无题款，由此可知，此作作于壬辰，重题于己亥。

万寿祺，卒，年五十。

清顺治十年　癸巳（1653）

二月，查士标，作《山水》轴。

安徽博物院藏。胡积堂《笔啸轩书画录》卷下著录《查梅壑山水》，款识云："癸巳二月，士标画。"

夏初，萧云从，去扬州，访郑士介，并为之作《拟古山水》八开册页。

纸本，设色，每开尺寸为23.7厘米×14.7厘米。安徽博物院藏。其中第一开《碧山寻旧》上题："碧山寻旧，学荆浩。癸巳夏初，访士介年兄，写此致意。区湖萧云从。"吴国对跋："忆癸巳过士介先生斋头，萧然无点尘，亦无他客，惟见于湖萧先生日坐纱橱作画，辍笔立谈，分去时六月，暑气满空，觉此数尺地清冷如冰壶也。及今九年矣。余养疴客舍，士介先生出此册属予作跋。予固不知画，而颇同宗少文山水之志，于此画卧游惟恐就之不及。阅一幅，真如置我于一丘一壑中矣。用墨如金，行笔如发，何其心细而气敛也。平生以文章自雄，不得志于有司，晚年借隐于画，嘘！亦可悲矣。萧客广陵时，独士介先生敦笃同谱，绝无褦襶之作。萧固自矜许，而郑亦不轻与人，所谓笔墨之好者，萧于湖之外，又有王西江。辛丑腊之后二日，南谯吴国对拜手题。"《中国古代书画图目》第十二册。

按：吴国对，字玉随，号默岩，清顺治十年（1653）探花，与王士禛同榜，为《儒林外史》作者吴敬梓之曾祖。郑侠如，字士介，安徽歙县长岭桥人。其祖、父辈以盐商起家，为扬州富室。兄弟四人皆以文章意气倾海内，各营园林以接宾客。郑士介与萧云从同中明崇祯己卯（1639）副贡，有同年之谊。

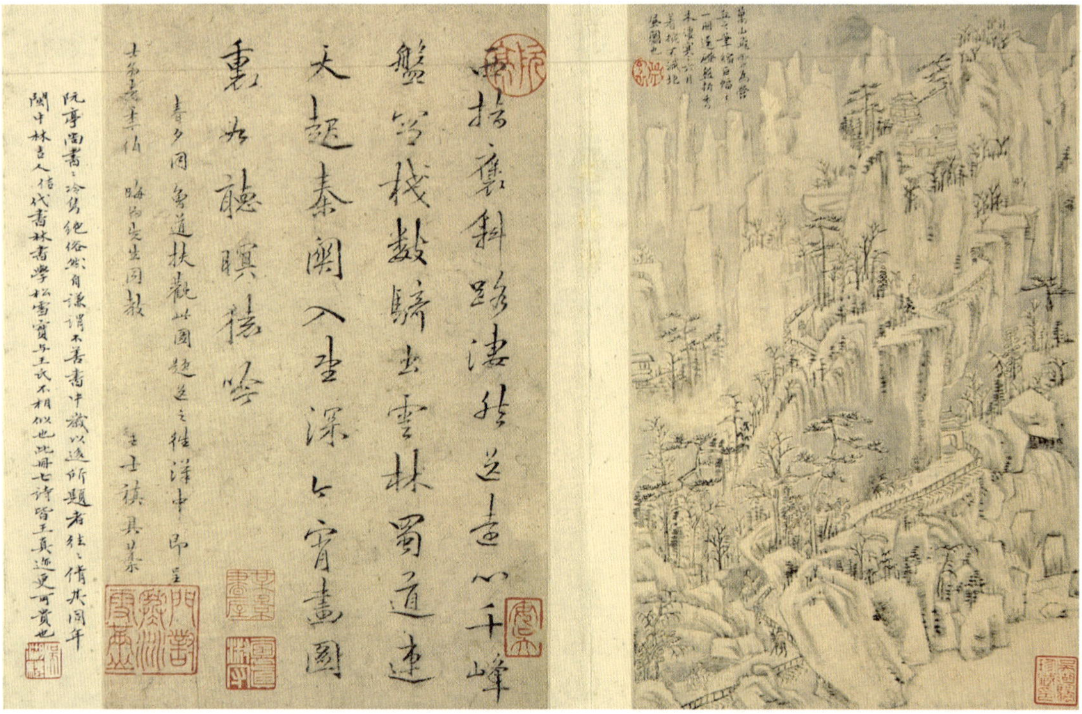

萧云从　拟古山水册选七　/　1653年　安徽博物院藏

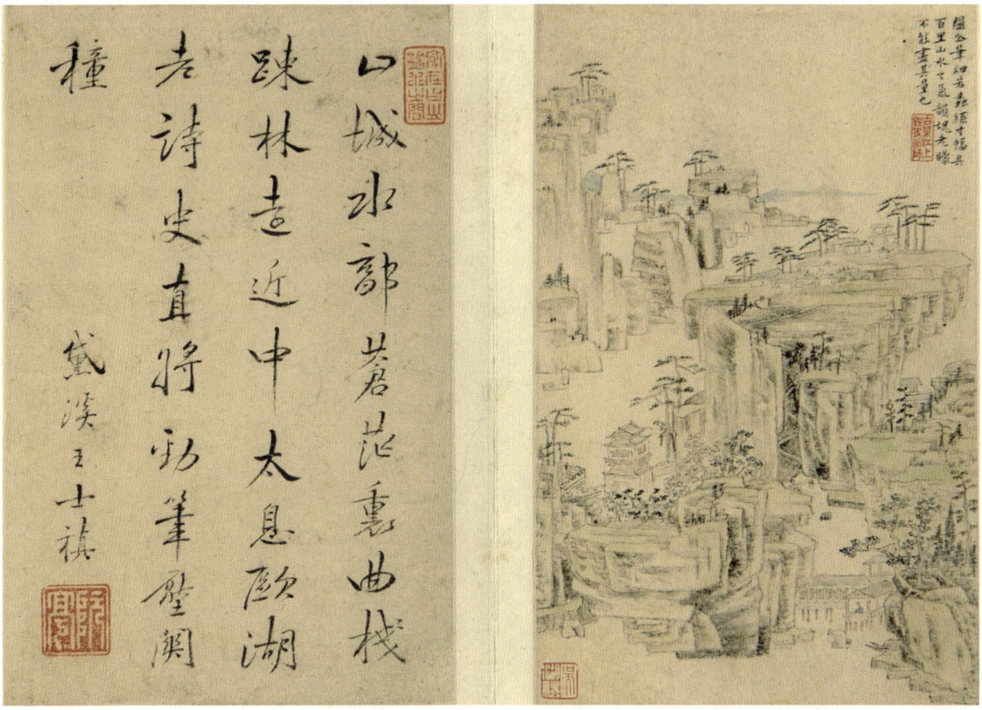

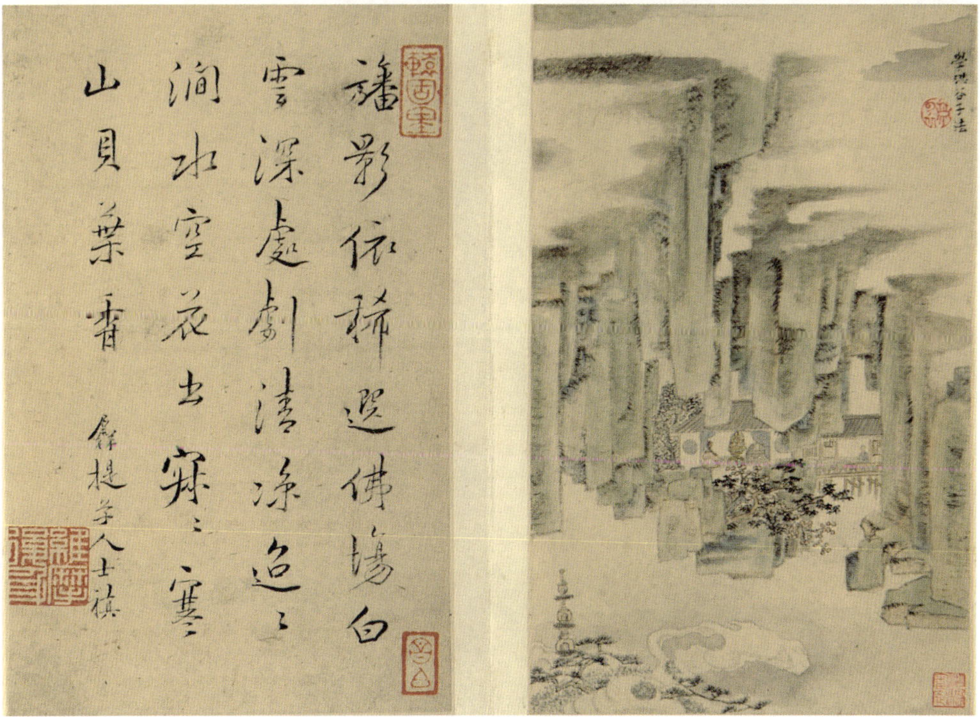

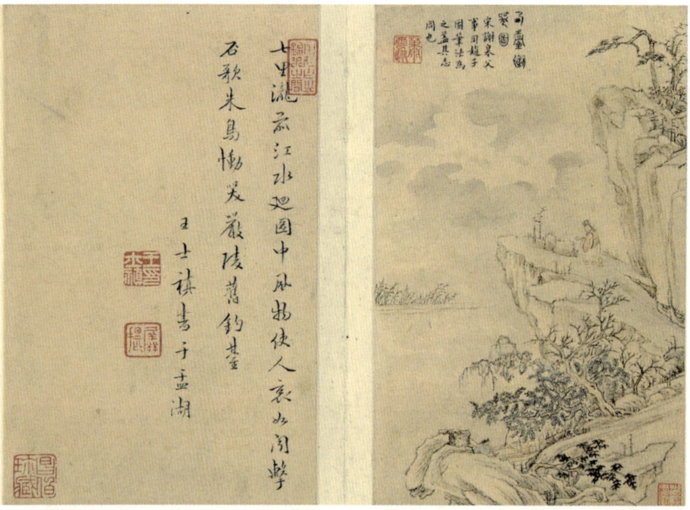

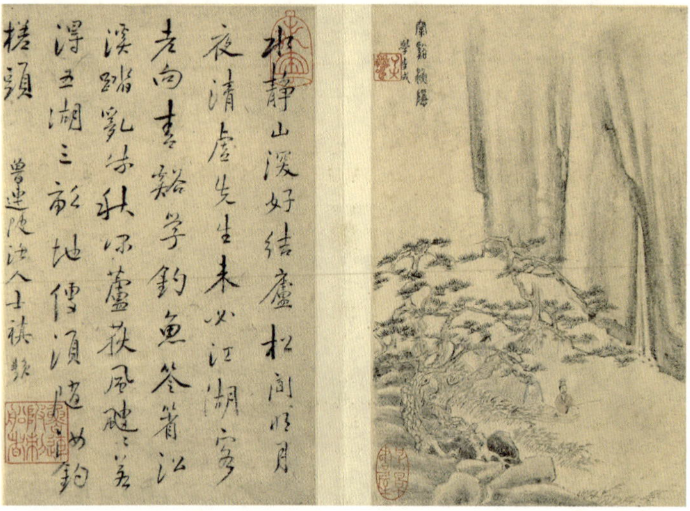

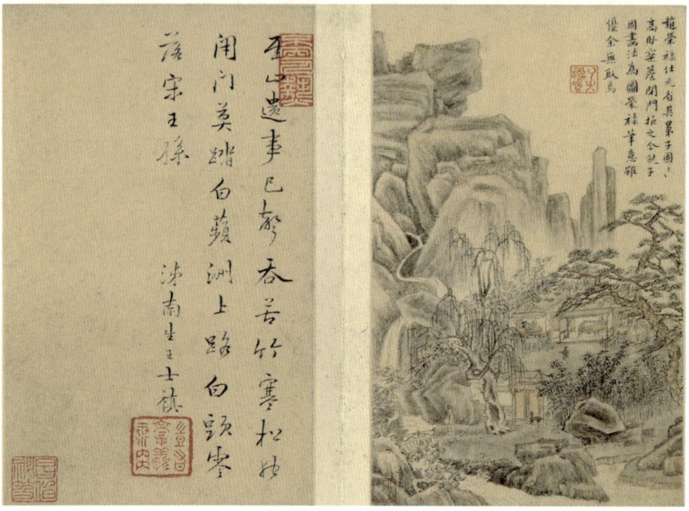

冬，汪之瑞，为文白作《空山水阁图》。

纸本，墨笔，136.1厘米×57.8厘米。浙江省博物馆藏，浙1–222。题款："癸巳之冬，象三命祝文白老社兄，瑞道人。"戴洪魁题款："此前辈汪之瑞真迹，其气高洁，其笔简老，亦一时名手也。岁在丙午六月，后学戴洪魁观于自怡书屋中。"

是年，程邃，作诗《哭姜如须吏部》。

按：姜垓，卒年四十。姜垓为程邃前半生友朋中情谊最深、交往最密者，挽词中一往情深也。

程正揆，作《江山卧游图》卷。

纸本，设色，25厘米×283厘米。上海朵云轩藏，沪7–0222。

萧云从，作山水《无题》六开册页。

纸本，设色。四川博物院藏。《中国古代书画图目》第十七册。

又作《风雪归舟图》扇面。

《中国古代书画图目》第十七册。

汪之瑞作《万壑无声图》《空亭幽树图》。

纸本，墨笔。两幅作品均藏于安徽博物院。

同年汪之瑞，卒。

薛翔著《新安画派》，吉林美术出版社2003年版。

汪之瑞　空山水阁图　/　1653年　浙江省博物馆藏

汪之瑞　万壑无声图　/　1653年　安徽博物院藏

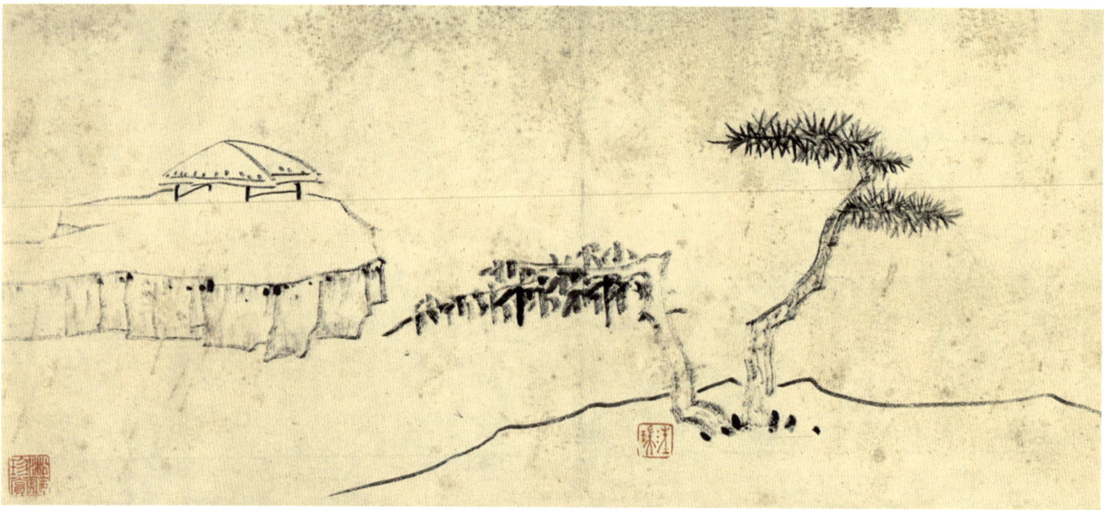

汪之瑞　空亭幽树图　/　1653年　安徽博物院藏

清顺治十一年　甲午（1654）

戴思望，生。

按：戴思望，字怀古，安徽休宁人。善鼓琴，能诗词，工书法。画山水宗法元人，峰峦林壑，清疏淡宕。每每扁舟往来两浙、三吴间，遇佳山水辄留恋不忍去。善谐笑，有时旬日不语，人以为痴，风疾而殁。天渡楼藏戴思望的《仿古山水册》，这对戴氏以至对新安画史的研究，都可提供一定的依据。《仿古山水册》为十二开，设色，绫本，无纪年，每开尺寸为23厘米×19厘米。画面题款和钤印情况如下：一、题款“仿宋人山窗偶语法，思望”，钤印“山云”“水月”。二、题款“北苑老人之大意。思望”，钤印“后云”。三、题款“云烟飘渺荡晴空，点染江山几万重。自是南宫多逸兴，濡毫移写有无中。思望”，钤印“臣炘”。四、无题款，钤印“参子”。五、题款“仿云林，写生于吟香山房。思望”，钤印“仿古”。六、题款“仿梅岑溪桥远眺，思望”，钤印“仿古”。七、题款“寄语休独坐，好来约伴煮春茗。思望”，钤印“甲午生”。八、题款“水绿山青不易逢，莫教行色便匆匆。到来柳绿桃红处，仿佛今朝图画中，思望”，钤印“参子”。九、题款“我记同舟游木渎，前番春梦尚堪论。思望”，钤印“臣炘”。十、题款“秋水渔舟当自流。思望”，钤印“戴亮”。十一、题款“仿元人雁归图，思望”，钤印“四美具”“二难并”。十二、题款“策杖闲眺听，沙溪一盘桓。思望”，钤印“戴炘之印”，另有一朱文印文莫辨。《仿古山水册》还留下了非常珍贵的技术性参数。画册第七开，钤有朱文小印“甲午生”，这为考证戴氏的生年提供了第一手的确凿依据。这个“甲午”，当为顺治十一年（1654）。

正月二十七日，萧云从，完成为彭旦兮而作的山水长卷，费时27天。

故宫博物院藏。南京图书馆藏有正书局《萧尺木山水神品》画册题跋；刘九庵《宋元明清书画家传世作品年表》。

春，程邃，与韦克振相遇。韦赠以诗。

按：韦克振，字子寅，湖北黄冈人。程邃《萧然吟·良友赠言》有韦克振七律一首，跋云：“十年前，予客游吴门，舟次，穆倩过访。时孙孟朴、张天生咸在。连床夜话，意气相得甚欢。转眄时光，升沉各易。甲午春，予忧谗时，穆倩过予，不胜今昔之感；矧如须已作古人，更为凄恻。赋此奉教。”

三月，孙逸，作《暮春花事图》。

题款“甲午三月，储吉社长嘱”，并诗云：“暮春花事尽，僧院雨声中。遣寂唯宜画，萧疏一带风。”

季春，梅清，在宛陵。钱光绣过访，以所藏方于鲁、程大约墨条数函见示。

梅清《天延阁赠言集》卷一钱圣月《梅渊公藏墨歌》载：“千岁老松熬作烟，方圭圆璧尺锦缠。开箧四壁动光怪，龙蕤细喷云影鲜。李氏廷圭称好手，漆面石骨刀为口。此法寥寥久不传，落纸如猪笔如帚。近来于鲁及君房，能以意匠相酌量。一时卷帙发颜色，搜罗半入君家藏。子不磨墨墨磨子，苏公之言良有以。宝汁倾将数斗余，十日一山五日水。况是都官贤子孙，名从彝布走中原。岂知箧中累累若若者，都是他年撑霆裂石之诗篇。癖嗜如君世罕有，嵇锻阮屐共肩肘。劝尔不需烹伏雌，此物摩挲堪下酒。”

秋，梅清，以乡荐中举。

赵尔巽编《清史稿·列传·文艺》载：“梅清，顺治十一年（1654）举人，试礼部不第。”

冒襄，于如皋水绘园筑碧落庐祭祀戴重。

冒襄《同人集》，戴本孝《小三吾倡和诗序》。

王尊素，客南昌，复游庐山。

汪世清《渐江年表》。

立秋，查士标，作《山水图》十开册页。

纸本，墨笔，每开尺寸为18.2厘米×14.4厘米。美国加利福尼亚州伯克莱分校景元斋藏。第一至九开皆无画款，第十开题款："甲午立秋，士标。"

新秋，萧云从，为子翁作《山水》十开册页。

设色，纸本。上海博物馆藏。《中国古代书画图目》第四册。

梅清，自移居宛城东，次第移平绿阁于宅之西，更名"天延阁"，后居此三十余载。

梅清《天延阁删后诗》卷五《宛东草》载："越至甲午秋，乃复卜居宛东。间以余力，次第完葺，而移平绿阁于宅之西，改曰'天延'。此则余托处之大略。"

七夕，许楚，偕旧游诸子重修白榆社，集白雪楼分韵赋诗，参加者共二十六人，今知其名者，除许楚外，尚有俞绶去文、赵吉士恒夫、程守非二、汪瑶光文岫、许宁裕卿、徐泰时次履、曹敦吉聿修等七人。

许楚《青岩集》卷二《甲午七夕，偕旧游诸子重修白榆社事，分得七言古体》。

小春，查士标，为仁山戏临米芾手札四通。

胡积堂《笔啸轩书画录》卷下著录《查梅壑书》，题款："甲午小春，仁山道兄出笺索书，戏临米札四通应之。弟查士标。"

冬末，梅清，《新田诗》辑成。

梅清《天延阁删后诗》卷三《新田诗》序载："甲午冬底，辑而删之。原稿仅存百首，兹复删其大半，存三十余首。嗣后己亥从北征归，携家托迹鲁墨，仓皇之中，得诗十余首。鲁墨与新田咫尺，并附各体之后，仍名曰'新田草'。"

是年，程邃，作《行书诗》卷。

27.3厘米×82.7厘米。上海博物馆藏，沪1-2406。

程正揆，作《山水》轴。

绫本，墨笔，190.5厘米×51.5厘米。故宫博物院藏，京1-370。

汪中，作《杂画》十二开册页。

绢本，设色，每开尺寸为30厘米×27厘米。原南京市文物商店藏。

萧云从，作《山水》长卷。

纸本，设色。故宫博物院藏。《中国古代书画图目》第二十二册。

梅清，曾过南京。

梅清《天延阁后集》卷五《己未庚申诗略·重过秦淮竹枝词九首》。

方式玉，卒。

清顺治十二年　乙未（1655）

春，梅清，首次进京应试。施端教赠诗曰：“凌云登高台，大雅将在兹。”

梅清《天延阁赠言集》卷一，施端教《甲午冬，梅渊公公车将发，薄赠一诗兼致都门故人，见南榜有渊公，吾党亦不寂寞也》。

三月五日，查士标，在金陵家中，吴其贞观赏盛子昭《仿松雪〈青绿山水图〉》。

吴其贞《书画记》卷四载盛子昭《仿松雪〈青绿山水图〉》云：“绢画一幅，气色如新，在金陵查二瞻寓观之。时乙未三月五日。”《中国古代书画图目》第八册，第72页。

三月十七日，萧云从，六十岁。方沂梦用藏墨二笏，换萧云从山水画。萧云从五天完成《深山溪流图》卷。

纸本，设色。王石城《萧云从》。

五月，渐江，在芜湖画《仿王孟端山水》扇面。

香港虚白斋藏。题款：“偶见王孟端小册，用拟其意，寄龙超居士，乙未蒲月，明客区湖。渐江僧。”1980年美国出版《黄山之影》有此扇面影印本。

六月，萧云从，携唐祖命诸公于芜湖识丹亭。初识宋荦。

宋荦《西陂类稿》卷二十六《谪仙楼题名》载：“予识萧尺木在顺治乙未。”卷四十七《漫堂年谱》载：“十二年乙未，余二十二岁。至芜湖，与萧尺木云从、唐祖命允甲诸公会于识丹亭。”

九月，查士标，为储吉道盟兄作《湖居图》扇面。

纸本，设色，16.3厘米×48.5厘米。香港虚白斋旧藏。题款：“乙未九月，士标画寄储吉道盟兄。”《中国古代书画图目》第八册。

除夕，王尊素，在净慧院度岁，后又再返扬州。

《黄宾虹文集》，上海书画出版社1999年版。

是年，渐江，为芜湖陈应欣作《古槎短荻图》。

故宫博物院藏。题款：“一周遭内总无些，守户惟余树两丫。还撇寒塘谁管领，秋来待付与芦花。此余友汪药房诗。香士社盟所居，篱薄方池，渟泓可掬，古槎短荻，湛露揖风，颇类其意，因并系之，博一噱也。渐江。”上有汤燕生题款：“运笔全标灵异踪，危坡落纸矫游龙。共期出世师先遁，对此残缣念昔容。老屋枯株，池环石抱。点染淡远，大似高房山命笔也。黄山汤燕生拜题。”香士即陈应欣，芜湖人，筑营灌轩，以报瓮自寓。与汤燕生交最久。渐江又有《为香士画山水册》，题款："诡秘谁刓石一函，曾经采药有遗镵。寻将结夏先消夏，踏尽松涛不汗衫。为香士先生设意。渐江。"此册在《笔啸轩书画录》卷下著录，亦见神州国光社出版之《新安名画集锦册》。纸本共十页，此为其中之一页。有汤燕生题七绝一首："休鞭羸骑踏高寒，自引千峰入座端。十亩畦蔬三面竹，频来延寿寺边看。"《渐师画目》《香士集册》，下注："黄碧峰、萧云从、汪之瑞、陈延诸人合作。风雨楼藏。"

此画中，简陋的茅舍与陈设衬托出主人品格的高洁与孤傲，虚堂静敞，门外二树，枯槎直指苍穹，一湾清浅的溪流汇集成潭，环绕在高低错落的岩石间，水波不兴，犹如主人不逐名利的平淡心境。石边水际，短荻丛生，清润可爱，为这幽寂的贫士生活增添了几许生趣。

又与孙逸、萧云从等合作《名家遗范》八开册页。

纸本，设色。故宫博物院藏，京1–3526。

萧云从，作《山水》册。

纸本，设色。故宫博物院藏。《中国古代书画图目》第二十二册。

又作《安徽全景图》卷。

瑞士苏黎世莱特伯格博物馆藏。铃木敬编《中国绘画总合图录》。

又作《溪山深秀》。

绫本，墨笔，189厘米×55厘米。广东省博物馆藏，粤1–0382。

清顺治十三年　丙申（1656）

元日，萧云从，作《云台疏树图》卷。

纸本，设色，26.3厘米×232.1厘米。南京博物院藏。《画苑掇英》，上海人民美术出版社1955年版。

正月，吴心来，始作《黄山百景图》册页，至岁除方竣。

萧云从　云台疏树图　/　1656年　南京博物院藏

根据第一百幅《破壁松》题跋可知，该册页绘制于丙申元旦，至岁除方竣。花费了一整年的时间，图绘黄山百景，或以山石，或以松云，或以寺庙为主景，各有具体之名，不仅画法精妙，且篆隶题名，小楷秀逸工细，诚为书画双绝，黄山百景之作亦画史罕见，今传世300余年。

春日，渐江，作《松梅图》卷。

纸本，墨笔，27.8厘米×225.4厘米。故宫博物院藏。

在这幅图卷上，渐江题曰："松阴一息惠风才，留此岭岈许再来。苦我未消文字癖，无端拂尽好莓苔。丙申春日偶写揭蚀庵集因一绝。渐江学人。"后段梅花自题"渐江学人弘仁写"。卷后汤燕生跋："偃亚回风舞鬣时，苍然百尺始生枝。可怜江左空残梦，十八公当属阿谁？名僧飞遁此留踪，移向诗屏伴阿侬。解洗京尘天半净，不教流恨说秦封。宫残五柞井摧梧，白鹿文松久就芜。惟有岁寒堂上影，森梢如对古贞夫。岭畔孤亭四望通，频来坚坐听松风。葛洪井畔三株老，曾见移栽是此翁。题渐江师画松四绝句。黄山樵汤燕生偶书。"

龚贤题款："已后开天辟地时，微尘石上长虬枝。此生终老不逢我，鳞鬣苍然对阿谁？荒风古雨少遗踪，覆着烧丹也赖侬。此本自惭凡草木，轩辕皇帝不曾封。嫩条抽发学枝梧，促地高根带绿芜。每到花开明月夜，白头疑是华姜夫。雾塞高天鸟梦通，香传一径不因风。渐师自写荒寒貌，纸尾留题索半翁。冶城张大风、黄山渐江师，每画成必索予题，虽千里邮致，不惮烦也。此卷是渐江师杰作，不知天池大士从何处得来，楮末幸有余地，予题四绝也，前二首咏松，后二首咏梅，皆用汤岩夫韵，因忆大风、渐师、天池、岩夫皆我一流人，因并纪之。倘携归潜川，必亲出示扶晨汪子，当嗣苏门一啸也。龚贤。"

三月，渐江，在歙县，为吴闲止作《雨余柳色图》。

纸本，墨笔，84.4厘米×45.3厘米。上海博物馆藏，沪1-2439。题款："雨余复雨鹃声急，能不于斯感暮春？花事既零吟莫倦，松风还可慰宵晨。为闲止社兄写意于丰溪书舍。丙申三月，渐江仁。"下钤圆印"弘仁"。《文物》1965年8月号。

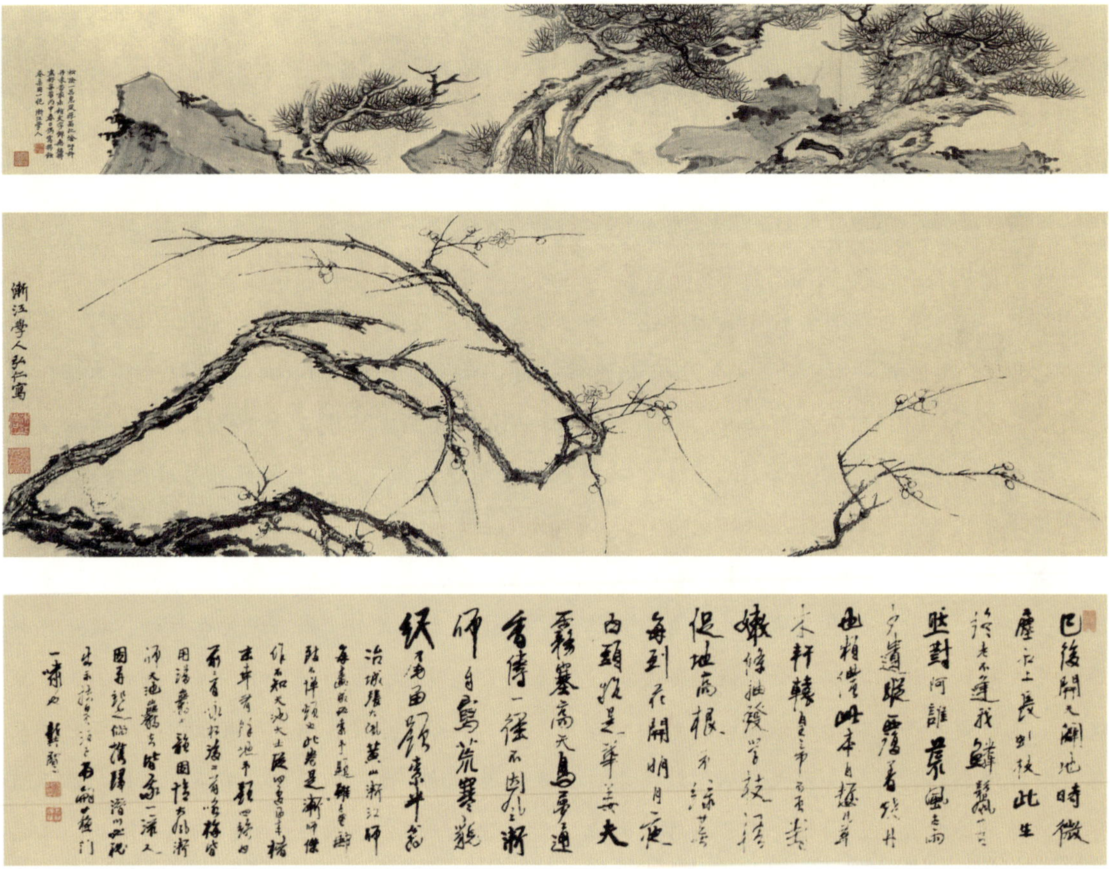

渐江 松梅图 / 1656年 故宫博物院藏

春暮，渐江又作《为叔子画山水》。

题款："雨足茶申蕨笋肥，岸晴莺啭柳依依。澄怀静瞩炉烟暖，漭瀁溪声隔翠微。丙申春暮，时坐宛舸，为叔子先生写意。渐江学人弘仁。"

汪世清曾记："此轴之题识为汪定政录以见示，云得自汪启淑旧宅。原画今不知仍存天壤否。"

又作《竹树虚亭图》。

故宫博物院藏。题款："曾识九龙山下路，煮茶亭子立高寒。几株老树阑干角，疑似云林画里看。丙申三月。渐江僧。"

秋，梅清，诗寄徐半山。

诗云："别时余半载，归到忽三秋。传尔诗中画，舒尔病里愁。过檐松定长，绕舍秫应当。何日曾游地，仙潭更放舟。"梅清《天延阁删后诗》卷五《宛东草·寄徐半山》。

渐江 雨余柳色图
1656年 上海博物馆藏

渐江 竹树虚亭图 / 1656年 故宫博物院藏

七夕，梅清，在宛陵，同王露等人会于宛溪书屋。

梅清《天延阁删后诗》卷五《宛东草·七夕同孙直公、詹幼清、王湛斯、陆在璞集詹百一前辈宛溪书屋，得群字》。

八月，渐江，为文玉先生作《断崖流水图》轴。

题款："微风飏素秋，疏雨浣庭卉。抗言揆古今，挥杯未能已。丙申八月，过访文玉先生留饮书堂，漫为写此，并系短句博教。弘仁。"此轴著录于杨翰《归石轩画谈》。其跋曰："余在京得渐江小幅，长三尺，阔一尺。……用'渐江'二字白文印。石俱作矾块，竹树小山，断崖流水，着小桥。不但惜墨，而且惜笔。看似枯寂，细玩之，神味耐人咀嚼。使云林见之，必许其得第一义也。诗亦纯乎魏晋，不作唐以后语。书则神似倪迂。僧之淡怀高志，可想见矣。"

同月，与汪家珍游黄山，归来又住丰溪，作《云根丹室图》。

纸本，设色，102厘米×147厘米。题款："黄海归筇，暂息丰溪，适孙子进日邮至，属图为宜生居士寿。画竟率成小诗，借作南山之颂。翼然丹室倚云根，鹤筑香幢邃古存。一艇静操如有待，短镜犹自隔灵源。渐江学人弘仁。"此轴为程霖生旧藏，《西干志》有著录，今为香港何氏至乐楼藏，1975年香港出版的《至乐楼藏明遗民书画》中有此轴之影印本。

冬日，查士标，再登北固山，感慨系之。

查士标《种书堂遗稿》卷二有《济若掩关甘露，冬日奉访，因得再登北固。忆丁亥同程奕先

渐江　黄山图册选九　/　约1656年　故宫博物院藏

雨中来游，江山云树，仿佛目中，忽忽遂越十载，感慨系之》诗，记载彼时登山情景。其诗云："寒山满目迷萧槭，白云忽断开虚壁。野人登眺不携筇，十步九顾缘危石。看山未尽见江天，帆小如凫有后先。林疏远辨金焦影，笑我疏狂每陟颠。今来犹忆十年事，雨中蹑屐留姓字。旧游人远两峰高，铁塔凌云依稀似。小径循崖信脚行，叩门时有老僧迎。野篠数竿梅数树，纸窗遥听读书声。知我来游应有意，茶熟香清客方至。相逢未语笑相看，青眼青山皆可喜。闻道连朝雾满山，一片微茫大海观。极目沧州知不远，坐对浩瀚生微寒。隆冬雾重占宜雪，雪后见山如见月。我将襆被卧山中，看雪看山自不同。"

十一月，程邃，画《抚松图》赠靳应升。

题款："丙申冬仲，荷穆倩老社翁赠画。教我实深，赋此奉酬兼正。"

按：靳应升，字璧星，号茶坡，江苏淮安人。程邃《萧然吟·良友赠言》有靳应升七古一首。

除夕，戴移孝，与诸子共聚合山度岁。

方中通《迎亲集·不择地除夕同戴无忝、伯兄、三弟作》。

是年，渐江，作《松溪石壁图》。

天津博物馆藏。上题："渐江学人画寄伯行居士。"图中左下石壁上篆书"丙申"二字，旁有一朱文长方印"蕉鹿山长"。

又用元四家的画法作《山水三段图》卷。

纸本，设色，19.3厘米×75.3厘米。上海博物馆藏。此画卷前段用倪云林法，中段用黄公望法、吴镇法，末段用王蒙法。图的右下石壁上篆书"丙申"二字。卷首有张九如长题《渐公画序》，卷末有汤燕生长题。

又作《仿倪瓒山水图》。

纸本，墨笔。故宫博物院藏，京1-3807。

汪家珍，作《黄山小景》条幅。

安徽博物院藏。

萧云从，客西子湖，作《云台疏树图》卷，与元日所作疑为同卷，俟考。

郭味蕖编《宋元明清书画家年表》。

又作山水画十二幅。

《新安派名画集》，上海神州国光社1924年版。

去宣城后，归芜湖作纸本墨笔山水长卷《归寓一元图》。

南京图书馆藏。萧尺木《归寓一元图》，上海神州国光社1930年版。

又作《梅兰石图卷》。

上海博物馆藏。刘九庵《宋元明清书画家传世作品年表》。

王尊素，卒于杭州。

程邃与王尊素同客扬州数年之久（1648年至1654年）。

清顺治十四年　丁酉（1657）

吴瞻泰，生。

李果《在亭丛稿》卷七十二《二吴先生传》。

春，渐江，在歙县，坐桃源草堂画《墨梅》轴。

纸本，墨笔，78厘米×52.8厘米。上海文物商店藏，沪11-146。题款："吹灯转觉纸窗明，一树空朦夜雪晴。尝拟抛书闲半月，不妨闭户坐三更。冬春之际复何事，耕凿以先无此情。幸未成蹊生处远，板桥冻滑碍人行。丁酉春，坐桃源草堂，戏为修己居士写意，并书徐巢友梅诗。渐江学人弘仁。"下钤"渐江"左白右朱文印一方。上海文物商店还藏有渐江未属年款的《峭壁梅竹图》，纸本，墨笔，111厘米×54.8厘米。

梅清，在宛陵，同众好友于敬亭春宴。

梅清《天延阁删后诗》卷五《宛东草·春日同刘楚白、郭元冶、刘汉长、郭大赤、郑朋玉、茆思皇、冯天贞、张清源、阮伊弁、王湛斯、袁于磐、徐若彝、陆在璞、陈介立、詹百一、黄文在、唐寅清、张莩公、陈元士、詹旦公、暨素五弟敬亭春宴，分得青字》。

寒食日，萧云从，为六年前完成的《秋林出云》卷题跋。

陆心源《穰梨馆过眼续录》卷十三。

初夏，查士标，为涵老盟长作《仿大痴山水》轴。

金笺，墨笔。上海博物馆藏。款署"丁酉初夏"，有"涵老盟长"上款。

夏，渐江，作《香水庵》八开册页。

题款："丁酉结夏金陵之香水庵。画寄宗玄居士。渐江僧。"

吴山涛，在湖州德清，与许楚痛饮于半月泉上，旋即公车北上。

许楚《青岩集》卷六有《喜遇吴岱观》七律诗，后注曰："眉山所品半月泉在德清县。予丁酉夏与岱观痛饮泉上。"龚鼎孳《芝麓先生集》卷四有《送吴子岱观之德清广文任，用李空同秋夜徐编修宅宴别醉歌韵》七古一首，作于丙申。由此推测许吴相会于德清，时吴正在德清县训导任上。

程邃，于张孝思斋中纵观前人墨宝，作渴笔山水轴。

此轴著录于陆心源《穰梨馆过眼续录》卷三十六中。

按：张则之，名孝思，别号懒逸，江苏丹徒人。家有培风阁，富收藏。故程邃得以纵情观赏。

五月十三日，梅清，同王露、郑朋玉晚坐赋诗。

渐江　山水册选六
约1657年　天津博物馆藏

梅清《天延阁删后诗》卷六《休夏集·五月十三同王湛斯、郑朋玉晚坐，拈得虹字》。

秋日，梅清，同顾景星、魏宪会于敬亭云齐阁。

梅清《天延阁删后诗》卷六《休夏集·同顾黄公、魏惟度敬亭云齐阁》。

七月，萧云从，作山水立轴赠予沂梦。

1959年上海美术馆曾展此萧云从山水画立轴。

八月，戴本孝，与弟移孝过江会冒襄、陈维崧、吴孟贤诸贤。

方中通《迎亲集·丁酉秋日，父执冒朴巢大会世讲于白门》一诗题下注：列于此会数十人，有陈贞慧子维崧、吴应箕子孟贤、周岐子喧、梅朗中子庚、沈寿民子珽、黄虞稷、方氏诸子及其他复社后嗣等人。

九月，渐江，为胡其毅作《十竹斋图》轴。

题款："窗影摇群木，墙阴载一峰。晨雨薄寒，精神寂寞。偶驱毫为此，意与岑嘉州逸句谬合者，因并系之。丁酉九月，渐江僧仁。"此轴著录于李继昌辑《左庵一得初录》(1898年排印本)，影印于《神州大观》第三号。有汤燕生题诗及跋。诗云："高僧之生，迥与世异。前身巨然，宿世清闷。绝壑是栖，华屋引避。偶然落笔，标格奇至。梧树挺森，峰岩峭邃。中有高斋，亢爽孤寄。困学有图，十竹以嗣。贻我胡公，补兹逸事。思师矜慎，非购所致。王公降礼，靳固不视。逸士偶亲，交饮已醉。乘兴下笔，当筵散施。略无吝情，为诗以志。我友致果，淡然冶洁。往与师游，默呼同志。张图障壁，灵光独岿。"跋曰："渐师此画仿佛有清闷阁、困学斋遗意，盖为致果道兄隐隐作《十竹斋图》也。丁未新秋出此属题，漫书数行，以附不朽。弟汤燕生。"又有曹寅题诗及跋云："逸气云林逊作家，老凭闲手种梅花。吉光片羽休轻觑，曾敌梁园玉画叉。渐江学画于尺木，而品致迥出其上。往时栎园先生购海内名画，以不得渐师片纸为恨。今赖古堂收藏尽归他姓矣。师暮年预营窣堵，募种梅花，盖韵僧也。扫花道人题。"汪世清按：曹跋谓渐江师事尺木，未必可信，至认"师暮年预营窣堵，募种梅花"，则更属传闻之误矣。

陈明哲著《渐江与萧云从关系考》，《书画世界》2014年第4期。

查士标，于石城之杏花村，作《山水图》轴。

绢本，设色，145厘米×44.5厘米。湖北省博物馆藏。题款："拟清闷法于石城之古杏花村。丁酉九月，士标。"

同月，平湖旅舍，为伯翁先生大词宗作《青溪水阁图》轴。

绫本，墨笔，163.5厘米×48厘米。天津杨柳青画社藏。题款："丁酉九月，平湖作呈伯翁老先生大词宗教。查士标。"《中国古代书画图目》第八册。

十月，查士标，于平湖旅舍，为乾翁老先生大词宗作《溪山客来图》轴。

绫本，墨笔，164.5厘米×52厘米。河北博物院藏。题款："丁酉十月，画于平湖旅舍并题呈乾翁老先生大词宗教。查士标。"

十一月，梅清，为培翁作《宛陵十景图》册页。

美国普林斯顿大学艺术博物馆藏。题款："宛陵十景，旧多粉本。画家泥于成迹，有形似，无笔墨矣。寒窗无事，偶图数幅，请教培翁老祖台大辞宗博览。他日过存之处，应知瞿硎之子之画，不独在粉本之外，并在笔墨之外。是则请教之意也。丁酉十一月望后，瞿硎治，晚。梅清识。"铃木敬编《中国绘画总合图录》卷一。

冬，查士标，于金山之悬云阁，结识汪次朗。

查士标《山水》题款："往余识汪子次朗于金山之悬云阁，为顺治丁酉冬，忽忽遂十年矣。"

除夕，梅清，舟至龙关（今江苏南京下关）。

梅清《天延阁删后诗》卷四《燕征草·丁酉除夕舟泊龙关同维周萼公赋》。

是年，渐江，作《山水》长卷。

纸本，设色，16.7厘米×696厘米。上海博物馆藏，沪1-2447。画卷末左下石壁上题行楷书"丁酉"二字，钤圆印"弘仁"。

又作《松石梅花图》。

纸本，墨笔，27.8厘米×267厘米。故宫博物院藏，京1-3808。

程邃，诗集《萧然吟》刻成，有丁酉序。

程邃《萧然吟》分上下二卷，仅收五言和七言律诗。前有《良友赠言》，收邢昉、薛采、杨廷麟、黄道周、程正揆、吴伟业、叶襄、姜垛、方亨成、黄周星、赵开心、姜垓、李明睿、法若真、庞太朴、郭础、万寿祺、柳寅东、龚鼎孳、石朗、韩则念、韦克振、高辅辰、纪映钟、彭宾、钱谦益、张恂、刘应宾、宋之绳、吴孔嘉、孙中象、姜阁南、胡从中、张陛、陆鸣时、秦云、靳应升等三十七家酬赠之作。其五十岁以前之交游，于此略见。此集于乾隆时遭禁灭毁，传本极少，今仅见上海图书馆有原刻本一部，殊可宝也。

作《秋山独往图》。

纸本，墨笔。安徽博物院藏。

汪士铉，作《楷书临〈玄秘塔碑〉》四十四开册页。

绢本。辽宁省博物馆藏，辽1-455。

孙逸，作《朱砂峰图》。

美国密歇根大学艾瑞慈处藏。

又作《仿黄公望山水》扇面。

金笺，设色。上海博物馆藏，沪1-2462。

萧云从，见旧作《秋山行旅图》，并题跋。

程邃　秋山独往图　/　约1657年　安徽博物院藏

民国谭氏区斋影印《石渠宝笈续编》载萧云从《秋山行旅图》题跋。

又作《山水》八开册页。

纸本，设色。荣宝斋藏。《中国古代书画图目》第一册。

又作《山居临池图》。

纸本，设色。上海博物馆藏。《中国古代书画图目》第四册。

又作《山水图》。

纸本，墨笔。美国弗尔利美术馆藏。

又作《霜林图》卷。

英国大英博物馆藏。铃木敬编《中国绘画总合图录》。

梅清，有《题莲峰钓矶图》两首。

梅清《天延阁删后诗》卷六《休夏集·题莲峰钓矶图》诗云："南岳山前霜叶飞，西风故故动寒威。欲寻如意归何处，半载莲峰半钓矶。""扫出莲峰不见痕，一竿舒卷更谁尊。拈花肯到峰头上，莲子心中自有根。"

清顺治十五年　戊戌（1658）

元日，吴山涛，留方文宿寓中；人日，应吴绮之招集兴诚寺古槐下；十九日，应龚鼎孳之招社集观灯；二月应会试落榜，均在北京。

按：方文《嵞山续集·北游草》为"丁酉冬至戊戌秋"所作。卷中有《元日偕谈长益处士宿吴岱观孝廉寓中，限春寒字》五律二首，《人日吴园次中秘召集兴诚寺古槐下（同集者龚孝升都宪、石仲生学士、吴岱观

渐江　山水图　/　约1658年　美国弗利尔美术馆藏

孝廉、赵友沂中翰)》七律一首,《正月十九日龚孝升都宪社集观灯(同集者赵洞门鸿胪,严子餐给谏,吴岱观孝廉,谈长益、陈胤倩两处士,吴园次、赵友沂二中秘,吴苍浮山人)》七律一首,均记顺治戊戌年初在北京的友朋聚会。又有《天坛同刘杜三、王山长、吴岱观、嵇淑子、吴锦雯、王白虹、黄向先诸子饮,属余为卜闱事,皆不利。戏赠二绝》七言二首,其一云:"三十年间老孝廉,也随儿辈斗毫尖。看来俱是过时者,不待君平仔细占。"榜发,诸子果均落第。

春,梅清,二次春试,不第。

梅清《天延阁赠言集》卷一,梅岩《丁酉冬日送渊公兄北上四首》。

渐江,仍在南京,宿惠应寺。

二月,渐江,仍客南京,探梅南郊,集言两日,驻足惠应寺,作《梅花亭图》。

纸本,墨笔。题款:"惠应寺林樾荒古,游屐罕通。元美居士渊穆爱静,停屐偃息其中。许子逢尧与俱焉。良友异乡,昕夕相对,信足乐也。学人探梅南郊,移筇过访,集言两日,颇洽清欢。隔畦普照,梅花大放,逢老导,余至前又出近所作梅花诗,歌咏其下,意兴酣适。俄而夕阳在山,天风拂拂,竹影琳宫,荡为金碧。生平游事,于此轶畅。别归涂此,用赠元翁,以志一时良遘。戊戌二月初旬,渐江学人弘仁录。"

四月,渐江,画《仿陆天游山水图》。

美国加利福尼亚州伯克莱分校景元斋藏。题款:"渐江学人仿陆天游笔意。戊戌四月。"《黄山之影》。

冬,方兆曾,携萧云从《洗砚图》轴至金陵梅庵。

萧尺木《洗砚图》轴中有方兆曾跋。李继昌《左庵一得续录》,清光绪三十四年(1908)版。

小雪日,萧云从,为孙逸《临唐六如〈鹤林玉露册〉》作题跋。

陆心源《穰梨馆过眼续录》卷十三,孙逸《临唐六如〈鹤林玉露册〉》,萧云从题跋。盛叔清辑《清代画史增编》卷十(台北明文书局1985年版)载:"孙逸,字无逸,号疏林,徽州人,流寓芜湖。山水得子久法,人以为文待诏后身。前与查士标、汪之瑞、释渐江,称'四大家',后与萧云从又称'孙萧'云。"

十二月,渐江,在湾沚,大雪弥漫,舟车胶涩,借芘苏生居士寓斋,作《山水梅花》十开册页,一作《沚皋册》。

纸本,墨笔,每开尺寸为14.5厘米×22厘米。安徽博物院藏。曹文埴《石鼓砚斋书画录》(嘉庆十年抄本)卷四著录。每面分别有"弘仁""渐江"等印,第十一页题款:"学人顿巾瓶于沚皋(今安徽芜湖湾沚)。惟时大雪弥漫,舟车胶涩。籍芘苏生居士寓斋。僵仆之困,庶几免焉。顷将荷担还山,临歧呵冻率涂,遂成十册。用以投教,又当博居士一朵颐耶。戊戌嘉平月,渐江弘仁谨识。"

渐江　山水梅花册页选四　/　1658年　安徽博物院藏

萧云从　深山茅屋图　/　1658年　安徽博物院藏

同月，作《梅屋松泉图》。

上海博物馆藏。题款："梅屋松泉。戊戌嘉平，写祝汉翁先生。弘仁。"

渐江，访梅清于天延阁，作《采芝图》。

纸本，墨笔，211厘米×100.8厘米。上海博物馆藏。黄宾虹《渐江大师事迹佚闻》，《黄宾虹文集·书画编》，上海书画出版社1999年版。

查士标，与陕西李楷、安徽赵吉士同寓金山。作《辛巳匝岁杂感诗》。

任军伟《中国绘画大师精品·查士标》，天津人民美术出版社2016年版。

程邃，晤周亮工。

《周亮工年谱》载："再晤程邃、宗元鼎，宗元鼎乘舟追送。龚贤过慰舟次。"

作《焦墨山水图》。

陆心源《穰梨馆过眼续录》卷三十六。

萧云从，作《深山茅屋图》。

纸本，设色，132.3厘米×37.7厘米。安徽博物院藏。《中国古代书画图目》第十二册。

又作《秋岭山泉图》《秋山读书图》。

均为纸本，设色。天津博物馆藏。《中国古代书画图目》第九册。

又作《富春大岭图》长卷。

纸本，设色。天津博物馆藏。《中国古代书画图目》第八册。

孙逸，卒。

陆心源《穰梨馆过眼续录》卷十三著录孙逸《临唐六如〈鹤林玉露册〉》，有罗绅跋，写于"戊戌涂月二日"，有云："今无逸往矣。披斯册，忆斯人，缅斯语，怆深昔人车过腹痛之戏。"知孙逸于顺治十五年十二月二日以前已去世。又今存孙逸《朱砂峰图》，署年“丁酉冬初”，可知顺治十四年十月犹在人世，故推测孙逸最晚卒于是年。

赵友沂，卒。

按：赵而忭，字友沂，湖南长沙人。父赵开心，字洞门。甲申后，父子侨居扬州，与程邃过从较密。《萧然吟》有《桐楼待月，呈伯子赵友沂，分字，同高钦亮、梁公狄二使君，及吴园次、刘玉少、宗定九、孙坦夫，兼呈尊君洞门先生》。

清顺治十六年　己亥（1659）

元日，渐江，仍在湾沚，作《梅花书屋图》轴。

故宫博物院藏。题款：“雪余冻鸟守梅花，尔汝依栖似一家。可幸岁朝酬应简，汲将陶瓮缓煎茶。度腊沚水，己亥元日，偶成短句，并为拈此，寄直遇亭□一欢。弘仁。”

二月，查士标，于秦淮水榭，作《山水》扇面。

美国印第安纳波利斯艺术博物馆藏。题款：“己亥二月，画于秦淮水榭。士标。”高居翰《黄山之影》，第103页。

同月，客白门，重见进老行笥之壬辰《仿古山水》册旧作，因题。

纸本，设色，每开尺寸为32厘米×22.3厘米。故宫博物院藏。题款：“顺治九年客真州，与进日道兄同宿修竹庵，为其作《仿古山水》册八开。”

渐江　梅花书屋图　/　1659年　故宫博物院藏

渐江　西园坐雨图
1659年　嘉德2014年春拍成交价5347.5万元

仲春，查士标，因雨宿秦淮。

查士标《种书堂遗稿》卷二有《己亥仲春雨宿秦淮》，言及当时情景。诗云："河湄新柳弄轻烟，苦雨常愁二月天。满座人来眉共蹙，半生客寄指如悬。长舒白眼安吾贱，那有丹经学驻年。永夜一灯留卧榻，惊心往事倩谁传。"

三月朔又六日，查士标，客秦淮，为向庵五弟作书画。

金瑗辑《十百斋书画录》己亥集著录此画为白矾面，水墨。题款："己亥之春，积阴不解，与芍庵弟累宿秦淮，感慨论心，每至达曙。未几，别余还里，相念萍踪，恍然若失。何时风雨夜，复此对床眠。感昔人情至之言，不堪三复，聊书便面，并以示向庵五弟。时三月朔又六日，石城旅人士标并画。"《中国古代书画图目》第七册，第738页。

三月，渐江，回到歙县，宿西园，作《西园坐雨图》轴。

纸本，设色，218.5厘米×67厘米。王季迁旧藏。嘉德2014年春拍成交价5347.5万元。题款："鸟语绵蛮春雨稠，缤纷花片压池沤。双眸曾未临沧海，为假崇峰当蜃楼。己亥三月，西园坐雨画，弘仁。"此卷影印于1954年日本出版之《大风堂名迹》第四集，亦见《金匮藏画集》《黄山之影》及《渐江、石谿、石涛、八大山人书画集》。

闰三月，渐江，作《茅屋禁寒图》轴。

纸本，墨笔，51.9厘米×47.7厘米。上海博物馆藏。题款："茅屋禁寒昼不开，梅花消息早先回。幽人记得溪桥路，双屐还能踏雪来。己亥余月，渐江学人写于仁义禅院。"陈曾寿跋文："深护梅花野雪庐，开门寒碧敛重湖。客窗忽展荒寒境，始觉经年住画图。"《四僧画集》上卷，题作《山水图》，中国民族摄影艺术出版社2003年版。

四月，渐江，在澹园作《松涧清音图》。

纸本，墨笔，84.1厘米×33.4厘米。故宫博物院藏。题款：“己亥四月下浣，渐江写于澹园。”查士标跋云：“渐上人画，入武夷而一变，至晚岁而益奇，绝去规摹蹊径而自成一家。惜其速返道山，不得与之上下千古也。瀛选道翁出以评赏，为识数语，感慨系之。康熙丙子，梅壑老人士标。”

六月，梅清将北上赴试，遇乱，匆匆逃返，归来后迁居鲁墨。

梅清《天延阁删后诗》卷三《新田集》载：“己亥从北征归，携家托迹鲁墨。”

秋，叛军侵扰石雨草堂，将许楚藏书盗掠殆尽。

渐江　茅屋禁寒图　/　1659年　上海博物馆藏

许楚《青岩集》卷二《野吟，是日捡残汉书》自注：“己亥秋，贼拥众驻草堂，凡十七日。”“藏书数十担，尽为盗掠。”卷八《蜡余草自序》载：“今年己亥秋，叛兵突踞潭上……十月朔，自石雨携老稚返故庐……”

七月，戴本孝，至如皋，谒碧落庐，丁枕烟馆与冒襄诸人赋诗唱和。

约八月，梅清，闻徐文元殿试唱名第一，以诗寄之。

梅清《天延阁删后诗》卷五《宛东草·途中闻徐公肃胪唱第一却寄》诗云：“八月桂丛开杏带，曲江秋色报春葩。共传首应南宫诏，却忆孤看御苑花。天近漏声邀佩起，扇开香影拂毫斜。徐琼陆逊他年事，麟阁声名未有涯。”

八月，渐江，在介石书堂作《松竹幽亭图》扇面。

纸本，金笺。故宫博物院藏。题款：“夜卧时同啸聚声，钧天幽梦总难成。晨兴抚几闲涂抹，借此松筠涤秽尘。己亥八月，下榻惪翁先生介石书堂画正。渐江学人弘仁。”

渐江　松涧清音图　/　1659年　故宫博物院藏

九月，渐江，游黄山，挂单黄山云谷寺，作《清泉洗砚图》卷。

题款："清泉洗砚图。己亥九月，挂单云谷，喜晤澈公尊师，游览之暇，漫图一壑。率成俚句，并录呈教。渐江弘仁。"沈铨《读画记》（稿本）卷三著录此卷："纸本，高七寸，长二尺。"

同月，又作《墨笔山水》小卷。

题款："秋暑初涓旅梦清，秋云犹自见嶙峋。深扃剥啄声惧嘿，濡墨经营嫩亦能。己亥九月，渐江学人弘仁。"沈铨《读画记》（稿本）卷三著录此卷："纸本，高五寸，长一尺又五寸。"

腊月之望，查士标，于芜湖旅次，为友潢作《江干七树图》轴。

纸本，墨笔，71厘米×52厘米。上海博物馆藏。题款："士标画于鸠兹旅次，并题赠友潢词甥。时己亥腊月之望。"

又作《山水》长卷。

日本黑川古文化研究所藏。图左下有"己亥"二字，钤印"渐江僧"。

又作《山水》轴。

纸本，墨笔，84.1厘米×33.4厘米。故宫博物院藏，京1–3809。

又作《竹石幽居图》。

天津博物馆藏。题款："竹石居人意，风泉静者心。渐江学人写。"

查士标　江干七树图　/　1659年　上海博物馆藏

渐江　林泉春暮图　/　1659年　上海博物馆藏

渐江　丹林窠石图　/　年代不详　私人藏

同年，在歙县五明寺澄观轩内，作《林泉春暮图》。

纸本，墨笔，89.4厘米×41.4厘米。上海博物馆藏。题款："杜鹃声叫暮春天，村落家家事向田。唯是道人偏爱懒，偶濡残墨写林泉。渐江学者弘仁。"

程正揆，作《江山卧游图》。

吴山涛，在苏州，与方文重逢虎丘。

方文《嵞山续集·余杭游草》有《虎丘遇吴岱观，因偕姚仙期、徐松之小饮达曙》七律一首。

祝昌，为仁期社兄作《山水》十二开册页。

纸本，设色，每开尺寸为22.2厘米×21.5厘米。安徽博物院藏。首开题款："龛影幻古雪，

祝昌　山水册页选六　/　1659年　安徽博物院藏

寒翠入江煙

林塘出古今

山雨初含霽

过访仁期社兄，拟题十二册进教。己亥，弟昌。”

萧云从，作《山水》长卷。

纸本，设色。故宫博物院藏。《中国古代书画图目》第二十二册。

清顺治十七年　庚子（1660）

春，渐江，在歙县丰溪，为介石书屋主人作《丰溪山水》十开册页。

墨笔，纸本，每开尺寸为21.4厘米×12.9厘米。美国弗利尔美术馆藏。此册著录于邵松年《澄兰堂古源萃录》卷六。题款：“丰溪雨过，时有幽禽咶树，残云罥壑，借资颖楮，聊以写怀。庚子春，记于介石书屋。弘仁。”邵氏对每幅图都有详记：第一开设色。山坡壁立，两岫辅之。坡下野屋数椽，前有二阁。孤松小树，点缀有情。左角钤“渐江”印。第二开水墨。水村一簇，坡岸参差，溪水几湾，远山一角。无款。“弘仁”一印在画心。第三开水墨。一峰中峙，飞瀑旁悬，老木枯藤，萦绕岩上。皴法简淡，笔近大痴。左下角钤“渐江”印。第四开水墨。碎石怀抱，溪流环绕，独屋一间，疏树数株。两石罅处，中横一闸。有“弘仁”印。第五开水墨。岩岫玲珑，草木枯寂，山麓茅亭上梅树一株，临溪修竹一簇。石洞支石为案，峭壁上石皆倒垂。设想

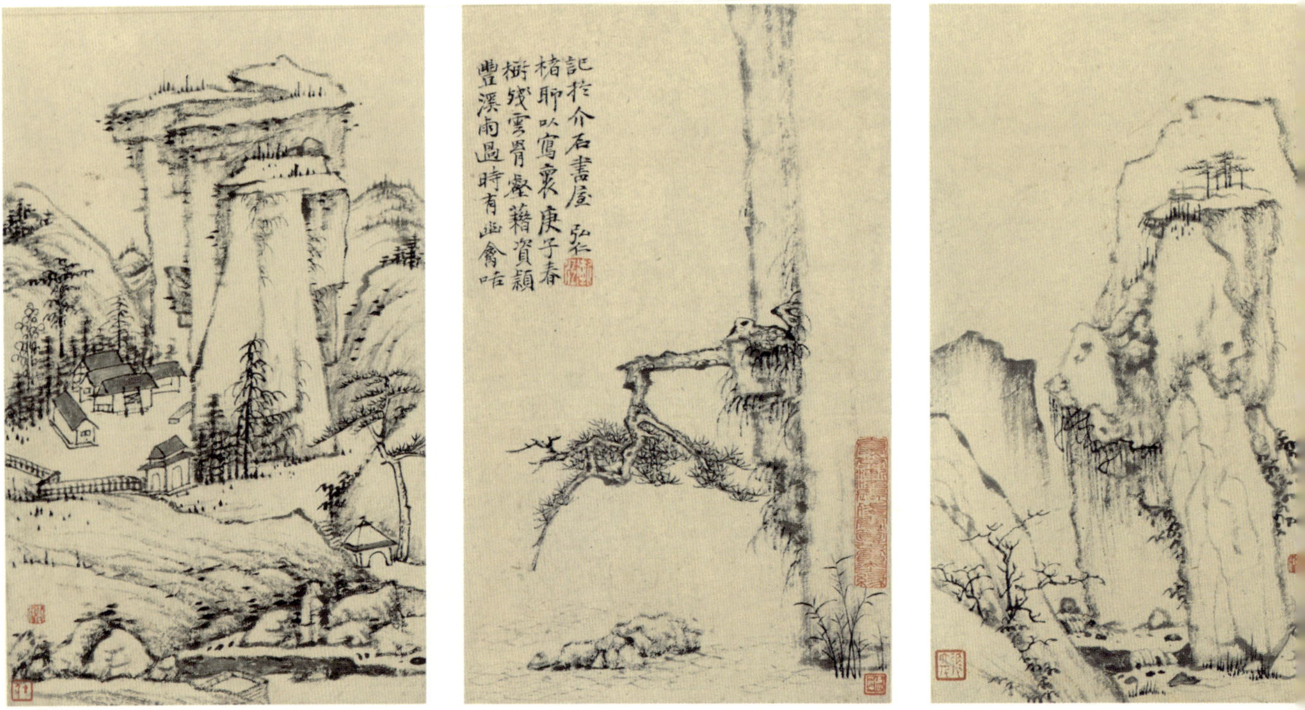

渐江　丰溪山水册选六　/　1660年　美国弗利尔美术馆藏

用笔，无不孤高绝俗。右边钤“弘仁”印。第六开设色。坡坨（陂陀）平迤，急湍中流，老树撑空，新株带雨。左角钤“渐江”印。第七开设色。悬崖峭峻，古松倒垂，水石清奇，岩草萦拂。右角钤“弘仁”印。第八开水墨。峰峦起伏，云气环绕；远岸人家，烟树一片；风帆如驶，有米老笔意。左角钤“弘仁”印。第九开设色。平坡巨石，疏竹枯林，用笔淡远，雅近倪迂。右边钤“弘仁”“渐江”二印。第十开水墨。磊石一湾，疏林一带；水边一屋，以轮激水，殆水碓也。此外云影密遮，不着迹象。题款由左上向右读。邵氏并题七绝一首，诗云：“画家争说娄东派，高简应归黄海僧。摄取幻霞溯洪谷，山如斯骨树如簪。”

在桃花坞，作《唐人诗意图》二十开册页。

每开上书唐人诗句，末页为第二十开，题款：“庚子春寒无事，适有素册在案，偶阅唐句，择其可入绘事者二十章，漫图一过。渐江学人弘仁写于若米舫。”“若米舫”为渐江族侄江注之书斋，在歙县城桃源坞。此册著录于金瑗辑《十百斋书画录》戊卷，“纸本，二十帙，高六寸九分，宽九寸九分”。余十九开分别题为：渡口月黄昏。四更山吐月。风正一帆悬。峰交树影声。窗连夏木深。独自放扁舟。泉声出幽谷。乾坤一草亭。扁舟一草衣，月出钓船稀。枫叶渐生红。山樽在渔舟。风远树初匀。户外一峰秀。独树老夫家。木落见山泉。梅坪鹤梦间。山静似太古，日长

如一年。木落雁南渡。人家残夕阳。

汪家珍，作《花鸟画》册页。

台湾私人收藏。题款："庚子春月，壁人汪家珍。"

春仲，渐江，在披云峰作《林樾一区图》。

纸本，墨笔，23.3厘米×157厘米。故宫博物院藏。题款："自题林樾一区，为一艾尊宿。写于披云峰下。庚子春仲，弘仁。"卷首汤燕生题"绍迹倪迂"四字。卷后有藕益旭、吴揭、汤燕生、黄宾虹四家跋文。

四月，查士标，作《山谷闲云图》轴。

日本田边绫夫藏。原田谨次郎《中国名画报鉴》清代卷第761页影印，载此作为："纸本墨笔，广二尺九寸九分，阔一尺三寸六分。"题款："庚子夏四月，士标。"

五月十二日，萧云从，作《山水》长卷。

纸本，设色。中国美术馆藏。《中国古代书画图日》。

秋，梅清，在宛陵，与施闰章等人游玉山寺。

梅清《天延阁赠言集》卷一，施闰章《庚子秋日同郡司马李龙沙暨张清源、沈调万、梅渊公游玉山寺，即席和答渊公一首》。

七月，萧云从，作《书法》立轴。

纸本，98厘米×28.3厘米。重庆博物馆藏。《中国古代书画图目》第十七册。

八月上旬，渐江，为于埜居士作《仿倪山水图》。

题款："于埜居士将之吴门，学人写此为赠。庚子八月初旬。"有正书局编《中国名画》第十集。

同月，在五明寺澄观轩，作《溪畔清音图》轴。

题款："不学苏门啸，长挥溪畔琴。在今亦停响，流水有清音。庚子八月作于澄观轩中。弘仁。"此黄宾虹旧藏，曾有摹本，载于1955年新加坡出版的《黄宾虹遗作展览会纪念刊》，题款："此余二十年以前临渐师所作画，取其意而不袭其貌云。戊子八十五叟宾虹重题。"

同月，偕王炜游黄山。入自汤院，既得汤泉，解衣而浴。返宿桃源狎浪阁。晨起上慈光寺，拜普门大师塔。少息观音岩，再上则龙翻石。椮尽天开，得仙人峰。遥见天都之半，暮色已合，宿文殊院。破晓，渐公呼起观云，自院右趋莲花峰。左登始信峰，一路行进，三宿庵中，再入桃源，一浴而别，计日者六，历峰十余。

秋仲，渐江，作《秋枫图》扇面。

纸本，设色，24厘米×53.5厘米。故宫博物院藏。题款："行来五里无余色，只有一株枫树红。此语风大师句也，作画西林，偶尔拈出。庚子秋仲渐江。"

九月，施闰章来广陵，程邃为其作《程穆倩印薮歌》。

施闰章《施愚山诗集》卷十七有《程穆倩印薮歌》七古一首。

同月，许楚，离歙县北上，途经芜湖，泊饭萝溪，写诗怀汤燕生并信简渐江。冬入北京。

初冬，吴山涛，与许楚在扬州相遇，偕行北上。

许楚《青岩集》有《庚子九日将游燕都，集别同郡旧学诸子》七律一首，为北上出发前告别诸友之作。《喜遇吴岱观偕行》诗有“三年半月泉边句，顷刻平山马上人”之句。从丁丑到庚子为三年，而“平山马上人”即指二人在扬州相遇，将偕行出发北上。

程正揆，作《行书自书诗》十五开册页。

纸本。原四川省文物商店藏。题款：“仆不长于诗，间有所作，随书随弃之。而公远兄拾于破纸中且成卷，岂非疮痂之嗜哉？不可解也。青溪道人揆，庚子九月。”汪鞠友鉴藏印：“旧游长物”“律本长寿”“今字旧游”“新安汪旧游赏心真迹”。查士标题款：“青溪先生早岁工于临池，晚乃为画所掩，世鲜识者，百余独好之。诗则出入三唐，自成一家，吾道中一代伟人也！士标识。”

十月，渐江，客休宁，挂单于建初寺，作画寄丰南吴鸿渐，即《为与进画山水》轴。

无锡博物馆藏。题款：“老年意孤成缩涩，乍见停云有会心。笔墨于斯需一转，纵横无碍可全神。庚子冬初，挂单海阳之建初寺，写题寄与进居士于丰溪书堂。展时想当一噱。余此写秋日山居，略存倪迂遗意。学人弘仁。”此轴《颂斋书画小记》（稿本）著录，题作《秋日山居》轴。广东省博物馆藏《为惟敏写山水图》轴，上题：“渐江学人为惟敏先生写。”与此图相同，但未属年款，笔者认为广东省博物馆藏本为真迹。

冬，梅清，北上赴来年春试，顺道往豫、冀、晋等地一游。

梅清《天延阁删后诗》卷七《驱尘集》序载：“庚子冬，余将计偕北上。先是故人有山右之约，因渡江而西趋大梁。历太行，抵太原，淹留两月。既而从晋阳达都门，踉跄又两月。铩翮南还，复羁大梁一月，始抵里门，为时将近一载。纵横往返，约程万里，约诗仅五十余首。夫既置身名山大川，宜乎凭吊悲歌，所在极夥，胡仅仅若此？几于自诧，嗟乎人生蹙蹙，既不能匿影深山，又不能漫游五岳，乃劳劳于风尘马足间。三年转瞬，不得休息日驱尘，余之志亦悲矣夫。”

渐江，复返歙县五明寺，在澄观轩，作《林泉出山图》轴。

纸本，墨笔，99厘米×38厘米。上海博物馆藏，沪1-2442。题款：“一息林泉滞累清，出山便尔措纷纭。繇斯击节昔人语，痼疾烟霞鲜见闻。庚子腊，灯下重题于澄观轩中。弘仁。”此图曾著录于庞元济之《虚斋名画录》卷十。

又作《枯木竹石图》轴。

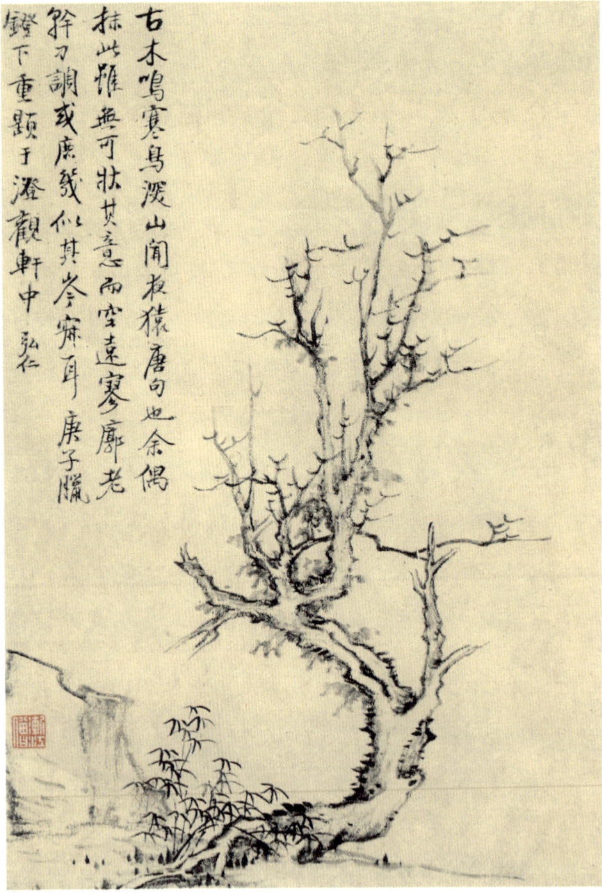

渐江　枯木竹石图　/　1660年　浙江省博物馆藏

黄崇惺《草心楼读画集》中著录，并有《渐师枯树竹石小景》七古一首，诗云："云林妙笔清而腴，妙处欲突王黄吴。此境绝高知者少，学之不成如枯筱。萧然一石一树根，树无枝叶石无纹。数茎软草风中翻，谛视无有笔墨痕。旨哉风味不可论，转觉万壑千岩繁。秋虫唧唧月当轩，素琴弹罢吾无言。"此轴曾由歙县黄氏收藏，后归黄宾虹收藏，曾著录于其所著之《黄山画苑略》。《神州国光集》及《中国南画大成》也均有影印。

重题《枯木竹石图》轴。

纸本，墨笔，40.8厘米×27.9厘米。浙江省博物馆藏，浙1–219。题款："古木鸣寒鸟，深山闻夜猿。唐句也。余偶抹此，虽无可状其意，而空远寥廓，老干刁调，或庶几似其岑寂耳。庚子腊，灯下重题于澄观轩中。弘仁。"

腊月望前二日，查士标，为友琴老词弟作《长松草亭图》轴。

纸本，设色，182厘米×89厘米。安徽博物院藏。题款："谡谡长松隔岸青，溪回路转得虚亭。高人杖履闲无事，万峰深处听泉声。为友琴老词弟画于于湖客舍，时庚子腊月望前二日，士标。"题下加钤"士标之印"四字白文双边方印和"二瞻"二字白文方印各一枚。图左下角压钤"洗眼楼鉴赏书画之印"九字白文方印一枚。

岁暮，吴山涛，抵北京，谒选得陕西成县令。

是年，渐江，为玄疑居士作《天都峰图》轴。

纸本，墨笔，307.7厘米×99.9厘米。南京博物院藏，苏24–0476。图上题款："历尽巉岏霞满衣，归筇心与意俱违。披图瞥尔松风激，犹似天都歌翠微，为玄疑居士写图并题正，渐江学人，弘仁。"篆书款："庚子"。此图为刘海粟捐赠，在《西干志》中名为《黄山图》。

查士标　长松草亭图　/　1660年　安徽博物院藏

渐江　天都峰图　/　1660年　南京博物院藏

又为文翁先生作《黄海松石图》。

纸本，墨笔，198.7厘米×81厘米。上海博物馆藏，沪1-2443。题款："黄海松石，为文翁先生写。弘仁。"此轴在陆心源《穰梨馆过眼录》卷三十二中著录："纸本，高六尺三寸五分，宽二尺六寸。"画上有篆书"庚子"二字。

又作《仿元四家山水图》卷。

纸本，墨笔，10.5厘米×158.5厘米。故宫博物院藏。卷后有姚文烝、吴爔、程光禋、沈楫四家题。

又作《节寿图》轴。

绫本，墨笔，102.2厘米×51.5厘米。故宫博物院藏。题款："节寿图。庚子弘仁敬祝。"

又作《陶庵图》。

故宫博物院藏。题款："渐江学者为子翁居士作《陶庵图》。"子翁居士即汪尧德，字子陶，号陶庵，歙县潜口人，画右中部有"庚子"二字。《陶庵图》上有罗逸题七律一首："谁知赋就归来日，拟筑幽居贮楚吟。柳仅五株非着意，庵同三隐殆何心。客当宴集于斯盛，花任飘零几许深。虽在潺潺潜水上，白云红树易秋寻。八十五老友罗逸，为子陶先生题。"

查士标，作《空亭对水图》轴。

香港郑德坤藏。汪世清《清初画苑八家画目系年》著录。

程邃，在扬州，晤李念慈，程邃以双铜章赠之，又出示所藏郭恕先《滕王阁图》索题。

按：李念慈，字屺瞻，号劬庵，陕西泾阳人。所著《谷口山房诗集》卷之七有《赠程穆倩山人》与《程穆倩索题郭恕先画〈滕王阁图〉》二诗，均作于庚子，前题中有句云："感君贻我双铜章，顿令笺轴生辉光。"故知程邃有双铜章赠。

戴本孝，作《仿沈周山水轴》。

纸本，墨笔。故宫博物院藏，京1-4156。

汪士鋐，作《行书五律诗》。

纸本。常熟市文物管理委员会藏，苏4-068。

萧云从，作《江山清远图》长卷。

纸本，设色，30.6厘米×539.5厘米。天津博物馆藏。《中国古代书画图目》第八册。

又作《山水》卷。

故宫博物院藏。《中国古代书画图目》第二册。

清顺治十八年　辛丑（1661）

人日，程正揆，在南京作《溪山林屋图》。

绫本，墨笔，143厘米×45厘米。南京博物院藏，苏24-0458。

正月，渐江，画《幽谷泉声图》轴。

纸本，水墨，103厘米×41.3厘米。美国纽约私人藏。题款："辛丑春正，为交如居士写，弘仁。"此轴载于1916年8月出版的《艺苑真赏集》第九期，亦见郑维夔所辑影印本。上有原□题五言绝句云："乘泉牛屋老，遮幕竹树寒。即有钟期听，高流不必弹。"

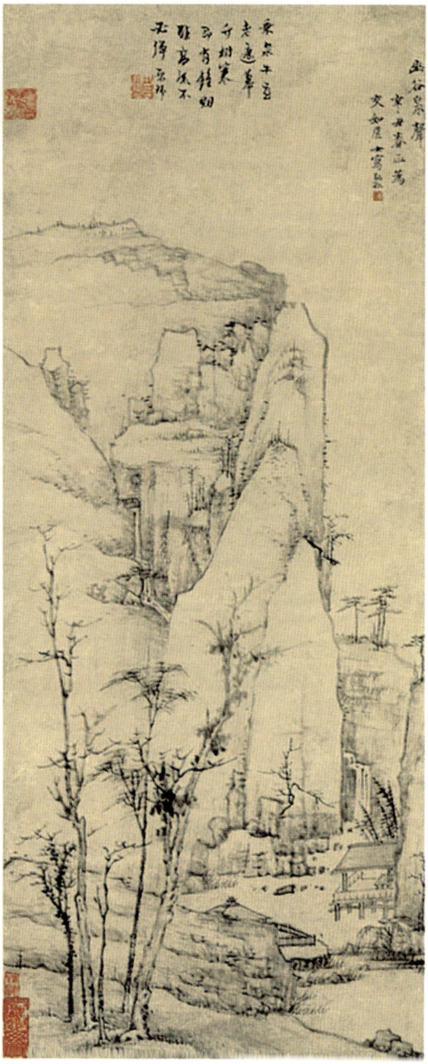

渐江　幽谷泉声图

1661年　美国纽约私人藏

初春，吴山涛，起程西上赴成县。后作画多署"塞翁"，有《杜甫诗意图》。

绢本，墨笔。嘉德2014年春拍成交价55.2万元。

许楚《青岩集》卷六《宿卢沟桥》一律，是吴山涛将入北京前之作，首句云"雪净风干塞草黄"，其时已是风雪严寒季节，计自扬州冬初出发，至此已近岁暮。吴山涛西上赴任，起程最早当在辛丑年初。

春，梅清，在京城，三度应试失利。"达都门，踉跄又两月，铩翮南还"。

梅清《天延阁删后诗》卷七《驱尘集》序。

二月，渐江，在歙县西溪昭素居士家，为其画《山水四段》。

纸本，墨笔，每幅尺寸为23.8厘米×23厘米。故宫博物院藏。共四幅，现装为卷，末幅上题："学人为昭素居士染册十数番，悉是雨中课也。阁笔复为简点，殊见荒涩，颇不耐观，亶负主人存恤之意，且又得纵赏所藏墨迹，所谓虚来实归，渐感深至。辛丑二月，弘仁谨识。"此卷容庚《颂斋书画小记》（稿本）著录："纸本水墨，高七寸一分，宽六寸九分。"四幅合装，后附郑旼题诗一幅，诗云："残山剩水有知音，断墨枯毫着意深。已见人珍同拱璧，每从遗迹想佳吟。"

二月，许楚，离京南返。

许楚《青岩集》卷七《哀野鸳赋》载："辛丑春暮，予自北归，舟过聊城。"

春，渐江，又为象也居士画巨幅《西岩松雪图》轴。

吴山涛　秋日江村图　/　年代不详　新安画馆藏

纸本，墨笔，192.8厘米×104.8厘米。故宫博物院藏，京1-3812。题款："西岩松雪。辛丑春，为象也居士图。弘仁。"

夏初，渐江，游扬州，时黄生亦在扬州。《赠渐江上人》一诗或即此次相见时所作。渐江归途经杭州，宿西湖南屏山北麓之净寺，为慧通上人画《净寺山水图》轴。

题款："辛丑夏月，游广陵还，宿于西湖净寺，灯下为慧通上人写此。弘仁。"此轴登载于1940年出版的《中和月刊》第一卷第五期。上有姚宋题诗云："沙鸥飞已尽，溪流声更清。茅亭闲着处，几点楚峰晴。"款署"癸酉腊月，姚宋"。

不久，渐江便回到歙县，于五明寺澄观轩中，为罗岳生居士画《幽亭秀木图》轴。

纸本，墨笔，68厘米×50.4厘米。故宫博物院藏。题款："辛丑结夏澄观轩，为作《幽亭秀木图》，奉岳生大居士教。渐江学人弘仁。"上有罗衮期小跋云："启悟师久慕渐江笔意，属予代索，遂以寄予者转赠之。"又有江注题七绝一首，诗云："吾师漫写倪迂意，古木孤亭水石幽。优钵昙花品题在，禅门珍秘抗王侯。"

夏，渐江，在桃源山房为吴不炎作《山溪双树图》轴。

纸本，墨笔，90.7厘米×40厘米。题款："辛丑夏月，为不炎居士写于桃源山房。弘仁。"此轴著录于郑德坤《木扉所藏书画》，其影印本曾登载于1976年12月香港中文大学《中国文化研究所学报》第八卷第二期。

五月，渐江，在歙县西溪萧寺，作《疏柯坡石图》轴。

渐江　西岩松雪图　/　1661年　故宫博物院藏

纸本，墨笔，41.7厘米×27.1厘米。无锡博物馆藏，苏6-099。题款："辛丑蒲月，写于西溪萧寺，渐江学人。"

汤燕生，来五明寺访渐江，渐江出《疏柯坡石图》以作志别，汤燕生在画上题跋。

跋文："静士渊妙，孤奇朗拔。食谢腥膻，衣只袍葛。探云体轻，涉险神豁。自挈画囊，轻赍茶钵。当其意至，解衣皴抹。半石疏柯，著手都活。俯视宋英，兼师元达。俗客贿求，有蹙其頞。时以惠贫，天浆醒渴。作颂书颠，用防豪夺。辛丑访渐师于五明寺，出此志别，赞以记之。"

同月，查士标，舟次邗江，展玩吴仲圭卷，乘兴作《仿吴仲圭山水》卷。

陆心源《穰梨馆过眼续录》卷十四著录此卷："纸本，水墨，高四寸一分，长三尺五寸八分。"题款："辛丑夏五月，舟次邗江，展玩吴仲圭卷，乘兴写此。士标。"

八月，查士标，为少文六弟作《秋水横舟图》轴。

纸本，水墨。题款："辛丑八月，为少文六弟写云林高士意。士标。"金瑗辑《十百斋书画录》亥集。

秋初，渐江，仍在歙县，受王炜委托为吕应昉居士画《仿倪云林山水图》轴。

故宫博物院藏。此轴上有王炜题七绝一首："枫香初遍荻花天，何事明湖不着船。欲抱渔竿乘月去，笛声吹彻万山烟。广乘樵。"

秋，程邃，客秣陵僧舍，仿黄子久笔意，作图并题诗以赠东岩。

黄宾虹《垢道人遗著》有《题画应东岩作》五绝十一首。诗后注曰："辛丑之秋，客秣陵僧舍，暇日仿大痴老人笔意，并题。""东岩"，姓名待考。

与周亮工、许珌夜集许承宣、许承家兄弟之宿影亭。

周亮工《赖古堂集》卷十《同许天玉、程穆倩、许力臣、师六宿影亭，即席分得枫字》。

按：许珌，字天玉，号铁堂。福建侯官人。所著《铁堂诗草》卷下有《同栎园侍郎、穆倩山人、晓蕖女史夜集族弟力臣、师六宿影亭，得寻字》七律一首，此诗或与周亮工诗同时所作。

七月，许楚，在杭州，七夕与陈允衡相逢西湖昭庆寺。

许楚《青岩集》卷八《潘景升先生诗慰序》载："今年秋，楚自京师还黄山，与伯玑邂逅于西陵僧舍，喜以见示余。"

八月，梅清，作《南归林屋图》六开册页。

上海博物馆藏。题款："南归林屋，亦有溪山。念我怀人，兴歌柱石。因作图寄之，非敢尘有道之观，聊见意也，谨存余素，以待新诗。辛丑八月，瞿山同学弟梅清识。"

中秋，许楚，与谈允谦、陈允衡同登湖阁期月，旋即返歙。返歙后偕渐江住西峰。

查士标，作《拟云林笔意图》。

纸本，墨笔。藏地不详。

渐江　仿倪云林山水图　/　1661年　故宫博物院藏

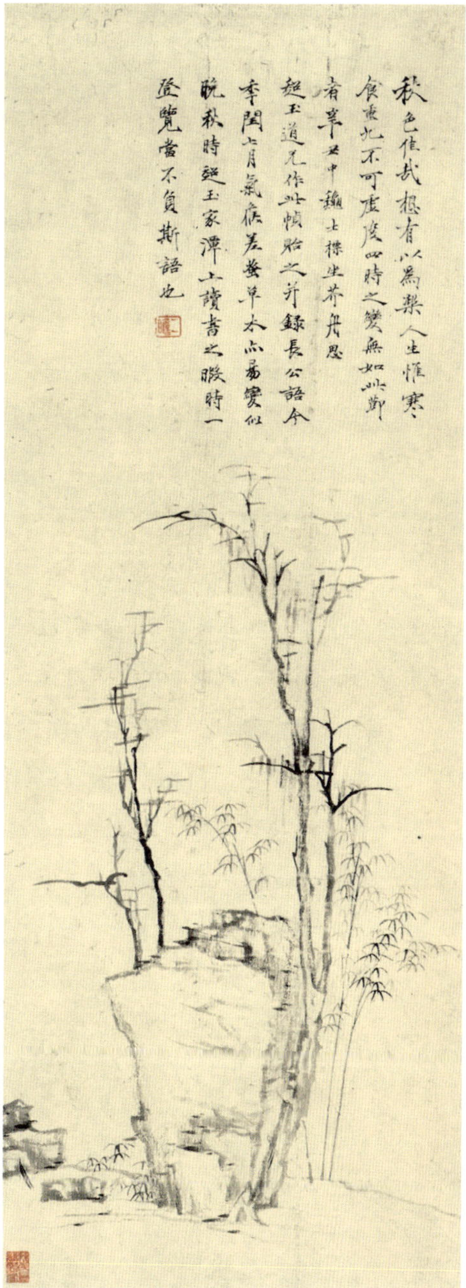

查士标　拟云林笔意图　/　1661年　藏地不详

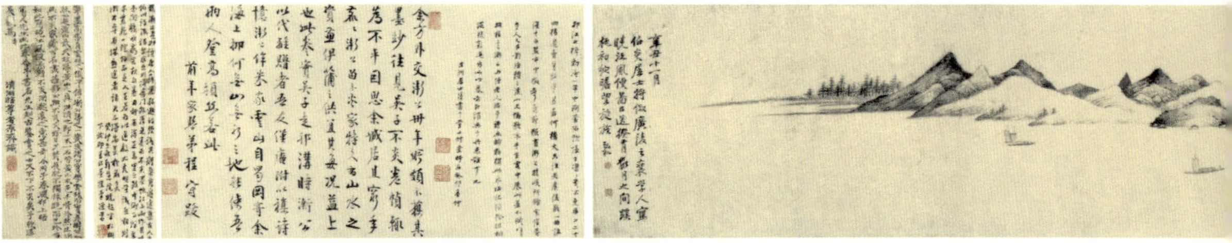

渐江 晓江风便图 / 1661年 安徽博物院藏

九月，程邃，偕孙枝蔚至周亮工扬州寓园赏菊，并观其所藏画册。

孙枝蔚《溉堂前集》卷五，辛丑年有《同程穆倩访周元亮司农，留饮寓园赏菊，兼示所藏画册》五律三首，有“频年问死生，相见值深秋”之句。知此次聚会在九月。

九月二十日，程邃，作《雁飞人过图》。

此图陈撰《玉几山房画外录》卷上著录，题款：“辛丑九月二十日立冬前，见青溪太史笔墨，起予寻常，真得画家三昧，可压米家船矣。然仆性好丘壑，故镌刻之暇，随意挥之。以泄胸中意态，非敢云能事者也。识者谅之。我岂较胜负。黄海垢道人记。”

十一月，渐江，到歙县西溪南仁义禅院度腊，作《晓江风便图》卷。

纸本，设色，24.5厘米×285厘米。安徽博物院藏。题款：“辛丑十一月，伯炎居士将俶广陵之装，学人写《晓江风便图》以送。揆有数月之间，蹊桃初绽，瞻望旋旌。弘仁。”卷内有许楚、程守、吴羲、石涛题跋。吴羲跋：“邗江之棹，动淹一年。中间蒙垢饮恨，日凛凛几不免虎口。二十四桥边，曾莫证风月若何？嵇大夫往矣！《广陵散》一曲，谁复于鱼盐市中征声气耶？赖有渐公临歧所赠，家仅庵老人又以韵语续之。溪山尺幅，歌咏半生，客中展此，差不赋《行路难》矣。渐公与仅（庵）老人贻予诗画颇夥，独此永堪记忆。险坦相从，悲欢递易，如此卷者，即谓与予共患难可也。生洲居士羲书于丰上草堂，时在癸卯春仲。”程守跋：“余方外交渐公卅年所，颇不获其墨妙。往见吴子不炎卷帧，辄为不平。因思余城居，且穷年鹿鹿。渐公留不炎家特久，有山水之资，兼伊蒲之供，宜其每况益上也。此卷实吴子走邗沟时，渐公以代离赠者。吾友仅庵附以杂诗。忆渐公作米家云山，自蜀冈寄余海上，抑何无山无水之地，能使吾两人登高顿恐若此。前年家盟弟程守跋。”许楚跋：“观渐公画如读唐人薛业、孙逖诗，须识其体气高邃，遥集古人处；仍以诗流结习求之，则终属门外汉。是卷为不炎买帆江上而作。其吮墨闲旷，水穷云起，自卷自舒，有濯足万里之致。吾乡百余年来，画苑一灯，恒不乏人。至若为此道放大光明，无识想相，则渐公卓有殊勋，往者诸君，不得耑（专）美于前矣。癸卯立秋，静慧院晓起，坐松棚下，试邵青丘墨，援笔漫书。”石涛跋：“笔墨高秀，自云林之后罕传，渐公得之一变。后诸公实学云林，而实是渐公一脉。公游黄山最久，故得黄山之真性情也。即一木一石，皆黄山本色，

丰骨泠然生活。吴不炎家藏古名画甚夥。公与不炎交好，日夕焚（香）展玩，不独捧跪而已。珍重如此！写《晓江风便图》赠不炎，而邈远之意甚奇。今丙子春过邗上，晤葛人先生，出此卷，命予书名。先生超古鉴赏之士，又不下不炎矣。予欣得是观焉。清湘瞎尊者原济识。”此图近世曾为汪鞠友所得，后归许承尧，今藏于安徽博物院。《中国南画大成》第十六卷有影印。

是月，又为吴莲士（号香来）作《江山无尽图》卷。

题款：“几年未遂居山策，瓶笠还如水上萍。独是丰溪可瞻恋，呵冰貌影墨零星。辛丑十一月写并题，似莲士先生正，弘仁。”卷首有汤燕生题篆书“澄怀观道”四字。后有汤燕生跋曰：“渐江师，逃虚人外，积三十年，蕴异含真。初不欲自名一长，以与世通；中更铲除积习，委其身于学。非其力之所自致，则不肯衣食之用，能以节概自立。东南推为高人巨德焉。而不知者，率群然以老画师相目也。师至孝绝人。与人交，真切无所间。性耽吟，其诗孤洁，与皎然、孟东野正等。书法规摹云麾，晚更夺云林之席。画则异姿天授，骎骎乎欲度元人前矣。余从师游最久，见师自壮至老，无问园居刹寓，一日废画与书不观，则郁如负奇疾者。而寻山涉泽，冒险攀跻，屐齿所经，半是猿鸟未窥之境。常以凌晨而出，尽酉始归，风雪回环，一无所避。盖性情所偏嗜在是，虽师亦不自知其繇。而缘是发之毫楮间，人之见之，皆以为江南之真山水，幻出于师之腕下而不穷。昔人云：卓荦变风骨，万类咸受裁。师画盖如是已。此卷为香来道兄作。群山不断，亘数千里，而擘脉缕分，昏晓异状。其树石桥道，特出心裁，迥与世别。似欲于杳然天地外，运五丁力，另辟一蚕丛者。置之蒙繁墳简中，其大真无与让矣。师诗画择人而授，不可以势夺贿求。非其人而强委贽焉，师闭门不听入也。故南北好事家得其真者盖寡。此卷为师得意作，而以贻香来。余又以知香来之人之行有当于大隐者之心尔。然而师之所寿世者，当更有在，不止一老画师之名流传天壤已也。题渐江大师山水，应香来道兄教。黄山弟汤燕生漫书于补过斋。”

此卷影印于住友宽一《明末三和尚》一书中。泉屋博古编《中国绘画·书》中亦载此卷之影印本。黄宾虹《渐江画目》著录的《丰溪图卷》，下注：“赠吴莲士居士，汤燕生跋，辛丑。”即此卷也。

又作《丰溪山水图》卷。

渐江　溪山春霁图

年代不详　嘉德2007年秋拍成交价672万元

吴山涛　川原夕照图

年代不详　盘古2012年秋拍成交价24.15万元

题款："辛丑十一月度腊丰溪之仁义禅院。落落寡营，颇自闲适。日曳杖桥头，看对岸山色，意有所会。归院砚冰始融，率尔涂此，殊觉潦草。渐江弘仁。"

汪世清按：此卷之影印本见1974年中国台北出版之《明清之际名画特展》，未著何地何人所藏。另美国纽约顾洛阜藏中国书画，有《平桥山色》卷，题款："辛丑度腊仁义禅院。落落寡营，颇自闲适。日曳杖桥头，看对岸山色，意有所会。归院砚冰始融，率尔涂此。弘仁。"与上面题款相比，仅少十二个字。若以款字及题识所附之画面相较，则有明显不同。然均辛丑冬在仁义禅院所作。顾氏所藏之卷尚有张大千跋云："渐师画法实黄多于倪。今人但刻意以云林求之，剑去逾远。此卷又以梅沙弥□笔为□龙入钵，钵里生莲，信乎佛法无边也。大千学人题。"两卷不能俱真，而孰真孰伪，则需就原卷比较研究，方可鉴定也。

腊月后二日，吴国对，于萧云从癸巳年为郑士介所作《碧山寻旧图》上题跋。

安徽博物院藏。

是年，渐江，作《浅绛山水》卷。

又为汪洪度作《黄山图》轴。

纸本，设色，145厘米×47.6厘米。上有汤燕生题诗。江西省博物馆藏，赣4-12。

程正揆，作《江山卧游图》卷。

纸本，设色，29厘米×300.9厘米。广西壮族自治区博物馆藏，桂1-092。

同年，程邃，与陈维崧、邓汉仪为周亮工五十寿赋诗，集于周亮工寓所。

程邃有句"今年先生正五十，扬人士思有觞之"。陈维崧《陈迦陵文集》卷三《赠周栎园先生序》。

程正揆　江山卧游图　/　1661年　四川博物院藏

江注，作设色《山水人物图》。

安徽博物院藏。

梅清，游历各处，有诗记之。作《巢湖既渡后作》《大梁行》《大梁鼓楼歌》《宿州道上》《盘陀道上》《谷口》《星貂驿》《太行山》《朱仙镇拜岳庙》《汉帝斩石人处》《月夜泊焦湖》《登太原拱宸楼》《南关道上》《自鄢陵登舟至瓦埠将近千里遣怀二首》等诗。

梅清《天延阁删后诗》卷七《驱尘集》。

又至芜阴，有诗寄五弟梅素。

梅清《天延阁删后诗》卷七《驱尘集·北归将至芜阴先寄五弟一韵二首》："尔别归扶病，余行远未还。家贫仍药□，客久尚江关。雁返悬乡信，云飞恋故山。河干泊孤舫，相对认愁颜。""念尔劳余梦，终宵计远还。望空失意客，喜剧到乡关。数问南来讯，回看北去山。莫嗟行路苦，相见好开颜。"

于河南，同众友人于鄢陵梁氏园亭赏牡丹。

梅清《天延阁删后诗》卷七《驱尘集》有《鄢陵梁园同黄石楼明府看牡丹》《鄢陵韩秋水招同王仪皇、郑石公、王子厚梁氏园亭，分得深字》。

同周我闻、雷博山、桑赞伯游刺史周蓝喻的源涡别业，并登古台。

梅清《天延阁删后诗》卷七《驱尘集·同周我闻、雷博山、桑赞伯游刺史周蓝喻源涡别业，分赋二首》。

于山西榆次与阔别十年的姐姐会晤，有诗记之。

梅清《天延阁删后诗》卷七《驱尘集·至榆次见家姐感赋》诗云："迢递初经涂水湄，到来怀抱喜还悲。十年骨肉伤心处，万里东西见面时。双泪相看皆老大，孤身远寄任安危。即今天外同回首，愁问高堂两鬓丝。"

程正揆，作《江山卧游图》卷。

四川博物院藏。

清康熙元年　壬寅（1662）

三月，浙江，作《宋人画意图》册。

汪世清按：此册著录于郑德坤《木扉所藏书画》。纸本，水墨，共八册。20.3厘米×14.7厘米。款在第一册上，其余各册均无款无章。曾影印于香港中文大学《中国文化研究所学报》第八卷第二期（1976年12月）。第六册与第七册有尤希题跋，其一云："明季浙江上人，性好洁，志高尚。暇则以笔墨自遣，所作山水，名振寰宇。其笔力之遒劲秀雅，超绝古今，海内诸大家靡不甘拜下风。今见此册之用笔苍老天然，其简淡高古有不可言喻矣。尤希题。"其二云："乙巳仲春，阴雨初霁，巴园主人过访，出示渐江上人山水小册八页。其道劲超出尘表，而雅淡之气令人莫及。如石涛诸家之作，已属名振海内，而较之渐江，尚觉其用笔有粗俗。此册宜世宝之。希祖记。”跋中乙巳为道光二十五年（1845），其时此册在“巴园主人”之手，不知何时转入鲍康家（第四开左下角有“曾在鲍子年家”一印），其后辗转流传，亦不可知矣。壬寅为康熙元年（1662），渐江年五十三。

夏，渐江，作《秋江风帆图》扇面。

泥金，墨笔，16.7厘米×52.5厘米。安徽博物院藏。题款：“风正一帆悬，为赓老写意，壬寅夏，弘仁。”

四月，查士标，为永锡道兄作《层峦幽谷图》轴并题诗。

纸本，墨笔，116.5厘米×50.5厘米。王南屏旧藏。题款：“壬寅四月，士标画为永锡道兄并题正。”田洪编著《王南屏藏中国古代绘画》第397页。

六月，渐江，在黄山。吴之騄偕其兄与渐江相见于白龙潭上。

仲夏，祝昌，作《江山胜览图》。

纸本，设色，25.5厘米×331厘米。题款：“壬寅仲夏寓真州吴灿如家，得观黄一峰《江山胜览》，即是《长江万里图》卷。余坐天宁古刹以拟之。无论似否存其神，似以见古人。此卷乃大痴为云林而作也。山嵋昌。”嘉德2014年春拍成交价2127.5万元。铃木敬编《中国绘画总合图录》卷一。

夏，梅清，客居秦淮。

诗云：“回忆壬寅夏，秦淮君客居。我才归塞外，人各认生初。泪尽龙荒见，诗成鹤表如（渊公与同人为余家赋生还诗）。别来还几岁，池草梦谁疏。”梅清《天延阁赠言集》卷二，方育盛《戊申春仲客宛上得晤渊公老年世长兄，感赋四首》。

立秋日，梅清，仍在白下，与江阴张印顶相交。

梅清《天延阁赠言集》卷一，张印顶《壬寅立秋日白下喜逢渊公，漫赠一律》。

新秋，梅清，与梅朗三旧友陈焯会于南京，并赠以诗画。

诗云：“结交初识宛陵人，朗三梅子情最真。贻余书画藏箧衍，摩杪苍玉无纤尘。每叹圣俞先生遗泽远，三朝文献光鳞彬。乐府宏宣六书奥，合之翰藻谁其伦。自失朗三意恻恻，曾过敬亭三太息。耕岩高隐深复深，余子参辰那可即。比来耳熟瞿山名，纷纶制作空西京。邂逅忽睹瞿山面，瞿山泼墨予益惊。临摹百家只顷刻，点染万品随生成。游丝当路本无迹，春蚕食叶微闻声。十幅云蓝辱持赠，置吾丘壑移吾情。乃知经年图壁非俊物，五日画石劳经营。孰如瞿山之敏妙，况复新诗戛击天球鸣。咄哉梅氏何多英，重寻杂佩为君倾。我欲卜邻瞿硎旧居处，又恐天畔凤书催尔去。”梅清《天延阁赠言集》卷一，陈焯《壬寅新秋偶游金陵，得晤梅渊公贻余佳画，答以长歌》。

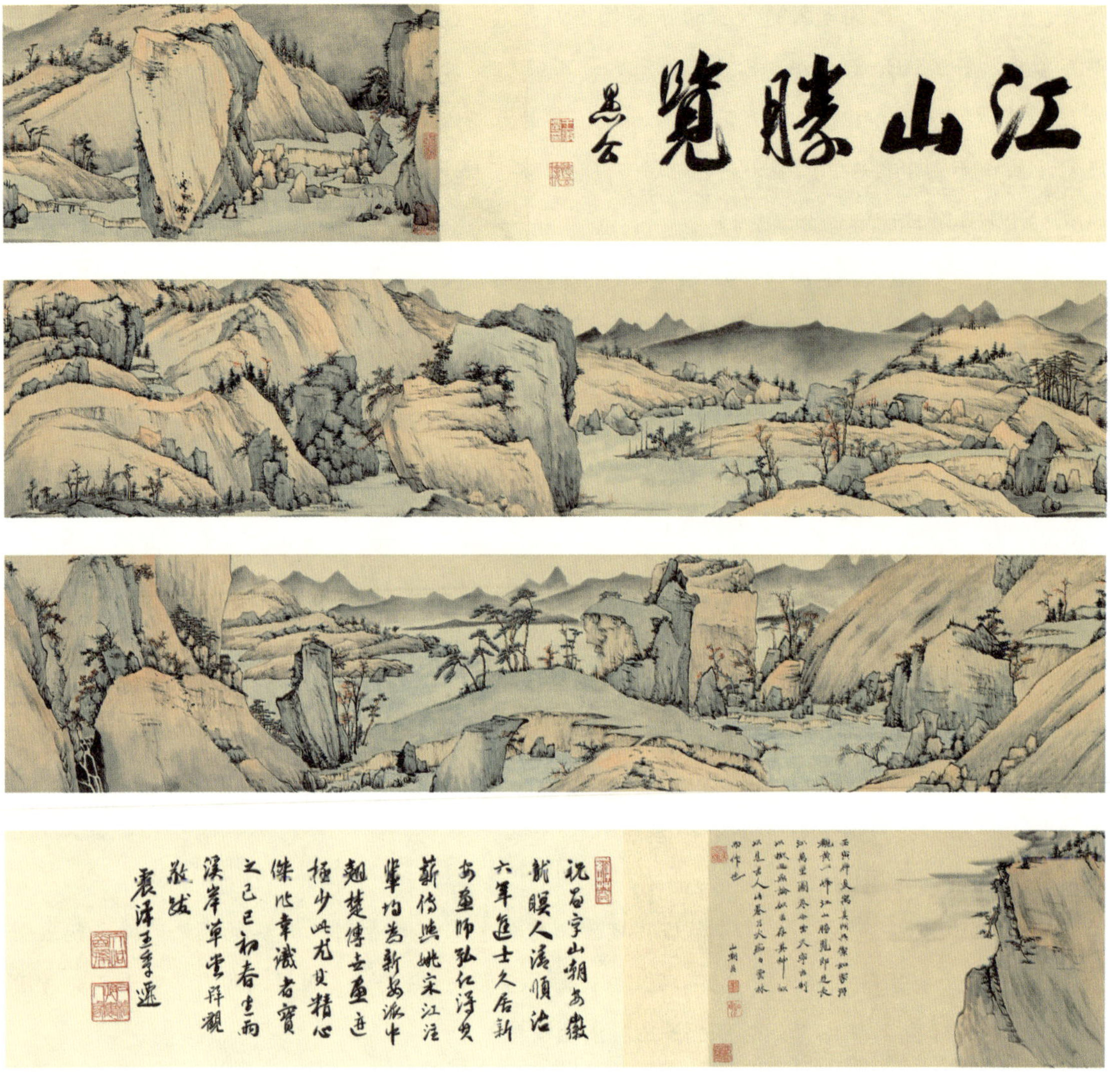

祝昌　江山胜览图　/　1662年　嘉德2014年春拍成交价2127.5万元

秋，渐江，为无波居士作《桐阜图》卷。

纸本，墨笔，27厘米×91厘米。上海博物馆藏，沪1-2444。卷末题："曩业为无波居士图桐阜矣，今复踵其事。岁月飘忽，不信笔墨亦与年俱进否？居士解人，请为我布一算，因系短句，并博郢削。时时展帖与援琴，片石长林鉴素心。愧我并无双树卧，可容一榻就桐阴。壬寅秋，渐江学人弘仁。"金瑗辑《十百斋书画录》丁卷。

中秋，梅清，同梅庚、施闰章、徐缄、顾景星、高咏等集于云根亭。

施闰章《施愚山先生全集·愚山先生年谱》。

冬，倪正作诗忆梅清。

诗云："我友瞿山人，今年年四十。致身强仕时，留心岂石室。石室有丹炉，千秋火未熄。安得尔仙才，间参古金碧。""金碧参同浅，疏开大易深。搜索人物隐，披陈天地心。至道忘贵贱，穷神藏古今。何须更十年，绝韦生沉吟。"梅清《天延阁赠言集》卷一，倪正《壬寅冬既前二日读〈易〉寒岩，忽忆渊公四十，书此寄祝，相期久视也》。

十月，渐江，作《介石书堂》十二开册页。

每开尺寸为18厘米×16.5厘米。广东省博物馆藏。上题："壬寅冬月，渐江学人画于介石书堂。"

十月二日，渐江，为程邃作《赠穆倩山水图》。

题款："高士胸中千万梅，饱咽冰霜成花胎。横斜落纸瘦如铁，不是程郎摹下来。穆倩老友以此纸索画山水，余随笔乱涂，以供一笑。先生精于六法，曾蒙写梅花立轴，机趣天然，另有苍古之气。余不揣固陋，敬乞方家。壬申冬十月二日，渐江学人弘仁识。"

按：署年"壬申"为"壬寅"之误。

十一月，渐江由浮溪返披云峰五明寺，在澄观轩作《秋山图》轴。时渐江将游庐山，与许楚、程守、戴本孝、汪度及僧南云相聚五日，备臻欢适。诸子赋诗浩往，遂即成行。

题款："画意无多触处嘉，有人搔首望槎枒。黄花别去梅将蕾，且对瓶中玉茗花。壬寅冬仲，渐江学人写于澄观轩。"金瑗辑《十百斋书画录》酉集著录此轴："纸本墨笔，高四尺五寸，宽二尺。"

十二月，渐江，抵鄱阳，与王炜相会。王炜自芝山移书为裹鹤粮，余子敬给健力为负瓶钵经卷，吴圣卿赠筇竹一枝以驭奇险，令子正已复解羊裘以温破衲。以雪阻不克入山，即度岁于吕士鹤御青之且读斋中。

许承尧纂《民国歙县志·江韬传》载："岁壬寅，将游庐山，友人王雄右怂恿其行。"王雄右即王炜。许楚《送渐公游庐山诗序》："岁壬寅冬，渐公由浮溪至郡，将游庐山。友人王雄右自芝山移书为裹鹤粮，余子敬给健力为负瓶钵经卷，吴圣卿赠筇竹一枝以驭奇险，令子正已复解羊裘以温破衲；是役也，雅流从臾，山缘辐辏，渐公因得取畅孤行，遂胸名岳。会虽霜雪戒途，寒飙侮笠；振衣竞起，逸兴弥增。阴雨霖霖，留滞乌聊。缁素旧游，咸念远涉，倾赞高怀，竞吐音藻，极谭咏缠绵之致。聚凡五日，备臻欢适。遥望曩哲，怀次宗之胜情；遍穷七岭，寻道者之遗迹。慨然长往，无以喻厥幽壮。呜呼！高云难托，何出岫之悠然；凡羽多羁，望孤鸿而独逝。瀑门冰谷，想见其人，半偶东林，幸传樵者。"

许楚《青岩集》载："壬寅冬月，渐公将勇犯霜雪，由芝山涉彭蠡，游匡庐。铁筇苎笠，俨有傲色。乞吾侪结志区外者数子，赋诗浩往，以炫游笈。数子者为云间朱眉方、历阳戴务旃、衡

戴本孝　山谷回廊图
1662年　安徽博物院藏

岳南云开士、洎予与汪子山图、程子蚀庵也。”又有诗云：“梦入匡庐总未离，万峰飞雪一肩诗。悬瓢直上栖贤谷，布砚时依白傅祠。定有遗民夸足健，恐逢康乐笑人迟。玉炉三涧奇难尽，过眼烟云即导师。”

戴本孝，为印山作《山谷回廊图》轴，一作《晓窗梅彤幽》轴。

绫本，墨笔，165厘米×51.5厘米。安徽博物院藏。题款：“晓窗抱研浴寒碧，萧森古树山堂寂。终日闭云萝，尝闻人浩歌。峰欹阁半倚，梅影松声里。知为卧游来，芙蓉天外开。壬寅蜡日为印山道兄吟坛作于守砚庵，并题《菩萨蛮》一阕，奉博笑政。同学弟鹰阿戴本孝。”题下加钤“鹰阿山樵”四字白文竖椭圆印、“戴本孝字务旃”六字白文方印各一枚。右上角引首钤“逸庐”二字朱文竖长半圆印。右上方加钤“蒙泉书屋画审定印”八字白文竖长方印。右下压角分钤“三羊斋藏金石书画”八字朱文竖长方印、“四味书屋”四字白文方印、“孙氏大光之堂书画鉴藏之印”十二字白文方印、“正大光明之堂鉴藏书画之玺”十二字白文方印。左下压角分钤“文心审定”四字朱文方印、“立甫珍赏”四字朱文竖长方印、“石僧珍藏”四字白文方印、“荆明王氏珍藏”六字白文方印、“丹徒孙长吉字石僧印”九字朱文横长方印等鉴藏印章。

是年，渐江，作《披云峰图》轴。

纸本，设色，131厘米×53厘米。沈阳故宫博物院藏，辽2-112。

查士标，作《山水》六开册页。

纸本，墨笔。故宫博物院藏。

程邃，晤方拱乾。是年，方拱乾自关外赦归，来扬州相晤。

按：方拱乾，字肃之，号坦庵，晚号甦庵，安徽桐城人。因科场案谪戍宁古塔，至是年赦归，来居扬州。所著《方詹事诗后集·甦庵集》壬寅年有《晤程穆倩》五律一首，又有《谢程穆倩贻菊》五律、《谢程穆倩赠研》七古、《饮程穆倩》五律各一首，亦见其时相过从。

李呈祥，南游来扬州，与程邃相晤于赵琳寓所。

按：李呈祥，字其旋，又字吉津，山东沾化人。所著《东村集》卷四《南游草》收壬寅南游之作，有《赵石寅寓晤程穆倩，即读佳刻，因有短歌》。赵石寅，名琳，山东莱州人，寓居扬州。

程邃，同杜溶、喻珩、张羽、陈允衡、范国禄应郑星之招，集天瑞堂。

萧云从，在太白楼内作《峨眉烟云》《华岳苍松》《匡庐瀑布》《泰岱旭日》壁画四幅，七日完成。并撰《太白楼画壁记》。

《续修四库全书》，上海古籍出版社2002年版；冯金伯编《国朝画识》卷三。

萧云从，作《寿玉堂山水》。

绫本，设色，151.2厘米×48.1厘米。辽宁省博物馆藏。《中国古代书画图目》第十五册。

又作《松风琴韵图》。

纸本，设色。南京博物院藏。《中国古代书画图目》第七册。

又作《天半晴峰图》长卷。

纸本，设色，29厘米×640厘米。北京朵云轩藏。《中国古代书画图目》第十二册。

又作《山水图》。

日本东京江田勇二藏。铃木敬编《中国绘画总合图录》。

戴本孝，游黄山，在黄山附近为渐江庐山之行送行。

许楚《青岩集》载："壬寅冬月，渐公将勇犯霜雪，由芝山涉彭蠡，游匡庐。铁笻芒笠，俨有傲色。乞吾侪结志区外者数子，赋诗浩往，以炫游笈。数子者为云间朱眉方、历阳戴务旃、衡岳南云开士、洎予与汪子山图、程子蚀庵也。"

梅清，往金陵，过芜湖，访萧云从。萧氏有题画诗赠之。

诗云："秋华揽尽日幽闲，放艇开尊暮未还。有句惊人怀老谢，松风直到敬亭山。"杨臣彬《试谈梅清及其绘画艺术》，安徽省文学艺术研究所编《论黄山诸画派文集》，上海人民美术出版社1987年版。

梅清，游于越地，作《吴兴舟中》《越中漫兴》《放鹤亭》《武林重晤徐世臣》《钱塘怀古》《酬魏惟度，时以〈枕江堂诗〉见示》《寄广德杨竹如刺史》等诗。

梅清《天延阁删后诗》卷八《越游草》。

梅清，为蔡瑶作画并题诗。

诗云："我自怜君诗里画，君情偏于画中长。就将此意为君写，竹里深依华子冈。""片影横斜半不真，若为看去向溪滨。朝来醉墨浑无赖，借尔孤山一点春。"梅清《越游诗·题画赠蔡玉及》。

渐江　秋山双瀑图　/　约1662年
北京匡时2018年秋拍成交价3335万元

约是年，渐江，作《秋山双瀑图》轴。

纸本，墨笔，112厘米×52.5厘米。款识“渐江”，钤印“弘仁”，鉴藏印“香山詹志仁别号清如珍藏书画印”“清如欣赏”“曾在陈子叔处”“朱光”“朱光所藏书画燕南印”“求是”。

按：《秋山双瀑图》原为清宫旧藏，中华人民共和国成立之后，北京故宫博物院以“清初四僧”的书画各一幅换取朱光先生庋藏的南宋马远《十二水图》。《秋山双瀑图》由此被交到朱光先生手中。“文革”中，《秋山双瀑图》被抄入安徽博物院，平反后，此图又被返还给朱光后人。北京匡时2018年秋拍成交价3335万元。

清康熙二年　癸卯（1663）

春，渐江，在鄱阳之且读斋为吕应昉（旦先）作《始信峰图》轴。

纸本，设色，214厘米×84厘米。广州市美术馆藏，粤2-194。汪士鋐辑《黄山志续集》载王炜《题渐江老人〈始信峰图〉》七绝一首，诗云：“紫云千堵削芙蓉，不信人间有此峰。记与老人松畔立，至今眉鬓带烟浓。”

在芝阳东湖上，作《芝阳东湖图》卷，寄吴伯炎。

美国普林斯顿大学艺术博物馆藏。题款：“癸卯春，弘仁寓芝阳东湖上，寄伯炎居士。”此卷容庚《颂斋书画小记》著录：“纸本着色，高六寸四分，长三尺五分。”李芝陔跋云：“癸卯寓芝阳东湖寄伯炎居士所作卷，纯用宋法，于刘松年为近，布置极精密，亦极超隽，绝不板滞。以是卷而论，竟不在衡山以下也。”《渐江画目》著录，并注：“李芝陔题跋，叶云谷、何蘧庵藏。”《四僧画集》，中国民族摄影艺术出版社2003年版。

又作《疏泉洗研图》卷。

纸本，设色，19.7厘米×69.7厘米。上海博物馆藏。题款：“疏泉洗研图，癸卯春弘仁作。”上有汤燕生题款：“高士之寿其亲，不能潜感地全，冥致江鲤，而徒饮水啜粟，求尽其欢；涤砚驱毫，务悦其目；虽情事克申，不无伤哉，贫也之叹矣！然观斯图者，又知白榆先生乐其子志养，不乐其子禄养也，名父固宜有子哉。岩夫汤燕生拜手书。”

二月，戴本孝，作扇面《山水图》。

邓实辑《风雨楼扇粹》第五册。

三月十日，渐江，偕王炜自鄱阳买舟渡湖，往游庐山。凭吊宗炳、雷次宗、慧远等人遗踪以及晋宋时白莲社旧迹，宿雪庵处。游匡庐归，舍馆未安，作山水卷以寄半水师，即《寄半水师画卷》。

此图有王炜跋，见《鸿逸堂稿》卷五，跋文：“精神托于人心，犹笙竽琴瑟之含音。音必待发而出，精神必待运而见。凡世业之道德、文章、事功、技艺，无不赖精神以传。其最者自能结

渐江　芝阳东湖图　/　1663年　美国普林斯顿大学艺术博物馆藏

知于千载之后。苟徒趋形迹，一转眼即同游菌耳。然则人生斯世，乌可不自为其必传者。臣传其忠，子传其孝，圣贤传其道德，豪杰传其事功，以及书画工技，岂有无精神而可浪传者哉！亡友渐江，不娶养亲，亲亡急友，遂托身于方外，固世之传人也。任其至性，落落寡合。凡所交契，多出于牝牡骊黄之外。其为画独传倪高士已绝之绪，生平不妄与人。橐金束帛与辇上君子求一笔不可得；素心所结，即累累不吝。癸卯春，偕予游匡庐归，舍馆未安，作此以寄半水师。半师盖同二兄不约而齐刲股以疗其父者，三室人亦不约而齐刲股以疗其姑。渐公敬之爱之。每告人即泣下，憾己之不逮亲也。匡庐游归，次春公即仙逝。今二十七年矣。辛未长夏，半师持此卷以示栗亭及予，且属予题其首。栗亭咏后，予观之，不觉涕下。念公亲友亡后，数十年精神无可舒发，独托于画而运之，又重之以传人，固非朝华夕秀之众卉可比也。万籁笙竽，美人黄土，不胜独传

渐江　疏泉洗研图　/　1663年　上海博物馆藏

麟角之感。千古而后，其必有知二君与斯画者。”

夏初，渐江，已下匡庐，经鄱阳湖回，又暂住于吕应昉家，并作《秋柳孤棹图》轴，一作《为次豫画山水》轴。

纸本，墨笔，94厘米×30厘米。沈阳故宫博物院藏，辽2-113。题款：“癸卯新夏，为次豫居士写于芝山客舍。弘仁。”

端午，梅清，在宛陵。同施闰章、梅铟、梅庚等人在城南泛舟，并怀徐半山。

梅清《天延阁删后诗》卷九《匣琴集·午日同施愚山、汤耻莪、刘峙三、家桐崖、耦长泛舟城南并怀半公二首》。

五月，萧云从，作《山水册》。

安徽博物院藏。

六月既望，渐江，自庐山归，道过丰溪，吴伯炎兄弟留憩旬日，渐江与吴伯炎兄弟及其叔氏惊远放筏西干，与许楚、程守及江注相聚。是日薄暮，一时兴起，解衣脱帽，展纸作画，作《石淙舟集图》。后染疾，回披云峰下五明寺中，直至去世。

《石淙舟集图》有许楚题诗和跋，跋文见于《青岩集》卷十二：“癸卯，休夏五明禅院。六月既望，适渐公归自匡庐，道过丰溪，吴不炎兄弟留憩旬日，洎与其叔氏惊远偕渐公放筏西干，携先世所藏右军《迟汝帖》真迹及宋元逸品书画凡数十种，访余荒寺。开囊触目，玉躞金题，应接不暇。饭后，允凝呼舟贯酒就荫石淙。灌木被潭，澄沙泛碧，风生几研，不暑而秋，瀹茗焚香，纵观移日。蚀庵亦从南岸鼓枻而至。评赏之余，佐以雄饮。不炎命小史度曲，允凝索长笛和

渐江　秋柳孤棹图　/　1663年　沈阳故宫博物院藏

之。一时溪山翰墨，辐辏胜缘，丝竹清音，咸臻妙丽。少焉，夕阳告往，黄岳弄云，光怪陆离，摇曳万状。渐公不禁解衣脱帽，捉纸布图；允凝就其皋坂，畅厥烟溆；虚中流一舟，以待一兮，写萦洄野泛之致。是集也，叩寂寞而求音，数游鳞而出听；缁素多闲，觞咏无律；可谓极嘉会之徜徉，罄交徒之同趣。绘图既毕，各赋一诗，属予荒率引笔，以纪岁月。”

殷曙《渐江师传》载：“癸卯，游匡阜归，与旅亭、允冰二君休夏披云峰下，每理棹石淙，焚香瀹茗，各出所藏书画鼎彝，纵观移日。”

夏六月，渐江，作《为程正揆山水册》十开。

纸本，墨笔，每开尺寸为26厘米×21厘米。末页题款：“不与端伯按语者三年所矣，余固知其笔墨大有超轶，适自匡庐抵海阳，拟过居安，把臂谈游事，闻脂车已发淮阳，殊深耿耿，顷以邮至嘱册，余时苦病成十番，寄往□发函展阅，聊当晤言，癸卯夏六月，弘仁。”瀚海2000年拍品。

六月，梅清，作《山村清景图》扇面。

上海博物馆藏。题款：“癸卯六月挥汗为律翁并画，瞿山清。”黄宾虹、邓实主编《上海博物馆藏明清折扇书画》。

六月末，戴本孝，作《林泉高踏图》。

《神州国光集》第十九册。

是夏，渐江，又作《山水》卷。

题款：“癸卯长夏，无聊，写此小景遣意。渐江弘仁。”

又作《仿北苑山水图》。

题诗：“廿载有墨痴，无从追北苑。于兹山

萧云从　山水册选四　/　1663年　安徽博物院藏

水间，可不胡麻饭。”

八月十二日夜，梅清，于天延阁集会，时陈散木（世祥）将归广陵，以诗作别。

诗云：“秋气真悲哉，悲歌何处发。诸公聚联翩，野老留仓猝。昨日昭亭游，芳尊洒荒屈。今朝东郭行，草阁凭寒樾。偃仰久半区，纵横只数笏。”梅清《瞿山诗略》卷九《阮余集·八月十二日夜，诸子集天延阁用六月全韵即席联句，时陈散木将归广陵，余复举全韵并志别怀》。

秋，渐江，在披云峰五明寺，作《山水》轴。

美国纽约私人藏。题款：“癸卯新秋，渐江学人写于披云峰下。”高居翰《黄山之影》。

仲秋，又为夏先居士作《梅竹扇图》。

广东省博物馆藏。题款：“癸卯秋仲，为夏先居士写。渐江。”《广东省博物馆藏画选集》；《艺苑掇英》1981年第十四期。

同月，吴心来，作《山水》十二开册页。

纸本，设色。浙江省博物馆藏，浙1-225。

九月，赵开心，卒。

程邃《萧然吟》有《送赵洞门先生同诸公，兼呈熊、李、王三先生》五律三首，记其交往：“辔色河山晓，将雏雉满原。鵩啼方在耳，麟出应临轩。贯日回天惯，同心戮力敦。先鞭真待旦，公子莫攀辕。”“遮道公卿匝，中飞一钓蓑。五年齁睡客，独立醉愚科。四海苍生父，千忧百感它。玄成书绶上，且听大风歌。”“车骑清和月，和神清节人。几童争狎主，万物悉朋伦。壤父欲思舞，遗民正负薪。阳秋归浑厚，为世急阳春。”

寒露日，萧云从，画《梅花图》轴，并题诗。

河井荃庐等监修《中国南画大成》第三卷，日本兴文社1935年版。

仲冬，查士标，为君甫老道兄作《曳杖过桥图》轴。

纸本，设色，131厘米×61.5厘米。安徽博物院藏。题款：“山静闻溪声，松涛隔岸起。日长如小年，时有幽人至。癸卯仲冬为君甫老道兄画意，查士标。”题下加钤“士标之印”四字白文双边方印和“二瞻”二字白文方印各一枚。图右下角压钤“安徽博物院所藏书画”九字朱文方印一枚。

嘉平月六日夜，漏下二十刻，查士标，仿米襄阳法作《云树江村图》轴。

纸本，墨笔，100厘米×43厘米。北京荣宝斋藏。题款：“癸卯嘉平月六日夜，漏下二十刻矣。”

冬日，梅清，招同唐允甲、沈泌、梅素、梅庚等人聚于敬亭山。

梅清《瞿山清略》卷九，《阮余集》有《冬日招同朱洁湘，杨天培，陈散木，蒋大鸿，贺天士，邹程村，白祗常，汪蛟门，唐耕坞，沈方邺，家素五、耦长敬亭山分赋》《是夜同诸子宿巢云楼，次早方邺、耦长载酒重游复得一首》。

十二月八日，渐江，为中翁居士作《山水册》。

纸本，墨笔，每开尺寸为24.6厘米×17.1厘米。美国纳尔逊-艾金斯艺术博物馆藏。此册有松、涧、泉、池、岩、石、壁等景物，共八帧，每开写一主题，并以一字标明于画面上。第一开画双松的上部，老干龙鳞，针叶茂密，极为挺拔。左侧稍下书一“松”字，下钤“弘仁”朱文圆印。第二开画山坡之下，幽涧一湾，近岸有石如平台，稍右疏林两株，迎风挺立。右下角稍上书一“涧”字，下钤“渐江僧”白文方印。第三开画凌空巨石之间，飞泉两股，汹涌下注，右下石隙横出一树，卧如游龙。左侧稍下书一“泉”字，下钤“弘仁”朱文圆印。第四开画方池一泓，池北有亭，远峰一抹，淡与天连。绕池有疏柳杂树，境颇寂静。左侧中稍上书一“池”字，下钤“弘仁”朱文圆印。第五开画岩石耸立，势欲参天，岩底一松横卧，略有点缀。右下角稍上书一“岩”字，下钤“渐江僧”白文方印。第六开写一巨石凌空而立，根部两侧有小草数丛而已。右侧中稍下书一“石”字，下钤“渐江僧”白文方印。第七开画陡壁半截，壁间有小竹数竿，横空摇曳。左侧中稍上书一“壁”字，下钤“云隐”朱文方印。第八开画平冈一簇，上有小亭，近有松林，余无旁物。近冈右侧书一“冈”字，左上角题款：“癸卯嘉平八日，弘仁为中翁居士写。”下钤“渐江”朱文椭圆形印。此册是康熙二年癸卯（1663）十二月八日为“中翁”所作。时距渐江逝世只有十四天。

十二月二十二日，渐江，卒于五明寺。

是岁，萧云从，作《松荫茅屋图》。

纸本，设色。安徽博物院藏。《中国古代书画图目》第十二册。

程邃，作《梅竹石图》扇面。

广东省博物馆藏。

梅清，登泰山。

梅清《天延阁后集》卷七《辛酉壬戌诗略·昔游集》其五载：“我昔游东鲁，三过泰山道……”

同陈联璧、于觉世、顾景星、胡阮、唐允甲、王露等泛舟响山。

梅清《天延阁删后诗》卷九《匣琴集·同陈珏庵、于子先、顾赤方、胡省游、唐祖命、张清源、王湛斯泛舟响山，分得游字》。

过玉山禅院，为野岳和尚题徐半山画。

梅清《天延阁删后诗》卷九《匣琴集·过玉山禅院为野岳题半公画》载：“爱汝城东烟刹浮，松阴十里自生幽。山中萝薜年年古，定里云霞日日留。晓雨郊坰妆酷暑，晚风钟磬报新秋。巨公落笔凌千仞，指点禅心在上头。”

清康熙三年　甲辰（1664）

春，郑旼，作《忆渐江师八首》。

后跋："右忆渐公诗八首，甲辰春作。偶发敝笥，得公为书小册，遂录其后，公为画箑数持，兵溃之日，皆为将去，不胜惋惜。公大节世未有知者，余近赠仅庵句云：'此日君犹前劫我，未忘余习写兰枝。'公亦犹仅庵云。仅庵吴君名揭，工书能文。"

二月，查士标，为少文六弟画《枯木竹石图》。

金瑗辑《十百斋书画录》亥集著录此图"白矾面，水墨"。题款："甲辰二月，画为少文六弟。士标。"

二月六日，许楚，为渐江作《送渐师归塔文》。

文中有："甲辰二月六日，同里弟许楚顿首撰。"

二月十二日，萧云从，作《山水清音》卷。

美国纳尔逊-艾金斯艺术博物馆藏。刘九庵《宋元明清书画家传世作品年表》。

是春，程守，作《故大师渐公碑》。

《故大师渐公碑》：

夫极力以持其善心，慧念以夺其浮想；自外得故生分别，由内证则无异同。承远之信于吕温，广公之传于禹锡，闻之在昔，不谓无人。公号渐江，江氏子，世为歙之右族。幼尝应制，徒思帝阙之翱翔；长佢佣书，不受儒门之收拾。类君家之醴陵，卖薪养母；高古来之元识，负土葬亲。至武夷依古航，神动意注；至匡阜依雪庵，识契心冥。林宗有道，相期清浊之间；平叔能言，见许天人之际。大迦叶之头陀，舍利弗之智慧，罗睺罗之密行，须菩提之解空，惟兹四者，思以一之。惟长老肥遁由我，痛痒关人。义风藏柏叶之炉，真气透芙蓉之座。倘为俗姓，亦属贤豪。世皆谓辋川之画，不碍其禅；余独知石屋之诗，有合乎道。自普门至而黄山开，铁锡渐希，松云无恙。所谓"苍鹅上击，铜马交驰，祇园兴板荡之悲，沙界积沧胥之恸"，如王子安志善寂寺者也。公去来其地，兴会有时，叩绝韵于清风，味神机于永夕。石乳琼浆，入无生之妙馔；木莲红药，具不尽之灵依。涅槃之日，使其徒招余及二三故人，图画欲分子印友，磬香早谢于空王。花开百合，俨然道一之重来；偈说众香，未必襄阳之独善。惟此沈檀之在御，讵无幡盖之相迎？十二月二十二日，恬然化灭，报龄五十四，僧腊二十一。缁素号恸，吴越惨悲。明年二月六日，葬于五明寺，起塔安神，诸佛之遗教也。曩闻遗命，多为种梅。呜呼，有客依栖，是亦孔林之树；他年吊望，未殊玄墓之游。以守悦曾史之风，尚竺乾之道，退书本行，见记斯文。

铭曰：西方所遗，南宗之内。苾蒭龙象，虚空粉碎。咄咄黄山，此老捏怪。水响云香，实公謦欬。世不知公，惟知公绘。"董巨"宝之，冢中有悔。李华有言，取而相酹："青松白日，人亡地在。"甲辰春，白榆同砚弟程守蚀庵顿首拜书。

清明日，程邃，应王士禛之招，修禊红桥。

王士禛著《渔洋山人诗集》甲辰年有《冶春诗》二十首，题下注云："清明日，与林茂之前辈、杜于皇、孙豹人、张祖望、程穆倩、孙无言、许力臣、师六修禊红桥，酒间赋冶春诗。"

按：张祖望，名纲孙，浙江钱塘人。孙无言，名默，号桴庵，安徽休宁人。

春，程邃，应海陵陆无文之招，夜宴天宁寺，作联句诗。

夏日，查士标，作《山水人物图》轴。

纸本，设色，146厘米×62厘米。美国西雅图艺术博物馆藏。题款："甲辰夏日，查士标。"铃木敬编《中国绘画总合图录续编》。

四月，萧云从，作《江山胜览图》。

民国谭氏区斋影印《石渠宝笈续编》。

五月，萧云从，在扬州会汪楫、杜浚、孙默、李遴（瑶田）、陈鹄（菊裳）、陈维崧等，集扬州北部举办诗会。陈鹄作图，陈维崧作《依园游记》。

伊丕聪《王渔洋先生年谱》，山东大学出版社1989年版。

同月，查士标，为楷五作《涤砚图》扇面。

纸本，设色，16.4厘米×51.6厘米。南京博物院藏。题款："甲辰五月，士标纪。"

六月，萧云从，为恕斋作《山水》十六开册页。

纸本，设色。中国国家博物馆藏。《中国古代书画图目》第一册。

立秋后一日，梅清，于天延阁邀众友饮酒赋诗。酒半，召吴门女史蕊珍歌以记之。

梅清《天延阁赠言集》卷一，苏万民《甲辰立秋后一日梅渊公招同竟陵程文琰，新城耿承

查士标 涤砚图 / 1664年 南京博物院藏

戴本孝　草阁幽情图　/　1664年　安徽博物院藏

喆，毗陵陈郃公、黄云孙、屠渭纶，宛上王安又集天延阁，酒半召吴门女史蕊珍至，歌以记之》。

秋，萧云从，作《崔华诗意》一卷。

题款：“予友太仓崔华不雕，画翎毛花卉甚工，尤善诗。其警句云‘一寺千松内，飞泉屋上行’；又‘此中枕簟客初到，夜半梧桐风起时’，颇与画意合。常欲写其意而不敢妄拟。后见文徵明《秋山图》，大有会心。未识会其意否也。康熙甲辰秋日起至乙巳冬止，计一年有余，始毕工。云从识。”民国谭氏区斋影印《石渠宝笈续编》。

七月，查士标，作《山水图》轴。

纸本，设色，106厘米×41厘米。美国加利福尼亚州伯克莱分校景元斋高居翰旧藏。款署“甲辰七月，士标画”。铃木敬编《中国绘画总合图录续编》。

八月，戴本孝，作《草阁幽情图》轴，一作《溪亭清兴图》。

纸本，设色，154厘米×82厘米。安徽博物院藏。题款：“草阁幽人宅，翛然隐者风。石边蒙细筱，溪上宿飞鸿。涧沼群凫白，云窗花蕊红。幽情殊未已，清兴更融融。甲辰秋八月画并题，鹰阿山老樵本孝。”题下加钤“本孝”二字朱文方印、“法无定”三字朱文方印各一枚。左下压角分钤“王凤琦曾收藏”六字朱文竖方印、“鹤幽阁收藏印”六字朱文竖长方印各一枚。图右下角压钤“灵崖山人秘笈之印”八字朱文方印一枚。

九月八日，查士标，五十寿，汪楫诗以记之。

汪楫《悔斋诗》稿本有《九月八日寿查二瞻五十》诗，当作于是年。汪世清《明清黄山学人诗选》，第233页。

十月，查士标，作《行书录北郭集诗十六首》卷。

纸本。扬州博物馆藏。款署“甲辰十月”。

是年，戴本孝，作《山水》。

美国加利福尼亚州伯克莱分校景元斋高居翰旧藏。

吴山涛，南返，在杭州。时年五十七。

许楚《青岩集》卷六有《吴岱观陇西罢官还武林寄讯》七律一首，按诗集编年看，作于康熙乙巳（1665），其时吴山涛已从陇西回到杭州。

程正揆，作《突兀山容图》轴。

纸本，墨笔，97.7厘米×43.2厘米。上海博物馆藏，沪1—2401。

作《江山卧游图》轴。

纸本，墨笔，195.6厘米×25.6厘米。上海博物馆藏，沪1—2402。

萧云从，为养翁作《松林班荆图》。

纸本，设色。南京市博物馆藏。《中国古代书画图目》第七册。

又作《山水图》。

纸本，设色。故宫博物院藏。《中国古代书画图目》第二十二册。

又作《夜雨寒潭图》轴。

金瑗辑《十百斋书画录》。

钱谦益，卒，年八十三。

按：钱谦益与新安画家程嘉燧、李流芳、程邃、程正揆等均有交往。所著《牧斋有学集》有《赠程穆倩序》，称程邃“眉宇深古，视下而念沈；处治不谋进，处乱不易方”，视为异人。程邃《萧然吟·良友赠言》有钱谦益七古一首，题为《半塘客艇，旧雨蓬窗，走笔以发穆倩一笑》。《萧然吟》有《金阊舟次，呈钱牧斋先生》七律二首。

清康熙四年　乙巳（1665）

正月，程邃，与王士禄在扬州相见。王有赠诗。

按：王士禄，字子底，号西樵，王士禛长兄。所著《十笏草堂集》中的《赠程穆倩》七律一首作于是年正月。

二月，王士禄，游焦山，得古鼎；后以铭文见示，程邃为释其文。《十笏草堂集·上浮集·乙集》有《焦山古鼎歌》七古一首，即记其游焦山得古鼎事。

夏午，查士标，作《仿宋元山水》八开册页。

纸本，设色，每开尺寸为26厘米×39.6厘米。故宫博物院藏。其中第八开题款："乙巳夏午，仿宋元人画意八册，因纪岁月，查士标。"

五月，王士禛，游览南京牛首山，在兜率岩的铁汉和尚住处见戴本孝所作的《东峰图》。

作诗云："东峰插天半，兜率极云端。坐爱楚江晚，不知风气寒。高僧去已久，神异留人间。苍髯两猿子，夜月啸空山。花蕊照苔壁，藤萝经瓦官。白拂犹挂窗，斯人几时还。戴生历阳秀，览眺穷绿攀。目注三山流，毫素生层峦。朱夏凉冰雪，青天起波澜。譬如御风行，泠然天宇宽。披图一再欢，落照回禅关。"

七夕，查士标，为叔安道作《秋林远岫图》轴。

纸本，设色，117厘米×51.3厘米。故宫博物院藏。题款："乙巳七夕，画诗似叔安道长兄正。查士标。"

中秋夜，梅清，在黄池，与梅磊等人在梅素橘园草堂饮酒作诗。

梅清《天延阁删后诗》卷十《寒江集·黄池月夜同博山、仲建、尔玉、圣可、杓司饮五弟橘园草堂》。

九月，查士标，客石城，为济若世仁兄画《山水》，作《行书》。

陆心源《穰梨馆过眼录》卷三十六《名家随笔书画册》著录此画："纸本，备高九寸一分，广七寸六分。"其中第一、二开为查士标所作。第一开山水题款："乙巳九月，画似济若世仁兄，士标时客石城。"

同月，查士标，作《行书涌翠亭记》十二条屏。

绫本。四川博物院藏。款云："康熙乙巳秋九月。"

同月，汪家珍，题跋渐江《山水册》。

题款："余家去黄山百二十里而遥，去渐公家二十里而遥，无弱水之环也，无虎豹之当关也，乃结想半生，无因缘相见。丙申八月，惠然肯来，因共了黄山之愿。其幸为何如？嗟乎！吾郡之人，有垂老不见黄山者矣，有身见黄山而心不见黄山者矣。吾两人身心交见，何悲见晚？今鉴览斯图，杖履烟霞，俨然未散，相从之谊，日笃不忘耳。乙巳九月，汪家珍识。"

冬，梅清，邀请众位江南文士往敬亭山，晚宿巢云楼，并同游云齐阁、金鸡井、虎窥泉、翠云庵、双塔。

梅清《敬亭唱和集》载："乙巳冬日，吴越知名之士数辈咸集于宛，竟谓敬亭名胜似于兰亭、梓泽，游其地者……"

查士标，客邗上，为力翁道兄作《行书诗》扇面。

查士标　秋林远岫图　/　1665年　故宫博物院藏

查士标　谷口松风图　/　1665年　贵州省博物馆藏

金笺。浙江省博物馆藏。上题款："乙巳冬，客邗上，为力翁道兄。"

为明尹作《山水》。

纸本。题款："乙巳之冬，明尹忽有衡阳之游，嘱作小画，且曰将携之笈笥，旅中展对，如我两人抵掌促膝时也。"金瑗辑《十百斋书画录》甲卷著录"查士标《山水》，枯笔细皴"。

为誉斯先生作《谷口松风图》轴。

绢本，设色，113.8厘米×48.4厘米。贵州省博物馆藏。题款：“乙巳冬日，画似誉斯先生正。查士标。”

十月五日，萧云从，作《三清图》长卷。

纸本，墨笔，26.4厘米×344.7厘米。上海博物馆藏。

又作《停琴共话图》。

纸本，设色。上海博物馆藏。

作《松间草屋图》。

纸本，设色。上海市工艺品进出口公司藏。《中国古代书画图目》第四册。

作《关山行旅图》卷。

纸本，设色，26.6厘米×489.5厘米。重庆博物馆藏。

十一月二十六日，萧云从，作《梅竹双清》图。

佳士得1997年秋拍拍品。

冬，萧云从，写《崔华诗意》卷毕。

民国谭氏区斋影印《石渠宝笈续编》。嘉德2017年春拍估价600万元。

一别三十年的好友宋起凤来访，萧云从卖画沽酒，深谈忘倦。半月后宋起凤离开姑孰，萧云从赠其画并送行。

中国社会科学院历史研究所明史室编《明史资料丛刊》第二辑，江苏人民出版社1981年版；宋起凤《稗说》卷三。

冬仲，查士标，为宗周道仁兄作《山林逸趣图》轴。

纸本，设色，166.5厘米×78.5厘米。吉林大学藏。题款：“乙巳冬仲，并题为宗周道仁兄。查士标。”

腊月，郑旼，作《为奠乙作山水》轴。

纸本，墨笔，146.1厘米×66.4厘米。上海博物馆藏，沪1－3068。

是年，程邃，为方拱乾刻“龙眠方某、甦庵”图章。

陈明哲著《安徽历代美术名家研究——程邃》，安徽美术出版社2017年版。

戴本孝，为怀念四十五岁即去世的父亲，特将其平生所作诗文分两类，四十五岁前的为《前生诗稿》，四十五岁以后的为《余生诗稿》。

戴本孝《余生诗稿》自序。

程正揆，作《江山卧游图》卷。

纸本，设色。故宫博物院藏，京1－3709。

为渐江《黄山图册》题跋。

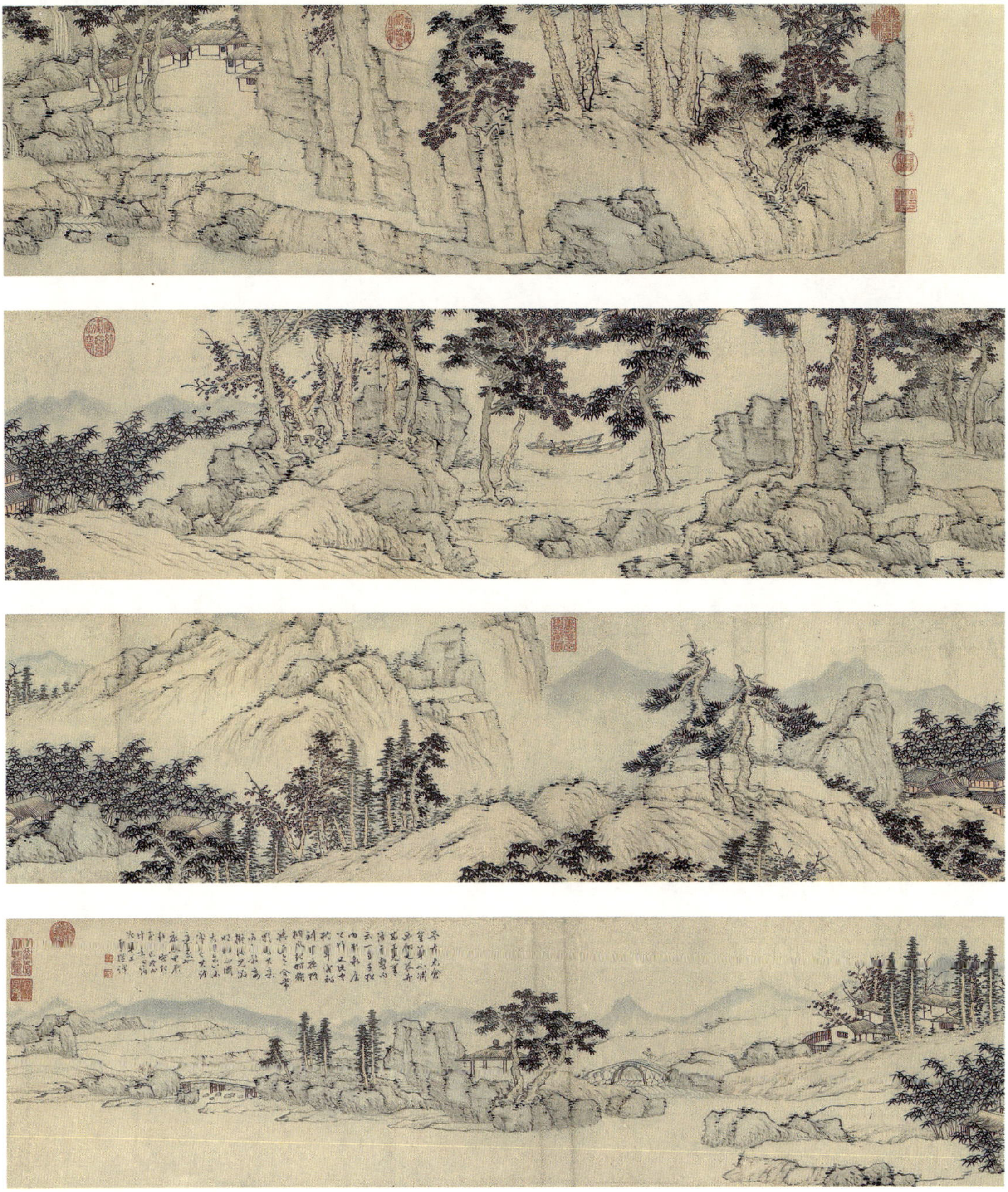

萧云从　崔华诗意　/　1664—1665年　嘉德2017年春拍估价600万元

故宫博物院藏。

萧云从，作《山水》长卷。

纸本，设色，33.5厘米×782.8厘米。上海博物馆藏。李玉棻《瓯钵罗室书画过目考》卷一，清光绪版。

又作《采江写意图》。

上海拍卖有限公司2004年秋拍0364号拍品。

又作无题立轴行书。

安徽博物院藏。《中国古代书画图目》第十二册。

方文，为萧云从七十岁生日作《寄萧尺木先生七十》。

方文《嵞山续集》卷二《寄萧尺木先生七十》。

梅清，首度登池州九华山，有诗记之。

梅清《天延阁删后诗》卷十《寒江集》中有诗两首。《秋浦舟中望九华》："初识名山面，莲花着眼生。晴岚侵汉立，空翠落江明。竟与蓬莱接，还如缥缈迎。扁舟倦行役，徒有胜游情。"《九华雪霁留别诸上人》："雪光真变幻，归兴独萧森。隐壑层层见，危溪细细寻。衣沾垂叶响，杖拄急坡深。谷口一长啸，泠然世外心。"

过东岳泰山，有《东岳》诗。

梅清《天延阁删后诗》卷四《燕征草·东岳》云："古岳茏葱插浩旻，东方千嶂尽称臣。峰头缥缈疑江练，海底沉浮伫日轮。遗狩到今仍纪舜，封碑犹在不知秦。平阳孙复真难侣，挥手莲崖蚤置身。""东西门向星辰列，汗漫游当霄汉逢。劈野只余天一半，盘空却有路千重。苍茫不散青齐气，缭绕惊传南楚烽。侧首浮云蔽秦观，长安何处上三峰。"

过聊城、临清、盘山、宿迁、南阳等地。

梅清《天延阁删后诗》卷四《燕征草》有《登东昌望岳楼》《临清阻雨同戴云简、张萼公、丁圣音和温栗然原韵》《舟返宿迁复送张萼公之霍邱》《过盘山》《南阳舟中同诸子小饮》《过孟夫子庙》等诗。

梅磊，卒。

梅清《天延阁赠言集》卷一，沈泌《乙巳深秋歌赠梅瞿山》云："书带园荒惜才子，响山佳人今又死。"

清康熙五年　丙午（1666）

元旦，戴本孝，作述怀诗。弟移孝游蜀未归，本孝将作燕赵之游。

戴本孝《余生诗稿》卷一《丙午元旦述怀，弟无忝在蜀，余复将游燕》，句云"今来卧山庐，昨归自江城”。

春，戴本孝，起程游燕。雪阻全椒吴氏园林。雪霁，偕犀水等经滁山，过珠龙镇、清流关，由桃花营取道张八岭。过泗上，宿泗州王蒙修先生园亭。途中客次宿迁。经琅琊谒王右军故宅。过蒙阴。登泰山，作《登泰山放歌》长诗。经阜城，过观庄上谷署。雨中过严生槐龙署。过巩华城，谒天寿诸陵。过居庸关，登武宗行宫故址。

戴本孝《余生诗稿》卷一。

二月十一日，萧云从，作《三清图》。

佳士得2008年秋拍1956号拍品。

三月，王士禄，重来扬州，与程邃时相过从。

四月，程邃，初移寓新居。

王士禄《上浮集·丙集一》有《柬程穆倩》二首，其中一诗云：“移家数觉孤琴累（穆倩又将移居），作客频犹七圣迷。顿尔素心晨夕共，褰裳那复怅羁栖。”又有《程穆倩移居，和顾云美韵（新居即在比邻）》，知时已移新居，然与旧居比邻。

四月，查士标，于邗上旅舍，为涵中先生作《山水图》卷并跋。

纸本，墨笔，14.7厘米×362.5厘米。题款：“康熙丙午夏四月，并识于邗上旅舍。查士标。”王南屏旧藏查士标《山水图》卷。田洪编著《王南屏藏中国古代绘画》，第398页。

夏，查士标，为日进兄题汪之瑞《枯树图》轴。

纸本，墨笔。故宫博物院藏。画无款无印。右上方有查士标题跋：“丙午夏，观于邗上，因题并似日进兄教。石城旅人士标。”

夏五日，萧云从，为士介作《山水》十开册页。

纸本，设色。四川博物院藏。《中国古代书画图目》第十七册。

五月五日，戴本孝，作怀乡诗。继至上谷，题画赠王郎。望宣府（今河北宣化）东南一带山，吟诗感叹汉家河山破残。去燕途中，不得无忝游蜀还家音讯，作诗感喟兄弟行藏可怜。登北山寺，过洋河。

戴本孝《余生诗稿》卷一。

六月，程邃作印赠王士禄。

王士禄《上浮集·丙集一》有《雨中柬穆倩，谢印章之惠，并索作画》诗。

春夏之际，查士标，客邗上五老道翁高斋，为其作《山水》十开册页。

纸本，设色，每开尺寸为32.9厘米×21.4厘米。上海博物馆藏。其中第二开题款：“仿赵承旨溪上深秀。丙午，士标。”第四开题款：“拟一峰道人。丙午。”第六开题款：“丙午初夏，枯坐白云深处画并识之。石城旅人士标。”

六月朔日，戴本孝，题上谷邸壁。上谷得方以智所著《药地炮庄》，读后感赋七言诗一首。

戴本孝《余生诗稿》卷一。

六月，查士标，为以恩道翁作《仿米云山图》轴。

纸本，墨笔。题款："丙午六月，旅邗弟查士标。"扬州博物馆藏。《中国古代书画图目》第六册。

六月，梅清，在南京，与陈世昌集于百尺楼，与众友人于留观阁观女剧。

梅清《天延阁删后诗》卷十《寒江集》中有《百尺楼即席赠陈公铁潭》《陈公铁潭招同陈墨庵、何次德、省斋张幹臣、陈幼木、柱江、照江诸公百尺楼观女剧》二首。

七月，梅清，搜罗诸君赠诗，辑成《天延阁赠言集》卷一，意在不忘知己之言。

梅清《天延阁赠言集·引》。

七月四日，查士标，为进日作《山水图》四开册页，对题书法四开。

纸本，墨笔，每开尺寸为29厘米×22厘米。南京博物院藏。第一开题款："康熙丙午，士标。"第二开题款："丙午，士标。"第三开题款："时丙午七月四日，士标。"劳继雄《中国古代书画鉴定实录》，第2243页。

七月十六日，萧云从，与郑士介话别于语石堂，并画《仿古山水》册页相赠，另偕冒襄观看灵璧石且画图。

萧云从《仿古山水》十开册页，故宫博物院藏。

初秋，王士禄，招查士标、孙枝蔚、孙默诸子出郭纳凉，放船至法海寺，遇雨不得登平山。吴绮招同诸子雨中泛舟平山下。

查士标《种书堂遗稿》卷一有《王西樵先生招同诸子出郭纳凉，泛舟法海寺分韵》，孙枝蔚《溉堂集续集》卷一有丙午五言律诗《初秋同家无言、查二瞻陪王西樵考功出郭纳凉，放船至法海寺，遇雨不得登平山》同时记载此事。另在查士标《种书堂题画诗》上卷第85首诗下自注有云："王西樵司勋常以新秋小舟，载客纳凉，至平山堂雨作而返，同人赋诗，余并图此以纪一日游概云。"孙枝蔚《溉堂集续集》卷一有丙午七言律诗《湖州守吴园次招同诸子雨中泛舟平山下》，自注查二瞻、汪湛若善画。

初秋，戴本孝，登张家口城楼。过边城，宿塾师室中。游东山。

戴本孝《余生诗稿》卷一。

八月十五夜，梅清，同友人泛舟响山。

梅清《天延阁删后诗》卷十《寒江集·八月十五夜句老伯招同张维隐、杨汉章诸子泛舟响山》。

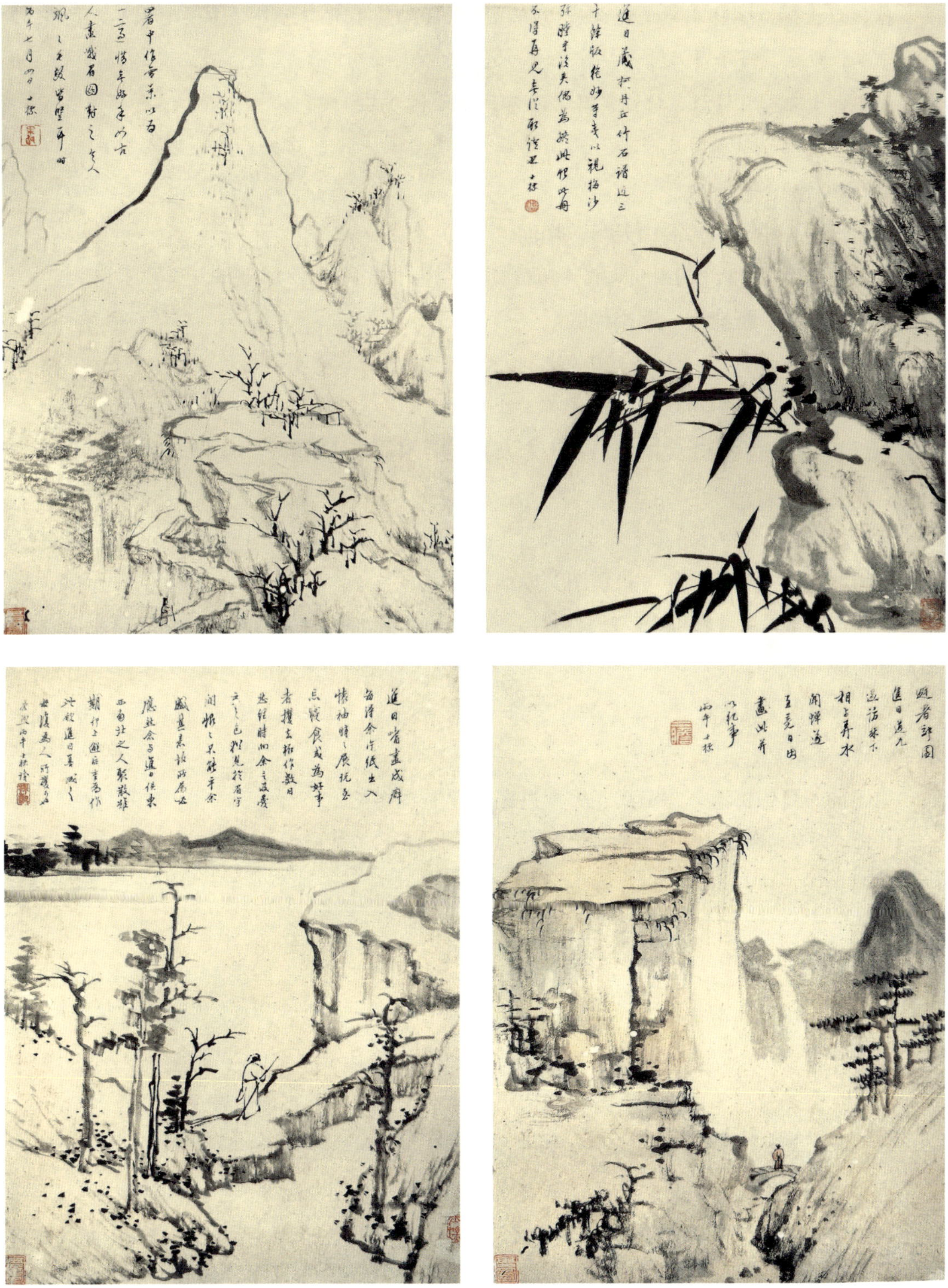

查士标　山水图册　/　1666年　南京博物院藏

秋，查士标，客邗水，子先买舟过访，查士标为其小阮志行道兄作《山水》六条屏。

绢本，设色，每条屏尺寸为195.7厘米×47.5厘米。故宫博物院藏。第五屏题款："丙午秋，余客邗水，子先买舟过访，快谈累日，因以画障见属为志行赠，欣然应教，不旬日而告成，语云：疾行无善迹，以视十日一水，五日一石为何如也。志行何以教我。同里弟查士标。"容庚《颂斋书画小记》，第265页。

于秦淮水榭中，作《溪山无尽》扇面。

纸本，墨笔。安徽中国徽州文化博物馆藏。题款："丙午秋，梅壑并记于秦淮水榭中。"

秋，戴本孝，抵燕市。遇李屺瞻。

戴本孝《余生诗稿》卷一有《孙豹人尝数称李屺瞻于余，今于燕遇之，时将李廉州，则固先文节所筮仕郡也。因画以祖之，并所感题其上》。

萧云从，与冒襄遇于芜湖城，饮于老友郑士介水部米颠石畔，为其作纸本设色山水《涧谷幽深》长卷并自记。

民国谭氏区斋影印《石渠宝笈续编》。

梅清，为赓老年道兄作《松溪图》扇面。

金笺。中国国家博物馆藏。题款："丙午秋日，为赓老年道兄教。瞿山梅清。"《中国古代书画图目》第一册。

按：胡积堂《笔啸轩书画录》载："丙午秋日，为赓老年道兄教。瞿山清。"《中国书画全书》第十四册，第313页。

重阳前一日，梅清，与王露、梅素过杨仲建宅看菊花。

梅清《天延阁删后诗》卷十《寒江集·重九前一日，同王湛斯暨五弟过杨仲建宅内看菊感赋》。

九月，送丘鸿归白门，自往皖江。

梅清《天延阁删后诗》卷十《寒江集·送丘接青归白门》。

按：丘鸿，字接青，生平事迹不详，待考。

作《仿古山水》十开册页。

纸本，墨笔。故宫博物院藏。《中国古代书画图目》卷二十二。

萧云从，为冒襄题诗《题〈冒巢民仿摩诘读书图五十三岁小像〉赞》。

北京师范大学图书馆藏。冒襄编《同人集》卷三，清康熙冒氏水绘庵刻本。

九月九日，程邃，应宋琬之招，偕姜埰、王士禄慧光阁登高。

宋琬《安雅堂未刻稿》卷四有《九日同姜如农、王西樵、程穆倩诸君登慧光阁，饮于竹圃，分韵》一律，作于丙午。

应吴延支之招，与孙默、王士禄等同饮其宅。

按：吴延支，字尔世，安徽歙县西溪南村人，居扬州。

十月，程邃，应宋琬、王士禄之招，泛舟红桥，遇大风，移饮程园。

王士禄《十笏草堂集·上浮集·丙集二》有《首冬同宋荔裳、程穆倩、孙豹人、宗梅岑、沈方邺泛舟红桥，遇风，移饮程园，分得弃、文二字》五律二首。程邃分得沈、长二字，其诗云："何来千里驾？十子适招寻。杂念忘宾主，遵时抚昔今。暖风腾昼雾，游女艳文心。句发惭形秽，鸿音天外沈。野瞩连冈上，怀衣引目长。小阳蜂蝶健，丰岁圃农伤。晚菊难为色，天姿不在妆。人伦相燕喜，海内永相望。"

冬至又二日，查士标，为于升呵冻作《仿古山水》十开册页。

纸本，设色，每开尺寸为21.6厘米×17.4厘米。辽宁省博物馆藏。其中第十开题款："郭河阳法，拟古十册，奉正于升先生。时丙午长至又二日，士标呵冻纪事。"

任军伟按：上海博物馆藏查士标《山水》十开册页，除查士标钤盖的几方印章及收藏印不同外，其他与此册都相同。疑上博本为伪本，待考。

冬，查士标，作《枯木竹石图》卷。

纸本，墨笔，19.2厘米×154.9厘米。上海博物馆藏。《中国古代书画图目》第四册。

旅庵本月与石涛初至宣城，梅清将北上应试，与本月诗歌唱和。

诗云："半生南北老风尘，愧逐公车未息轮。驿路雪凝天外冷，江干梅吐意中春。壮心销尽长途客，乐事输将出世人。何日龙池参上乘，高山流水话迷津。"梅清《天延阁删后诗》卷十一《归舟集·北上留别旅庵大师》。

腊月望前二日，查士标，为子参道兄题汪之瑞《枯树空亭图》轴。

纸本，墨笔。浙江省博物馆藏。画幅右上有查士标题跋，跋云："乘槎画近日绝少，而具眼者亦复寥寥，此幅犹吉光片羽也。子参道兄独能鉴之町畦之外，殊不易得，乘槎而在，又不知为之费几斗墨矣。老友梅壑道人不禁喜而为之识，时丙午腊月望前二日。"

除夕，戴本孝，于燕市作感怀诗呈犀水兼忆无忝。

戴本孝《余生诗稿》卷一，《燕市除夕感怀呈犀水兼忆舍弟无忝三首》云"燕市来何事，吾生亦自怜"，其心境如是。

是年，查士标，作《云树泉声图》。

纸本，设色。新疆维吾尔自治区博物馆藏。

又作《山水图册》。

纸本，设色。扬州博物馆藏。

又作《仿古山水》四开册页。

辽宁省博物馆藏。汪世清《清初画苑八家画目系年》。

查士标 仿古山水册十开选四 / 1666年 辽宁省博物馆藏

查士标　山水图册　/　1666年　扬州博物馆藏

又作《古木竹石书画合璧》册页。

徐邦达《改订历代流传绘画编年表》，第164页。

程邃，作《木兰花慢·禽虫》四首以自寿。

程正揆《青溪遗稿》卷之二十二有《题穆倩侄自寿词》一文，谓“吾家穆倩，居扬州。行年六十岁，穆如也，乃作禽虫《木兰花慢》词以自寿”。宋琬《二乡亭词》有《沁园春》一阕，小序曰：“程穆倩六十初度，作《木兰花慢》以自寿，中借禽虫为喻。索题赋此。”陈维崧《湖海词》有《调寄贺新郎赠程穆倩》一阕，词中夹注曰：“穆倩自寿，作《木兰花慢》四首，中皆为虫言。”故知自寿词为四首。当时题者，尚有朱一是（近修）《题程穆倩六十自寿词后》一文，载《为可堂初集》卷三十六；魏禧（叔子）《赠程穆倩六十叙》一文，载《魏叔子文集》卷十一；戴明说（道默）《题程穆倩禽虫词》五律一首，载《定园诗集》。填词祝寿者尚有宗元鼎《赋念奴娇，用前韵寿穆倩六十初度》，见《广陵唱和词》。惜原词四首今均不传。

萧云从，作《松荫温旧图》。

绫本，152厘米×63.5厘米。安徽博物院藏。《中国古代书画图目》第十二册。

又作《山斋归去图》。

绫本，197厘米×53厘米。广东省博物馆藏。《中国古代书画图目》第十三册。

又作《梅花》十开册页。

纸本，墨笔。天津博物馆藏。《中国古代书画图目》第九册。

祝昌，作《溪山无尽图》卷。

纸本，设色，25.2厘米×1050.5厘米。苏州博物馆藏，苏1-273。题诗：“旅迫柴扃事事删，空斋泼墨写深山。扁舟数点千峰冷，草阁今添一个闲。亦僧亦冠行世外，自无车马到烟间。笔峰收尽稽天远，风风雨雨总不关。”

石涛，至宣城先后驻锡于敬亭山麓之广教寺、金露庵和闲云庵。始游黄山，旋返宣城。

程正揆，作《山水图》轴。

纸本，设色。故宫博物院藏，京1-3710。

清康熙六年　丁未（1667）

人日，戴本孝，雪中吟诗示知己，作《灯市辞》十首。

戴本孝《余生诗稿》卷二《丁未燕台元旦》，句云：“一生嗟未遇，千载恨难题。”

正月，戴本孝，题画诗二首。得废谷皮纸作指掌小册，计十帧。

戴本孝《余生诗稿》卷二《得废谷皮纸作指掌小册，闲课一画，辄题一小诗以见意》。

二月望日，戴本孝，作《山水图》卷。燕市逢钱础日，赠之以诗。东河寄轩宴集，限

“齐”字为诗，本孝即兴一首。诗呈阎尔梅。

美国加利福尼亚州伯克莱分校景元斋高居翰旧藏。《艺苑掇英》海外藏画专辑第41期。

春，梅清，四度应试。三月三十日，舟宿扳□口。

梅清《天延阁删后诗》卷十一《归舟草·三月三十日舟宿扳□口》。

于北京，梅清赠王士禛画，王有四诗奉答。

诗云：“瞿硎山色近陵阳，遥指松毛万迭苍。中有仙人号梅尉，闲披磨衲坐焚香。北楼遥忆碧云间，谢朓诗中梦往还。今日老瞿图画里，依然苍翠望寒山。鸟咔屏风明镜开，青溪水色碧潆洄。琴高三月登春网，一日溪头醉一回。年来八咏忆休文，耕坞先生诀又分。赖是谢家团扇上，相思为画敬亭云。”梅清《天延阁赠言集》。

与梅铜同赴京城，梅铜中进士，梅清再次落榜。

诗云：“藉尔看花及早春，惭余作赋尚迷津。天涯去住难分手，不独南归失意人。”“并辔连床路几千，长安回首暮春天。那堪独返南来路，肠断芦沟风雪边。”梅清《天延阁删后诗》卷十一《归舟草·南归留别尔止》。

三月二日，查士标，于邗沟客舍，作《山水》卷。

纸本，墨笔，19.3厘米×52厘米。故宫博物院藏。题款：“时康熙丁未修禊前一日于邗沟客舍，士标并识。”

三月六日，查士标，于邗城，为汪次朗作《水云楼图》卷。

纸本，墨笔，25.2厘米×259厘米。故宫博物院藏。题款：“……次朗尝为余言其水云楼居之胜，不禁神游其上，又述其友孙豹人、曹僧白为之记咏，索余作图，业心肯之，冀将一至其地，庶几盘礴如意，而老懒日甚，户以外跬步如棘，安望远游？今年春偶寓邗城，次朗适来同客，昕夕过从，复讨旧诺，因出诸公赠言见示，读孙君记，谓楼高百尺，迥出市阛，倚疏林，面大野。及曹君诗有‘星日生其下，烟晴一气温’之句，恍然久之。余虽未至其地，而意中摹拟已得十一矣。因念昔人幽居之胜，若卢鸿草堂、摩诘辋川，求其故迹，杳小可寻，千载而下，深人低徊羡慕者，惟图与诗传耳。次朗旷怀逸韵，耽吟求友，声称籍甚，所谓水云楼者，安知异日不深人低徊羡慕，如草堂、辋川？求其人与地而不得，披其文与图，如见其人焉。吾辈亦将藉次朗以传，岂不大快也耶。康熙丁未修禊后三日，同里友人查士标并识。”

春夏之交，石涛，黄山途中遇徽州知府曹鼎望，应曹鼎望之邀来歙县，居县城罗汉寺内。作《罗汉图》卷；在宣城，写《十六罗汉应真图》卷。

夏，查士标，为石林先生作《雨余新涨图》轴。

纸本，设色，100厘米×39厘米。重庆博物馆藏。题款：“雨余新涨，画似石林先生正。丁未夏，查士标。”

查士标　雨余新涨图　/　1667年　重庆博物馆藏

萧云从，与冒襄、汤燕生避暑于释珍厂公园，画《江山胜览图》卷。

辽宁省博物馆藏。

四月，梅清，行至天津。

诗云："四月四日春风残，天津丽人心未安。五五十十骤成团，风飘蜜语声一攒。群招小艇游盘桓，凌波竞欲生飞翰。蚤潮奔漭目潮宽，波心绝不愁风湍。自是不解深闺难，无愁那得不为欢。中有少妇凭短阑，脉脉流盼生波澜。鬓丝婉转为云蟠，若有所思临眉端。众被绮绣伊素执，新晴欲暖伊仍寒。娉婷不是罗衣单，照耀一簇花枝繁。行人谁不矜相看，谁解行人着意叹。"梅清《天延阁删后诗》卷十一《归舟草·天津行》。

五月，梅清，辑成《归舟集》。

梅清《天延阁删后诗》卷十一《归舟草》序载："余之踉跄北上也，尝由陆以行，而归则取便于舟。盖烟水之适余性。所耽自张湾、天津而南，由饶胜览。回视马蹄车辙，仆仆飞沙野莽间，固已人异，而吟咏亦借此以长。既归而录之，并附以归后诸什。亦犹古者纪行之遗意云尔。时丁未五月既望。"

秋，王士禄，将北归。行前邀友相聚，查士标、程邃等共赋《北归录别诗》。

雷士俊《艾陵文抄》卷六作有《北归录别诗序》："西樵先生旅于扬州

者十有五月，将告归，置酒城北之墅，前期遍诚于交游。及期，洒扫早治具再速，顷之，累累而至。笾豆既列，献酬迭行。酒半，先生揖而请曰：'余之归有日矣！盍赠以诗？'于是取江文通之《别赋》三十六字，人各阄之：体五言古，限以十韵。遂酣醉尽欢而退。翌日，群致其所为诗者：江南则王式之、白仲调、陈散木、吴野人、邓孝威、李若金、卞云郭、宗梅岑、华龙眉、许师六、汪左严、汪叔定、王仔园、汪季角、萧灵曦、夏次功、程穆倩、孙无言、汪长玉、查二瞻、吴西崖，浙江则李山颜、黄复仲、孙介夫、姚端木、邵天自、张祖能、姜绮季，江西则涂子山，湖广则许漱雪、杜茶村，福建则黄帅先、高云客，山东则孙道让，陕西则王筑夫、雷伯吁，而郭饮霞、高小却又自为韵。名曰'北归录别诗'，康熙丁未秋。"

七夕，戴本孝，再过上谷。后二日，本孝生日，作诗遣怀。冒青若游燕与本孝逢，其从者无论老少皆乞赐诗，本孝各"戏赠"之。刘公勇索画，并题。燕市，移居金鱼池馆（今北京崇文门外）。和犀水诗。

戴本孝《余生诗稿》卷二有《再过上谷七夕感而赋之》《七夕后二日，余生日也，再用前韵遣怀》二首。

七月九日，戴本孝，作诗《对月》。游正阳门外夜市，作《穷汉市吟》。题《千岩对语图》呈犀水。诗赠刘公勇、王士禛、沈荃、程可则。题画赠王阮亭、阎尔梅。在燕市，王士禛、沈荃、程可则一起在戴本孝的《倦鸟亭图》上题辞。

王士禛撰《带经堂集·渔洋诗》卷二十。

八月，江注，作《湖山怡情图》轴。

绢本，设色，172.2厘米×42.3厘米。题款："丁未桂月，江注制。"题下加钤"江注之印"四字朱文方印一枚。安徽博物院藏。

查士标，临旧藏倪迹，作《古木远山图》轴。

墨笔，110.8厘米×48.8厘米。安徽博物院藏。题款："丁未八月，旧藏倪迹。查士标。"《中国古代书画图目》第十二册。

八月十四日夜，梅清，同梅庚月下作诗。

梅清《天延阁删后诗》卷十一《归舟草·八月十四日夜月下同家耦长作》。

中秋，梅清，同晋安黄肇熙相别，并赠以诗画。

诗云："相忆瞿硎久，真能见此朝。双瞳秋水上，尺幅岳云遥。药碗怜余惯，诗筒负尔招。何当分手去，白露正萧萧。""飘然同落叶，偶聚响山斜。秋夜偏多雨，名园即是家。逢君宽病眼，展墨粲心花。河土流虽涨，迟回问去艖。"梅清《天延阁赠言集》卷二，黄肇熙《丁未中秋别瞿山年道翁兼谢诗画》。

九月，查士标，客邗上之恬筑，作《仿宋元山水》十二开册页。

查士标　古木远山图
1667年　安徽博物院藏

纸本，设色，每开尺寸为23厘米×16.1厘米。上海博物馆藏，沪1-2512。第一开题款：“康熙丁未。”第十二开题款：“时丁未九月，客邗上之恬筑，画宋元人山水得十帧，盖请长玉道长兄教之。”

萧云从，至金陵拜访胡曰从，并赠题画诗山水一幅。

庞元济《虚斋名画录》卷十，乌程庞氏1909年刊本。

九月九日，程邃，同曹尔堪等集孙无熚寺寓。

孙枝蔚《溉堂续集》卷一有五律四首，题为《九日同曹顾庵学士、程穆倩、汪长玉、复岩、三韩、吴仁趾诸子集家无熚寺寓，用重阳登高为韵》，编入丁未，故知为是年作。

十月，查士标，与友人夜话，漏已三鼓，拈笔偶作《山水》轴。

纸本，设色，53.2厘米×42.5厘米。故宫博物院藏。题款：“丁未十月，与友人夜话，漏已三鼓，拈笔偶作。查士标。”

查士标，作《长松危峰图》轴。

绫本，墨笔，163厘米×51厘米。四川博物院藏。题款：“丁未十月，查士标。”《明清安徽画家作品选》。

查士标，在返回扬州舟中，作《为季均作山水》轴。

纸本，墨笔，111厘米×37.4厘米。浙江省博物馆藏，浙1-236。题款：“丁未小春二日，弟查士标。”浙江省博物馆编《丹青万象——浙江省博物馆典藏大系》，第63页。

冬，萧云从，作《雪景图》。

浙江保利2006年春拍拍品。

梅清，主持修复宛城东宛津、衍水（又称郭门桥）二桥，有《桥成诗》呈太守孔元起。

“出宛城之东，有石桥二，曰宛津，曰衍水。岁久半圮，适太守孔公元起至，谋所以修复之。属余董其役，拮据经年，次第告成。作诗呈公以志众喜。时丁未仲冬也。”梅清《天延阁删后诗》卷十一《归舟草·桥成诗》。“行路久徘徊，桥成亦快哉。骤疑鞭石起，忽自引虹来。雨水分还合，长阑闭复开。莫忘贤太守，余岂济川才。”梅清《天延阁删后诗》卷十一《归舟草·宛津桥》“一水宛津通，桥分结构同。观成从秉烛，倚望好凌风。寒罢褰裳泣，春邀跃马雄。还教植新柳，垂荫满城东。”梅清《天延阁删后诗》卷十一《归舟草·衍水桥》“宛津桥在泰和门外，通演武场。明万历中梅守德倡建，国朝康熙己酉郡守孔贞来、邑人梅清倡募重建。”“郭门桥，南直街南，一名衍水桥。明洪武中，知县萧吉建，国朝康熙己酉，郡守孔贞来、邑人梅清倡募重建。”《宣城县志》卷一《山川》。

仲冬，梅清，亲家陈世昌重过宛陵，有诗呈之。

梅清《天延阁赠言集》卷二，陈世昌《丁未仲冬，重过宛陵访友，有感赋呈渊老亲家》。

是年，江南分为江苏、安徽两省。

吴孔嘉，卒，年八十。

按：吴孔嘉，字元会，号天石，安徽歙县丰南人。程邃于顺治十四年（1657）以前曾返歙至丰南访吴孔嘉。惟何年返歙，仍待考。

查士标，作《仿古山水》十二开册页。

纸本，墨笔。款署“丁未”，每开皆有其书法对题。故宫博物院藏。

又作《西溪草堂图》卷。

故宫博物院藏。刘九庵《宋元明清书画家传世作品年表》，第449页。

又作《诗画》卷。

纸本，墨笔。天津市文化局文物处藏。

王岱，来扬州，留寓程邃斋中。

王岱《且园近诗》卷之二有七律二首，题曰：“丁未过邗江，再晤程穆倩，因寓斋中。”又《且园近集》卷之二《赠程倩穆》谓“余与穆倩交于庚辰，重晤于丁未”。二人自庚辰定交，癸未唱和，至此重见，盖相别已二十余年矣。

江注，作小青绿《山水图》。

程正揆，作《行书杂书》八开册页。

纸本。故宫博物院藏，京1-3711。

龚贤，在南京，迁居城内清凉山下之虎踞关。以百金购瓦屋四五间，就闲地筑半亩园，莳花种竹，以卖文卖画、课徒为生，过着隐士生活。

施闰章有《半亩园诗赠柴丈》诗记之；周亮工有《半千移家》诗记之。

萧云从，作立轴《百尺明霞图》。

纸本，墨笔，46.3厘米×124.7厘米。上海博物馆藏。《中国古代书画图目》第四册。

又作《江山胜览图》卷。

纸本，设色，28.9厘米×482.5厘米。辽宁省博物馆藏。《中国古代书画图目》第十五册。

又作《雪径寻梅图》。

纸本，设色。中国国家博物馆藏。《中国古代书画图目》第一册。

清康熙七年　戊申（1668）

正月，查士标，于邗江客舍，作《雨窗清况图》轴。

纸本，墨笔，108厘米×41厘米。题款：“画于邗江客舍，时戊申正月也，查士标。”《艺苑掇英》第65期，第14页。

花朝日，梅清与陈世昌酬其留别，有诗相和。

梅清《戊申花朝，酬渊公亲家留别之作，时小孙丁琏应试楚黄》。

春，戴本孝，在北京，辞燕赴华山，王士禛、刘礼仁、程可则等人为其送行，戴本孝离北京取周秦古道。出都三日过保定，经庆都，过定州、真定、井陉、黑沙岭。迂道太原访黑松庄傅山不遇，雨返邸次，怅然赋诗赠傅眉。经介山、经灵、霍邑。过洪涧刘子方弛饮三日。

戴本孝《余生诗稿》卷三《将入太华，率庵赠以诗，犀水和之，依韵奉答》。

查士标，于新城舟中，作《仿元明山水》八开册页。

上海博物馆藏。刘九庵《宋元明清书画家传世作品年表》，第451页。

仲春，梅清，在宣城晤方育盛，是日即将往江宁。

诗云："我来君适出，舟楫错河滨。余抵宣之日，渊公往江宁。"梅清《天延阁赠言集》卷二，方育盛《戊申春仲，客宛上得晤渊公老年世长兄，感赋四首》。

按：方育盛（1624—1689），字与三，读书敏悟，工诗赋。梅清诗友。顺治甲午（1654）举人，性至孝，方拱乾侨寓扬州时，方育盛遍历四方谋生以养之备至。晚年一度失明，梦见神人与药医治，不数月而愈，人们以为乃其孝行所感。著有《栲舟诗集》《天目诗集》行世。宋豪飞编《明清桐城桂林方氏家族及其诗歌研究》。

三月二日，戴本孝，在京作《赠冒青岩诗画》八开册页。

纸本，设色，每开尺寸为19厘米×13.1厘米。上海博物馆藏，沪1-2634。

三月三日，查士标作《山水》扇面。

纸本，墨笔。上海博物馆藏。题款："时戊申修禊月，士标。"

三月十八日，戴本孝，游西山。十九日，至香山来青轩，四望凄然，作诗抒怀。

五月，戴本孝，抵西岳庙。访王弘撰。作诗赠山史子伯佐。为无忝作《千尺幢、百尺峡云雪图》并诗。

萧云从，作八开《山水册》。

六月十七日，萧云从，作《地震山水卷》。

纸本，设色，867厘米×24厘米。天津市文物局藏。《中国古代书画图目》第八册。

秋，查士标，于邗上作《山水》十开册页。

纸本，墨笔，每开尺寸为25.6厘米×19.1厘米。美国翁万戈藏。第十开题款："客窗雨余，漫成十册，匆复计工拙也。戊申秋，画于邗上，查士标。"铃木敬编《中国绘画总合图录》卷一。

程邃，晤王撰，晤曹溶。王撰来扬州相见，遂与订交。

按：王撰，字异公，号随庵，王时敏第三子。所撰《揖山集》卷四有《白门访程穆倩，询知去秋逝世，诗以哭之》五古一首，首句云："戊申游广陵，相访恨不早。"知相交自戊申始。

秋，曹溶，来扬，程邃有长歌之赠。

按：曹溶，字鉴躬，号秋岳，浙江秀水人。所撰《静惕堂诗集》卷十三有《赠程穆倩》七古一首，中有句云："秋来值我邗关下，绿发依然垂两耳。问年六十余二三，摇笔放言哈不止。"考曹溶于康熙六年（1667）九月在河北大名，冬经河南南下。是年秋至扬州，与程邃相晤。

九月，戴本孝，完成《华山图》册页，共十二帧。

纸本，设色，每帧尺寸为21.2厘米×16.7厘米。上海博物馆藏，沪1-2635。第一帧画白鹿龛、云台观、群仙殿、玉泉院、五龙宫等；第二帧画塔钓崖、桃林坪、藏马谷、浑元庵、水帘洞等；第三帧画通天宫、十八盘、荷龙桥、太上方等；第四帧画北斗坪、古大夫洞、青柯坪、寥阳洞等；第五帧画迎山观、小华山、回心石、千尺幢、百尺峡、聚仙台等；第六帧画上天梯、青牛台、上石天磴、猢狲愁等；第七帧画擦耳崖、金天洞、日月崖、仙人砭等；第八帧画苍龙岭、宗士祠、玉女峰、洗心坪等；第九帧画东峰、雷神洞、朝元洞、全真岩等；第十帧画南峰、仰天池、黑龙潭、老子殿、炼丹台等；第十一帧画巨灵迹、二十八宿潭、莲花峰、西峰等；第十二帧画白帝宫、万寿阁、西岳观等。

吴定，作《剡溪积雪图》。

纸本，设色，130厘米×61厘米。安徽博物院藏。题款："剡溪积雪，戊申秋九月写，息庵吴定。"钤印"吴定私印"。

冬，萧云从，作《无题》山水册页十幅。

方浚颐撰《梦园书画录》卷十七，定远方氏清光绪三年（1877）锦城柏署刊本。

十月，萧云从，作纸本设色《山水》。

美国克利夫兰艺术博物馆藏。

十月，查士标，作《山水》六开册页。

纸本，设色，每开尺寸为49厘米×64厘米。镇江博物馆藏。第六开题款："戊申小春，查士标。"镇江博物馆编《镇江博物馆藏明清书画精粹》，文物出版社2011年版。

十二月，查士标，始为闵影岚作《山水》册页。

纸本，墨笔，每开尺寸为24.5厘米×31.3厘米。上海博物馆藏。第一开题款："戊申寒腊。士标。"其中第七开题款有云："此册拟为傅色，闵影岚以北征不能待，诸册中如此帧者颇多，愿补以它日，影岚故以之为粉本可耳。查士标。"故知从是年寒腊开始，查士标为闵影岚作此《山水》册页。

是年，查士标，为汪蛟门先生作《春山晓日》。

萧云从　山水册选四　/　1668年　藏地不详

李佐贤《书画鉴影》卷十八著录的《名人扇面集》，为二十四开册页，第四开为王翚《临苏书》书法，对幅为查士标绘画，题款："春山晓日。为蛟门先生拟意并祝，弟查士标。戊申。"《续修四库全书》子部艺术类。

祝昌，在汉江竹堂作《山水图》。

汪家珍，作《柳堤驰马图》轴。

纸本，设色，48厘米×31.3厘米。武汉文物商店藏，鄂3-077。

萧云从，作《梅竹图》长卷。

纸本，墨笔，29.2厘米×303厘米。原北京市工艺品进出口公司藏。《中国古代书画图目》第一册。

作《梅石水仙图》。

纸本，墨笔，97厘米×42厘米。广东省博物馆藏。《中国古代书画图目》第十三册。

作《山水》卷。

纸本，设色。故宫博物院藏。《中国古代书画图目》第二十二册。

作《山水》八开册页。

美国克利夫兰艺术博物馆藏。铃木敬编《中国绘画总合图录》。

作《春山按辔图》轴。

金瑗辑《十百斋书画录》。

作《观梅图》二开册页。

美国克利夫兰艺术博物馆藏。《海外珍藏中国历代名画》第八册，天津人民美术出版社1998年版。

石涛，再游歙县，居县城西干太平寺。

石涛《山水人物图》卷第二段"披裘翁"上题："戊申，新安太平寺。"

清康熙八年　己酉（1669）

孟春，张儒，作《山麓草堂图》轴。

纸本，设色，72厘米×39.3厘米。安徽博物院藏。题款："山麓新开一草堂，容身小屋及肩墙。闲云护榻成高卧，静氛依人学坐忘。酒在邻家呼即至，果生当面看犹尝。高朋若肯闲相踏，趁我苔痕未满廊。岁在己酉孟春，书笠翁句。鲁翁先生博教，素堂张儒画。"题下加钤"张"一字朱文方印、"儒"一字白文方印、"素堂"二字朱文方印各一枚。题前画右上角引钤"一笑"二字白文竖椭圆印、"画禅"二字方印各一枚。图右下角压钤"问政山樵"四字朱文方印一枚。

按：张儒，清季人士，生卒年均未详，主要活动于清康熙年间。字素堂、寿堂，号问政山

张儒　山麓草堂图
1669年　安徽博物院藏

樵。安徽歙县人，工画山水，曾问画法于江注。黄钺极推重，查士标亦题其画云：“寿堂于胜国诸贤名迹，无不临摹，或绝相似，或出其上，独倪迂淡墨，自谓难学，益其老笔密思于金银间色，若淡若浓，而有意趣，又出吾之上矣。”

春日，石涛，作《山水》册页。

册页第九开，题款：“己酉春得此，图之记乐。”

二月，查士标，于新城舟中为闵影岚续作《山水》册页，前后共八开。

纸本，墨笔，每开尺寸为24.5厘米×31.3厘米。上海博物馆藏，沪1—2514。第一开题款：“戊申寒腊，士标。”第五开题款：“己酉春日，画于新城舟中。士标。”第八开题款：“己酉二月，士标。”故知从戊申寒腊开始，查士标为闵影岚作此《山水》册页，是年二月方得完成。

夏日，石涛，第三次游黄山期间，来过歙县县城，居住在紫阳书院，作《金竺朝霞图》。

题款：“金竺朝霞。清湘石涛己酉夏日写于新安之紫阳书院。”

六月，程邃，作《将无同歌》一百二十六韵，以报曹溶。

《将无同歌》为七言古体，长达一千七百余言。叙述生平，旁及三十年之世事变迁。黄宾虹得其手书，为之录出，收入所辑《垢道人遗著》中。

六月望日，查士标，作《百龄图》轴。

绢本，墨笔。天津博物馆藏。款署“己酉夏六月望日”。劳继雄《中国古代书画鉴定实录》，第3021页。

六月晦日，查士标，作《伏雨新凉图》卷。

纸本，墨笔，22厘米×397.8厘米。上海博物馆藏，沪1—2515。题款：“己酉六月晦日，士标。”

七夕，梅清，与亲家陈世昌宴集百尺楼。

梅清《天延阁赠言集》卷二，陈世昌《己酉七夕与渊公燕集百尺楼感赋》。

八月，查士标，作《耕云轩图》轴。

纸本，墨笔。天津人民美术出版社藏。题款：“己酉八月。”劳继雄《中国古代书画鉴定实录》，第3150页。

秋，查士标，为应白先生六十寿，作《双松行舟图》轴。

绢本，墨笔。上海文物商店藏。题款：“己酉秋，应白先生六十寿。”劳继雄《中国古代书画鉴定实录》，第1992页。

戴本孝，于淮浦之深省堂作《华山图》寄冒襄，图上题有长跋。

高照纂《直隶和州志·戴本孝传》。

冬，戴本孝，归鹰阿山，作《迢谷雪夜感吟示儿辈》二首。

戴本孝《余生诗稿》卷三《迢谷雪夜感吟示儿辈，时将游历下二首》，句云："几年不见故山雪，倍觉萧条老眼明。"又言："漫言守拙非长策，惟有安贫是远程。"

除夕前五日，至历下，游趵突泉以松雪原韵为诗，作《诗画合璧册》。

程可则《海日堂集》诗之二。

梅清，五度北上，将赴明年春试。

"每讶同年客，君还滞孝廉。"梅清《天延阁赠言集》卷二，姚文燮《己酉冬日，辱渊公年兄公车过访，以古歌墨妙见赠，赋此志谢，时出维周门兄寄余札，并深怀思》。

萧云从，作《山水图》。

仁和吴氏双照楼1916年刊本《松邻丛书》乙编；清周二学《一角编》乙册。

十二月十三日，查士标，作《祭允哲府君》文。

《北京宛平查氏支谱》载查士标《祭允哲府君》文，曰："呜呼！凡人于意气之感，虽秦人越人素不相识者，卒然遇之而志同道合，犹将有缟纻之欢，知己之雅。其聚首无论久暂，有故而去，必流连眷顾，惘惘然动离别可怜之色，其别后犹或遗一介之使，通殷勤，道款曲，以订后期。设不幸于彼此之间有一厌弃，人事若凶，问之及，无不涕泗纵横，以不得诀别为恨，是必亲临其穴，哭死者，吊生者，且筹划其后人，使之有以存济而心始安。此稍自爱者，其于交道且然也，况吾叔与侄，水源木本出自一家。叔从临川迁于燕，鼎新以来，世远迹疏，今以宛平籍宦江都，侄世守新安，作客于此，因得叙谱牒，据行辈系大小阮，班班可考。设吾叔筮仕远方，侄亦株守乡土，则虽闻声思慕，亦相需殷而相遇疏矣！幸荷爱厚，谊笃犹子，政治之暇，必图晤语，围棋樽酒日无间断。且谬许粗娴书画，稍识导养，谈必入微，娓娓不倦。又得交霁仑禅师，早晚问答，渐至彻悟，此不唯竹林之好，俨然虎溪三笑矣。叔于吏治明敏，片言可以折狱，凡有益于民者，必条宪以行之；其有害于民者，必宛转图度以去之。其善政不可枚举，民之爱戴同于父母，故督抚藩臬并加褒奖，甫三年，方期荐举卓异，以风有位。呜呼！不虞吾叔之竟溘焉长逝也！夫以叔之躬盛德、励清操，不以侄之不肖，相赏以文墨，相勖以道德，则意气之投，固非常人骨肉之谊，又非秦人越人之可比也。处则相笑语，出则偕舟车，无间寒暑，三年于兹，又非若暂时聚首而中多契阔也。日观德化之成，冀幸功业之远，竟以劳于王事，以殒其生，更非若彼此睽隔而凶问忽至也。然而，侄于叔之生不能代其劳，分其忧；于叔之病不能呼吁彼苍，稍为宽假；今于叔之逝，又不能以身后之事慨然自任，以孝事吾婶，抚字吾弟，慰渺渺之幽魂安于泉壤，送茕茕之孤寡归于故里。则是吾叔能以犹子待我，而我竟不能以诸父报叔也！则是凡人之交处其厚，而吾叔侄之谊反不啻秦人越人之不相关也！有不重负生平爱厚？更何面目以见吾婶、吾弟？将以何着而为，少尽我心也乎！顾侄思之，侄不可以对于人者，独有以见谅于叔，所不能者，力也！所不泯者，心也！不唯冥冥之中吾叔知之，即质之霁仑师亦知侄之心之所在也。霁仑游方外，疑于生死之际淡焉漠焉，然其悼吾叔也情不能以。尝曰：查公深入厚德，当必食报，不当死！又曰：吾佛以死为归，生为寄，安知吾叔不择其善于寄者而归之耶！呜呼哀哉！善政在民，民不能忘，唯其不忘，则吾叔固有不死者在，而非若寻常人与草木同腐也！康熙己酉年十二月十三日，侄士标敬奠。”

又作《山水》卷。

绢本，设色，27.8厘米×170.6厘米。故宫博物院藏。《中国古代书画图目》第二十二册。

是年，程正揆，作《山水》九开册页。

纸本，设色，22.7厘米×44.3厘米。上海博物馆藏，沪1-2403。

戴本孝，赠王弘撰《华山图》并诗。旋返京。

王弘撰《砥斋集》卷一下。

戴本孝，离京去兰州。

程可则《海日堂集》诗之二。

萧云从，作《石磴摊书图》。

纸本，设色，133厘米×66.2厘米。北京荣宝斋藏。《中国古代书画图目》第一册。

又作《涧谷幽深图》长卷。

纸本，设色。上海博物馆藏。《中国古代书画图目》第四册。

又作长卷《黄山松石图》。

纸本，墨笔，47.5厘米×490厘米。浙江省博物馆藏。卷尾题记南唐墨工奚廷圭利用黄山优质松树制墨之事，盛赞黄山松石的灵气：“……君不见烧松为烟烟即云，触石而生动纷霙。千锤万炼化劲铁，煎胶捣和隃麋筋。制墨之人妙选松，松精变化为云龙。蟠绕沧溟朝暮霭，三十六叶莲花峰。巨石压松成偃盖，喷泉涤根几百载。墨为黄帝鼎中丹，幻出画师能志怪。黄山松石便是墨，一种至理非我能手莫得。”《中国古代书画图目》第十一册。

又作《梅花图》《松石图》。

故宫博物院藏。《中国古代书画图目》第二十二册。

又作《折枝梅花图》。

香港何氏至乐楼藏。刘九庵《宋元明清书画家传世作品年表》。

宋荦，过采石，登谪仙楼，观萧云从壁画，作长歌记事。

清乾隆《当涂县志》卷三十一《艺文》，宋荦《谪仙楼观萧尺木画壁歌》。

清康熙九年 庚戌（1670）

春，戴本孝，客济南，作《济南杂兴》七言即景诗五首。至清江浦潜庵，作咏牡丹等诗。

戴本孝《余生诗稿》卷三《济南杂兴》。

梅清，五度应试。

梅清《天延阁赠言集》卷二，姚文燮《己酉冬日，辱渊公年兄公车过访，以古歌墨妙见赠，赋此志谢，时出维周门兄寄余札，并深怀思》。

季春，梅清，甫自北归，与俞缓夜酌。

梅清《天延阁赠言集》卷二，俞缓《天延阁夜酌庚戌季春》。

三月，查士标，为直臣道兄作《松下茅屋图》轴。

绫本，墨笔，112厘米×47.5厘米。沈阳故宫博物院藏，辽2-123。题款："庚戌三月，画似直臣道兄。查士标。"

春夏之交，梅清，登泰山，梅铜因故未能同行。

"作镇纪崇望，应星协神区。乃惟群岳宗，盘礴临东隅。峻哉何巍巍，悬磴垂云衢。半壁俯全鲁，远影缭勾吴。我来春夏交，瑶草方芬敷。始临一嶂断，忽出众壑殊。次第开天阊，海色万里舒。树挂飞蜃长，石蹋扶桑孤。羡门如可招，挟翼将同驱。乃知灵境别，旷览良不虚。冥怀入神明，喟焉思真符。风雨若有俟，瑞应岂遂辜。方期传遥踪，封禅奏成书。""神宫郁岧峣，曾岩露晶莹。遥望飞甍高，惊指朝霞升。陟磴耀流目，跻庭肃群心。我欲问太乙，陈词叩幽沈。射牛典既遐，瘗玉迹亦湮。俯仰眷春祺，惟此褕翟尊。范金焕宝服，色映河汉明。幡幢何飘飖，侍从罗群星。灵贶一以昭，对越拟紫宸。厥祀匪徒然，锡胤蕃斯人。载协勾萌期，言应郊禖辰。灵雨润遥泽，惠风澹群氛。浩矣青阳歌，长此徽箫笙。"梅清《天延阁删后诗》卷十二《岳云集·东岳》。

"灵岩盘铁壁，鬼斧凿未了。岚巅扪辰星，岭半断飞鸟。云出祇疑沉，日升难辨晓。不到此峰头，安知天地小。"梅清《天延阁删后诗》卷十二《岳云集·登泰山绝顶》。

初夏，戴本孝，病居普应寺，作诗《病中野望》。普应寺西寮静坐，和犀水诗。浦上逢柳老。疴病未愈，作《疾中感怀》《题画》《西寮送日》诸诗。冒青若过淮浦寺邸，赋答原韵二首。送刘公勇假归出都，将游历下。燕市解羊裘赠冒谷梁从刘公勇东游，放歌饯行。

戴本孝《余生诗稿》卷三《普应寺病中野望》，句云："药臼愁难稳，心旌苦未平。"

四月至七月间，查士标，为敏公道社兄作《山水》十开册页。

纸本，墨笔，每开尺寸为19厘米×13.8厘米。美国私人藏。第八开题款："庚戌四月六日，士标。"第十开题款："庚戌夏日，为敏公道社兄作《山水》十册，仲秋过南徐，客窗少暇，始克成之，不足供一笑也。士标。”陆心源《穰梨馆过眼录》卷三十九。

五月，程邃，应汪楫之招，雨中泛舟红桥。

汪楫，字舟次，号悔斋，安徽休宁人。所撰《山闻诗》有《五月雨中同唐耕坞舍人、施愚山少忝、刘公戬考公、穆倩、无言泛舟红桥，各赋二首》，编在庚戌，故知为是年五月泛舟红桥。

梅清，为湍卿作《山水》扇面。

设色，金笺。题款：“庚戌五月，写祝湍卿道兄，瞿山梅清。”胡积堂《笔啸轩书画录》。

六月，查士标，为周亮工作《行书临帖》九开册页。

纸本。上海朵云轩藏。题款：“庚戌夏六月。”有“栎翁先生”上款。同册中尚有汪濬、汪楫等人作品。

七月，查士标，访旧南徐，客西郊之富春草堂者累月，每风日晴美，蹑屐扶筇，探幽选胜，殆无虚日，因作《邗江放棹图》轴。

纸本，墨笔，162厘米×60厘米。中国国家博物馆藏。题款：“余以庚戌申月，发邗江之棹，浪迹三山，因访旧南徐，客西郊之富春草堂者累月，每风日晴美，蹑屐扶筇，探幽选胜，殆无虚日，唯吴子玉符雅怀同癖，追随不倦，一时朋友山水之缘兼而有之，可不谓厚幸哉！因写此图以志吾乐。查士标。”《中国古代书画图目》第一册。

七夕，程邃，应黄之瀚之招，饮于郭础之园亭。

孙枝蔚《溉堂续集》卷三有《七夕，黄大宗招同程穆倩、张虞山、赵天醉、家无言饮亡友郭石公园亭，限韵》五律二首，作于庚戌。

八月晦日，查士标，与笪重光、张孝思等同游焦山，于双峰阁作《书画自赏》十开册页。

纸本，设色，每开尺寸为18.7厘米×15.4厘米。上海博物馆藏。第十开题款：“士标画于焦山之双峰阁，同观者为□□上人，江上、懒逸两先辈，庚戌八月晦日，夜漏二十刻并纪之。”《中国古代书画图目》第四册。

九月，查士标，客焦山，与王翚合作山水册页九开。

庞元济《虚斋名画录》卷十五著录王石谷、查梅壑《山水合璧》册：“纸本，水墨，每高七寸九分，阔一尺五分。”张则之、笪江上、恽南田均题书于本幅。其中第三开查士标画，款署“庚戌”。第五开查士标画，题款：“子久《长江胜览图》，赏鉴家谓世无真迹，即赝本亦自佳，故时拟之以志吾慕。时同江上先生宿焦山之双峰阁，主人重周师甚赏之。庚戌九月二日，士标。”《中国古代书画图目》第十二册。

秋仲，查士标，客南徐，为文林道翁作《书画》十二开册页。

设色山水六开，对题书法六开，纸本，每开尺寸为22.4厘米×17.3厘米。天津博物馆藏。第十一开题款：“南徐客舍为文林道翁画山水六帧似教。时庚戌秋仲，士标。”卢辅圣主编《中国书画全书》第九册。

十月，程邃，刻“小心事友生”印。

上海泓盛2013年春拍7159号拍品，《程邃刻田黄薄意印章》，边款为“庚戌十月程邃”。

同月，查士标，为则翁作《山水》卷。

纸本，墨笔，29.2厘米×187厘米。故宫博物院藏。款署“庚戌十月”，有“则翁”上款。卷后有高士奇、查嗣韩题跋。劳继雄《中国古代书画鉴定实录》，第619页。

十二月，查士标，于丹徒之砚山楼，为笪重光作《名山访胜图》轴。

纸本，墨笔，150厘米×58厘米。故宫博物院藏。题款：“名山访胜图，拟北苑笔法。为郁冈居士画于丹徒之砚山楼，时积雪凝寒，未克竣事，实为康熙庚戌之十二月也。越次年，辛亥五月，居士过访竹西，携之行笥，复命重加点染，始为成之，并识岁月云。士标。”《中国古代书画图目》第二十二册。

腊月廿七日，查士标，在焦山春波阁，作《仿黄公望〈富春胜览图〉》轴。

查士标　名山访胜图　/　1670年　故宫博物院藏

纸本，墨笔，92.5厘米×44.9厘米。上海博物馆藏，沪1-2517。题款："在辛笪先生招余过春波阁，读画累日，夕忘寝卧，最后得此幅，先生属余识之。余惟古人论画在笔墨，今人论画在丘壑，然而丘壑易见，笔墨难知。子久千丘万壑不厌其繁，云林一丘一壑不嫌其简，当由笔墨得耳。得笔墨则丘壑见，繁简勿论矣。在翁先生今世文人，前身画师，初喜盘礴，落笔辄佳，有笔有墨，得于生知，既久以书名家。则之先辈称其画更入微，则老善鉴，当不虚誉。而在翁常以丘壑相生，为难无已，则有说焉：丘壑宜聚不宜散，宜隐不宜显，宜宛转不宜径直，分合自然，虚实相别，要复以笔墨运之，不则一画工临本耳。春波十日，不啻面壁九年，余之浅识，谬论止此。夫此幅仿子久富春胜览二图，参合为之，笔墨丘壑，窥豹一斑。在翁或有所见，更以示我。士标，庚戌腊月廿又七日。"

是年，戴本孝，迢谷草堂初成，作诗漫赋。

诗云："谷口风高声更悲，茅屋初葺漫愁吹。且将树色分池影，好纳烟光下月帷。迎涧辅嫌山鹿犯，当峰窗许石漊窥。春来积雪封樵径，如此门墙肯寄谁？"

吴定，作《仿诸家山水》八开册页。

诸家有管道昇、董源、米芾、倪瓒、范宽、黄公望、吴镇、柯九思等。

梅清，有诗寄喝涛。

"喝公性寡偕，远挟爱弟游。出险澹不惊，渺然成双修。朝泛湘江涯，暮陟匡庐陬。宗风参黄蘗，遂向孤云留。此地富灵迹，飞锡承高流。法会良不虚，洵矣适所求。"梅清《天延阁删后诗》卷十二《岳云集·赠喝涛》。

梅清，与孙静庵、蔡瑶、澹公至金露庵探访喝涛、石涛。

"逸兴偶然聚，相携问二涛。草枯郊路近，水落石桥高。啸自林中出，禅于画里逃。山楼闲半日，真觉此生劳。"梅清《天延阁删后诗》卷十二《岳云集·同孙静庵、蔡玉及、澹公过金露庵，访喝涛、石涛二师》。

与蔡瑶、梅梦绂、梅以俊夜访宛津庵，同喝涛、石涛、澹公纳凉。

"城闭市声断，桥分夜色偏。风从高柳下，月对大河悬。寒液生龙茗，新香吐佛莲。葛衣侵露湿，忽讶是秋天。"梅清《天延阁删后诗》卷十二《岳云集·月夜同晓原、季赤、子彦过宛津庵寻喝涛、石涛、澹公纳凉》。

题画寄新安太史曹鼎望。

"嵯峨拔地轩辕宫，荡摩日月撑青空。三十六峰在天上，峰峰齐吐碧芙蓉。容成浮丘日来往，丹砂神护千年长。石梁一线赤霞封，谁作主人寄幽赏。迩来出守重太史，手抱瑶琴白云里。直骑黄鹤凌天都，群峦俯瞷沧溟起。况复囊笔披洪濛，左招半公右石公。文采风流接灵境，一扫蹊径空群踪。褰裳欲往不可得，芒屩双携坐叹息。偶挥一尺青松枝，遥对黄山两相忆。"梅清

《天延阁删后诗》卷十二《岳云集·题画寄太史曹冠五新安》。

按：曹鼎望，生卒年不详，字冠五，别号澹斋。梅清友人。官至翰林院庶吉士、徽州府知府、江西广信府知府、陕西凤翔府知府，主修《泾阳曹氏族谱》。

石涛，自黄山归，以《汤谷图》与《黄山图》见示梅清，为谢其所赠《黄山图》，梅清以长歌答之。

“石公烟云姿，落笔起遥想。既具龙眠奇，复擅虎头赏。频岁事采芝，幽探信长往。得真在涉目，入解乃遗像。一为《汤谷图》，四座发寒响。因知寂观者，所得毕萧爽。”梅清《天延阁删后诗》卷十二《岳云集·赠石涛》。

“石公飘然至，满袖生氤氲。手中抱一卷，云是黄海云。云峰三十六，峰峰插紫玉。汗漫周未能，揽之归一掬。始信天地奇，千载迟吾师。笔落生面开，力与五丁齐。觌面浮丘呼，欲往愁崎岖。不能凌绝顶，踌躇披此图。”梅清《天延阁删后诗》卷十二《岳云集·题石涛〈黄山图〉》。

“我陟岱宗三万丈，倒瞷扶桑起泱漭。手摘片云归江东，梦中缥缈碧霞上。碧霞峰正青，忽然接黄海。石公贻我图，恍惚不可解。绝巘阴森四壁寒，云峦窅冥惊漫漫。玉屏五老争拱立，海门九龙纷乘骖。骤疑仙峤合，转讶真宰通。卧游当岳表，乃在天都峰。天都之奇奇莫纪，我公收

查士标　溪山独钓图　/　约1670年　安徽博物院藏

拾奚囊里。掷将幻笔落人间，遂使轩辕曾不死。我写泰山云，云向石涛飞。公写黄山云，云染瞿硎衣。白云满眼无时尽，云根冉冉归灵境。何时公向岱颠游，看余已发黄山兴。”梅清《天延阁删后诗》卷十二《岳云集·石公从黄山来宛，见贻佳画，答以长歌》。

程正揆，作《江山卧游图》卷。

纸本，墨笔。故宫博物院藏，京1-3712。

方以智，作《山水》八开册页。

纸本，设色，每开尺寸为25.5厘米×18厘米。安徽博物院藏。首开题款：“仰祠石屋斋临池。翠茸绉稀碧玉肌，爪甲棱角勾人衣。吾当玩之难携归，想成绿尺盘飞云。寒郊瘦岛其遁肥，观者毋怪人雕玑。愚者。”末幅尾跋款署“庚戌”。

约是年，查士标，作《溪山独钓图》。

纸本，墨笔，安徽博物院藏。

清康熙十年　辛亥（1671）

方以智，卒。

初夏，查士标，于邗上作《山居抱膝图》轴。

纸本，墨笔，205厘米×79.3厘米。香港虚白斋旧藏。题款：“辛亥初夏，画于邗上。查士标。”刘九庵《宋元明清书画家传世作品年表》，第460页。

四月，程邃，晤魏禧，魏禧来扬州。

按：魏禧，字冰叔，一字叔子，江西宁都人。所撰《魏叔子诗集》卷四有题为《辛亥端阳前一日，禹航严公灏亭招饮广陵寓室，同集者：长安王筑夫，三原孙豹人，歙县程穆倩，休宁汪舟次，泰州邓孝威，嘉兴计甫草，吴县浦潜夫，吴江董方南，钱塘章淇上、孙嘉客，居停主人云南朱云卿，饮酒甚畅。既罢，甫草曰：是不可无作。于是筑夫、豹人并久侨广陵，咸谓予江右地最远，宜倡同人，人各写怀，不限格韵，先成一百余十字》。

五月，笪重光，过访竹西，查士标为其完成《名山访胜图》轴。

端阳前一日，严沆招饮于程邃广陵寓舍。

五月九日，查士标，题董其昌《溪山初霁图》卷。

题款：“华亭画秀润是其本色，晚更苍率沉郁，直入‘董巨’之室。公自称其画谓三百年来眼目为之一换，信然。此卷为中岁用意之作，苍秀兼至，必以收藏子久《富春山居》卷时墨法也。时康熙辛亥五月九日，江上先生携过广陵寓舍，得观因题，用方于鲁墨，试丹阳贺氏世藏唐文皇九成宫端溪宝砚，心赏者宣城钟予燕、古歙阁影岚，梅壑道人查士标跋。”钤印“士标私印查二瞻”。北京维塔维登2011年11月拍品，成交价为667万元。

秋，程邃，偕杜浚、孙枝蔚、邓汉仪集陆求可寺寓，分韵赋诗。

石涛，在宣城作《山水图》。

题款："时辛亥之秋，敬亭下，石涛济山僧。"

秋日，查士标，作《山水》轴。

题款："辛亥秋日画。查士标。"方浚颐《梦园书画录》卷十七著录此图："纸本，高六尺三寸，阔二尺五寸。"《历代名画大观》第242页影印。

仲秋，梅清，在宛陵，《岳云集》辑成。此时养病于城南塔阴庵，以此旧名"梅花溪上"为《天延阁删后诗》卷十三命名。

"辛亥仲秋，予既汇次《天延阁集》十二卷，逾两年，复得诗百余首。时以养疴，寓城南塔阴庵，庵址旧名'梅溪别墅'，与双羊山相望。先都官所咏'风雪双羊路，梅花溪上村'，此即其地。漫取箧中稿删次之，因以是名集。"梅清《天延阁删后诗》卷十三《梅花溪上集》。

九月，梅清，与施闰章、高咏、梅庚等人，陪营山张羽皇宴集敬亭山分赋，诸人和诗辑为《敬亭唱和诗》。

梅清《天延阁删后诗》卷十三《梅花溪上集·辛亥九月陪营山张公菊水暨同里施愚山、高阮怀、唐耻莪、丁圣音、家耦长敬亭山分韵》。

冬，程邃，邀黄云饮于酒家。

按：黄云，字仙裳，号旧樵，江苏泰州人。席居中辑《昭代诗存》卷三有黄云《程穆倩邀饮酒家作》，下注"辛亥冬日"。

十二月，程邃，以所藏《吴道子燎衣图》出示魏禧。

魏禧《魏叔子文集》卷十六有《燎衣图记》，首谓"光武燎衣图，唐吴道子画，友人程穆倩得之新安僧渐江"。末署"辛亥腊月朔日，易堂魏禧扬州记"。

除夕，戴本孝，迢迢谷作《感怀诗》。

是年，程邃，为王时敏八十寿作《为烟翁作山水》并题贺诗。

纸本，墨笔，29.3厘米×41.2厘米。苏州博物馆藏。诗云："英灵神奥归图写，堆笏堂中南极归。日月海天相浩荡，夔龙麟凤竞莱衣。缥缈三山更十州，闭门具想八千秋。即今雅颂倾朝野，太上丹台未足俦。"并题："上烟翁太先生八秩，觞末教之。通家子程邃拜手。"《苏州博物馆藏画集》，1959年版。

又为石林作《霜无瓮牖图》。

郭味蕖《宋元明清书画家年表》。

吴定，作《二百有龄图》。

梅清，题画寄程正揆。

“晓窗拂纸净于霜，万壑孤吟寄草堂。便拟提壶谋一醉，鸣琴声里白云香。”梅清《天延阁删后诗》卷十三《梅花溪上集·题画赠程端伯先生》。

梅清，往天都，题画寄程中山。

“天都之高四千仞，摩翼谁能升绝顶。游盘仙者云车整，飘如御风掣电影。三十六峰从引领，始居者谁浮丘公。当年炼玉栖中峰，碧壶紫液丹砂红。黄帝饮之乘飞龙，至今常忆轩辕宫。程子家住天都下，芙蓉影向杯中泻。岩际五芝颜色射，咫尺采之时命驾，浮丘之后君其亚。”梅清《天延阁删后诗》卷十三《梅花溪上集·天都行题画寄程中山》。

梅清，题画寄王士禛。

“千枝万枝亚松影，一折两折埋云岚。屐齿无根系何处，看山草阁在山南。”梅清《天延阁删后诗》卷十三《梅花溪上集·题画寄王阮亭先生》。

郑叙，作《仿黄公望山水》轴。

纸本，设色，191.6厘米×101.7厘米。辽宁省博物馆藏，辽1-453。

清康熙十一年　壬子（1672）

黄吕，生。

按：黄吕，字次黄，号凤六山人，安徽歙县潭渡人。其父黄琯，名生，号起溟、白山、次翁、莲花外史、虎耳山人、一木堂。以文章驰誉大江南北，博学能文，亦事书画篆刻。黄吕幼承家学，工诗善书，书法宗晋唐，尤擅八分书，学郑谷逼肖，晚年益趋化境。少时便以篆刻遒劲秀丽脱颖而出，晚年篆刻颇见秦汉遗风。所绘山水、花卉、鸟兽、虫鱼，纵笔而为，精妙无比，且愈见苍秀。每幅画成，均题诗，并钤以自制印章。

程廷，生。

按：程廷，字且硕，祖籍安徽歙县岑山渡，居扬州，盐商世家，1718年曾入黄山，访雪庄。

正月，程邃，晤周亮工，周亮工来扬州，汪长玉与汪舟次兄弟招汪秋涧、孙豹人等集玉持堂。

周亮工《赖古堂集》卷十有《壬子春正渡江，汪长玉、舟次招同程穆倩、汪秋涧、孙豹人、吴野人、冠五、仁趾集玉持堂》七律一首，诗云：“即隔长江迹岂疏，登堂更使客心舒。犹能共罄重来酒，不复频思未见书。带水依然绕旧郭，条风着意吹安庐。开春老态飞扬甚，入座私矜六十初。”

按：汪秋涧名漕，吴冠五名宗信，均为安徽休宁人。

二月五日，郑旼，宿汪洪度家。

郑旼《拜经斋日记》记载：“于鼎留榻，夜话连床，闻增细述黄石斋、倪鸿宝、王遂东三先生事。阅倪鸿宝公诸手简……”

二月杪，王撰，自北京南下，过扬州访程邃于萧寺。

王撰《揖山集》卷四《白门访程穆倩，询知去秋弃世，诗以哭之》中有句云：“予从长安归，壬子二月杪。逢君萧寺中，相对抒怀抱。”

初夏，梅清，在宛陵同施闰章、沈泌、梅铜、梅庚等人泛舟清溪，又访徐半山。

梅清《天延阁删后诗》卷十三《梅花溪上集·初夏同王蕺怀，张又严，许子桑，施愚山，沈方邺，家桐崖、耦长泛舟清溪兼访半山，得天字》。

六月二十三日，周亮工，卒，年六十一。查士标有挽诗纪之。

查士标《种书堂遗稿》卷一《挽周栎园司农》：“先生钟间气，末世挽颓风。不信哲人逝，遂令吾道穷。廿棠从借荫，大树薄争功。泪洒钟山道，心伤岘首同。故老思侯霸，时髦羡李膺。大文齐屈宋，遗泽在丘陵。鹫岭今空望，龙门旧许登。无缘引丹旐，悲悼不能胜。”

黄吕　山水册选一　/　年代不详　安徽博物院藏

八月，恽寿平，为查士标《仿黄公望〈富春胜览图〉》轴题跋。

上海博物馆藏。跋曰：“江上先生携此帧来毗陵，与虞山、石谷同观，欣赏久之。大痴一派，时史谬习可憎，传语查君，吾辈当为一峰吐气。壬子八月，恽寿平。”

新秋，查士标，访程邃，程邃为查士标作《秋岩耸翠图》卷并赋诗，以作道别。

纸本，墨笔，26.2厘米×153.4厘米。上海博物馆藏。题款：“先生自是谪仙人，金粟如来本后身。寸草寸花堪玩世，一琴一鹤总忘贫。垂檐丹荔供行部，绕径青杉羡结邻。节钺南天烦眷顾，伫看龙剑合延津。将揭蓬窗爱晚晴，沙痕草色遂闲行。试看瀑布千寻下，时有红霞一缕生。云势压山山欲坠，月光浸水水偏明。临流不尽沧浪兴，又过黄鹂四五声。壬子新秋，于维扬董子祠中，值梅壑先生过访，别后漫图，以博一哂。并请以听之仪逋先生近句二律，兼求教示。垢道

程邃 秋岩耸翠图 / 1672年 上海博物馆藏

人邃。”卷后有陈崇本、马履泰和顾文彬等人题跋。《中国古代书画图目》第四册。

秋，程邃，为查上标作《秋山图》十二开册页，一作《杜甫诗意册》。

纸本，墨笔，每开尺寸为26.2厘米×34.5厘米。安徽博物院藏。册后有查士标题款：“垢道人，余德友也。铁笔之妙，直逼秦汉。其苍老劲秀之姿，远过前人。人得之宝为拱璧。间乘作画，写胸中磊落之气，深得摩诘神理。然不轻以示人，人亦难觌。兹册乃其醉墨也，故多飘逸之致，且韵籁天生，当日工部构思之微意，一一于毫端见之，足征诗中有画。焚香静玩，诚为少陵之知己也夫。懒老标识于待雁楼。”《中国古代书画图目》第十二册。

初冬，查士标，为伊在道兄作《书画合装卷》。

纸本，设色。无锡博物院藏。款署“壬子初冬”，有“伊在道兄”上款。《中国古代书画图目》第六册。

孟冬既望，王翚应笪重光之请，为查士标《名山访胜图》重加点染，增置林峦之势。

故宫博物院藏。图上方有王翚题跋云：“江上先生与余论画，必以‘董巨’为宗，时同在毗陵，于庄太史家观《龙宿郊民》大帧，赞慕不辍，因出示所属查梅壑用北苑法作此一图。为言梅壑笔墨清新，长于云林淡寂一派，此乃其变法者。复命余乘醉灯下重加点染，林峦石势略为增置，北苑遗意顿还旧观，始知古人商榷作图未欲草草，江上翁可谓深于鉴古矣。时壬子孟冬既望，乌目山中人王翚识。”

冬，萧云从，作《山水图》。

国学图书馆编《陶风楼藏书画目》，1932年版。

仲冬，萧云从，作《问津图》扇面。

美国西雅图艺术博物馆藏。郑振铎编《明遗民画续集》，1947年版。

十二月，程邃，作《抛书看山图》。

题款：“丈夫醒眼何处著，抛却书编便看山。壬子冬十二月，写于维扬之董子祠中。”杨翰《归石轩画谈》卷七。

腊月二十四日，梅清，有诗感怀。

“敢冀生今日，相看一老狂。浮沉思出处，俯仰见存亡。搔首星垂鬓，呼天雪满裳。残年栖□室，如梦骤茫茫。”梅清《天延阁删后诗》卷十四《雪庐草·壬子腊月二十四日感怀》。

是年，查士标，与王翚为笪重光作《鹤林烟雨图》轴。

纸本，墨笔，159.2厘米×53.5厘米。故宫博物院藏。题款：“鹤林名胜自年年，一宿春波画老颠。颠老重来应大笑，何人窃我小乘禅。梅壑道人查士标为江上先生图，并系以诗。”此画经王翚再加点染，并于画右上方题款：“江上先生为余言，读书鹤林之杜鹃楼。每从雨后对磨笄鸿鹤山色，正是米家粉本。先生携示二瞻此图，复为指点峦岫回合、云烟吞吐之状，属余重加渲染，如幼霞、善长商榷作狮子林图故事，它日二瞻见之，应笑我颠更甚也。壬子九月廿六日，乌目山中人石谷王翚。”图左下方有恽寿平题款：“润州江山，南宫之所谓画材者，此鹤林烟雨，江上翁位置，属二瞻图之，复属石谷重加点染，遂成妙本，堪与海岳相敌，查王合作，墨林佳话也。十月朔，毗陵恽寿平题。”图右下方笪重光题款：“安时堂珍藏《鹤林烟雨图》，郁冈居士笪在辛自记。”《中国古代书画图目》第二十二册。

又作《书画合璧》八开册页。

纸本，墨笔，每开尺寸为17.5厘米×12.4厘米。台北故宫博物院藏。第八开画款署“壬子”，钤“梅壑”朱文方印。册后有方成亨题跋。《故宫书画图录》第二十二册。

程邃，作《水邨阁图》。

天津博物馆藏。

戴本孝，居迢迢谷，得长孙，取名麦孙。入城卖画，与弟同寝。面对画业萧条，门庭冷落，致生无聊赖，不觉凄然。诗云：“画山哪可卖？更叹酒钱悭……”作《除夕追述》诗二十首寄城中无忝、河村有怀两弟和之并示诸子。回忆是冬情况，谓：“余自燕归，不一月枯髯尽白。”命季儿权星课樵至赤石埠（今安徽全椒赤镇）卖之，举家生活维艰。

戴本孝《余生诗稿》卷三。

程邃　秋山图选六
1672年　安徽博物院藏

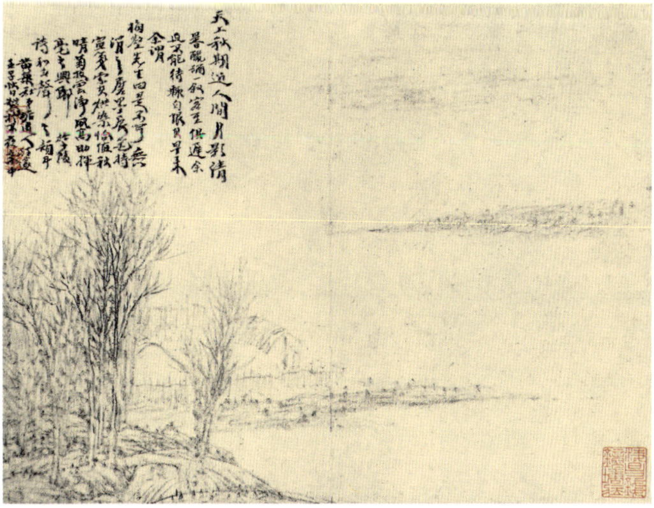

郑旼，作《仿古山水》六开册页。

纸本，设色。浙江省博物馆藏，浙1-327。此册每开都有郑旼对题。

程鹄，作《雪景山水》轴。

绢本，设色，185厘米×64厘米。歙县博物馆藏，皖4-09。

按：程鹄，字昭黄，康熙六年（1667）供奉南薰殿。山水绝伦，人物、花鸟亦精妙。

程正揆，作《山水图》。

纸本，设色。上海朵云轩藏，沪7-0223。

梅清，送吴惊远还新安，兼怀程守、汪士鋐。

梅清《雪庐偶存草·送吴惊远还新安兼致程非二、汪扶晨诸子》。

按：吴惊远，号兼山，生平事迹不详，与梅清、渐江友善。程非二，即程守，字非二，号蚀庵，安徽歙县人，弱冠入籍钱塘，梅清、渐江好友。为诸生，岁甲申谢去，一意为诗，诗刻画多创匠语，不肯寄人篱下。性复淡泊，操守极严，年七十一卒。所著有《省静堂集》《汰锦词》行世。

送张揔游黄山。

梅清《瞿山诗略》卷十四《雪庐偶存草·送张僧持游黄山》："黄山渺何谷，客思在秋边。杖拨白云路，诗成红叶天。眼中应见海，峰际忽乘船。倘过浮丘子，壶丹藉尔传。"梅清《瞿山诗略》卷十四《雪庐偶存草·题画赠张南村游黄山》："飞岩绝崛碧螺盘，最没何如海色寒。想到琴声落天半，白云秋思两漫漫。"

按：张揔，字僧持，号南村。江宁（今江苏南京）人。梅清、石涛友人，著述有《南村集》《蘼芜庵集》等。

题画送吕讷庵游天都。

"灯前洒墨满空蒙，百尺寒涛入座中。携相天都当绝顶，千峰流响一时同。"梅清《瞿山诗略》卷十四《雪庐偶存草·题画送吕讷庵游天都》。

题画答周在浚。

"小借云根洒墨香，毫颠剩有澹烟光。倪迂不作何人解，长啸一声呼雪堂（东坡别号雪堂）。"梅清《瞿山诗略》卷十四《雪庐偶存草·题画答周雪客》。

按：周在浚，字雪客，亮工长子。河南开封人，藏书家。梅清友人。家富藏书，撰《云烟过眼录》《晋稗黎庄集》《秋水轩集》《〈天发神谶碑〉释文》等。

清康熙十二年　癸丑（1673）

元日，梅清，作诗感怀。

"椒花盘已罢，柏药酒谁亲。膝绕多双泪，堂空少一人。重恩初度日，半老百年身。令节非吾有，惟余短发新。”梅清《天延阁删后诗》卷十四《雪庐草·癸丑元日》。

二月五日，查士标，为径祥先生作《山水》轴。

纸本，墨笔，162.5厘米×56.5厘米。私人藏。题款：“癸丑花朝后三日，为径祥先生画意并正之。查士标。”铃木敬编《中国绘画总合图录》卷二。

三月十日，郑旼，游西乐，作《西乐绝游图》十开册页。

纸本，设色，每开尺寸为21.3厘米×20厘米。上海博物馆藏，沪1–3069。

夏，郑旼，游黄山，作《黟山纪游图》。

纸本，设色，134.3厘米×27.8厘米。上海博物馆藏，沪1–3070。

查士标，题王翚《仿倪瓒山水》轴。

纸本，墨笔。无锡博物院藏。

初秋，王翚，自吴门过维扬，与查士标聚首累月，聆益匪浅，于其归时诗以送之。

王翚《清晖赠言》卷一及李浚之《清画家诗史》甲上有《癸丑秋初，石谷先生自吴门过维扬，聚首累月，聆益匪浅，于其归也，诗以送之，凡得四绝句》，其一：“故人来得故人书，握手相看出袖徐。一别三年如昨日，过江山色满蓬芦。”其二：“别来事事总升沉，只有交情较更真。叹息比邻高兴在，于今谁访旧时人。”其三：“眼底相逢话亦难，无端笔墨自盘桓。冈头落木桥边月，荏苒留君已岁寒。”其四：“不到吴门二十年，因君归去意欣然。探梅若践春时约，准拟流连在辋川。”

八月，郑旼，从汪洪度家出，游黄山，观白龙潭诸胜。作《九龙潭图轴》。

纸本，设色。故宫博物院藏，京1–3742。

中秋，戴本孝，在迢迢谷，对月吟诗寄无忝、有怀两弟。作《苍鹰行》《猛虎行》诸诗。诗赠陈季箎。

戴本孝《余生诗稿》卷四。

九秋，查士标，为一如道长兄作《秋山访隐图》轴。

纸本，设色。故宫博物院藏。题款：“癸丑九秋，画似一如道长兄。查士标。”《中国古代书画图目》第二十二册。

九月，张揔，访梅清于宛溪草堂，为《雪庐偶存草》作序。

序曰：“……癸丑九月，余过敬亭，访瞿山于宛溪草堂。余向罕所游涉，私谓大江南北，风俗之淳朴，莫宛陵若，而梅氏渊源风雅，自都官暨季豹、禹金二公，而后瞿山，尤称宗坛。今方以忧制简出，所稍足慰藉者，望衡则有愚山先生暨沈子方邺、蔡子玉及，家庭之比庐者，又有子彦、耦长辈，方外更有半山、石涛诸公。析义探微，往来共兹晨夕……”

深秋，石涛，在宣城之闲云庵跋画。

程邃　云寒霜白图　/　1673年　故宫博物院藏

查士标　山水图　/　1673年　辽宁省博物馆藏

题款："作书作画，无论老手后学，先以气胜得之者。"

冬，程邃，寓董子祠，作《云寒霜白图》。

故宫博物院藏。上题七绝一首："三昧从来不自知，云寒霜白树参差。是中有句无人道，忆得襄阳五字诗。"题款："癸丑冬日，客邗上之董子祠作。"

是年，萧云从，卒，年七十八，安葬于芜湖县西严家山。

《历代名人生卒年表》，商务印书馆1930年版。清嘉庆及民国《芜湖县志》。汪畸《重修萧处士墓碑记》。学生张秀壁、朱长兰，将其诗文汇编成册，名《梅花堂遗稿》，未刊行。

姜埰，卒，年六十七。查士标作挽章。程邃亦与之友善。

《姜贞毅先生挽章》载于查士标《挽姜如农》，诗云：“吾师浩气昔凌云，青琐风裁独出群。纵使回天心未遂，一声鸣凤万方闻。云生乔木掩晖光，万古高风山水长。不恨批鳞遭远谪，中流砥柱是弹章。松楸榆柳已萧萧，欲托巫阳何处招？故国已亡身复死，敬亭山畔泣渔樵。追随杖履自年年，白水芹香更惘然。他日春花秋月夜，思师筑室墓门前。”

查士标，作《山水图》轴。

纸本，设色，90.1厘米×36.7厘米。辽宁省博物馆藏。题款：“翠巘连平野，垂杨覆古堤。斜阳人欲渡，风色满前溪。此余癸丑年所画，距今六年矣……”《中国古代书画图目》第十五册。

程邃，作《渴笔山水图》。

张国标《新安画派史论》。

戴本孝，入城辄疾，欲还山堂，惯于山居，与尘嚣世俗无缘。

神州国光社编《神州大观》第五集。

郑旼，作《黄山莲峰图》轴。

纸本，设色，117厘米×41.3厘米。安徽博物院藏。题款：“悬梯梁木接岖嵚，指定天南子午针。岩洞中空沿出入，风雷下

郑旼　黄山莲峰图　/　1673年　安徽博物院藏

郑旼　溪山亭子图　/　年代不详　安徽博物院藏

界割晴阴。纵观六合思方广，谁掷千秋不上寻。今后躬行能造极，无忘栗栗此时心。予癸丑黟山之游，顾岩、吴子实主之属绘莲峰象，尧家宗老所命也。近证台山月峡事，别有言说。非语于此到者，方知其知月乎？普门以等韵传于理教，有功有罪？吾于此画稍为发明，旼纪事。”题下加钤“郑旼之印”四字白文方印、“慕倩”二字双边白文方印、“遗苏郑旼慕倩”六字白文方印各一枚。

程正揆，作《江山卧游图》卷。

纸本，设色，23.4厘米×241.7厘米。上海博物馆藏，沪1-2404。

戴思望，作《江天春色图》卷。

纸本，设色。重庆图书馆藏，渝2-3。

梅清，作《泛舟青溪图》轴。

美国纽约大都会艺术博物馆藏。题款：“雨霁麦秋天，青溪放酒船。城阴兼野阔，山翠与波连。风笛悲词客，云房定老禅。钓龙人不见，潭水但悠然。晋夏六日同先生暨诸公泛舟青溪，既分韵赋诗，予□写片壑博大方一粲。瞿山同学弟梅清。”本幅题诗有五段，题诗人为梅清、施闰章、沈泌、梅铜、梅庚。

周亮工，《读画录》刊行。

清康熙十三年　甲寅（1674）

汪后来，生。

朱万章，《汪后来疑年考》。

按：汪后来，原名湄，字白岸，又曰鹿冈子，号鹿冈，别署白道人、白岸道人。原籍安徽歙县，康熙四十一年（1702）武举，提督黄登令参军。雍正初荐鸿学博词，以病辞。晚年致仕，放浪山水，卖画自给。山水在渐江、查士标之间。亦能花卉。性高介，食贫自甘，不肯轻作，工诗，有《鹿冈诗集》。

正月初五，戴本孝，在迢迢谷，山中大雪。

正月初七，戴本孝，大儿钺星戏堆假雪山，本孝作诗赋之。静坐马鞍寺，深林石上题诗。作《感兴》诗，有句言："作梦依然遍神州。"读七年前自游华山时，顾生为之所写小照，顾镜对影，怅然若失，感题小照之上。

戴本孝《余生诗稿》卷四《甲寅年五日迢迢谷中大雪三日》《人日大儿钺星戏作雪假山却赋》。

正月至浴佛日，查士标，为允企道兄作《仿宋元山水》十二开册页。

纸本，设色，每开尺寸为22.2厘米×17.7厘米。上海博物馆藏。第十一开题款："观泉图，仿唐六如意。甲寅正月，士标。"第十二开题款："甲寅浴佛日，画宋元人山水十二家，似允企道兄清鉴。士标。"册后有陆培芝题跋。《中国古代书画图目》第四册。

二月，查士标，于京江寓居之三余斋，作行书《乐志论》卷。

纸本，墨笔。上海博物馆藏。题款："甲寅二月，书于京江寓居之三余斋。"《中国古代书画图目》第四册。

三月三日，查士标，为石林先生画《柘溪草堂图》卷。

纸本，墨笔。题款："柘溪草堂图，甲寅修禊日，为石林先生画。查士标。"卷后有查士标、汪懋群、吴绮、叶舒崇、宋曹、李念慈、严绳孙、姜宸英、秦松龄、赵蕃等诸家题跋。香港佳士得2008年春拍拍品。

三月，朱彝尊，来扬州，与程邃泛舟红桥。

朱彝尊《曝书亭集》卷三十有《清平乐》词，注曰："同程穆倩、孙无言泛舟红桥。"即是年作。又同集卷八有《和程穆倩龙尾砚歌，为方侍御亨咸作，即送其入粤》七古一首，亦是年作。程邃原诗惜已不传。

梅清，在宛陵，蔡瑶招同里诸人至其居处赏牡丹。

梅清《天延阁删后诗》卷十五《菊间集·甲寅三月二十九日，里中诸子过草堂看牡丹，即席限韵，是日春归》。

夏，石涛，在宣城南湖，作《山水人物图》。

程邃，应杨昌龄之招，泛舟纳凉。

孙枝蔚《溉堂续集》卷五有五律二首，题为《杨吉公招同程穆倩、邓孝威、林伯逸泛舟纳凉，分韵得川字、今字》。

按：杨吉公，名昌龄，一字三开，陕西三原人。林伯逸，名九棘，福建莆田人，所著《林九棘集》，其《江城杂兴二集》有《杨三开司李招饮，同程穆倩、邓孝威、孙豹人作五律二首》，亦同时分韵之作。

偕孙枝蔚、李国宋、王定一于席允叔斋中饮酒。

孙枝蔚《溉堂续集》卷五有《席允叔招同程穆倩、王九有、李汤孙饮斋中》五律一首，作于甲寅。

中秋夜，应何林之邀，偕邓汉仪、宗观，集其兄何天宠署斋观剧。

邓汉仪辑《诗观二集》卷二，何林《甲寅中秋夜，邀程穆倩、邓孝威、宗鹤问、家兄昭侯署斋观剧，即事分赋》。

午夏，查士标，拟石田先生画意，为栩苍先生作《山水》轴。

纸本，设色。题款："拟石田先生画意。甲寅午夏，查士标。"《历代名画大观》山水轴，第143页。纽约苏富比1995年春拍拍品。

秋，范国禄来扬州，与程邃时有交往。

范国禄《千山楼诗抄》甲寅年有《酬纪映钟、程邃、丁日干、柳文、越閤、许承家、刘芳世、宗元鼎诸君子》七律一首，又有《金祖诚使君邀同程邃、侯康民、沈明、邓汉仪集孙府密园，听须校书度曲》七古一首。

查士标，为卧南道兄作《策杖寻幽图》扇面。

纸本，墨笔，16.8厘米×51.5厘米。故宫博物院藏。题款："画倪法，似卧南道兄正。甲寅秋日，查士标。"故宫博物院编《明清扇面书画集》第二册，图64。

又为螺青道兄作《米家云山图》轴。

纸本，墨笔。山西博物院藏。款署"甲寅秋"，有"螺青道兄"上款。《中国古代书画图目》第八册。

秋九日，汪耀麟、懋麟兄弟招饮程邃于见山楼。

按：汪耀麟，字叔定。弟懋麟，字季角，又字蛟门，安徽休宁人，居扬州。孙枝蔚《溉堂续集》卷五有《汪叔定、季角招饮见山楼，同程穆倩、姜西溟、徐原一》五律一首。汪耀麟《抱耒堂集》卷五有《喜晤垢道人》七律一首。

是年，偕邓汉仪、黄云等集许虬寓斋看菊。

汪懋麟《百尺梧桐阁集》卷十二收甲寅之作，有《许竹隐招饮寓斋看菊，同穆倩、孝威、黄仙裳、刘彦度，分得中字》五律一首。

按：许竹隐，名虬，江苏昆山人。刘彦度，名芳世，扬州人。

仲秋，梅清，《梅花溪上集》成。

梅清《天延阁删后诗》卷十三《梅花溪上集》。

八月，查士标，作《仿古山水》六开册页。

纸本，设色，每开尺寸为23.8厘米×19.4厘米。上海博物馆藏。第一开题款："甲寅八月画。查士标。"第二开题款："疏林远山。甲寅秋八月，士标画。"《中国古代书画图目》第四册。

九月至冬日间，查士标，作《山水》十二开册页。

西泠印社2008年出版名为《二瞻双绝》册即为是作，纸本，墨笔、设色兼有，每开尺寸为24.5厘米×42.5厘米。上海龙美术馆藏。第二开题款："士标仿米敷文画意。甲寅九月。"第三开题款："拟一峰道人《秋山图》画法，时甲寅九秋月也。懒老士标。"第十一开题款："晚树归鸦。甲寅，士标画。"第十二开题款："甲寅冬日画。查士标。"

十月，程邃，作《山静太古图》轴。

纸本，墨笔，65厘米×61厘米。安徽博物院藏。题款："山静太古，日长小年。从容杖履，松拂吟肩。甲寅冬十月，写于邗上寓馆。垢道人程邃，时年八十。"（汪世清认为题款中的"甲寅"或为"甲子"的笔误）

冬，梅清，雪中邀约友人至其所居宛津草堂小饮。

梅清《天延阁后集》卷一《甲寅诗略·雪中宛津庵约朱翼云、汪越千过草堂小饮即席，限寒字》。

冬至，石涛，游昭亭双塔寺，写《观音图》轴。

腊月，查士标，作仿倪瓒《竹暗泉声图》轴。

纸本，墨笔，149.2厘米×21.2厘米。南京博物院藏。题款："余偶写云林笔意，客有诵此句相况者，遂并录之。甲寅腊月，白岳查士标。"《中国古代书画图目》第七册。

又作《山水》十开册页。

纸本，墨笔，每开尺寸为24.9厘米×46.2厘米。日本东京国立博物馆藏。画上署："甲寅初冬，邗上旅人士标画。"

是年，新安有乱事，梅清，举家迁至青干山中，避难数月，方归宛东。

"岁甲寅，邻境告警。予携家寄迹青干，将数月，始归宛东。是岁吟咏颇多，删去存四十八首，为《秋岩草》。余澹心先生序之。"梅清《天延阁后集》卷一《甲寅诗略·序》。

查士标，作《山水图》六开册页。

山西博物院藏。汪世清《清初画苑八家画目系年》。

题王翚《黄鹤传灯图》卷。

纸本，设色，30.8厘米×412.3厘米。上海博物馆藏。引首"黄鹤传灯"四字，为查士标所书，卷后有王鉴、王时敏、查士标三家题跋。王鉴题跋"癸丑小春望日"，王时敏题跋"甲寅长夏"，查士标题跋在王时敏之后，在是年或者之后所题，待考。查士标题云："吴中画家自文沈

程邃　山静太古图　/　1674年　安徽博物院藏

而后垂二百年，而娄水王氏两先生出，声噪一时。又数十年，而有石谷王子，于唐宋以来，诸名家无不穷幽极奥，大为两先生所击节欣赏，一灯之续，幸不乏人。今复得顾子苻文，苻文从石谷游，尽传其秘。余老矣，笔墨荒谬，以对诸贤，徒有积薪之叹而已。邗上旅弟查士标顿首题。”《中国古代书画图目》第四册。

戴本孝，作《阴崖钓叟图》并题。作《云泉石隐图》，祝二舅父七十寿。

戴本孝《余生诗稿》卷四《戏作〈阴崖钓叟图〉辄题其上》，题云：“学山至于山，山面即吾面。昔从嵩华归，鸿蒙破孤砚。秋怀迈霞表，逃俗复奚恋。一竿钓阴崖，此叟得先见。不知尘眼观，可能动钦羡？”

合作《仿古山水》八开册页。

纸本，墨笔，每开尺寸为30.6厘米×48.6厘米。辽宁省博物馆藏，辽1-381。同册有吴历、顾在湄、黄深、黄山锡、张一鹄、张裕等人所作。

江注，游宣城，吴惊远过饮寓斋。

程正揆，作《江山卧游图》四卷。

纸本，设色，尺寸分别为24.2厘米×211.2厘米、不详、27.1厘米×277厘米、25.3厘米×180.7厘米。故宫博物院藏。

梅清，念及石涛、喝涛居于敬亭山，有诗感怀。

“敬亭双古塔，兄弟一空门。寒任穿蓬壁，铁常断菜根。莲花霜下吐，贝叶月中翻。乐土原无着，何忧近塞垣。”梅清《天延阁后集》卷一《甲寅诗略·怀喝公、石公敬亭山》。

又题石涛《松菊图》寄吴承勋。

查士标　竹暗泉声图　/　1674年　南京博物院藏

“婆娑青松树，叆叇如云轮。霜锋挺百尺，虬干凌秋旻。又□鼓翼飞，可以渡江滨。愿托一尊酒，遥醉菊间人。”梅清《天延阁后集》卷一《甲寅诗略·题石师〈松菊图〉寄吴铭卣》。

清康熙十四年　乙卯（1675）

正月，查士标，为观翁九十寿作《万壑松云图》轴。

绢本，墨笔。江苏省美术馆藏。款署“乙卯正月”，有“观翁九十寿”上款。《中国古代书画图目》第六册。

于邗沟客舍追拟黄子久画意，作《晴峦暖翠图》。

绢本，设色，76厘米×51.5厘米。安徽博物院藏。题款：“董华亭称子久画，尝以《晴峦暖翠》为第一，余二十年前曾见之。追拟其意，然自为位置不能求肖也。乙卯正月，士标并识于邗沟客舍。”题下加钤“士标”二字朱文方印、“某（梅）壑”二字朱文方印各一枚。

戴本孝，舟游哪刹矶。

戴本孝《余生诗稿》卷四《哪刹矶》，题下有注：“矶有逊国时黄侍中观遗迹。”哪刹矶，今在安徽池州贵池境内，矶有昭明祠，故又名太子矶。

春二月，查士标，作《平林旷望图》轴。

绫本，墨笔，155.5厘米×51厘米。香港至乐楼藏。题款：“乙卯春二月，查士标。”铃木敬编《中国绘画总合图录》卷二。

作《山溪放舟图》轴。

纸本，墨笔，189厘米×46厘米。题款：“乙卯春二月，查士标画。”谢稚柳在画上题：“查士标《山溪放舟图》。甲戌夏日，谢稚柳鉴题。”杨新题写边跋。北京匡时2007年拍品。

三月，梅清，游苏州、昆山，寓徐乾学憺园。同在此处做客的还有张玉书、计东、盛符升，诸人同登玉峰翠微阁。

“名山华馆绕江湄，见说诸昆此下帷。阿阁巢成皆比翼，上林花发自连枝。轩垂书带齐含翠，亭倚仙砌好问奇。相访扁舟重相望，长安日下渺余思。”梅清《天延阁后集》卷二《乙卯诗略·徐健庵太史留寓憺园怀果亭、立斋两太史都门》。

三月望日，戴本孝，冒雨出歙至岁寒亭，为黄山之行。次夕，抵双溪宿。过黄土岭。泉口道中逢二十年前故人程能，作《话旧诗》。杨干道中有诗。至黄山，作《桃花岩狎浪阁对雨》诸诗十二首。作《黄山图》十二开册页。舟泊清溪，作《感旧》诗三首。

戴本孝《余生诗稿》卷四有《桃花岩狎浪阁对雨》《白龙潭观飞瀑》《朱砂庵练魔堂》《望天都峰》《云谷掷钵禅院》《文殊院》《登莲花峰绝顶》《宿炼丹台》《后海二首》等诗。

约是年，作《黄山四景图》。

查士标　晴峦暖翠图　/　1675年　安徽博物院藏

戴本孝 黄山四景图 / 约1675年 上海博物馆藏

绢本，设色，每幅尺寸为188.8厘米×54.4厘米。上海博物馆藏。

三月既望，梅清，为徐健庵画《憺园图》卷。

天津博物馆藏。题款：“憺园图。健庵老先生属写于高咏楼。乙卯三月既望，瞿山梅清。”卷末梅清题诗四首：“只觉玉峰远，名园咫尺收。兴牵从下榻，身近复登楼。锦石岩阴接，沧浪黛色浮。芳亭春燕满，争慕识南州。”（之一）“都在山光内，亭台结构深。种松图海岳，迭石见云林。竹径纡泉气，花枝亚鸟音。绝怜峰际塔，垂影到池心。”（之二）“醉里听风雨，分明在画溪。栏边飞晓瀑，桥外滑春泥。高柳垂初重，名花吐乍齐。老鸠寒喔喔，还向竹西啼。”（之三）“吴会多才子，论交老友间。（时计甫草、吴天章、陈椒峰、其年、王次谷诸公同寓园中）飞扬渐绮席，惆怅别云关。复续舟中句，回看郭内山。风流怀二仲，直北阻追攀。乙卯春同家耦长过鹿城奉访健庵老先生，承留寓憺园，欢燕浃日。各赋五律四首兼怀果亭、立斋两先生书呈大教。宛陵梅清拜稿。”（之四）

梅清　憺园图　/　1675年　天津博物馆藏

五月，梅清，观高简作画，有诗赠之，并作《峭壁听松图》相赠。

首都博物馆藏。题款："为澹老年道翁写于南园客邸。乙卯五月，弟梅清。"题诗曰："峭壁听松过，危亭一径微。片帆天际矜，双眼送君归。谦叔老弟过余庭院识赏此图，而匆匆返棹云间。遂漫题赠子，聊以当朝夕晤对云尔。昔闻山樵老笔健，今日澹游写东绢。砚润时看薄雾飞，窗明忽引惊涛变。我行爱画同顾痴，倾倒相逢两不疑。携将宛水云归处，回忆吴江枫落时。"梅清《天延阁后集》卷二《乙卯诗略·赠高澹游》。《中国古代书画图目》第一册。

按：高简（1634—1707），字澹游，江苏苏州人。能诗，工山水。

五月，吴山涛，再度北游，经南京，在江浦与施闰章相遇。

施闰章《施愚山诗集》卷三十八有《江浦逢吴岱观》七律一首，编在《定山寺》《同人集一拂祠讲学》二首之前。按《施愚山年谱》在"康熙十四年乙卯"记"夏五月游金陵""又游江浦"，且《定山寺》和《同人集一拂祠讲学》二诗均是年作。故与吴山涛相逢于江浦亦必在乙卯。

六七月间，应严沆之招，吴山涛，在北京与朱彝尊诸子同集于吴氏园亭。

朱彝尊《曝书亭集》卷九，有《严侍郎招同吴明府山涛、龚观察佳育、陈处士晋明、高上舍层云集吴氏园亭，时公子曾荣在座》七律一首，编在"旃蒙单阏"，即康熙十四年乙卯（1675）。时严沆任户部侍郎，与朱彝尊均在北京。

夏，江注，往宣城，逗留二月有余，与石涛、喝涛亦有往来。

"我自来宣州，两月卧虚室。相念敬亭游，畏热寡畴匹。"《江注诗集》卷四《宛陵草·愚山先生招游敬亭山》，梅清《天延阁后集》卷二《乙卯诗略·同江允凝、吴惊远、汪东大、吴晴岩、蔡晓原、家耦长饮吴圣飞南冈》。

"白云何处来，吾知离粤嶕……前因笔墨禅，相见即倾倒。言念古昭亭，卓锡可终老。……残寺复为新，其功已浩浩。"《江注诗集》卷四《宛陵草·同愚翁访喝涛、石涛两师双塔寺》。

梅清，招集江注与倪正、沈泌、吴肃公、梅庚等人相聚于集爽轩，以家藏书画见示，并题江注《黄山图》。

"常美都官后哲人，今来宛上一相亲。酒如河朔当年饮，画即王维夙世身。邺架静观从客借，顾厨清秘共予珍。与君昆季深淡笑，两晋风流迹未陈。"《江注诗集》卷四《宛陵草·夏日梅瞿山先生招集爽轩，同倪观湖、沈方邺、钟书泉、吴晴岩、惊远、汪东大、令兄古愚、令侄索五、子彦、耦长时出家藏书画见示》。

"兹峰实窅幻，鸟道阻且修。蕴真寂无闻，忽复逢汤体。伐山扫蚕叶，披雾穷冥搜。始信名不虚，一言遂千秋。踪迹日以广，胜览日以稠。妙墨出象外，尺幅开林丘。披对涤尘襟，不但称神游。江子信萧爽，宛与汤公侔。乃知旷达士，隔代如相求。戈声震巨壑，把臂怀深忧。何时蜡余屐，共蹑孤峰头。"梅清《天延阁后集》卷二《乙卯诗略·题江允凝画黄山始信峰册子》。

梅清，又题《莲华峰》。

诗云："纸上青莲泛海槎，江郎毫素烂于霞。怪来香气浮空出，三十六峰齐放花。"

七月三日，戴本孝，作《莲花峰图》。

瑞士凡诺迪尼藏。

秋日，石涛，在宣城。曾到松江探视旅庵本月。作《松阁临泉图》。

题款："时乙卯秋日，粤西济山僧，石涛。"

七月十五日，郑旼，作《黄山图》。

纸本，设色，49.4厘米×49.1厘米。上海博物馆藏，沪1-3071。

中元日，弘眉，访郑旼。郑旼作《山水图》。

上海博物馆藏。题款："中元日，水师过我，为证瑜伽施食心法。"康熙十二年（1673）画，十四年（1675）再跋。

桂月，查士标，于待雁楼中，作《溪亭独眺图》轴。

纸本，墨笔，171厘米×49厘米。天津博物馆藏。题款："溪亭独眺。时乙卯桂月，写于待雁楼。查士标。"《中国古代书画图目》第九册。

八月十九日，程邃，赴金镇郡斋夜宴。

按：金镇，字又镳，号长真，浙江山阴人。康熙十二年（1673）任扬州知府，所修《扬州府志》卷三十一收其七言古诗一首，题曰："郡斋宴集，率赋长句，八月十九夕也。同程穆倩、纪伯紫、李涪源、邓孝威、孙豹人、宗定九、黄仙裳、宗鹤问、华龙眉、许师六、越辰六、柳长在、汪舟次、汪叔定、刘彦度。"宾主共十六人，亦一盛会也。

秋，查士标为作品《抱琴幽居图》书画合卷题跋。

纸本，设色，25.5厘米×135.8厘米。安徽博物院藏。题款："乙卯冬日，士标画。"款下加钤“二瞻”二字白文长方印一枚。图左下角压钤“镜塘鉴赏”四字朱文大方印一枚。卷首右下角压钤“钱氏数青草堂收藏印”九字朱文方印一枚。图后查士标题款：“青山楼阁楚江东，身在苍茫晚色中。故国自遥难望见，不关春树雨溟濛。江头斜日草初薰，目断归鸿隔楚云。旧日两家相近住，每思家处独思君。乌衣巷口燕来时，杨柳风多飐酒旗。远客金陵游伴少，看花惭比去年迟。秋雨初晴，走笔书此，不暇问工拙也。查士标。”诗后加钤“查印士标”四字白文大方印一枚和“二瞻”二字朱文方印一枚。左下角压钤“海昌钱镜塘藏”六字朱文竖长方印和“云峰心赏”四字朱文方印各一枚。题纸右上角引钤“瞻老”二字朱文竖椭圆印一枚。

秋日下浣，查士标，作《山水》卷。

杜瑞联《古芬阁书画记》卷十七著录查士标《山水》卷。题款：“隐君眠坐处，只在曲源中。翠点桃花雨，香飘兰叶风。诸峰帘幕阔，一洞水云空。小径经行地，重来又不同。乙卯秋日下浣，查士标。”

重阳日，程邃，泛舟平山堂，用杜甫夔州九日韵赋诗。

汪楫《山闻续集》有《重九日，同周伯衡给谏，徐健庵、史子修两太史，倪訚公、程穆倩、邓孝威、越辰六诸同学，家叔定九、蛟门弟登平山，次少陵夔州九日韵》三首，是年，与恽寿平订交。

初冬，查士标，作《山水图》。

纸本，墨笔，109厘米×57.5厘米。英国大英博物馆藏。题款：“乙卯初冬，士标写意。”铃木敬编《中国绘画总合图录》卷二。

冬日，查士标，作《抱琴山幽图》卷。

纸本，设色，25.5厘米×225.8厘米。安徽博物

查士标　溪亭独眺图　/　1675年　天津博物馆藏

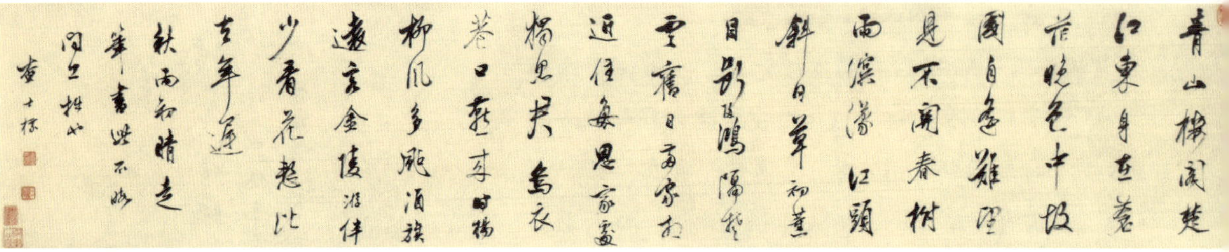

查士标　抱琴幽居图　/　1675年　安徽博物院藏

查士标　抱琴幽居图（局部）

院藏。题款："乙卯冬日，士标画。"《中国古代书画图目》第十二册。

除夕，戴本孝，迢迢谷中与诸儿守岁，作诗抒怀。钺星三十岁生日，本孝作诗勉之。

戴本孝《余生诗稿》卷四。

是年，吴山涛，上任甘肃同谷知县，朱彝尊赋诗赠别。

程功，中武举。作《山水》八开册页。

纸本，设色。故宫博物院藏，京1－4798。

程正揆，作《山水轴》。

纸本，设色。故宫博物院藏，京1－3717。

作《山水图》轴。

纸本，设色，120厘米×48.7厘米。原北京市文物商店藏。

梅清，于吴门，汪士鋐招同顾云美、蔡瑶、梅庚等人于虎丘夜饮。

梅清《天延阁后集》卷二《乙卯诗略·汪栗亭招同顾云美、吴晋明、汪靖之、研云、蔡晓原、家耦长虎丘夜饮千人坐，兼晤息心大师，分得袍字》。

梅清，与姜安节、余杰、蔡瑶、梅庚、子梅蔚等人游苏州城西北隅之艺圃，此园旧为文徵明曾孙文震孟所筑之药圃。

“相国继台臣，名园重主人。地留今日胜，花忆旧时春。深树开雾洞，寒波伏巨鳞。忽闻孤鹤唳，客醉欲沾巾。”梅清《天延阁后集》卷二《乙卯诗略》。

约是年，程功，作《山水册》。

绢本，设色。安徽博物院藏。

程功　山水册　/　约1675年　安徽博物院藏

清康熙十五年　丙辰（1676）

程鸣，生。

按：程鸣，字友声，号松门，安徽歙县人。黄宾虹在《黄山画苑论略》中云其为雍正年间诸生。山水学石涛，参以程邃，每以秃毫渴墨，运以中锋，纯以书法成之，不加渲染，自然沉郁苍浑。诗出王士禛之门，尝为王士禛作画，与陈撰、方士庶、厉鹗为诗画友。程鸣是歙县岑山渡人，父程浚尝往来扬州和歙县之间，与石涛、八大山人均是好友。《新安岑山渡程氏支谱》卷五载："程浚，原名希洪，字葛人，号肃庵，大升公继子，本大震公三子，浙江仁和庠生……甲寅饶寇犯境，设施谋保障，歙南以安。尝修辑《两淮盐法志》，奏商情疾苦，至今人咸德之。"

正月，戴本孝，客扬州，作《纪怀诗》。诗赠孙桴庵，赠范十山（范时避谤客邗）。过文选楼访邓孝威。李武曾黔游还，复自颍州过邗，将归嘉禾，过访邸次。雨访黄仙裳不值，后惠诗见存，依韵奉答。过访兰州谢汉襄。黄奇生为本孝作《破琴览镜图小照》，本孝作诗赋怀。长歌赠杨季先，兼示顿公伯辅，寄怀恽正叔（正叔为季先作《蝴蝶牡丹》，本孝以《黟海云莲图》易之）。

诗称："……有客南田老画师，与君同源称二妙（引者注：指季先）。写来半篷和州花（《牡丹志》谓玉楼春为和州花产独盛），老眼奇光如璚霞。后土祠前黯无色，徐黄掷笔还咨嗟。愧我枯毫扫山骨，惊见奇芳空咄咄。出我三十六峰云，易君二十四桥月。昨夜涛翻枕畔流，江海聚散生离忧。子规劝我亟归去，且复种豆南山幽……"

孙豹人滞豫章，深以为怀，戴本孝作诗寄赠。扬州逢田伯，舟次话旧。有诗。望东皋返棹，至扬州。

戴本孝《余生诗稿》卷五。

程邃，招李振裕饮。偕李振裕赴何林招饮于别墅。

按：李振裕，字维饶，号醒斋，江西吉水人。所撰《白石山房集》卷二十七有《程穆倩招饮，即席赋赠》五律一首，又《白石山房文稿》卷二有《留别程穆倩》七律一首。

春日，梅清，南归后有诗感怀。

"莽莽空南北，劳劳愧此生。浮名终系足，归路转由人。醉遍垆头酒，沾残马尾尘。春明杨柳乱，折处已迷津。"梅清《天延阁后集》卷三《丙辰诗略·南归》。

二月，梅清，于京城作《山水图》，同程鹄、邵弥、高遇等人合为册页十二开，梅清作两开。

浙江省博物馆藏。款署"瞿山清"。（之一）"丙辰二月，瞿山梅清写于长安僧舍"。（之二）《中国古代书画图目》第十一册。

暮春三月，梅清，与何亮功、吴子耳逢于道中。

梅清《天延阁赠言集》卷四，何亮功《丙辰暮春南归，与渊公年翁及吴子耳公赋得中道逢嘉友一首》。

夏，李念慈，自荆州来扬州度夏，程邃，有诗祝七十寿。

按：李念慈，字屺瞻，号劬庵，陕西泾阳人。所撰《谷口山房诗集》卷十六有《程穆倩七十寿》七律一首，作于丙辰，此为祝程邃七十大寿之作。范国禄在扬州，亦有诗祝寿。范国禄《十山楼诗抄》有《赠程邃》七律一首，此诗作于丙辰，亦祝寿之作。

五月，程邃，作《三湘雨霁图》。

故宫博物院藏。笺题七绝一首："春风急卷三湘雨，霁色横开千嶂云。行到水穷诗兴发，风流谁识鲍参军。"题款："丙辰五月五景，黄海老人程邃。"

戴本孝，东游还迢迢谷。苦雨过患，触怀咏二十韵叹示儿辈。

戴本孝《余生诗稿》卷五《五月东游还迢迢谷，苦雨触怀二十韵》，注云："时因黄河失故道，逼淮入高宝诸湖，复以雨长潮涌，故为灾特甚。"

五月四日，查士标，与晋贤年道翁别于邗上，次年作《林亭山色图》轴并赋诗以赠。

纸本，墨笔，112.3厘米×49厘米。故宫博物院藏。题款："康熙丙辰五月四日，与晋贤年道翁别于邗上，是日为故门舍人招泛平山，同用欧公《朝中措》词中字分韵赋诗，得五律二首，未遑邮寄。今年五月，舍弟真美来自桐川，辱晋老远贻书问，情致悠然，转□旧游，恍如觌面，为写《林亭山色图》寄之，附录二诗于上，因感友朋聚散何常，而我辈素心相期，正不必以时地相闻戴□伊人也，并请一笑正之。明日是端午，今朝喜乍晴。河残三尺雨，柳老一声莺。漫作招魂赋，应思逐客情。良辰舒远啸，独立万山平。文忠全盛后，重是踏莎行。岭月风如旧，桑田水一横。登临悲近事，聚散似新晴。座有江南客，来朝又远征。时丁巳午夏望日，士标。"《中国古代书画图目》第二十二册。

夏，查士标，在携雪轩中，得观董源真迹，漫拟其意，作《仿北苑山水》轴。

绫本，墨笔，67厘米×42.7厘米。安徽博物院藏。题款："携雪轩中得观北苑真迹，笔墨深厚，云峦变幻，时在心目间。楼居无事，漫拟其意。康熙丙辰夏，士标。"题下加钤"二瞻"二字白文方印、"标之印"三字白文方印各一枚。《中国古代书画图目》第十二册。

秋，吴山涛，北游初还，道经广陵，在扬州与族弟林曙相遇。

日本出版的《中国南画大成续集》第六册，著录吴山涛《山水册》的跋和诗，跋中有云："丙辰之秋，北游初还。"

八月，查士标，作《山水》六开册页。

纸本，墨笔。南通博物苑藏。款署"康熙丙辰八月"。《中国古代书画图目》第六册。

九月，查士标，为象老作《日长山静图》轴。

绫本，墨笔。故宫博物院藏。款署“丙辰九月”，有“象老”上款。《中国古代书画图目》第二十二册。

程邃，作《空谷幽居》图。

题款：“幽居一亩枕山棱，阶下松枝缠古藤。常爱园林深似隐，不嫌门户冷如僧。丙辰九月，黄海程邃法大痴道人。”中贸圣佳2005年春拍拍品。

重九日，程邃，宴集光斋堂。同集者有吴山涛、丁澎、李珩、冯贲征、纪灵、张铭彝、左取印、胡献征、宋曹、白梦鼎、柳堉、周京、吴绮、孙继登、陈箕康、华衮、范国禄。

范国禄《千山楼诗抄》有五律四首记之：“同杜浚、黄朝美、孙默、范国禄小集光斋堂，分韵赋诗。”范国禄《千山楼诗抄》还有七律一首记此次小集者。

秋末，梅清，与友人同登敬亭山并赋诗。

梅清《天延阁后集》卷三《丙辰诗略·秋尽同家子犹、子彦偶入敬亭，时施少恭同雪怀诸子先已携樽阁上，分得鳌字》。

十月，查士标，为孚翁先生作《沙清岸曲图》轴。

绫本，墨笔，104.5厘米×30.5厘米。安徽中国徽州文化博物馆藏。题款：“丙辰十月，为孚翁先生教正。查士标。”《中国古代书画图目》第十三册。

吴定，作《秋高叶醉图》轴。

169.5厘米×59.4厘米。安徽博物院藏。题款：“丙辰阳月，法李霭之笔，息庵□。”

吴定　秋高叶醉图　/　1676年　安徽博物院藏

钤印为：吴定私印（朱文）、黄山痴子（白文）。

此幅作品所作树枝是宋郭熙的蟹爪皴，山石有“董巨”的笔法。《秋高叶醉图》虽为临摹之笔，但不失为一幅优秀的作品，是时年52岁吴定的代表之作。此画中树干的穿插安排层次立体通透，可以说是独具匠心。

冬，戴本孝，碧落精庐建成。

戴本孝《余生诗稿》卷五《丙辰卒岁四首示儿子》，注云：“是冬，碧落精庐始成，向平俗愿复毕，但未卜此身何归耳，不觉为之怃然。”

程邃，赴如皋水绘园访冒襄，冒襄社集名士十六人，出蔡女罗所绘《彩凤松石图》，合观称赏。因腊月八日为女罗三十生辰，故征诗以传盛举，俚咏书祝。时冒襄水绘园玉山女史有临花鸟十二种，装帧成册，请四方名流题咏，程邃、恽寿平、王士禛均有题跋。

查士标，于待雁楼中，临陆天游笔意作《南村草堂图》轴。

纸本，设色，122.5厘米×49厘米。故宫博物院藏。题款：“南村草堂图，临陆天游笔意于待雁楼中。康熙丙辰冬日，查士标。”《中国古代书画图目》第二十二册。

十二月，戴本孝，于碧落精庐作《山水》轴。

美国加利福尼亚州伯克莱分校景元斋高居翰旧藏。

查士标，作《云山图》卷。

纸本，墨笔，25厘米×148.5厘米。原北京市文物商店藏。题款：“士标写于邗上之种书堂，时丙辰腊月。”陈半丁题写“梅壑烟云”引首，谢稚柳认为“真而不好”。劳继雄《中国古代书画鉴定实录》，第231页。

查士标，作《山水》卷。

纸本，墨笔。款署“丙辰”。原北京市文物商店藏。《中国古代书画图目》第一册。

程邃，作《千峰霁色图》。

肥遁庐藏《名人山水册》；郭因等著《新安画派》。

又作《仿黄公望〈幽居图〉》轴。

纸本，墨笔，81.3厘米×42.8厘米。上海博物馆藏，沪1-2408。

吴山涛，作《书画合册》十开。

纸本，墨笔。上海博物馆藏，沪1-2708。

又作行书《西塞诸诗》十开册页，书诗十四首。

纸本，每开尺寸为29.3厘米×41.6厘米。上海博物馆藏，沪1-2709。诗后自跋云：“归后复加审定，凡意之重复与经唐人道过者悉汰之，仅存十之有四。”

又作《行书北河行役记》轴。

纸本。故宫博物院藏，京1-4224。

郑旼，作《诗画》十开册页。

故宫博物院藏，京1-3743。

又作《山水》八开册页。

纸本，设色。浙江省博物馆藏。

又作《栈道图》。

纸本，设色。安徽博物院藏。

程正揆，作《江山卧游图》卷。

纸本，设色。故宫博物院藏，京1-3718。

是年，程正揆卒，年七十三。

梅清，应邓伟男明府之招，于猷州水西烟雨亭宴集，夜宿宝胜院楚水禅房。

梅清《天延阁后集》卷三《丙辰诗略·邓伟男明府招饮水西烟雨亭，仍留坐月，因宿宝胜院楚水禅房，同吴同甫、吴天石、施愚山，限游、山二韵》。

许楚，卒，梅清，作挽诗。

“黄岳秋声急，惊闻失子将。凭谁还正始，流涕向山阳。奇字门人秘，流风表石长。诸孤齐誉早，不但读遗章。”梅清《天延阁后集》卷三《丙辰诗略·吊许青岩兼慰子柔大春》。

王世禄，卒，梅清，以诗挽之。

梅清《天延阁后集》卷三《丙辰诗略·寄挽王西樵先生》。

梅清，题石涛《放鹤图》。

“南郊猛虎不敢射，云中白鹿不得骑。偃仰一室阻霄汉，只身局蹐同鸡栖。案头怪底烟云逼，叆叇腾空鼓双翼。熟视旋惊《放鹤图》，恍如置我秋空立。倚杖为君三太息，寄语高飞需努力。招来莫更樊笼集，请君掉首疾声呼，几人天外寻林逋。”梅清《天延阁后集》卷三《丙辰诗略·题石公放鹤图歌》。

石涛亦有题画诗：“梅渊公题予《放鹤图》歌，知正同堂阙一不可。端阳日，清湘道人偶书。”《石涛书画全集》，天津人民美术出版社1995年版。

梅清，题《咎肇修小影》，此图石涛所画。

“石公妙手果天然，野兴萧骚信笔传。若使松间得闲坐，休于此外更求仙。”梅清《天延阁后集》卷三《丙辰诗略·题〈咎肇修小影〉》。

石涛，游黄山，作《桃花源白龙潭》诗。

诗曰：“高人修白业，朝对白龙潭。石上呼龙出，岩前构草庵。何以疗晨饥，采药常盈担。种桃不计岁，面壁遗尘贪。只明峰六六，莫辨径三三。从人问迷津，引手当指南。伊予忆仙源，梦寐怀幽探。辗转忽十载，春风乘舆篮。有幸晤芳躅，握手成长谈。一听鸣弦泉，再坐十笏龛。到此积虑消，胜览如沉酣。出阻在幽境，历险固所甘。天都晦风雨，何日舒晴岚？飞步出空外，鸾鹤与同骖。”

戴思望，作《山水》轴。

纸本，墨笔。重庆博物馆藏，渝1-190。

清康熙十六年　丁巳（1677）

正月，大雪新霁，戴本孝，于碧落精庐礼谒慧兰禅师暨先文节公遗像。

戴本孝《余生诗稿》卷五《丁巳元旦大雪新霁，碧落精庐礼慧兰禅师暨先文节公遗像》。

按：慧兰，和州高僧，南宋抵抗金兵时，自焚身亡，戴重素有宿愿，为禅师建庐祀之，今本孝代父矢志还愿。

送二弟无忝偕陈季箴游陟州。至苍山，作《白龙濑茶歌》并记：“先君子裹创憩苍山巅，至今三十有二年矣，近念旧游，何殊夙梦，二三白头僧一见相慰藉……”作长诗《白石洞天歌》。

戴本孝《余生诗稿》卷五《送二弟无忝偕陈三季箴游陟州》。

二月，查士标，在扬州画《竹石枯木图》轴。

纸本，墨笔，105.5厘米×54厘米。西安美术学院藏。题款：“丁巳二月，邗上旅人士标识。”《西安美术学院珍藏中国历代绘画》，第242页。

三月，查士标，作《山水图》扇面。

纸本，墨笔，17.4厘米×52.3厘米。日本私人藏。题款：“士标并画请正。丁巳三月。”铃木敬编《中国绘画总合图录》卷四。

暮春，戴本孝，作《华山毛女洞图》轴。

纸本，设色，137.5厘米×63.1厘米。浙江省博物馆藏，浙1-267。

四月，查士标，为子仁道兄作《仿吴镇〈渔父图〉》扇面。

金笺，墨笔，16.5厘米×51.2厘米。香港承训堂藏。题款：“梅华道人意，士标拟似子仁道兄正。康熙丁巳四月。”铃木敬编《中国绘画总合图录续编》卷二。

夏日，石涛，在广教寺作《诗画合璧图》卷。

题款：“丁巳夏日。”

午夏望日，查士标，为晋贤年道翁作《林亭山色图》轴。

纸本，墨笔，121.3厘米×49厘米。故宫博物院藏。题款：“康熙丙辰五月四日与晋贤年道翁别于邗上，时丁巳午夏望日，士标。”《中国古代书画图目》第二十二册。

六月七日，程邃，泛舟平山堂。

汪懋麟《百尺梧桐阁集》卷十五有《六月七日泛舟平山堂作歌。同宗鹤问、孙无言、豹人、穆倩、孝威、仙裳、汝受、陶季、仔园、龙眉、家兄叔定》七古一首，作于丁巳。

七夕，梅清，客旌阳，会晤徐与乔。

梅清《天延阁后集》卷四《丁巳诗略·旌阳晤徐扬贡有赠》。

秋初，查士标，作《空山结屋图》轴。

纸本，墨笔，85.4厘米×45.4厘米。故宫博物院藏。题款："丁巳秋初，士标。"《中国古代书画图目》第二十二册。

八月十三日，金镇于平山堂祀欧阳子，招客赋诗，程邃与此盛会。

孙枝蔚《溉堂续集》卷六有《观察金长真以丁巳八月十三日祀欧阳子于平山堂，招客赋诗，予亦与焉。诗限体，不拘韵。同程穆倩、杜于皇、盛珍示、邓孝威、方邵村、徐原一、宗鹤问、华龙眉、许师六、黄仙裳、汪叔定、季角、李倚江、王翰臣、刘彦度、赵声伯、家无言，宾主共十九人》一诗，记此盛会。

秋仲，查士标，为《多侯小照》补画松坡小景。

胡积堂《笔啸轩书画录》上卷著录查士标为《多侯小照》补景。此图纸本，设色，题款："颇悔违丘垄，相依似故乡。学书吾已拙，服贾尔须强。归计为亲急，传神有子藏。乔松是何物，矫首一思量。多侯侄将还新安，复题短句，懒老。丁巳秋仲，为多侯贤侄补画松坡小景。士标。"卢辅圣主编《中国书画全书》第十四册，第294页。

深秋，石涛，游苏州虎丘，作《山水图》册页。此年曾游泾县水西，作《山水人物图》卷。

九月二十七日，戴本孝，于碧落精庐祭奠先父。又于碧落精庐西建茅庐，名为"蜕峡"，以诗为记。

戴本孝《余生诗稿》卷五《先文节府君忌辰奠于碧落精庐》，自注云："是月钺星、舆星两儿各再举一孙。"

冬，查士标，为淑南道兄作《溪桥策杖图》轴。

纸本，墨笔，115厘米×42.5厘米。中国国家博物馆藏。题款："丁巳冬，士标并识。"《中国古代书画图目》第一册。

戴本孝，谒鸡心山祖墓。

戴本孝《余生诗稿》卷五《谒鸡心山祖墓》。

十二月，查士标，作《天台赤城图》轴。

纸本，墨笔，240厘米×129厘米。重庆博物馆藏。题款："梦入天台五十年，于今真到赤城边。仙人狡狯谁能测，一笔横耕万里烟。右题□老人画天台石梁□□句，复录此幅以发一笑。学人查士标，康熙丁巳十二月。”《中国古代书画图目》第十七册。

石涛，为歙县吴彦远作《大涤子山水诗册》。

最后一开题款：“康熙丁巳十二月灯下偶涂此册，用坡公语漫成一绝，书发彦老道翁一笑。”潘正炜编《听帆楼书画记》卷四。

是年，汪楫由选贡任赣榆教谕，查士标有诗赠之。

查士标《种书堂遗稿》卷一有《送汪悔斋之任赣榆》，诗云：“高堂双白发，捧檄且为欢。独拥皋比座，初甘苜蓿盘。春风光海徼，吾道重儒冠。岛屿楼台见，新诗好寄看。”

程邃，作《为彭鹏作山水图》。

陈撰《玉几山房画外录》。

郑旼，作《策杖观书图》轴。

纸本，墨笔，116厘米×50厘米。湖南省博物馆藏，湘1-045。

吴山涛，在余杭，时年六十九。

日本出版的《中国南画大成续集》第六册著录吴山涛《山水册》的跋和诗，跋曰：“邗沟客舍，偶一为之。阅岁林曙访我禹航山中，复出展玩，似见故人。”

梅清，作《万松图》贺施闰章六十大寿，自题五古一首。

按：《宣城胜览图》之跋文云：“尝见瞿山《万松图》，作于康熙十六年丁巳为愚山六十寿。题跋皆一时名宿，瞿山自题五古一首。诗律虽老，书法苍秀。与此册笔墨不爽毫厘。后图归朱氏摹作缩本，征诗成帙，付梓行世。其宝贵如此，此册洵希世之珍也。同治元年壬戌二月，西园主人识。”铃木敬编《中国绘画总合图录》卷二。

自仙源行舟至清弋江，仙源近黄山。

“黄海云初霁，麻溪水暴流。”梅清《天延阁后集》卷四《丁巳诗略·自仙源放舟顺流至清弋江》。

于歙县，与程守、吴肃公、江注、程山尊等人寻城西太平十寺，同游问政山，并饮酒于景淳堂，游仙源、箬岭、练水等地，屡有欲往黄山之语。

“隔岁城头杖屡携，重来竹里径还迷。可禁落木飘双郭，不尽寒烟散六溪。把酒地怜灵鹫在，寻山约喜故人齐。风前惆怅仙源路，凌晓穿云箬岭西。”梅清《天延阁后集》卷四《丁巳诗略·程山尊招同敷公、非二、允凝、以枢、正路、家子彦宴集问政山，分得齐字》。

“寻山出郭过溪湾，郭外翻看郭内山。楼阁半浮图画里，人烟返射夕阳间。最怜云刹闻笳遍，何处江关作赋闲。旧地追随须暂醉，新开幕府正愁颜。”梅清《天延阁后集》卷四《丁巳诗略·同程非二、吴敷公、江允凝、程山尊、正路、家子彦寻太平十寺，晚饮程以枢景淳堂，分赋》。

“昨日登临练水西，今朝南阁更招携。樽当惜别频相引，屐为探幽到亦齐。岁晚寒声孤雁去，吟成羁思夕阳低。天都有约难长负，昂首春云定不迷。”梅清《天延阁后集》卷四《丁巳诗略·登白云楼又用齐字留别新安诸子》。

有诗题于歙县程正路悟雪斋。

“高人擅奇嗜，寄托出尘坱。自非身同游，焉知致萧爽。我来天都下，倾盖惬俯仰。晚登悟雪斋，超然豁心赏。主人富词藻，走笔起坱漭。身居山郭间，思出齐梁上。余情寄墨妙，取法谢已往。雅则发精心，松烟时在掌。涤胶应良候，听杵计微响。制成欣自得，贻赠不惜广。惟余鲜所好，墨癖实无两。断笏志必收，藏箧恣潜访。每念陈吴遥，叹息引长想。不谓廷珪遗，宛然在吾党。光辉既盈目，乞取谅非妄。尺璧倘堪易，慷慨两相饷。”梅清《天延阁后集》卷四《丁巳诗略·程正路悟雪斋》。

按：程正路，即程义，字正路，号耻夫，又号晶阳子，安徽歙县槐塘人。工诗善画，能手搏击剑，尝游粤，入吴留村、王孝扬幕，以军功授黄陂县丞。大吏闻其善画，胁取之，抗不应，竟坐镌官。家居益狷僻，操金求画者漫不应，好事而黠者伺间馈鼎肉彘肩，辄欣然命笔。好泼墨，作林峦烟树，不落南宫窠臼，孤石丛草，研朱点花实，尤超逸。郑昳题其《西园雅集图》，颇见称许。程正路别号雪斋，故其墨肆名悟雪斋，为康熙年间名墨坊之一，有《墨史》一卷，原邓之诚先生五石斋旧藏，人间孤本也。其墨肆至乾隆间始为汪彩章接替，再转至胡开文。

梅清 黄山天都峰图
约1677年 辽宁省博物馆藏

题画寄王士禛。

“寒窗墨洒万山幽，千尺惊涛响欲流。为祝敬亭云一片，因风吹到凤池头。”梅清《天延阁后集》卷四《丁巳诗略·题画寄阮亭先生》。

约是年，梅清，作《黄山天都峰图》。

绢本，墨笔。辽宁省博物馆藏。

清康熙十七年　戊午（1678）

正月，戴本孝，作长歌慰樵人。

戴本孝《余生诗稿》卷五《戊午元日雪霁长歌示樵人》，句云："大雪压腊尾，还完年债断年米。白雾盖年头，山田空喜水田愁……"

人日，戴本孝，迢迢谷咏《人日叹》抒怀。

戴本孝《余生诗稿》卷五《人日叹》。

春，戴本孝，作诗《柬杜三楚芳讯老梅胜常否》。作《雨赏画卷》。

上海博物馆藏。

夏，施闰章应征入都，梅清有诗送施闰章应召北上。

梅清《天延阁后集》卷五《戊午诗略·送施愚山先生应召北上》。

查士标，作《林亭秋晓图》扇面。

纸本，设色。四川博物院藏。题款："林亭秋晓。戊午夏，士标。"《中国古代书画图目》第十七册。

查士标，于待雁楼中，作《山水》八开册页。

纸本，设色，每开尺寸为22.7厘米×29.8厘米。江西省博物馆藏。第一开题款："白石翁画意。戊午夏，士标。"第六开题款："戊午夏，学倪高士意，标。"第八开题款："戊午夏日，士标画于待雁楼中。"《中国古代书画图目》第十八册。

石涛，应钟山西天道院之请，到南京，舟过鸠江。

又为歙县吴惊远、元素作《湖上青山图》轴。

上海博物馆藏。题款："湖上青山处处出，江风日日东扁舟。墨痕倒着云翻壁，却写新诗话别愁。戊午初夏过□水，灯下与惊远、元素二公话别，偶作此画，戏题博教，石涛济。"

长至后一日，查士标，作《溪山清晓图》轴。

纸本，墨笔。北京首都博物馆藏。款署"戊午长至后一日"。《中国古代书画图目》第一册。

六月，梅清，首登黄山、白岳，并作《黄山纪游诗一百韵》，详细地记录这次壮游。先由仙源宿松谷庵出发，当晚半夜即起，披星戴月往云门峰、石笋峰前进，自云门峰底一路攀爬上行，莽榛蔓草，杖短难拨，登至峰顶后下，瞰左近的石笋峰群，梅清叹说："昨为仰面尊，今为培塿末。"石笋峰观之已俨若小土丘，乃大呼"从此识黄山"。

梅清《天延阁后集》卷五《戊午诗略·黄山纪游诗一百韵》。

七月，戴本孝，在和州作《山水册》共十六帧，傅山对题。

纸本，墨笔，每帧尺寸为20厘米×23厘米。上海博物馆藏，沪1-2636。《戴务旃、傅青主对题册》。

八月，查士标，作《秋山水阁图》轴。

绢本，设色，168厘米×39厘米。意趣山房藏。题款："康熙戊午秋八月，查士标。"《艺苑掇英》第六十七期，图48。

九月，查士标，为于磻作《清溪茅屋图》轴。

纸本，墨笔，103厘米×51.7厘米。上海博物馆藏。题款："戊午九月，画似于磻道世兄正。查士标。"《中国古代书画图目》第四册。

秋日，查士标，作《唐人诗意图》轴。

纸本，墨笔。款署"戊午秋日"。故宫博物院藏。《中国古代书画图目》第二十二册。

冬日，查士标，于邗上待雁楼，作《松荫远望图》轴。

绢本，设色，129厘米×41厘米。烟台市博物馆藏。题款："戊午冬日，画于邗上待雁楼。查士标。"《中国古代书画图目》第十六册。

查士标　清溪茅屋图　/　1678年　上海博物馆藏

腊月立春日，查士标，为汉白道兄再题《山水》轴。

纸本，设色，90厘米×36.7厘米。辽宁省博物馆藏。题款："画成颇自见赏，藏之笥中，未易示人，偶汉白道兄鉴而赏之，不能释手，感其意，割以相赠，而绻恋之色犹见于眉宇间。大凡物必归于所好，况翰墨雅事，时节因缘，不可强也，并记之。康熙戊午腊月立春日，士标。"中国美术全集编委会主编《中国美术全集·绘画编》第九册，第90页，图86。

是年，孙默，卒，年六十六。

汪懋麟《孙处士墓志铭》中记载程邃与孙默为故乡知友，同客扬州，相交至深。他俩是王士禛所谓“黄山白岳两逸民”也。席居中《昭代诗存》卷三有孙默诗寄程穆倩：“江城兵火后，秋思席门人。水涨孤村失，秋凉数卷亲。野航娱稚子，短榻卧遗民。满眼多群盗，归来整旧贫。”

查士标，为丁励作《山水》轴。

徐邦达《改订历代流传绘画编年表》，第165页。

郑旼，作《溪水泛舟图》册页。

纸本，墨笔，68.9厘米×31.15厘米。浙江省博物馆藏，浙1−329。

梅清，黄山归来，以《黄山图》赠邓性，绘有朱砂汤泉、散花庵、平天矼老松、光明顶、天都峰等景点，并题有长短之歌行。

“……而黄山之劳我寤寐者为日也久。……渊公梅子贾勇先登。举耳目之所独饫者，绘其图以相遗，而长短之歌行附焉。夫杜少陵拙于画，吴道子拙于诗。乃渊公独兼而擅之，而黄山半天之影始落人间，洵异矣哉。余簿书之暇，展而玩之，讽其词则掬来冰雪，可净聪明；披其图则飞下峰峦，如归几席。莹乎若朱砂汤泉之可薄而浴也，郁郁乎若散花庵，平天硔（矼）老松之入于梦也。矗若光明顶之岸然壁立，焕若天都峰之彩云霏霏，然其五章也，渺渺乎若黄海之吸吞于砚滴，而雪鬒猿之可摩而弄以司我隃麋也。举十数年，所景行之黄山而未暇适所愿者，竟可得诸卧游，快何如之。因题数语，庶如东坡所云，他日入山不为生客也。”梅清《天延阁后集》卷五《戊午诗略》，邓性《黄山诗序》。

梅清，有诗送喝涛游石埭。

“长林红叶落，一枝去何轻。芳讯远相系，孤吟爱此行。屐投山县冷，梵向故人清。仙令禅心洽，援琴好共鸣。”梅清《天延阁后集》卷五《戊午诗略·送喝公游石埭兼致姚明府》。

戴本孝，作《雨赏图》卷。

纸本，设色，26.4厘米×788.1厘米。上海博物馆藏，沪1−2637。

祝昌，作《山水图》册页。

天津博物馆藏。

清康熙十八年　己未（1679）

正月初七，戴本孝，忆无忝弟入粤，感吟。陈季箴偕无忝过碧落精庐，慨然有抱经林薮之志，赋诗三章见示，本孝依韵答之。

戴本孝《余生诗稿》卷六《己未人日，阴惨特甚，忆弟无忝入粤》《季箴偕舍弟无忝过碧落精庐，慨然有抱经林薮之志，赋诗六章见示，依韵答之》。

正月十三日，查士标，为檗翁先生画《山水》册页一开。

纸本，设色，26.5厘米×22厘米。故宫博物院藏。题款："檗翁先生属画似正。己未灯夕前二日，士标。"《中国古代书画图目》第二十二册，《诸家山水》十二开册页。

元宵后四日夜，查士标，偕友程邃等集饮江宅。

范国禄《千山楼诗抄》己未年有《元宵后四日夜，同涂酉、崔干城、程邃、纪映钟、查士标、宗观、蒋山、程濬、萧晨、华衮、吴淑、毕三复、王牧、程之谦、汪征远、韩魏集江宅》七律一首，记此盛会。

春，梅清，于京城晤汪琬。时为七度北上应试。

"震泽风清海内闻，十年高卧山尘氛。东山自系苍生望，北阙还思论蜀文。三殿云霞春共满，九天黎火夜半分。熙朝正重传经事，合有奇篇答圣君。"梅清《天延阁后集》卷六《己未庚申诗略·长安晤汪钝庵先生》。

在京城，为田雯作《长安移居图》。

"何来捆载书盈车，西曹才子新移家。每日鸣驱引鵷鹭，意中旷绝奔麋麚。检点高呼驱仆从，却来委巷排官衙。双扉开处放青眼，西山万壑争横斜。茶铛酒瓮置未稳，小立且咏篱边花。便可攫身入图画，许我弄笔兼涂鸦。毫端秋色亦无数，墨光浓淡随参差。但使能藏千日酒，幅中谁道无羲娲。"梅清《天延阁后集》卷六《己未庚申诗略·水部田纶霞属写〈长安移居图〉并作短歌》。

二月，查士标，作《书画》十开册页。

纸本，设色。故宫博物院藏。款署"己未"。《中国古代书画图目》第二十二册。

三月，梅清，七度春试失利，旋南归。

初夏，戴本孝，骑驴至含山。途中望鸡笼山即兴吟诗一首。宿安国寺，诗示僧人。至含山城中，一时文人雅士敬慕其人，纷纷招寻。

戴本孝《余生诗稿》卷六《始至含山时维初夏》。

夏，旱势至。城西郭雩坛有群儒挟僧齐诵祈雨经。戴本孝郁闷不安，登城望雨不至，裹砚还迢迢谷。

戴本孝《余生诗稿》卷六有《旱势至》《西郭雩坛群儒挟僧诵祈雨经》《登城望雨不至，将裹砚还迢迢谷》诸诗。

夏日，梅清，于怀谢楼作《渴笔山水》轴。

美国王季迁藏。

四月，查士标，为汉白道兄作《仿古山水》册页十二开。

纸本，墨笔，每开尺寸为28.5厘米×21.8厘米。上海博物馆藏。第六开题款："仿方上清真迹作溪山晚霭。时己未清和月廿又一日，梅壑道人士标识。"第九开题款："沧江渔隐。己未四月，为汉白道兄作画册十二帧请正。查士标。"第十开题款："高梧出竹。己未夏四月下浣，士标画。"第十二开题款："康熙己未四月，仿清閟阁画法画观泉图。士标。"《中国古代书画图目》第四册。

五月，石涛，重游宣城，避暑怀谢楼，尝于清音阁下作壁画，以诗索梅清、施闰章。

傅抱石《石涛上人年谱》，文景出版社1970年版。

六月上弦，戴本孝，客梅山，作《山径泊舟图》轴，一作《仿范华原山水》。

纸本，设色，132.2厘米×60厘米。安徽博物院藏。题款："劲节亦何奇，可望不可即。托根频千仞，苍岩扫白日。此中古人心，一片嶙嶒骨。援毫写所思，六月寒瑟瑟。世泽春勿忘，龙蛇任信屈。高曾迈芳榘，仰止恒若失。画时己未六月上弦，客梅山之阴。仿范华原笔法，鹰阿山老樵本孝。"题下加钤"鹰阿山樵"四字白文方印、"本孝"二字朱文方印各一枚。图右下角压钤"三事未能三公不易"八字朱文方印、"娱情诗画食力耕樵"八字白文方印各一枚。

归迢迢谷，途经鸡笼山道，忽见蝗虫大片而至，作诗长叹。傍晚，归守砚庵，触目怆然，感吟抒怀。晚秋时节，旱灾、蝗灾甚惨，苦吟一首以叹。

戴本孝《余生诗稿》卷六有《鸡笼道中，蝗忽大至》《暮还守砚庵，触目怆然》《晚秋旱，谷中皆虫损实》诸诗。

六月，郭棻南下，至扬州与程邃相晤，有诗文之赠。

按：郭棻，字快圃，河北清苑人。所撰《学源堂文集》卷一有《赠程穆倩序》一文，诗集卷六有《赠程穆倩山人》一诗："廿载怀君老至逢，蔷薇不枉为南丰。纵谈身世悲沧海，屈指之交叹雪鸿。酒国有人堪独任，砚田无种与时穷。千旌早晚征耆旧，莫掩邗江半亩宫。"综考郭棻生平，仅康熙己未曾至扬州。故所赠诗文，均当作于是年相晤时也。

七夕，查士标，于邗上作《百尺梧桐图》卷。

纸本，墨笔，52厘米×29厘米。上海博物馆藏。题款："康熙己未七夕，写于邗上。查士标。"卷后有自题。《中国古代书画图目》第四册。

七月，查士标，跋汪之瑞《山水图》。

纸本，墨笔，79厘米×52厘米。故宫博物院藏。查士标题跋云："此乘槎真迹，古气苍蔚，如见伊人。瑞老道兄购得之，持以相示，为题数语。己未七月，邗上旅人士标。"《中国古代书画图目》第二十二册。

秋，梅清，登广德横山。

梅清《天延阁后集》卷六《己未庚申诗略·秋晚登横山，山在广德，旁有明太祖天语亭，并五忠祠、岳王井》。

仲秋月，查士标，作《仿黄子久山水》轴。

绢本，设色，178.4厘米×50.3厘米。吉林大学藏。题款："黄子久画法，查士标拟意。时康熙己未仲秋月也。"《中国古代书画图目》第十六册。

秋仲，查士标，为月翁老亲台七秩大诞，作《古松草亭图》。

题款："己未秋仲，仿古为月翁老亲台七秩大诞，查士标。"张大镛《自怡悦斋书画录》卷六。

九月朔日，戴本孝，妻病，五日后卒，本孝作悼亡诗，悲痛不已。夫人临终之夜，慰本孝"吾数已尽，不必哀也"。时弁星举家，炊多不能继，作诗感喟。

戴本孝《余生诗稿》卷六载："老妻何静好，食苦此山村。三十八年内，五男见十孙。深秋剧引决，凶岁几能存？衰眼全无泪，悲风谷口吞。""三男弁星妇先其姑两月而病，后其姑一月而死。死之前一日，梦姑呼同归……"

九月，查士标，作《山水》十二开册页。

第六开题款："寒溪竹屋。宋人画法，梅壑仿意。己未九月。"第十二开题款："倪元镇画竹树□山。士标拟意。己未。"卢辅圣主编《中国书画全书》第十一册。

冬，梅清，曾同石涛、梅以俊赏雪。

梅清《天延阁后集》卷六《己未庚申诗略·坐雪同石公、子彦》。

石涛，在宣城，准备赴南京。

十一月，查士标，作行书《草堂记》十二条屏。

纸本。绩溪博物馆藏。题款："己未十一月，梅壑道人查士标书。"查士标《草堂记》，安徽美术出版社1987年版。

作《山水图》册页。

汪世清《清初画苑八家画目系年》。

除夕前三日，梅清，为知县邓性欲以思亲离任绘成《宣城胜览图》二十四开册页。

梅清引："盖闻欧阳公、苏文忠皆擅高世之才，兼存康济之志。其于天下可爱可慕之物，举无足以动其心者。独于山水登临之胜，情不能忘。岂其中有所系哉？夫诚有其所托也。水之澄清类其洁，山之嶙峋类其高。空明变化，起伏逶迤，千折百出，而无以穷其奇。类其学术神智之无方，触目而偶得焉，无意而悦解焉。乐而好之，固其所也。我天翁老年父台，以南州之儒宗，应中朝之文望，初尹临淄，再任来典宣邑。逸怀朗致，辉映石霞。顾以抚字心劳，簿书鞅掌。从不肯顷刻间恝置斯民而沾壶觞，役车骑以纵其游观之适。盖其情初非有异于欧、苏诸公，而时遇之艰虞劳悴则已，与古人大不相侔也。三年以来，政和讼息，刑措风清。宣之万姓，方且虑不次之迁擢，夺我慈父母。不意我公忽已养亲思切，辞任谋归。虽邑之四民再三挽留，扳辕卧辙之情，预形之涕泣，而我公孝思之迫未尝稍缓。一日以图册属余曰：‘余之不能忘情者，宣之山水，时时在念。君其为我图之，以当少文之卧游。’余惟公之德泽无所不被，岂独民荷其仁；凡治内一水一石、一草一木，谁非蒙我公之惠爱，而得以生植者？图以报公，亦古风人甘棠之遗意也。至于名称显晦之分，仙灵来去之迹，客游题识之遗，有非画所得尽而可想见于尺幅之中者，并撮其略而识之。惟公才高思敏，生平气节复足与山川相映发。间于其上，各题数语以志其胜，俾吾乡名境得于欧阳之滁、文忠之黄，并传千古。山灵有知，不有响答于抚琴动操之间者哉！康熙岁次己未除夕前三日，治弟梅清拜手。”瑞士苏黎世里特贝尔格博物馆藏。

除夕，戴本孝，作诗《荐碧落庐》《午砚庵守岁》二首并记。

记云：“时予年五十九，昔王右军、杜少陵皆以是告终，则予今年之不死，宁不幸且愧也。”

是年，祝昌，卒。

安徽博物院藏。查士标信札曾云：“祝山嘲兄近已作古，可伤。”书于八月二十四日，未署年。此书中同时记录关于清康熙十八年（1679）京师的地震，云“都中闻前月二十八日，大有地震之变，通都无不坏之屋，无不损之人家”。据此推断，祝昌卒于康熙十八年（1679）八月之前。

孙枝蔚，作《饮丘曙戒季贞寓斋题查二瞻画》诗二首。

孙枝蔚《溉堂集》后集卷二己未七言绝句有《饮丘曙戒季贞寓斋题查二瞻画》诗二首，其一云：“旅食长安秋复春，出门双眼眯黄尘。玉堂兄弟好情性，看画每来招野人。”其二云：“画里倪迂品绝超，满湖烟雨数枝饶。岂知三百余年后，笔势重留查士标。”

有欲以博学鸿词荐程邃，程邃力辞不就。

陈鼎《垢区道人传》谓“己未当事以博学鸿词荐，邃力辞不就”。

程邃，作《隶书七律诗》。

纸本，333厘米×126厘米。济南市博物馆藏，鲁2-049。

戴本孝，作《流莩南徙不忍见》，犹关怀饥民逃荒落难，惨不忍睹。家多遭荒，山中产有“山花萝，人能食”，山民获以度生。本孝诵诗“此乃天地自然之赈也”。谒游定夫先生祠。谒张不二先生遗像，作诗示其孙忠孙。

诗云：“为访张公后，孤忠尚有孙。遗容应下拜，幽愤莫招魂。饿是成仁术，贫为系道根。千秋名教事，九鼎一丝存。”

应褒山禅堂唐秩臣之邀，同钟孝虎、黄素书过宿一夕，有诗。过昭关，将欲遍为群山之游，不克果。望太湖鼓山，触怀为诗吊鹤岩僧人。

戴本孝《余生诗稿》卷六。

傅山，题戴本孝《山水》册页。

许宏泉按：西上实撰《戴本孝年谱》称：戴可能本年访太原，将此册赠与傅山。据《余生诗稿》此年未有诗记太原行踪，春至含山，夏秋灾祸累连，冬日困居山中，难有北上可能。

石涛，在南京。于秦淮之怀谢楼作《山居图》，题跋中有“用情笔墨之中，放怀笔墨之外”之语。

石涛，归南京，梅清赠诗，兼怀喝涛。

“何地堪投足，东西南北人。风萍原不系，海鹤故难驯。墨泼云千嶂，瓢悬雨一春。金陵栖定处，双锡是天亲。”梅清《天延阁后集》卷六《己未庚申诗略·送石公暂还白下兼致喝师》。

清康熙十九年　庚申（1680）

元夕，戴本孝，居迢迢谷作《纪愁诗》。张逋曜来访，本孝酬以诗。作《黄山图歌》。

戴本孝《余生诗稿》卷六《黄山图歌》。

正月，查士标，作《仿黄公望〈林亭春晓图〉》轴。

绫本，墨笔，125厘米×47厘米。山西博物院藏。题款：“林亭春晓。康熙庚申正月，仿一峰道人画意。查士标。”《中国古代书画图目》第八册。

春，程邃，移家南京。

二月，戴本孝，作《仿董北苑山水》。

绢本，设色，179.5厘米×50.5厘米。四川大学博物馆藏。

题《世外山图》。题画寄王士禛。题画寄沈荃。题画寄陈其年。有酒家请以酒易画，本孝戏作“藏头山”与之，作画并题诗一组。和无忝《枕上》示儿辈。适时，麦孙始入城，令其随庙星读书。弟戴移孝由和州上北京，将戴本孝之信转交王士禛。

王士禛《带经堂·渔洋续诗》卷十三。

戴思望，在淮阴作《仿倪山水》八开册页。

天津博物馆藏。题款：“云林八景画册向藏吾家，乱后失之，偶法其意，依稀而已。戴思望画于淮阴旅次，时庚申二月。”

又作《浮云叠翠图》轴。

纸本，墨笔，112厘米×53厘米。重庆博物馆藏，渝1-191。

梅清，在宛陵，送梅文鼎游金陵。

梅清《天延阁后集》卷六《己未庚申诗略·送家定九重游金陵兼致金垆伯》。

三月，程邃，赴周在浚之招，集观行堂赋诗。

梅文鼎有五古一首记其事。周在浚，字雪客，亮工长子，居南京。此次相招，即在其寓斋。故知是年三月前，程邃已由扬州移家南京。

四月，查士标，作《平川挐舟图》轴。

纸本，墨笔，132.4厘米×54.4厘米。上海博物馆藏。题款：“庚申四月，查士标。”《中国古代书画图目》第四册。

程邃，与吴晋观僧独任所作山水画册。

按：吴晋，字介兹，江苏江宁人。僧独任，名大云。杨翰《归石轩画谈》卷十著录僧独任所作山水画，有柳堉、纪映钟、龚贤、吴晋等人题识。吴晋题一幅：“君亦寻常至，难为此日留。江山余旧识，樽酒遂新投。触感情何极，当欢泪欲流。秦淮歌管歇，莫问水边楼。”注曰：“垢区老人至自邗上。同集赖古，龙客有赠，次韵八首之一。”另一幅亦有吴晋题，跋曰：“近人以作草书法作画者，唯柴丈、公含，得睡公而三矣。未许多人参得。庚申首夏，同黄海程穆倩、济南王东亭观于静阅楼。”

五月，黄周星，卒，年七十。

按：黄周星，字略似，一字九烟，号而庵，上元人。程邃《萧然吟·良友赠言》有黄周星五律一首，题为《广陵喜晤穆倩社兄，赋正，兼以志感》。《萧然吟》还有《黄九烟既成进士，坚不欲仕，写谈出处之际，出示〈岳游草〉题赠二首》，此诗则作于明亡前也。

长至月，查士标，为栩庵先生作《松溪仙馆图》轴。

纸本，墨笔，141.6厘米×49厘米。故宫博物院藏。题款：“仿一峰道人松溪仙馆图，为栩庵先生正。庚申长至月，邗上旅人查士标。”图上方从右至左依次有涂酉、龚贤、黄元治题跋。《中国古代书画图目》第二十二册。

六月，查士标，客润州，再登金山，留宿慈云阁，雨中为德润禅兄作《南山云树图》卷。

纸本，墨笔，25.7厘米×161.9厘米。故宫博物院藏。是卷为纸本三接，仿米家山水而作。题款：“康熙庚申六月，余客润州，再登金山，留宿慈云阁，雨中为德润禅兄画《南山云树》，仿米家笔意，累日乃竣事。偶忆石田先生有题画绝句云：‘看云疑是青山动，云自忙时山自闲。我看云山亦忘我，朝来洗研写云山。’因漫续一偈，并发润师一喝。功静无心云出山，山云何处有忙闲。要知心住因无住，忙处看云闲看山。白岳查士标。”拖尾有张熊、顾文彬、杨岘三跋。《中国古代书画图目》第二十二册。

是月，戴本孝，作《寒林图》。

田岛志一编《南宗名画苑》第二十五册；西上实《戴本孝年谱》。

秋月，查士标，作《山水图》十开册页。

纸本，墨笔，22.2厘米×16.4厘米。日本中野又左卫门藏。其中第十开题款：“庚申秋月画。”铃木敬编《中国绘画总合图录》卷四。

七月，查士标，作《山水图》卷。

纸本，墨笔。日本私人藏。题款："庚申七月。"卷后有查士标、会稽鲁超等人题跋。铃木敬编《中国绘画总合图录》卷四。

闰中秋，查士标，同涂子山、邓孝威、吴园次、桑楚执、宗鹤问、华龙眉诸子宴饮于闵于天春星草堂。

孙枝蔚《溉堂集》后集卷二庚申七言律诗有《闰中秋，同涂子山、邓孝威、查二瞻、吴园次、桑楚执、宗鹤问、华龙眉诸子饮闵于天春星草堂》，诗云："老日中秋逢闰月，回头四十七年过。人间敢负金尊满，天上重烦玉斧多。因与诗家添故事（唐人闰中秋诗，唯黄滔绝句一首），特招狂客听新歌。扬州两度吹箫夜，牛渚南楼敌得么。"

八月，查士标，作《仿倪瓒山水》轴。

纸本，墨笔。吉林省博物院藏。款署"庚申八月"。《中国古代书画图目》第十六册。

于邗上旅居之待雁楼，为天一作《仙居飘渺图》轴。

纸本，墨笔，86.5厘米×40.7厘米。上海博物馆藏。题款："庚申闰中秋日，士标并识于邗上旅居之待雁楼。"《中国古代书画图目》第四册。

闰八月，石涛，居南京长干寺一枝阁。作《书画》卷。

题款："庚申闰八月初得长干一枝七首。"石涛与戴本孝、程邃、孔尚任、梅清、屈大均有往来。

中秋，姚文燮，作《玉峰琼树图》。

绫本，设色，182.7厘米×50.6厘米。安徽博物院藏。题款："玉峰琼树共晶莹，天际人持水镜行。我昔亲儋嵩岳至，路中争指是先生。庚申秋，客长安写寄五崖老年学兄正，同学弟姚文燮。"题下加钤

姚文燮　玉峰琼树图　/　1680年　安徽博物院藏

“文燮私印”四字白文方印、“耕堂”二字朱文方印各一枚。

九月，查士标，作《云山图》卷。

邵松年《古缘萃录》卷七著录查梅壑《云山图》卷：“纸本，设色，高六寸四分，长四尺五寸五分。”此图微青浅绛，写云山烟树，迷离动宕，一片神行。卷首下角有“梅壑”“游戏”二印，又有“长白马氏蔼民鉴藏书画之章”，后为双款，为人割去。下角有“蔼民审定印”。题款：“朝看云、暮看云，朝朝暮暮云气浓。云朝飞出暮飞还，云本无心山自闲。我欲乘云气，往来此山间。山中应有采真客，云餐云宿长驻颜。庚申九月，写云山图并题小诗，因识岁月。白岳查士标。”钤“士标私印”“查二瞻”两印。《续修四库全书》子部艺术类。

冬，程邃，偕梅清、柳堉饮于方若梃之山亭。

梅清《天延阁后集》卷六有《己未庚申诗略·留墨亭歌》七古一首，题下注：“同程穆倩、柳公韩诸公，饮方绣山先生山亭，既图小幅，复作短歌。亭在石头城，虎踞山南。”

诗云：“虎踞之巅高百尺，上有孤亭曰留墨。尽日追游浮大白，纵横卷轴多奇迹。主人爱画兼爱人，不分今古能相亲。髡残道者名最闻（石谿和尚别号髡残），吹毫落纸真不群。天都老翁起长啸（谓穆倩），老手纷披辟灵奥。南村柳公齐大叫，流传笺版惊同好（诸公皆有留墨亭诗）。邀我山瞿登此亭，醉中歌罢还沉吟。偶然笔落岚光青，能事称之愧不能。明朝踏雪东归去，有约重来图虎踞。”

冬至，梅清，仍滞留南京。

“忽忽已长至，谁堪客里身。惊心逢节序，屈指数归人。家近衣难寄，宵寒酒独亲。千村齐冻馁，不但在城闉。”梅清《天延阁后集》卷六《己未庚申诗略·至日》。

仲冬，汪家珍，作《移居图》轴。

纸本，设色。浙江省博物馆藏，浙1-190。题款：“庚申仲冬汪家珍作。”钤有白文印“家珍”“壁人”两方。

腊月立春前一日，南徐雪夜，查士标，秉烛作《南徐山水图》，与子先盟道兄话旧，并赋诗请正。

纸本，墨笔，137厘米×52厘米。昆仑堂美术馆藏。题款：“时康熙庚申腊月立春前一日，弟查士标。”《昆仑堂藏画集》。

是年，王时敏，卒，年八十九。

李渔，卒，年七十。

按：李渔，字笠翁，浙江兰溪人。李渔与程邃交好，其所撰《笠翁诗集》卷之五有《担灯行，赠程子穆倩》七古一首，序曰：“程子多才嗜饮，往来同人之家，赋诗饮酒无虚日。其归必暮，暮必需灯。故每出必担灯自随，虽戴星而往，亦未尝稍辍。又恐酒后颠蹶，常令幼子偕行。

尝对人曰：'此非儿也，杖也。'予景其高风，嘉其逸趣，作歌以赠，冀添词人一段佳话云。"

戴本孝，作《古木寒鸦图》，祝栩窗六十初度。

美国檀香山艺术学院藏。

又为龚鼎孳作《淡色山水图》。

徐邦达《历代流传书画作品编年表》，第148页。

又作《烟波杳霭图》轴。

纸本，设色，150.6厘米×73.2厘米。苏州博物馆藏，苏1-276。

梅清访石涛一枝阁，并有诗寄喝涛于西天禅院。

"小楼齐木杪，如鸟独蹲枝。万事都无着，孤云或与期。吟成帘更卷，病起杖还支。一啸堪三昧，逃禅藉（借）尔为。"梅清《天延阁后集》卷六《己未庚申诗略·题石公一枝处，和张南村韵》。"西来君莫问，托迹住尘寰。最是贫常定，能于昼掩关。仰天堪野兴，得句亦深山。翻悔余生老，真抛尽日闲。梅清《天延阁后集》卷六《己未庚申诗略·题喝公养静处西天禅院》。

与程邃、黄有臣、黄俞邰、曹础航宴集天尺楼。

梅清《天延阁后集》卷六《己未庚申诗略·宴集天尺楼同程穆倩、黄有臣、黄俞邰、曹础航，分赋得收字》。

在南京，寻龚贤屋舍，未见龚氏。

"难觅高人迹，初知虎踞关。入城怜野径，绕屋得苍山。独扫尘中句，常开画里颜。真须买园舍，分我半生闲。"梅清《天延阁后集》卷六《己未庚申诗略·寻龚半千》。

郑旼，作《寒林读书图》轴。

纸本，设色。故宫博物院藏，京1-3744。

作《仿王蒙〈铁网珊瑚图〉》轴。

纸本，墨笔，117.6厘米×43.8厘米。福建博物院藏，闽1-038。

查士标，作《山水》一开。

纸本，设色。中国国家博物馆藏。款署"庚申"。此幅作品是《明清集锦图》十四开册页之一。《中国古代书画图目》第一册。

又作《荷塘梦雪图》轴。

钱君匋旧藏。汪世清《清初画苑八家画目系年》。

又作《云山图》卷。

香港郑德坤藏。汪世清《清初画苑八家画目系年》。

清康熙二十年　辛酉（1681）

早春之望，查士标，作《仿陈唯允山水》轴。

金笺，墨笔。题款："仿陈唯允笔法。辛酉早春之望，查士标。"容庚《颂斋书画小记》，第265页。

初夏，程邃，招孙枝蔚等饮于秦淮寓亭。

孙枝蔚《溉堂后集》卷三有《初夏雨后，程穆倩招同姜勉中、学在、曾锡侯、吴仁趾饮秦淮寓亭，各赋八韵，分得浮字》五古一首，系辛酉所作。

五月，郑旼，作《黄山八景》图册。

纸本，墨笔，每开尺寸为24厘米×14厘米。美国纽约大都会艺术博物馆藏。

初秋，郑旼，作《松溪闲游图》。

纸本，设色，171厘米×81.5厘米。安徽博物院藏。题款："辛酉初秋，写于拜经斋。"题下加钤"慕倩"二字朱文方印一枚。

秋，郑旼，为汪允让作《仿倪瓒〈狮子林图〉》卷。

纸本，墨笔，30.3厘米×141.4厘米。上海博物馆藏，沪1–3072。卷后有石涛、汪洪度等人跋。

按：汪允让，字礼常，号半亭，安徽歙县西山人。

仲秋，梅清，作《三清图》轴。

纸本。浙江省博物馆藏。题款："辛酉仲秋，写祝君南老年道翁九秩大寿。瞿山梅清。"《中国古代书画图目》第十一册。

秋仲，梅清至南京，与程邃、王翚、柳堉相聚饮酒。叹无机会与王翚合写《长江万里图》。

"点缀秋光兴不孤，登高时节雁来初。恨无整匹鹅溪绢，合写长江万里图。"梅清《天延阁后集》卷七《辛酉壬戌诗略·同程穆倩、王石谷、柳公韩秦淮小饮时，石谷将归海虞》。

冬，程邃，与施闰章、黄云聚于金镇按察署斋。

施闰章《施愚山诗集》卷四十二有《再酌金长真按察署斋》七律一首，题下注"程穆倩、黄仙裳在座"。诗作于是年冬，是施闰章由宣城北上途经南京而作。时金镇已移官南京矣。

吴山涛，在扬州，应江湘之招，与曹秋岳等同集江郢上貊其堂。

倪匡世辑《诗最》卷六，选张潮诗，有《江郢上招同曹秋岳侍郎、许年伯青屿侍御、吴园次太守、吴岱观明府、许松年广文及诸同学饮貊其堂，限一东韵》七律一首，未知写于何时。江郢上名湘，歙县江村人，家扬州，所居为貊其堂。吴园次是康熙辛酉（1681）"始自苏州还居扬州"的。吴山涛在《书画合卷》后题曰："右皆禹航山中之作，书于邗江水榭，塞翁山涛，时年七十又三。”故知同饮貊其堂当在辛酉。

十月，查士标，作《秋溪竹屋图》轴。

纸本，设色，140厘米×72厘米。天津人民美术出版社藏。题款：“辛酉十月，画秋溪竹屋图并题，查士标。”《中国古代书画图目》第八册。

十一月，查士标，作《仿古山水竹石》八开册页。

纸本，墨笔，每开尺寸为21厘米×16厘米。烟台市博物馆藏。第二开题款：“寒江钓雪。辛酉十一月，懒老标。”《中国古代书画图目》第十六册。

十二月，江注，作《陡壁丹台图》。

纸本，设色，99.1厘米×89.1厘米。安徽博物院藏。题款：“辛酉嘉平月写，进修己尊兄介觞，注。”题下加钤“江注之印”四字白文双边方印、“允凝”二字朱文方印各一枚。款前引首倒钤“若米舫”三字朱文竖长方印一枚。此图有清末翰林许承尧跋。

除夕，戴本孝，郡城作诗示无忝、季箴。

是年，程邃，作《秋水夕阳图》。

汪世清《艺苑查疑补证散考》，河北教育出版社。

梅清，题石涛《荷花》轴，以赠翼老年翁。

国学图书馆编《陶风楼藏书画目》。

梅清，题王翚《雪景图》。

“墨光白尽寒云低，千山万山山路迷。我欲相从问剡溪，故人家在西山西。”梅清《天延阁后集》卷七《辛酉壬戌诗略·题王石谷雪画，和笪在辛先生柏梁体四韵》。

观王翚赠王撰《仿北苑〈万山烟霭〉卷》。

“满眼烟峦手自携，看山人与写山期。君家能事原无敌，错怪前身是画师。”梅清《天延阁后集》卷七《辛酉壬戌诗略·王异公属题王石谷画〈万山烟霭〉卷子》。

石涛，作《荷花图》赠梅清。

郑旼，为孟锡作《山水图》。

又作《山水》扇面。

金笺。故宫博物院藏，京1–3745。

查士标，作《树石小景》轴。

纸本，墨笔。北京市文物局藏。款署“康熙辛酉”。《中国古代书画图目》第一册。

又作《云容水影图》轴。

纸本，设色，143.6厘米×72厘米。天津博物馆藏。题款：“云容水影。仿白石翁画于邗上寓楼。辛酉，查士标。”《中国古代书画图目》第九册。

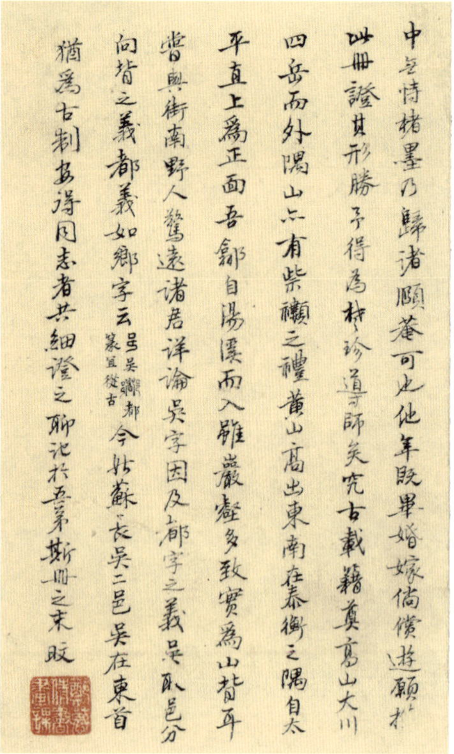

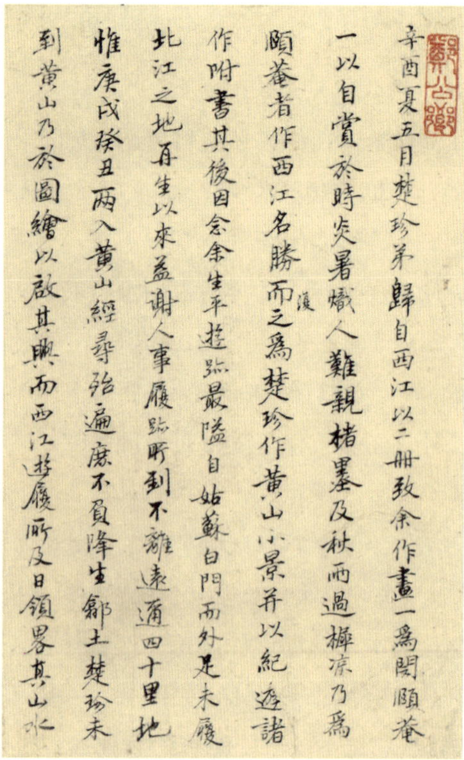

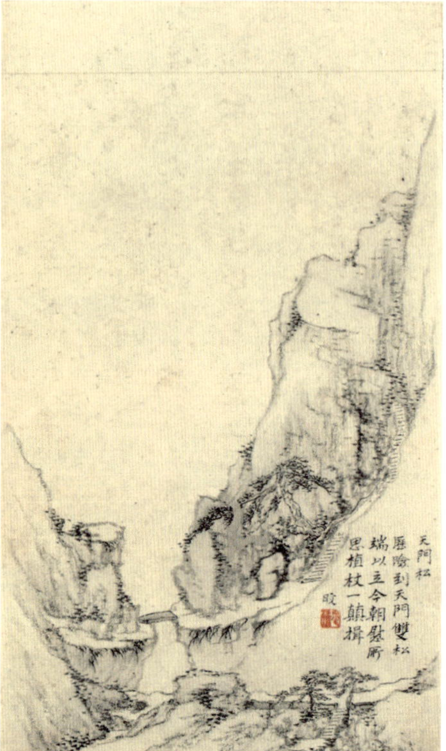

郑旼　黄山八景图　/　1681年　美国纽约大都会艺术博物馆藏

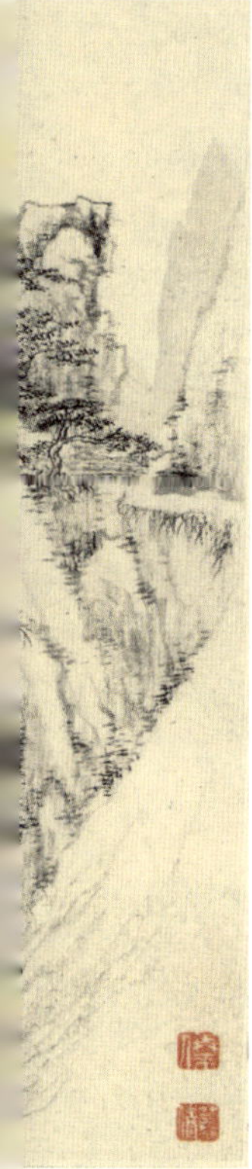

江注　陡壁丹台图　/　1681年　安徽博物院藏

清康熙二十一年　壬戌（1682）

正月，程邃，偕杜浚、陶征、朱庭柏应曹溶之招集节霞阁，限韵赋诗。

陶煊、张璨辑《国朝诗的》中《江南》卷之十二选朱庭柏诗，有五律一首，题曰：“壬戌孟陬，曹秋岳先生寓青溪节霞阁，招同杜于皇、程穆倩、陶季深、孙凯之限韵。时同曹溶小饮。”曹溶《静惕堂诗集》卷二十五有《过穆倩小饮》二首，其中有句云：“君是秦淮客，重为客洗樽。”诗作于壬戌。

三月既望，查士标，与笪重光为王翚《山川浑厚图》轴题跋。

绢本，设色，145厘米×49.7厘米。天津博物馆藏。图上有查士标、笪重光题跋。查士标题款：“石谷寝食古人，沉酣众妙，故纵意所如，落笔辄肖。昔眉公评‘元四家’画，称王叔明奄有前规，吾于石谷亦云。梅壑道人查士标。”《中国古代书画图目》第十册。

四月，施闰章，作《深山古刹图》。

绢本，设色，187.3厘米×49.5厘米。安徽博物院藏。题款：“壬戌清和月画，为牧仲比部。施闰章。”题下加钤“诗画轩”三字朱文方印一枚。

查士标，作《山水》八幅条屏。

陆心源《穰梨馆过眼录》卷三十九著录：“查二瞻《山水》条屏，绢本八幅，各长五尺九寸，广一尺五寸。”其中第一幅题款：“黄鹤山樵《岩壑幽居图》。壬戌清和月，查士标。”第五幅题款：“拟一峰道人画意。壬戌初夏，查士标。”卢辅圣主编《中国书画全书》第十三册。

午夏，查士标，作《仿梅道人山水》轴。

绫本，墨笔，151.6厘米×54.9厘米。安徽博物院藏。题款：“草树缘溪一径幽，绿窗人静雨初收。独将书卷消长日，虽是人间物外游。壬戌午夏仿梅华道人笔意，查士标。”《中国古代书画图目》第十二册。

六月，郑旼，作《仿吴仲圭山水图》轴。

纸本，墨笔，73.9厘米×29.8厘米。安徽博物院藏。题款：“檐滴愁难住，田家谚每灵。山苔连树绿，野涨带蛟腥。鸿浩思初古，萤光夜入庭。寝兴移晷刻，衫履竟忘形。壬戌梅雨兼旬，开窗弄墨，拟仲圭墨法。偶为小诗并书，其端觉雨气集于楮上。他时睹此，要无忘此际之真寂也。遗甦郑旼。”题下加钤“荆蛮氏”三字朱文方印一枚、“穆倩”二字朱文方印一枚。图左下角压钤“朴丞眼福”四字白文方印一枚。

七月，程邃，坐清凉寺僧舍，作《溪山无尽图》。

广东省博物馆藏。题款：“壬戌之秋，七月既望，坐清凉寺僧舍，偶见此素，漫笔仿之。”陆心源《穰梨馆过眼续录》卷十四。

又作《山水》八开册页。

日本黑川古文化研究所藏。

九月，戴本孝，作《林壑前身图》。

金瑗辑《十百斋书画录》卷十九。

孟冬，查士标，作《乔松古木图》轴。

纸本，墨笔。天津博物馆藏。款署“壬戌孟冬”。《中国古代书画图目》第九册。

是年，陈维崧，卒，年五十八。

按：陈维崧，字其年，江苏宜兴人。有《贺新郎·赠程穆倩》一阕，词云：“痛饮芜城夜，喜春秋甫当六十，词场雄霸。跐踧短歌歌自寿，幻作虫言变化，是谩戏滑稽之亚（穆倩自寿作《木兰花慢》四首，中皆为虫言）。虫达封侯何必问，唤虫小语飘檀麝。君击缶，吾行炙。四筵安坐惊相诧，算绝艺韭花蚕尾，古来无价。牵率老夫儿子五，索笑挽须灯下。论此乐甚于仆射。有酒且沽浇磊块，任无钱也向垆头贳。休辞醉，先生诉。”

程邃，作《溪山无尽图》卷。

绢本，墨笔，46厘米×249.5厘米。广东省博物馆藏，粤1－0392。

查士标，作《冈陵秋晓图》轴。

图上有石涛题跋，作于其在金陵时期。徐邦达《改订历代流传绘画编年表》，第165页。

郑旼，临程嘉燧《登台图》。

又作《浅绛山水轴》。

纸本，设色。故宫博物院藏，京1－3746。

又作《拟仲圭墨法》轴。

纸本。故宫博物院藏。

吴山涛，作《残山剩水图》。

香港至乐楼藏。《至乐楼藏明清书画》，中文大学出版社1992年版。

梅清，八度北上考试，不第。失意告别友人李坷鸣，南归。

“与子欲分手，尘中路纵横。得归还自好，失意愈知名。浊酒更何地，残春共几程。江南相望处，愁听杜鹃声。”梅清《天延阁后集》卷七《辛酉壬戌诗略·南归道中别李珂鸣》。

石涛，在一枝阁中画《山水册》。

跋云：“今人古人，谁师谁体。但出但入，凭翻笔底。”“画家不能高古，病在举笔只求花样。”

清康熙二十二年　癸亥（1683）

正月，戴本孝，居迢迢谷。时微雪，迨五六日复大作盈尺，时窗梅早绽。醉听儿辈侍诵放翁诗，辄竟夜。

戴本孝《余生诗稿》卷七《癸亥元日，迢迢谷中即微雪，迨五六日复大作盈尺，时窗梅早绽，恒有双鸟驯啄其上。醉听儿辈侍诵放翁诗，辄竟夜。人日忽喜夕霁，招月看梅，呼酒酹雪，效其体率赋十首。山中之乐仅此耳。寄示城中无忝、有怀两弟，并陈三季箴和之》。

正月四日，程邃，过曹溶寓斋，值杜濬、孙枝蔚、王粟同至，共饮赋诗。

孙枝蔚《溉堂后集》卷五癸亥有《正月四日，过曹秋岳方伯寓斋，值程穆倩、杜于皇、王安节同至，留饮，限晴、春二字》七律二首。

戴本孝，长干邸次，送吴山宾还池阳。此时寓南京长干寺一枝阁，与石涛相过从，并与张瑶星、汤燕生等举行诗会。

戴本孝《余生诗稿》卷七。

春，邓汉仪来南京，程邃，与之时共夜饮。

邓汉仪《诗观三集》卷五有钱岳《赠穆倩先生》五律一首，诗后邓汉仪跋曰："癸亥予在白门，时携江鲤就之夜酌，缱绻良深，盖白发故人今渐少矣。"言外不胜凄楚。

三月既望，梅清，作《敬亭霁色图》轴。

上海博物馆藏。题款："敬亭积雨与春深，泼眼烟光转石林。为写孤峰开霁色，云中飞阁好登临。癸亥三月既望写呈阆翁老夫子大教。瞿硎后学梅清。"《中国

梅清　敬亭霁色图　/　1683年　上海博物馆藏

查士标　空山结屋图　/　1683年　故宫博物院藏

古代书画图目》第四册。

三月，郑旼，卒。

郑旼有作《雨景图》。汤燕生作《郑慕倩像》，记云："不幸中年遇疾，未展厥施，癸亥三月早逝，年五十一耳。"

三月，查士标，送龙骧先生还五琅，因订造访并图。

查士标《种书堂题画诗》下卷，《癸亥三月送龙骧先生还五琅，因订造访并图》载："积雨邗关又暮春，江亭艘棹待归人。桃源何处逢渔父，好趁花开一问津。"

四月，查士标，于邗上，作《空山结屋图》轴，寄玉峰道长先生正。

纸本，设色，98.7厘米×53.3厘米。故宫博物院藏。题款："癸亥四月，邗上画寄玉峰道长先生正。弟查士标。"《中国古代书画图目》第二十二册。

长至月，查士标，为钟翁七秩大寿，作《山水图》轴。

绢本，墨笔。题款："癸亥长至月，画为钟翁老年台先生七秩大寿兼请正。白岳查士标。"《中国古代书画图目》第一册。

中秋，查士标，为克老道兄作《仿云林〈雨山图〉》轴。

纸本，墨笔。题款："癸亥中秋，画似克老道兄清鉴。查士标。"徐邦达《改订历代流传绘画编年表》，第165页。

秋，梅清，至南京，应聘编《江南通志》，同修者五十三人，费时三月。纂修者有：陈焯、邓汉仪、宋曹、黄云、宗元鼎、戴移孝、王概等。

“岁在癸亥，于总制、徐抚军两公应诏修辑《江南通志》，檄下郡邑，征及于余。寓锁几一载，院中以虹桥分内外，凡有篇什，皆以虹桥统之。”梅清《天延阁后集》卷八《癸亥诗略》梅清序。

八月，梅清，客秦淮南阁中，为宋曹补作《蔬坪荷锄图》手卷之松叶，并题。

梅清《天延阁后集》卷八《癸亥诗略》载：“松根俨孤立，偃仰屐须停。笑我添枝叶，还留两眼青。射陵《蔬坪图》中有松根无松叶，属为补之，附题二十字。”是卷有王时敏书引首和众名士题诗。此画为北京盈时2012年秋拍拍品、嘉德2010年春拍拍品。

中秋前二日，梅清，与邓汉仪、黄云等人于南京贡院宴饮后，散步于秦淮河畔。

梅清《天延阁后集》卷八《癸亥诗略·中秋前二日宴后，同邓旧山、黄仙裳、蔡息关、宗隺问、张冲乙、金雪鸿、吴萼公、徐程叔诸子出院，步秦淮河上，仍用秋字》。

重九，石涛，在南京，与程邃等登高。

上海博物馆所藏《释道济书画册》，乃癸亥所作，其第五开款云：“九日，程穆倩、周向山、黄仙裳、冯蓼庵诸公置酒，邀予同家喝兄登周处台，分赋二首。”又黄云《桐引楼诗》有《重九同人醵饮程穆倩寓斋，复醉登周孝侯读书台晚眺》七律一首。石涛作《书画册》，款云：“我且作离亭之赠，集癸亥近稿一卷，复成一律。”

中秋后一日，梅清，招集于秦淮舫中。

梅清《天延阁赠言集》卷四，邓汉仪《癸亥中秋后一日，瞿山先生招集秦淮舫中分韵》。

中秋后二日，梅清，与纂修《江南通志》诸子泛舟秦淮河。

梅清《天延阁后集》卷八《癸亥诗略·中秋后二日同陈涤岑、邓旧山、白孟新、黄仙裳、宗隺问、蔡息关、黄静御、何雍南、张冲乙、吴萼公、孙子宽、端隧承、戴无忝、金雪鸿、徐程叔、陈绥四、徐希南诸公秦淮舟泛，分得九青》。

九月，梅清，作《松石图》轴。

上海博物馆藏。题款：“意中铁干势氤氲，汉色秦声出五云。一自岱宗亲见得，始知封爵□难群。癸亥九月，宛陵梅清。”《中国古代书画图目》第四册。

九月即望，又作《木落看山图》轴。

上海博物馆藏。题款：“天清木落好看山，抱卷长吟白胜还。每忆闲情赵子固，写将图画一开颜。癸亥九月既望，瞿山梅清。”《中国古代书画图目》第四册。

冬日，查士标，于邗上作《山水》十开册页。

绢本，设色。故宫博物院藏。题款：“癸亥冬日，画于邗上。”每开皆有其书法对题。《中国古代书画图目》第二十二册。

梅清，于南京修志费时三月余，五十三人中大半告归，与宋曹、戴移孝等九人复选留

用。《通志》完成，宋曹、黄云、何絜、戴移孝等饮酒于三山酒楼。

梅清《天延阁后集》卷八《癸亥诗略·纂修诸公大半告归，于大中承复检九人，以卒其业，仍用秋字》。

十一月八日，查士标，于待雁楼中焚香展观，为笪重光藏曹云西《林亭远岫图》轴题跋。

孔广陶《岳雪楼书画录》卷三著录元曹云西《林亭远岫图》轴，纸本，墨笔，查士标题款："江上侍御寄示云西真迹，待雁楼中焚香展观，欣赏弥日，题以志幸。康熙癸亥十一月八日，邗上旅人查士标。"

十一月二十八日，查士标于待雁楼中为笪重光藏颜真卿《送蔡明远序》题跋。

中田勇次郎编《颜真卿书迹集成》帖一第116页影印颜真卿《送蔡明远序》，后有查士标题款："江上侍御寄示颜鲁公墨宝，待雁楼中焚香展观，欣赏弥日，题以志幸。康熙癸亥十一月廿八日，邗上旅人查士标。"

腊月之吉，查士标，作《行书祝宫畅先生五秩荣诞序》十条屏。

绫本，每幅尺寸为186.5厘米×52厘米。题款："康熙二十二年岁次癸亥腊月之吉，年家眷教弟查士标顿首拜书。"扬州博物馆编《明清书画集粹》第92页。扬州博物馆2000年9月26日举办"明清书画集粹特展"，曾展出此件作品。

施闰章，卒。

戴本孝，作《片石孤亭图》轴。

纸本，墨笔，99.2厘米×45.3厘米。上海博物馆藏，沪1-2638。

梅清，作《黄山图》十二开册页。

纸本，设色，每开尺寸为34厘米×44厘米。上海博物馆藏，沪1-2682。

黄柱，作《仿吴镇山水》轴。

金笺，设色。原武汉市文物商店藏。

曹溶，招程邃、方孝标等众人至蔡龙文之懒园举行秋宴。

"是日为主人者曹秋岳先生也。懒园为主人蔡龙文之园也。同席分韵者为臬宪金公长真、两郡司马朱公□三、郑公瑚山、程穆倩、杜仓略、方孝标、陈涤岑、何次德、何省斋、倪闇公、胡致果、叶星期、顾天玉、吴介子、黄静御、周向山、周雪客、王安节、戴无忝、蔡巩先。"梅清《天延阁后集》卷八《癸亥诗略·懒园秋宴诗，分得齐、歌二字》。

梅清，至曹溶寓所观书画，携所藏之李公麟卷与《大观帖》，索跋于曹氏。

"飘动银髯浑是仙，建安才子忆当年。猷州唱和僧房近，桃渡追随水阁连。小李白描精赏鉴，大观墨拓辨流传（余携龙眠画卷、大观帖，索先生跋）。千秋著述供挥洒，五岳三山倚杖边。”梅清《天延阁后集》卷八《癸亥诗略·曹秋岳先生寓楼》。

汪楫，被册封琉球正使，出使琉球。

查士标《种书堂遗稿》卷二《送汪舟次太史出使琉球》载：“高秋拥传出春明，一路人争看使星。已是域中全底定，更令海外尽来庭。殊方何幸邀三锡，圣德从来化百灵。不羡橐金同陆贾，应须重起却金亭。”

清康熙二十三年　甲子（1684）

岁朝，戴本孝，居迢迢谷，作诗《静坐守砚庵》。

戴本孝《余生诗稿》卷七《甲子岁朝于旬日中，风日云月、雨雾霜霾、雷霰雪电、寒燠阴晴，各极其变，何能无感也。静坐守砚庵，儿辈率大小诸孙罗侍左右，不觉醉吟拗体十首，不复次第》。

春，韩铸，作《烟雨迷蒙图》。

纸本，墨笔，179.4厘米×49.6厘米。安徽博物院藏。题款：“烟漠漠，树萧萧。欣堂（赏）者谁？野老山樵。甲子春日，白岳七十九叟韩铸。”

按：韩铸，明末清初人士，具体生卒年均未详。年至七十九以外尚在。主要活动于清康熙年间。字冶人，号逸槎、莲渚、野老草堂。安徽休宁人，侨居芜湖。博通经史，淡于时宜。遍历名山大川，与一时贤士大夫、高人逸士诗酒往还。尤耽山水，兴至泼墨，烟云风雨，咸集毫端，而生气淋漓，尺幅中变态万状，见者咸拟为半颠后身。铸画少师子久，笔颇苍洁，晚忽任意泼墨，自谓学米。著有《莲诗集》《学画一得》等书传世。

二月，戴本孝，勉应平远公之招，授经于白洋河。河北喜雨，有诗。

戴本孝《余生诗稿》卷七。

二月至十月间，查士标，作《山水图》十二开册页。

韩铸　烟雨迷蒙图　/　1684年　安徽博物院藏

纸本，墨笔、设色兼有，每开尺寸为24.2厘米×32.1厘米。美国克利夫兰艺术博物馆藏。第三开题款："春水船如天上坐。画此幅，忆此句，因录之。甲子三月，士标。"第十开题款："士标学梅花庵主。甲子二月。"第十一开题款："前人画雪，多于寒风作冷之意写之，后人不知也。康熙甲子冬十月上浣，查士标。"册后有马曰琯题跋一开。封面有刘海粟题签："查梅壑先生山水册。戊寅冬，刘海粟签。"扉页题签："查梅壑先生山水真迹。道光癸巳夏日，重□，□□陵精舍。"铃木敬编《中国绘画总合图录》卷一。

四月，查士标，于邗上待雁楼临《苏轼赞颂》。

《石渠宝笈》三编著录查士标临《苏轼赞颂》，其自题款："眉山先生书率用墨极丰，此迹独淡沖，濡毫若不经意。尝见张伯雨跋其所书《九歌》云，苏公用三文钱鸡毛笔书之，世无识者，行笔用墨，正与此同。益信张跋为有据云。康熙甲子夏四月，观于邗上待雁楼，因题。白岳逋人查士标。"

夏，查士标，为幼宁道长兄作《归渔图》轴。

纸本，墨笔，284厘米×215厘米。香港虚白斋旧藏。题款："画似幼宁道长兄。康熙甲子夏，查士标。"铃木敬编《中国绘画总合图录续编》卷二。

秋，王撰，来南京访程邃。

王撰《揖山集》卷四有《访程穆倩》诗："柴扉剥啄幸相逢，携手堂前话别悰。却喜丰神浑似昔，座旁添得一枝筇。"在另一首《白门访程穆情，询知去秋弃世，诗以哭之》诗中有"逮及甲子秋，形容渐觉槁"之句。

重九前一日，丁灏招饮程邃秦淮水阁。

袁启旭《中江纪年诗》甲子有《重九前一日，丁勖庵招集秦淮水阁，用壁间钱牧斋原韵，同蔡九霞、程穆倩、沈方邺》七律一首。

中秋日，查士标，作《行书大悲咒》卷。

绢本。苏州灵岩寺藏。款署"康熙甲子中秋日"。劳继雄《中国古代书画鉴定实录》。

九月八日，查士标，寿七十，孙枝蔚作诗记之。

孙枝蔚《溉堂集》后集卷六甲子七言律诗有《查二瞻七十》，诗云："七十谁如体更轻，登高不要杖扶行（生辰重阳前一日）。昼慵白眼看群少，夜据乌皮到五更（二瞻书画皆夜间为之）。滥用酒钱消寂寞，闲因笔阵费经营。兔毫多为临池尽，未信平生最好生。"

冬日，查士标，作《渔父图》轴。

纸本，墨笔，150厘米×69厘米。香港至乐楼藏。题款："甲子冬日，查士标。"铃木敬编《中国绘画总合图录》卷二。

十一月，查士标，重题为栩庵先生作《山水图》轴。

纸本，设色，119.4厘米×58.4厘米。款后有查士标题款："此余十年前画也，吾友栩庵先生于拙笔有嗜痂之癖，因文孙修龄寄正之，栩庵若不欲拟其疲谬，当更有请益耳。康熙甲子冬十一月，士标重识。"纽约苏富比1995年春拍拍品。

十一月九日，查士标，跋萧晨《桃源图》卷。

绢本，设色，31.2厘米×450厘米。故宫博物院藏。卷后查士标跋云："世不乏桃花源，得靖节记文以传《桃源记》；世不乏图之书之，有吾友萧、闵二君惊人之笔，更令观之者徘徊流连而不能已，所谓山水翰墨，合之双美。古人左图右书，洵乎不可偏废耳。是岁十一月九日，白岳查士标跋。"萧晨此作作于是年。《故宫博物院藏文物珍品大系·扬州绘画》，第28页。

十二月，程邃，与曾明新相遇于秦淮古渡，邀饮其舍，赋诗赠之。

刘然《国朝诗乘》卷九载曾明新诗，有《甲子嘉平，散步秦淮古渡，逢程穆倩，邀至舍小饮，次日寄诗二首，和韵奉答》五律二首。

除夕前三日，戴本孝，归和州，雪大阻城中寺邸，不克还山，与众僧守岁，作《雪德歌》。

戴本孝《余生诗稿》卷七《甲子除夕前三日，雪大阻城中寺邸，不克还山，与诸僧守岁，作〈雪德歌〉》。

是年，雪庄，驻锡安徽采石矶翠螺峰，构"松巢"为禅居之所，趺坐五年。

石涛，在南京。康熙帝首次南巡，驻跸南京，并巡幸长干寺，石涛与寺中僧众一起接驾。

石涛，写《山水册》。

其中一页《奇山突兀图》。题云："画有南北宗，书有二王法。张融有言：'不恨臣无二王法，恨二王无臣法。'今问南北宗：'我宗耶？宗我耶？'一时捧腹曰：'我自用我法。'"

吴惊远，携渐江为江注所作山水画册来到南京，请石涛题跋。

跋曰："董太史云：'画与字各有门庭。字可生，画不可不熟。字虽熟后生，画须熟外熟。'余曰：'书与画亦等。但书时用画法，画时用书法。生与熟各有时节因缘也，又谁人肯信山僧之言。古人立一法，即如宗师之示一机，看他如何会耳。'今年子秋，惊远先生老友过白下，出示渐公六册，命予著语其上。复命作画，五七年之别，不知可有寸进否？大方观正如何？清湘石涛济山僧一枝阁下。"

梅清，作《行书杂感诗》。

安徽博物院藏。《中国古代书画图目》第十二册。

有诗九首怀远方友人陈焯、毛奇龄、汤燕生、余怀、钱光绣、王士禛、徐元文、汪士鋐、薛熙。

戴本孝，客金陵长干一枝阁，作诗酬苦瓜和尚石涛。过清溪于肆中偶得青藤《竹石图》，喜赋。诗赠梅文鼎。沈天士以其兄昆铜先生诗集见示，追悼感吟二首。过胡星卿先生竹园，作诗以悼。偕杜芥登虫天阁。画《岩居图》并题。集杜句为诗赠郑瑚山（宣州司马）。

戴本孝《余生诗稿》卷七有《长干一枝阁酬苦瓜和尚》《青藤道人〈竹石〉偶得之青溪肆》《赠宛陵梅定九》《过胡星卿先生竹园悼之》诸诗。

清康熙二十四年　乙丑（1685）

立春，戴本孝，雪寮静坐，作诗示麦孙。

戴本孝《余生诗稿》卷七《乙丑元日立春，雪寮静坐，犹如山村，再颂雪德，示麦孙》。

春日，梅清，在京城。九度北上赴试失败，暮春归家，有《出门》《归来》诗。

“不解出门意，前途尽莽然。总非乡国土，半是雪霜天。献策曾何用，蒙尘亦可怜。终需贾余勇，归种墨溪田。”梅清《天延阁后集》卷十《乙丑诗略·出门》。“屈指怪劳人，归来已暮春。竟无筋力在，但觉竹床亲。携榼烦邻里，倾壶免市津。朝昏应不问，疏懒任吾真。”梅清《天延阁后集》卷十《乙丑诗略·归来》。

查士标，作《山水》。

纸本，墨笔。题款：“戏写江南雨后山，疏林远渚接荒湾。凭谁说与卢鸿乙，为我草堂添数间。乙丑春日，查士标。”金瑗辑《十百斋书画录》丑集；卢辅圣主编《中国书画全书》第七册，第633页。

正月四日，新霁，戴本孝，欣然赋诗。论画诗示学画者，有句云：“天地一法象，笔墨万理窟。”阐明戴本孝主张师法造化的艺术思想。

戴本孝《余生诗稿》卷七《四日甲子新霁》。

二月，石涛，在南京，雪霁乘兴策杖探梅，抵青龙、天印、东山、钟陵、灵谷诸地。

查士标，作《仿古山水》八开册页。

纸本，设色，每开尺寸为27厘米×21厘米。南通博物苑藏。第八开题款：“子久有《大岭图》，恨未之见图，石田摹本临其轮廓，未足称合作也。乙丑二月，查士标。”《中国古代书画图目》第六册。

三月，程邃，作《深竹幽居图》。

纸本，墨笔。安徽博物院藏。题款：“深竹幽居图，乙丑三月，垢道人。”

戴本孝，作《焦墨山水》卷。

中国美术馆藏。令狐彪编《中国古代山水画百图》误称此画为戴氏四十四岁作品，画卷左上角题款“乙丑春三月法元人笔意，鹰阿山樵本孝写”，故当为戴氏六十五岁所作。

程邃　深竹幽居图　/　1685年　安徽博物院藏

梅清《天延阁后集》卷十《乙丑诗略·立夏后一日邀同袁中江、尤二酉、家子彦小饮天延阁，限真字》。

四月，立夏后一日，梅清，与袁启旭、门生尤书、梅以俊饮于天延阁。

端午，梅清，与众友人小饮于宛津庵。是夜，泛舟宛溪，同游者有沈泌、袁启旭，儿梅季周、梅蔚，孙梅彪等十八人。次日，重泛青溪。

梅清《天延阁后集》卷十《乙丑诗略·宛溪夜泛》。

夏，石涛，过五云精舍，为苍公作《万点恶墨》卷。

仲秋，查士标，作《仿古山水》十开册页。

纸本，墨笔、设色兼有，每开尺寸为21厘米×14.5厘米。第一开题款："梅华道人法。乙丑中秋日摹，士标。"北京匡时2012年春拍"故国情怀——明遗民书画作品专场"第1626号拍品。

秋，和州山民频有虎患，此事从来未有，戴本孝闻之怆感，有诗四首。在金陵，作诗《长干杂感》。苗湖从弟，姑溪逆旅染疾，归河村而殁，作诗长哭。至江南采石矶访吴舫翁不遇，怅然返舟，夜不能寝。翠梦山阴有惺常道人所结茅庐，本孝题诗于壁上。

戴本孝《余生诗稿》卷八《是秋，山民频有虎患，自来所未有也，闻之怆感，赋以纪灾四首》。

七夕，程邃，作《乘桴图》。

故宫博物院藏。题款："濯足人非濡足者，闭关何事写乘桴。钓鳌大手期君子，冰壶莹处有蝴珠。"末署："黄海弟程邃。乙丑七夕，时年七十有九。"

九月九日重阳，雨，梅清，与友人小饮。郑瑚山招同诸公雨中登鳌峰，时培风阁、夫子庙初成。重阳后五日，同里诸人集鳌峰培风阁，有沈泌、吴肃公、蔡瑶、袁启旭、梅文鼎、梅庚、梅蔚等人。

梅清《天延阁后集》卷十《乙丑诗略》。

冬，汪懋麟，十二砚斋落成，程邃，以八分书为题匾额。

汪懋麟《百尺梧桐阁续稿》卷七收乙丑之作，有《十二砚斋落成，自题十二首》，其第五首诗注云："程穆倩为予作八分十二砚斋横额，自金陵见寄，古隽可宝。"

十一月，程邃作山水大幅，并题诗寄意。

杨翰《归石轩画谈》卷七著录程邃山水大幅，题款："空山老树寄幽栖，拟共扁舟访故溪。插棘旧曾防鹿过，种杉今合与人齐。枫林欲望邀东阁，秋水还生问竹居。君听琴声流水调，紫落已满十年题。乙丑仲冬，少文、林修两社掌欲访客邗江，未果。予作此图，并赋诗于上，以记其意。黄海垢道人程邃。"

腊月，查士标，为飞如道兄作《林泉邂逅图》轴。

纸本，墨笔，94.7厘米×55.6厘米。故宫博物院藏。题款：“康熙乙丑腊月，邗上旅人士标。”此作为查士标人物画，颇为少见。《中国古代书画图目》第二十二册。

查士标，客京口三余斋，为飞如道兄重题《柴门老树图》扇面。

纸本，墨笔，17厘米×55厘米。南京博物院藏。题款：“此画天机逸趣，为梅壑老人生平不多得之作，今为飞如道兄收藏，获所归矣。康熙乙丑腊月，客京口三余斋，士标重题。”《中国古代书画图目》第七册。

腊月二十八，戴本孝，还迢迢谷。题碧落精庐石壁，“结此庐成又十年”。

是年，傅山，卒，年七十九。

曹溶，卒，年七十三。

程邃与曹溶相交数十年，堪称知己。程邃《萧然吟》有《送曹秋岳先生》五律二首，曹溶除有《赠程穆倩》长歌外，尚有《赠程穆倩二首》，又有《过穆倩小饮二首》，均足以见二人之交情。

程邃，作《空山老树图》。

杨翰《归石轩画谈》卷七。

梅清，送天池僧归黄山，作诗兼致新安诸子。

“宛水桥边曳短筇，琴溪来往识孤踪。白云处处能留宿，知在黄山第几峰。”“归去归来何处家，眼中两度放黄花。周遭千里门前路，也当天边泛海槎。”“一瓢不挂路漫漫，洒墨高呼尽古欢。须记围基（棋）连败北，何时飞锡复三盘。”“才子新安孰比肩，半成麟凤半成仙。远公别后重来社，六水齐开白玉莲。”梅清《天延阁后集》卷十一《乙丑仲冬至丙寅仲冬·送天池复归黄山，兼致新安诸子四绝句》。

又作《寄程蚀庵先生》。

王士禛，登采石矶太白楼，观萧云从画壁，作歌记之。

清康熙二十五年　丙寅（1686）

岁朝，晴雪，戴本孝，闲居碧落精庐，读苏文忠《黄州诗》。匡庐酣生索题。

戴本孝《余生诗稿》卷八《丙寅岁朝踏晴雪，坐碧落精庐竟日，夜还守砚庵。偶读苏文忠黄州东坡诗八首，慕前贤之风概，感吾生之萧骚，爱而和焉，庸勉儿辈以畅老怀，依韵八首》。

元夕，戴本孝，至城中，题《四时画》长卷四首。和正忝梅花诗。季箴病中，复和其梅花诗二首。王汾仲请画其家乡山水《艾溪图》。

戴本孝《余生诗稿》卷八。

春日，查士标，在三余斋为筠薮道兄作《山水图》轴。

纸本，墨笔。王南屏旧藏。题款："丙寅春日，为筠薮道兄画于三余斋。查士标。"田洪编著《王南屏藏中国古代绘画》，第400页。

正月，查士标，为汉白老道兄戏写《牧童图》轴。

纸本，墨笔，72厘米×33厘米。赵从衍旧藏。题款："丙寅正月，雪后戏为汉白老道兄博笑。士标时客□。"铃木敬编《中国绘画总合图录》卷二。

二月，查士标，重题《清溪渔隐图》轴。

纸本，墨笔。辽宁省博物馆藏。款署"丙寅二月重题"，有"瀫宸道世兄"上款。《中国古代书画图目》第十五册。

二月，查士标，为筠薮作《溪山放牧图》轴。

纸本，设色。故宫博物院藏。款署"丙寅二月，士标"。《中国古代书画图目》第二十二册。

春分，梅清，在沙城，欲游山，遇雨未成行，与众友人移樽邻寓，分韵作诗。

梅清《天延阁后集》卷十一《乙丑仲冬至丙寅仲冬·次日雨阻山游，移樽邻寓，诸子毕集，靳公、王公两明府亦偕至，即席分韵二首，分韵者为靳公熊封、王公省三、吴萼公、汪栗亭、吴绮园、沈方邺、袁中江、沈元佩、施汜郎、孝虔、程存素、家定九、雪坪》。

二月至五月，查士标，于邗关旅舍，作《山水》十二开册页。

绢本，设色，每开尺寸为21厘米×15厘米。上海朵云轩藏。第三开题款："梅壑戏作于邗关旅舍，时丙寅二月望后一日。"第五开题款："梅壑子，丙寅五月秉烛弄墨，夜漏下三十刻矣，并识之。"第九开题款："一峰自有一峰奇，每到阴晴分外宜。试把丹青写烟景，居然天地是吾师。丙寅端午节前一日，士标。"第十二开题款："杜甫骑驴三十年，诗穷只剩两寒肩。归来摸索奚囊里，添得秋风破屋篇。丙寅夏日，士标。"《中国古代书画图目》第十二册。

梅清，为歙人吴菘及其侄吴瞻泰绘《梅庄图》。

题款："未到幽居地，梅庄几许深。凭将孤客思，如见主人心。书卷摊花径，琴声动竹林。黄山在楼上，他日好相寻。梅庄图。索绮园、东岩两兄一笑。丙寅二月，同学弟梅清。"梅清《天延阁后集》卷十一《乙丑仲冬至丙寅仲冬·吴绮园东岩索画〈梅庄图〉，并题四十字》。

按：吴绮园，即吴菘，字绮园。梅清友人。著有《论陶》《御览集》《黄山唱和集》《匡庐集》。吴东岩，即吴瞻泰，字东岩，安徽歙县人。诸生。

三月二日，梅清，仍在沙城，因被雨困，汪栗亭招众人集栖真山浮生阁。

梅清《天延阁后集》卷十一《乙丑仲冬至丙寅仲冬·上巳前一日汪栗亭招同诸子集栖真山浮生阁，拈得迴字》。

同靳治荆、梅庚等人集于栖真山西竺精舍，兼怀月峰和尚。

梅清《天延阁后集》卷十一《乙丑仲冬至丙寅仲冬·陪靳明府熊封、袁明府逢源、陈明府对廷、曹孝廉时六、家雪坪集栖真山西竺精舍，兼致月峰和尚》。

久客沙城，梅清，拟重登黄山莲花峰。

“畴昔黄山游，骤与轩辕别。翻令别后魂，追寻今未歇。十载岂不遥，而我怀转迫。别时曾有约，当为不速客。惭愧负山灵，睽离逾岁月。我今客沙城，侧身但只（咫）尺。梦去莲华青，梦回松谷黑。中峰有茅屋，待我情颇切。胡为凋朱颜，须臾生白发。百年终有涯，努力劝明发。久要倘不逾，浮丘尚可接。”梅清《天延阁后集》卷十一《乙丑仲冬至丙寅仲冬·怀黄山。久客沙城不得践黄山之约，作此寄之》。

三月，查士标，于邗上东郭草堂，作《云山清晓图》卷。

纸本，墨笔，24厘米×132厘米。香港利氏北山堂藏。题款：“米元晖《云山清晓图》。丙寅修禊月，画于邗上东郭草堂。查士标。”钤一印。铃木敬编《中国绘画总合图录》卷二。

四月，戴本孝，作《山水图》。

上海博物馆藏。

夏日，梅清，因病未成黄山之游，有诗送施闰毓、江注等。

“会稽游舫在江干（汜郎游山阴方归），又迩西风鼓玉鞍。杖底踏歌青嶂满，眼中铺海白云宽。灵池再浴汤仍沸，词客群呼墨未干（首夏诸子约游黄山不及赴）。耽病老瞿双屐滞，孤怀常系故人欢。”梅清《天延阁后集》卷十一《乙丑仲冬至丙寅仲冬·病中送施汜郎游天都，兼寄蚀庵、郁庵、栗亭、于鼎、绮园、东岩、允凝、中江诸子》。

端午后三日，梅清，为吴瞻泰作《山水图》轴。

题款：“丙寅天中节后三日，仿倪高士笔意寄东岩老年翁教之。瞿山同学弟梅清。”胡积堂《笔啸轩书画录》卷上；卢辅圣主编《中国书画全书》第十四册。

七月，石涛，为歙县吴禹声作《山水图》。

题款：“禹声道兄，性淡而喜博雅，正笔墨种子也。出纸命余作画。清湘道人于此中不敢立一法，而又何能舍一法。即此一法开通万法，笔之所到，墨更随之，宜雨宜云，非烟非雾，岂可以一丘一壑浅之乎视之也。丙寅七月清湘石涛济识。”胡积堂《笔啸轩书画录》卷上。

七月三日，查士标，在邗上作《仿倪瓒山水》轴。

绫本，墨笔，163厘米×50厘米。天津博物馆藏。题款：“丙寅七月三日，查士标识。”《中国古代书画图目》第九册。

九月，查士标，在邗上与衷白先生晤别，作《山水》轴以记岁月兼正。

纸本，墨笔，127厘米×52厘米。美国旧金山亚洲艺术博物馆藏。题款：“康熙丙寅九月，邗上与衷白先生晤别，作此以记岁月兼正。同里弟查士标。”铃木敬编《中国绘画总合图录》卷一。

程邃，作《深林高士图》。

戴本孝　山水图　/　1686年　上海博物馆藏

庞元济《虚斋名画续录》卷四著录程邃《深林高士图》，上题七绝二首，末署“八十朽弟程邃具”。

戴本孝，作《亭皋落木幽图》。

薛翔著《新安画派》，第18页，吉林美术出版社2003年版。

冬杪，查士标，宿甘露僧舍，作《茅檐古木图》。

查士标《种书堂题画诗》上卷有题《茅檐古木图》诗云：“木叶临冬尽，沙村古干存。僧窗烘暖日，乘兴写霜根。”注云：“丙寅冬杪，宿甘露僧舍，闲步沙边，见茅檐古木，虬枝撑柱，苍秀可爱，远及江干舟帆，雁阵飘忽，纵眺无尽，归而图之，亦山居一快事也。”

冬月，石涛，为智企写《山水图》卷志别，跋中有“余亦私计踏草幽蓟”之语。

十二月，吴正治，招程邃、王宓夜饮其邸第。

黄宾虹辑《垢道人遗著》有《丁卯腊月夜，赓翁夫子招饮邸第。敬赋奉呈梅翁先生笑郢之，安节学者同集，当倚和奏》七律二首。

按：吴正治，字当世，号赓庵，湖北汉阳人。武英殿大学士，拜相，后退居南京。自此与程邃时相过从。

是年，颜光敏，卒，年四十七。

按：颜光敏，字修来，一字逊甫，号乐圃，山东曲阜人。北京图书馆善本库藏颜运生辑《曲阜颜氏家藏尺牍》抄本，有程邃致颜光敏书札二十一通。可知二人之友情。

程邃，作《行书探梅诗》。

纸本，86.3厘米×46.9厘米。上海博物馆藏，沪1-2409。

作《秋水夕阳图》。

款署“秋水亭空人独坐，夕阳返照远山明”两句，末署“八十老人程邃”。金瑗辑《十百斋书画录》戊卷。

戴本孝，作《寒月》二首柬盛栩窗、张屋舟。偕盛栩窗、丘茹升、刘藜乙过张屋舟处痛饮，月下散步，时渔丘红梅尽放，欣然赋诗二首。归山中，忆王艾溪，有诗。作《守砚画册》并题示儿子屏星各家法十二首。

戴本孝《余生诗稿》卷八。

在金陵，于三山浮阁作题画杂诗。题胡致果先生《九十授经图》卷。题《溪山心影画》卷赠王艾溪。久滞江上，钺星驰省留待旬日，作诗遣其还药肆，兼示山中诸儿。长诗赠龚贤。钟山晚望作《江干》诗一首。秋倏将半，思归故山，作诗柬王艾溪。作《画中杂诗》一组。

戴本孝《余生诗稿》卷九。

又作《山水》扇面。

纸本，设色。辽宁省博物馆藏，辽1-382。

梅清，诸子分家，自携幼子佛蛮搬离天延阁，复入宛陵城内茶峡草堂。

"……甲午复移家城东门外、宛溪之上，迄今三十三年。儿子辈内外渐蕃，兄弟分居，各随其便。余携幼子佛蛮，恢复城内茶峡旧居居焉，于其别也。作诗六首。"梅清《天延阁后集》卷十一《乙丑仲冬至丙寅仲冬·移居茶峡草堂六首》。

潘耒，过访，梅清寄画。

"只（咫）尺城南是响山，松阴潭曲足高闲。偕游有约还相负，写向扁舟图画间。"梅清《天延阁后集》卷十一《乙丑仲冬至丙寅仲冬·题画送潘稼堂太史》。

吴山涛，在苏州舟过吴门，倚舷作西塞诸诗十八开册页。

纸本，每开尺寸为31厘米×35厘米。台北何创时书法艺术基金会藏。每开书《西塞诗》七律一首，合计十六首；末二开书诗后自跋。诗后跋中写道："丙寅舟过吴门，倚舷作此。"题款："塞翁吴山涛兼述，时年七十又八。"

清康熙二十六年　丁卯（1687）

春，汪士鋐、吴菘依梅清之约来宣城。

"曾有今春约，难忘客屐齐。人真来宛县，梦尚落梅溪。樱笋经时熟，琴作竟夜携。孤云与众鸟，几处待分题。"梅清《天延阁后集》卷十二《丁卯诗略·喜栗亭、绮园至》。

戴本孝，偕盛栩窗、叶季良入迢迢谷观蜕峡牡丹。梓人端木生索画，因题以赠。

《历阳典录·碧落后人遗稿》。

二三月间，查士标，作《仿古山水》十二开册页。

纸本，墨笔、设色兼有，每开尺寸为31厘米×22厘米。美国私人藏。第二开题款："仿白石翁《归庄图》笔意。丁卯春暮，士标。"第九开题款："山亭高会。丁卯修禊日，士标写。"第十二开题款："丁卯二月，画于邗上。士标。"《翰墨遗珍——Roy和Marijyn Papp藏中国画》，第57页。

三月末，梅清，送汪士鋐、吴菘归歙，以诗寄程守、江注等人。

梅清《天延阁后集》卷十二《丁卯诗略·宛水歌送栗亭、绮园归天都，兼寄蚀庵、瓠庵、允凝诸公》。

暮春，查士标，作《行书》卷。

纸本。故宫博物院藏。款署"丁卯暮春"。《中国古代书画图目》第二十二册。

夏，孔尚任，过访查士标。

按：孔尚任，字聘之，又字季重，号东塘，山东曲阜人。他所著《湖海集》卷二有《丁卯夏存稿·过访查二瞻》，诗云："高城僻巷接苍苔，冒暑停车待户开。疏散头毛冠懒整，萧森盆草手亲栽。留僧不惜盘餐奉，索画须携襆被来。颠米迂倪今识得，斋中淹坐恋茶杯。"宗定九评云："如见梅壑老人。"《种书堂遗稿》卷二《赠孔东塘》："斯文异代欲沉沦，何幸于今得一人。学有渊源宗泰岱，诗追正始动星辰。来因简命河渠使，旋问岩栖搜访真。僻陋独惭琼玖赠，兰言字字总清新。"

夏，石涛，作《细雨虬松图》。

上海博物馆藏。

四月，查士标、石涛、龚贤在扬州，应春江社友之招，参加孔尚任组织的秘园大集。

孔尚任《湖海集》卷二有《停帆邗上，春江社友王学臣、望文、卓子任、李玉峰、张筑夫、彝功、友一，招同杜于皇、龚半千、吴园次、丘柯村、蒋前民、查二瞻、闵宾连、义行、陈叔霞、张谐石、倪永清、李若谷、徐丙文、陈鹤山、钱锦树、僧石涛集秘园，即席分赋》七律一首："北郭名园水次开，酒筹茶具乱苍苔。客催白舫争先到，花近红桥赌胜栽。海上犹留多病体，樽前又识几诗才。蒲帆满挂行还住，似为维扬结社来。"

石涛　细雨虬松图　/　1687年　上海博物馆藏

查士标　溪山深秀图　/　1687年　安徽博物院藏

该诗作于“丁卯四月”秘园，诗中首句云“北郭名园水次开”，又同集卷十一《与杜于皇》曰“秘园在北郭，非红桥一带也”。北郭当指扬州郡城北城厢一带，至于为何氏园林，尚有待考证。

清和月，查士标，作《溪山深秀图》轴。

纸本，设色，188厘米×96厘米。安徽博物院藏。题款：“溪山深秀。丁卯清和月画，查士标。”

作《江上数峰图》轴。

纸本，墨笔，88厘米×50厘米。美国弗利尔美术馆藏。题款：“康熙丁卯清和月，梅壑老人士标。”铃木敬编《中国绘画总合图录》卷一。

查士标　江上数峰图　/　1687年　美国弗利尔美术馆藏

立夏前一日，戴本孝，同张屋舟阻风针鱼嘴。过铜井。过板桥。客长干，吴舫翁忽至，喜赋诗以赠。长歌题《名山雪霁图》赠舫翁六十初度。长干逆旅，东山汤省老偕王艾溪贯酒枉顾，赠之以诗，本孝和韵二首。

戴本孝《余生诗稿》卷九有《舫翁忽至长干喜赋》《长歌题〈名山霁雪图〉赠舫翁六十初度》二首。

初伏十日，和州酷热，市途渴死者甚多。时戴本孝于长干寺南寮，忽甘雨晓至，喜赋。题《汾仲江栖阁图》。题《梅花洞天》卷。

戴本孝《余生诗稿》卷九《丁卯初伏十日酷热，市途渴死者多，时长干南寮，随公以北窗假榻，忽甘雨晓至，始为改色，喜赋》。

长至，查士标，作《仿古山水》十二开册页。

纸本，设色，每开尺寸为19厘米×23.5厘米。日本山口良夫藏。第八开题款：“松壑钟声。

丁卯长至，士标。”铃木敬编《中国绘画总合图录》卷四。

是月，查士标，为葛人先生作《山水》八条屏。

纸本，设色。沈阳故宫博物院藏。第八屏题款：“葛人先生以黄海胜流，作广陵寓公。方当服政之年，遂坚高隐之志。先生既家世清华，望隆艺苑，承家令子，弥秀声名。兹届初度，同人侑斝之辞，不一而足。余忝窃同好，幸托葭莩，辄为点染烟云，用供啸傲。因赘数言，并志所慕云尔。康熙丁卯长至月，同郡同学弟查士标。”《中国古代书画图目》第十五册。

立秋日，戴本孝，作《松岭梅屋图》扇面。诗赠刘沣湖。题《高士还山图》赠傅山。归鹰阿山。

中秋后五日，查士标，作《石田诗意图》卷。

纸本，设色。美国耶鲁大学藏。画无款，卷后有查士标题款：“妻出叮咛夫立听，采樵须用担头轻。夜来雨过苍苔滑，莫向崖颠险处行。石田先生题画句也，寓意良深，警世殊切，偶与友人述及，反复咏之，遂命补图，然先生之笔力，岂后学所能追拟耶，用存此以答吾友之好，且俾后之观者见当日立言之旨，不止以诗画求之足矣。康熙丁卯八月中秋后五日，邗上旅人查士标并识。”卷后尚有石涛题跋。徐邦达《改订历代流传绘画编年表》，第165页。

八月二十七日，查士标，作《山水图》轴。

纸本，设色，122厘米×73.8厘米。日本柳孝藏。题款：“丁卯八月廿七日，独坐池上，严桂已香，无兴同癫者，偶得旧纸作此图。查士标。”铃木敬编《中国绘画总合图录》卷四。

九月九日，梅清，举办花果会，诸君共二十七人，登保丰台，并于茶峡草堂聚会，各画秋菊一枝。

梅清《九日花果会又和舫翁先生一首》。

重九后三日，梅清，作《山堂读书图》轴。

纸本。上海博物馆藏。题款：“疏林秋净雁来初，却忆山堂好读书。为写茶崖高万丈，先生俯仰意何如。丁卯重九后三日。仿梅华道人笔意，瞿山梅清并题。”《中国古代书画图目》第四册。

十月，查士标，于邗上，跋邹之麟《舟行纪胜》卷。

金瑗辑《十百斋书画录》壬集著录此卷“纸本，浅着色”，查士标跋亦为纸本，云：“邹衣白先生尝从毗陵入新安，放舟江行，凡经过山水胜处，辄纪之以画。予往见其画册数十翻，惊赏叫绝。今于邗上再观此卷，峦壑逶迤，川原回合，一一逼肖，尤称杰作。先生既胸次旷迈，学识渊深，盘礴游戏第其余事耳。昔宗少文情耽山水，晚年寡出，倩人图五岳于壁间以当卧游。余以落拓羁人，久离乡井，展阅此卷，恍如身行新安道中，城郭舟车历历在目，桑梓之思庶藉少慰不止。康熙丁卯十月，查士标漫题于寓居之待雁楼。”卢辅圣主编《中国书画全书》第七册，第

600页。

冬，石涛，准备赴京，作《生平行》长诗留题一枝阁，兼别金陵诸友。

为歙县吴次卣作《黄山松云图》轴。

题款："黄山是我师，我是黄山友。心期万类中，黄山无不有。事实不可传，言亦难住口。何山无草木，根非土长而能寿。何水不高源，峰峰如线雷琴吼。知奇未是奇，能奇奇足首。精灵斗月元气初，神采滴空开辟右。轩辕屯聚五城兵，荡空银澥神龙守。前海秀，后海剖，东西海门削不朽。我昔云埋逼住始信峰，往来无路一声大喝旌旗走，夺得些而松石还，字经三写乌焉叟。时丁卯冬日，北游不果，客广陵之大树下，日与次卣先生谈及黄海之胜，不时应二三知己所请，予以答之。书进博笑。清湘石涛济山僧。"

梅清，仍往京城赴试。

"不堪白发向长安，十度三年行路难。最是芦沟风雪□，污泥尺二裹征鞍。"梅清《天延阁后集》卷十二《丁卯诗略·北上》。

查士标，来真源探望其女，女婿吕邻秩留之署中半岁。

查士标《种书堂遗稿》曾灿序："丁卯冬，来视其女于真源，女夫吕子邻秩留之，署中半岁，真源之人，获一二字，惊为异宝，而先生绝无难色，所求辄应，以视今日之以书画求直者，真土苴耳……"

冬仲，查士标，为岐庵道先生作《仿梅华道人〈溪山佳处图〉》轴。

纸本，墨笔，168.5厘米×102厘米。苏州博物馆藏。题款："丁卯冬仲，查士标。"《中国古代书画图目》第六册。

是年，孙枝蔚，卒，年六十八。

程邃与孙枝蔚同客扬州三十余年。孙枝蔚《溉堂集》中记二人交往之诗颇多，备见友谊。程邃《萧然吟》有《和韵酬孙豹人》二首，孙枝蔚有《程穆倩颇有抱子之乐，足不出广陵城数年矣，中心美之，赋诗为赠》一诗，又有《和穆倩飞字》一首，诗后注云："穆倩颇工画而懒于应人。是日偶谈及旧时所作，都不知归何人手矣。坐共叹息。"

宣城知县召集地方文士修《宣城县志》，梅清入选，与梅庚同编举人之部，梅文鼎纂府学生之部，约五月成。

曹鼎望，来宣城，与梅清、梅庚、梅铜等人宴集敬亭山。

梅清《天延阁后集》卷十二《丁卯诗略·喜晤曹公实庵郡司马二首》。

是年，戴本孝，作《三绝图》卷。

纸本，墨笔，每段尺寸为17厘米×103厘米不等。上海博物馆藏，沪1-2641。

又作《山水》扇面。

许尚远　石壁流云图　/　约1687年　新安画馆藏

纸本，设色。上海朵云轩藏，沪7-0271。

又作《山水扇页》。

辽宁省博物馆藏。

约是年，许尚远，作《石壁流云图》。

纸本，墨笔。新安画馆藏。

清康熙二十七年　戊辰（1688）

高翔，生。

按：高翔，字凤岗，号西塘、西堂、犀堂、樨堂。祖籍安徽，寓居江苏扬州。曾随程邃学画，并与石涛过往。参与小玲珑山馆诗文会，和扬州诸贤谈诗论画。诗书画篆早名于世，平生擅长山水花卉，尤精写梅，偶作肖像。尝为金农、汪士慎诗集作小像。山水师弘仁之冷峻，参石涛之恣纵。笔墨不多，然境界淡泊。著有《西塘诗抄》传世。安徽博物院藏其《秋林读书图》，纸本，设色，53厘米×35.7厘米。题款："仿元人笔意，西塘高翔。"题下加钤"高"一字朱文圆印、"翔"一字双边白文方印。图左下角压钤"四味书屋"四字朱文方印一枚。图右下角压钤"孙氏大光之珍"六字白文方印一枚。

春，戴本孝，迢谷草堂乍晴，见石盂中水仙盛开，清丽可人，援笔写生，并题二首以颂之。患肺疾久而遽聋，感吟二题。诗赠岩上人。江上逢宁都魏和公暨其令子昭士。张南村历游天台、武夷，归来以《山记诗卷》见示，本孝和诗二首。黄山汪快士工篆章，遂遍游五岳，是年，忽来长干，与本孝同邸，临别，本孝赠之以诗。题《武夷第五曲六曲图》诗二绝。长干最微乞画《梦游小卷》，更以白描《文殊图》见答。题《登岱图》。作《琉璃塔影歌》。本孝以先父澄泥砚，授子庙星守之，作歌以述其事。作《深林读书图》寄喻正庵。作画寄知己，并题五首。

戴本孝《余生诗稿》卷九有《水石盂中水仙晴轩，清丽可爱，图而颂之二首》《江上逢宁都魏，和公暨其令子昭士四首》《张南村历游天台、武夷，归以〈山记诗卷〉见示二首》诸诗。

灯节后二日，查士标，时客真源署中之清问楼，作《虬松图》一开册页。

上海刘海粟美术馆藏。题款："虬松千岁姿，众卉谁与伍。老眼阅繁华，感此心独苦。查士标并题，时客真源署中之清问楼。康熙二十七年灯节后二日。"《刘海粟美术馆藏品·中国历代书画集》，第153页。

二月，查士标，客真源官舍，为良玉老亲翁作《白石苍藤图》轴。

金瑗辑《十百斋书画录》戊集著录查士标《白石苍藤图》，纸本，墨笔。题款："白石封苔润，苍藤挂木疏。不知秋早晚，清况满幽居。仿丹丘画，似良玉老亲翁。时戊辰二月，客真源官舍。"卢辅圣主编《中国书画全书》第七册，第727页。

清明前三日，查士标，客真源署中，画《鹤山草堂图》寄与斯老表弟。

纸本，墨笔，174厘米×88厘米。广西壮族自治区博物馆藏。题款："真源署中画《鹤山草堂图》寄与斯老表弟。时康熙戊辰清明前三日，梅壑查士标。"《中国古代书画图目》第十四册。

三月，程邃，在扬州，作《黛色图》。

西泠印社编《金石家书画集》第一册影印此图，题款："时戊辰春三月之晦，作于广陵寓斋，垢道人程邃。"据此知程邃于是年曾至扬州。

五月，梅清，庐江友人宋伊平来宛，偶见去岁所作之《黄山图》，欲索之。自忆画成之时，陈对廷、沈泌争相抢画，皆未允，愿以数幅相易。此番赠予宋氏，重摹一件并以诗记之。

"去年六月天苦热，挥毫扫出千峰雪。置身忽入黄海中，空堂四壁寒光冽。何人策蹇踏层冰，乃是老瞿结想凌空行。一时同学数十辈，都来画里避炎蒸。仙源陈令一见便攘夺，山阴沈子再见争相攫。宁弃数幅易一幅，束向高楼自娱乐。今年五月天气凉，尽将图画风前张。自谓衰老独闭户，北窗高卧矜羲皇。庐江故人来宛水，玉堂金马真才子。褰裳一别已七年，君在云霄我泥滓。坐我茶峡堂，寻我天延阁。投我以新诗，字字成丘壑。误从枯海拾明珠，遂将此帧先探索。知君有意故称奇，使我踌躇赠转迟。譬彼清凉界，一朝移去卧游迷。譬彼延津剑，旧知托赠逢新知。舍我蓬荜居华屋，画兮画兮尔亦足，何必名山藏没汩。噫嘻噫嘻，呼儿割取纸一匹，凭将冷眼放铁笔。挥汗贾勇只顷刻，另辟峨眉天半白。只恐他日又逢君，定然卷去称双璧。"梅清《天

梅庚　敬亭棹歌图　/　1688年　安徽博物院藏

延阁后集》卷十三《戊辰诗略·赠画歌为宋伊平太史赋》。

六月，梅庚，作《敬亭棹歌图》。

安徽博物院藏。

七夕，查士标，作《莲叶稻花图》轴。

纸本，设色。题款："湖声莲叶雨，暝色稻花风。士标临石田画迹。戊辰七夕。"

该画绿树垂阴，亭中一人兀坐，四围荷叶田田，清波浩渺。隔岸稻花遍布，远岫青葱。庞元济认为殊得石田神韵。庞元济《虚斋名画续录》卷三著录；卢辅圣主编《中国书画全书》第十二册，第680页。

七月二十一日，查士标，为衷白作《山水》十二开册页。

纸本，墨笔。故宫博物院藏。题款："康熙戊辰七月廿一日。"有"衷白"上款。《中国古代书画图目》第二十二册。

秋，戴本孝，长歌答梅清。

中秋前一日，查士标，在真源参加湖舟宴集。

查士标《种书堂遗稿》卷二《真源中秋前一日，湖舟宴集即事》载："天汉银蟾弄晶魄，荡漾湖光千顷白。青螺一点出湖滨，隐隐仙台列松柏。邑中胜景此称奇，土风原不事游嬉。几个小舟渔子乐，佳节良时总未知。使君自笑湖山长，叹息晴晖负清赏。欲放湖心问月舟，一叶轻舟不容桨。波烟万顷泛清光，当头皎月析微茫。急呼数艇受绳束，幕天布席俨华堂。四照玻璃交掩映，五色纷披连沆漭。波中时见彩云飞，舟行恍在青天上。渐近三更露气多，流星如箭射明河。飞斝追欢忘礼法，楼台天末起笙歌。更望阴森渺何许，放舟径入芦深处。可怜一片陂泽幽，卜筑无人邻浦溆。潆洄未忍命归船，长空欲曙兴悠然。人生宴乐岂有极，此游重续是何年。”

仲秋，查士标，作《水竹村居图》轴。

纸本，墨笔。四川博物院藏。款署“戊辰仲秋”。《中国古代书画图目》第十七册。

仲秋下浣二日，查士标，作《仿倪山水图》轴。

纸本，墨笔，227.6厘米×89厘米。上海博物馆藏。题款：“仿清闷画法于梁园旅次，寄似御老年道兄。时康熙戊辰仲秋下浣二日，白岳逋客查士标。”后有广田玉峰题跋。《中国古代书画图目》第四册。

九月，戴本孝，在鸠江作《山水图》卷。

瑞典斯德哥尔摩远东古物博物馆藏。

九月九日，梅清，举花果会于茶峡草堂，并集于梅枝凤满听楼。

梅清《天延阁后集》卷十三《戊辰诗略·戊辰九日花果会集茶峡草堂观蕊珍美人演剧十绝句》。

十月，戴本孝，作《山水》。

胡积堂辑《笔啸轩书画录》。

冬日，查士标，作《山水》十开册页。

纸本，墨笔。天津博物馆藏。款署“戊辰冬日”。《中国古代书画图目》第九册。

除夕，查士标，感怀有作。

查士标《种书堂遗稿》卷二有《戊辰除夕》，诗云：“一年又向客中过，岂为劳生废啸歌。镜里蓬松吾两鬓，眼前拱揖汝三多。浮沉渐少还山梦，断折频敲带雪柯。寂寂蓬门临水闭，不知春到兴如何。”

除日，雪霁，戴本孝，还迢迢谷，适梅花盛开，喜赋以志之。

戴本孝《余生诗稿》卷十《戊辰除日，戊辰雪霁，还迢迢谷，喜庭梅乍开》，句云：“隔年清梦苦相思。”并注云：“此年以郡吏纵盗，山民不遑安枕，余去年除夕竟未得还山。”

是年，汪懋麟，卒，年四十九。

程邃居扬州三十余年，与汪氏兄弟过从较密；于汪懋麟虽系忘年交，然友谊亦笃。汪懋麟《锦瑟词》卷首诸家题词中有程邃《鹧鸪天》一阕。

程邃，作《万木摇秋图》。

蔡星仪《中国画史论文选》，河北教育出版社2012年版。

作《黛色葱茏图》。

西泠印社《金石家书画集》。

戴本孝，作《名山选胜图》大轴。

绢本，墨笔，205.5厘米×99厘米。泰州市博物馆藏，苏12－14。

又作《山水》十二开册页。

许宏泉按：日本出版的《中国南画大成》卷十一有著录，或伪。

又作《山川磅礴图》。

绢本，墨笔，199厘米×47.2厘米。天津博物馆藏。题款："迂性善违俗，远心恒嗜奇。山川自磅礴，笔墨生逶迤。苍莽复萧散，真气相追随。古木不竞荣，巉岩不趋卑。结屋倚云根，疏泉下苔衣。伊人潜其中，使我动所思。石田发异璞，云林挺高枝。前踪已云迈，后辙焉可靡。至化超言象，吾道岂磷缁。亭亭千仞上，青云当与期。戊辰北月画为鸣老道年翁并题请正。鹰阿山樵长本孝。"

梅清，赴试，落第后寄诗于蔡瑶。

"老病谁怜行路难，春风吹不到长安。黄河望去尘千里，白发归来雪一鞍。梦绕中郎莲幕近，心伤季子墨貂残。相思咫尺分南北，辜负平原十日欢。"梅清《天延阁后集》卷十三《戊辰诗略·既归复寄蔡晓原彭城常观察幕府》。

有诗怀戴本孝、戴移孝兄弟。

"隔江怀二戴，大小并吾师。兄弟谁相若，机云或近之。未经重席地，空忆碎琴时。望里头俱白，秋风故意吹。"梅清《天延阁后集》卷十三《戊辰诗略·寄戴务旃、无忝兄弟》。

有诗寄石涛。

"六载轻千里，高风不可群。啸歌怜旧雨，踪迹想浮云。老鹤栖常病，孤鸿远更闻。广陵秋色好，吾亦下江滨。"梅清《天延阁后集》卷十三《戊辰诗略·寄石涛，时在扬州》。

孔尚任，作札《答闵义行》。

孔尚任《湖海集》卷十二《答闵义行》载："喉病稍可，皆佛手柑之所疗也，容谢爱。侄栻已归，乃惠茶香种种，再谢爱。查二瞻帖不易得，得而且多，真过分矣，三谢爱。平山堂屏字检出，似珠还剑归，不胜奇喜，四谢爱。仆之爱多不报，与足下书画债多，付之不理者，同一例耳。"该札作于"戊辰"，对通过闵义行而得到查士标书法作品，深表感谢。

孔尚任，与梅文鼎等二十四位名士又一次发起了红桥修禊，程邃或是为此来扬州。

姚宋，作《山水图》十二开册页。

故宫博物院藏，京1－5020。

又作《山斋清寂图》轴。

纸本，设色，127厘米×54.5厘米。镇江博物馆藏，苏13－056。

吴又和，作《山水图》。

上海博物馆藏。石涛为其题款："新安之吴子又和，丰溪人也。游戏于笔墨之外，珍重其书，而不珍重其画。十余年来，人间浪迹者多，每兴到时举酒数过，脱巾散发，狂叫数声，泼墨十斗，纸必待尽，终不书只字于画之上。今观此纸，气韵生动，笔法直空，欲令清湘绝倒。故书数字其上。戊辰长夏，清湘石涛济，邗上之大树堂。"

清康熙二十八年　己巳（1689）

元日，查士标，有诗作。

查士标《种书堂遗稿》卷二《己巳元日》诗云："梅花含雪柳含烟，元日风光最可怜。拜节叩门红刺积，畏寒拥被老人眠。儿童爆竹声声续，朱墨桃符户户悬。暮齿浪夸增一岁，岂从礼数复拘牵。"

正月，戴本孝，率诸儿群孙荐谒碧落精庐。岁二日，雪；三日，复雪；山林寒寂，本孝危坐凄吟；四日，喜见新月；五日，窗前吟咏先妻手植梅花；六日，作《山堂闲话》；人日，对精庐中松巢家老僧感吟；谷日，作《即事诗》；九日，将归西斋以为诸孙书室；十日，将入城，触怀为诗。

戴本孝《余生诗稿》卷十《己巳元旦，己巳率诸儿群孙荐谒碧落精庐》。

三月，戴本孝，作《春山淡霭图》。

考槃社编《考槃社中国名画选集》第二册，1926年版。

华山王弘撰至金陵，以所著《周易图说述》见示，本孝作《希夷避召崖图》并题长歌赠之。偕树居观城北一带桃花园，憩云叶庵邂逅耦西老僧。过雨花台松风阁，诗赠张白云。画《千峰梅影图》并题。丁最庵南岳游归造访，赠之以诗，本孝和之。柳愚谷七十，本孝作诗寿之。

戴本孝《余生诗稿》卷十《华山王山史来金陵，以所著〈周易图说述〉见示，余作〈希夷避召崖图〉，并题长歌以赠之》。

戴本孝，作《山水》轴。

绫本，墨笔。扬州博物馆藏，苏10-055。扬州博物馆还藏有戴本孝《陶渊明诗意山水》十二屏，绢本，墨笔，每幅尺寸为188.9厘米×52.7厘米。

三月，查士标，客京口三余斋，为金汉伯作《古木慈乌图》轴。

绢本。题款："谁家栖树有慈乌，反哺从来异别雏。风静月明刚夜半，听他母子自相呼。汪君培生，新安高士也，事继母以孝闻，于乡党内外无间言，予往客京口之三余斋，从金子汉伯具道其至行，窃以为今之黄江夏、王琅琊，心向往之。适金子属画持赠，为作《古木慈乌图》似之，并系小诗。观者当不以予为溢美也。康熙己巳岁修禊月，邗上旅人查士标识。”罗振玉《雪堂类稿》戊《长物簿录》第二册，第840页。

梅清，往柏枧山祭祖，停留七日。

“己巳三月。同族中兄弟子侄辈，入柏枧山拜扫先陇。是日长幼咸集，较昔称盛。墓门荒芜，手自修葺，见者改观。坐卧山中凡七日，流连不能去。拈笔得四诗，属诸子为唱和之端。”梅清《瞿山诗略》卷二十九《己庚二年诗·展墓四首》。

初夏，查士标，作《烟峦缥缈图》轴。

绢本。题款：“芦苇萧疏地，烟峦缥缈时。渔樵真乐在，未许市朝知。己巳初夏，查士标。”李恩庆《爱吾庐书画记》。

四月晦日，查士标，作《江干送别图》扇面。

纸本，墨笔。上海朵云轩藏。题款：“康熙二十八年四月晦日。”有“播斯”上款。《中国古代书画图目》第十二册。

夏至日，梅清，为歙县知县靳治荆作《黄山纪游图》十二开册页。

十二幅图名：“西海门”“黄山松谷”“炼丹台”“文殊院”“莲华峰”“容溪”“百步云梯”“绕龙松”“浮丘峰”“白龙潭”“云门”“天都峰”。后跋曰：“别黄山十年，每思贾勇重游，逡巡不果。偶写数峰，寄熊翁老年台大教。先生为黄山大主人，寄先生犹寄黄山也。己巳长至。瞿山弟梅清。”

此作引首题“黄岳卧游。文华新得梅瞿山黄山画册，出示因题。庚申春暮壮暮翁稚柳”。每页有清人顾于观对题。顾于观跋：“是册为歙宰公所藏，乾隆六年十一月过难弟丽江守十一丈雷溪，出此见示，欢因系小句，如右十二诗，乃昨夜归来，灯下所成，及书此册，乃竟日。纸不吸墨，无如何耳。生平未到黄山，以是为憾，故诗中全不及画云。初九薄暮，顾于观并记。”

夏，查士标，应孔尚任之邀，与宗子发、朱云卿、张山、来谐石、朱其恭、吴云逸招同范汝受游法海寺探荷。

查士标《种书堂遗稿》卷一《法海寺探荷》，诗云：“近市阅尘氛，了无一可喜。结侣荡扁舟，潆洄信所止。况当火云流，溽暑蒸余滓。岸木垂繁阴，川原弥数里。同游四方彦，论文信知己。诙谐倾古今，讨论互摘指。杯斝政无苛，河朔饮堪拟。溪路转幽深，古寺松篁里。濯濯芙蕖花，红绽初照水。潋滟碧天秋，飒飒凉飙起。”

孔尚任《湖海集》卷六《己巳存稿》有《宗子发、查二瞻、朱云卿、张山、来谐石、朱其恭、吴云逸招同范汝受游法海寺探荷》，诗云：“载脂京洛车，欲行情怏悒。缘多素心人，踏歌道傍立。为之留斯须，泛舟出城邑。其时暑未徂，背汗中单湿。我辈嵇阮俦，岂必事拱揖？解衣弄清溪，凉风来习习。当风莲试花，一朵香堪挹。爱莲有同心，开缸对之吸。既醉还复斟，任彼西日入。不然历市尘，孰将予手执？”黄仙裳评云：“真色真香，不着脂泽，陶谢遗响也。”

六月，查士标，作《烟江叠嶂图》轴。

纸本，墨笔。苏州博物馆藏。题款："康熙己巳六月。"《中国古代书画图目》第六册。

秋，查士标，作《山水图》八开册页。

纸本，墨笔，每开尺寸为20.6厘米×31.5厘米。美国茨兰克旧藏。第一开题款："�石乔柯。己巳秋日，士标画。"铃木敬编《中国绘画总合图录续编》卷一。

孔尚任，来南京访程邃。

孔尚任所撰《湖海集》卷七《己巳存稿》有《和答程穆倩》五律二首，知程邃有诗赠之，惜已佚。又同集卷十三有《与程穆倩》一札，谓："粗石二方，正在求教；斗方一画，亦蒙慨诺。"复有《答程穆倩》一札，谓："小石赐篆，得未曾有，乃箧中第一宝也。"故知程邃曾为其刻石二枚，并有诗赠之。

戴本孝，应邀赴冶城西山道院公宴。

孔尚任《湖海集》卷七有五古一首，题曰：《冶城西山道院公宴，同程穆倩、杜苍略、戴务旃、饶正庵、郑谷口、余鸿客、胡致果、陈挹苍、阮岩公、吴介兹、黄云臣、蒋波澄、先渭求、王安节、伏草、司直、张元子、蔡铉升、梁质人、姜斌翼、听吉、蔡临苍、李自怡、王子由、僧蒲庵、云辩、南枝分味秋江霁色》。诗曰："群山抱西郭，秋晴郁以葱。其下江浩浩，气象尤空濛（蒙）。仙楼坐百尺，俯瞰夕照红。飞凫兼浴鹭，光动乱流中。心焉与之远，瞩望渺难穷。安得乘舟去，采采芙蓉丛。"同集者多为戴本孝知交好友。

八月，龚贤，卒，戴本孝，作五言二首吊之。孔尚任为之料理后事。康熙二十六年（1687），孔尚任曾委托龚贤，要求戴本孝绘制故乡之石门山，戴本孝为完成亡友龚贤之托，为孔尚任作《石门山图》。

戴本孝《余生诗稿》卷十《是秋，余先龚柴丈五日而疾，及余疾起，忽闻柴丈遽逝矣，柴丈画法独以用墨擅长，一时罕有其伦也，些山以五言二首吊之因和焉》。

中秋，梅清，与张菊存、蒋超、梅蔚、梅熹、梅彪等人步月作诗。

梅清《瞿山诗略》卷二十九《己庚二年诗·中秋步月同菊存、臣虎、闇昭、力仁、希白、悫坪、孝虔、培翼暨蔚熹两儿彪孙辈》。

重九前一日，雪庄，来歙，与当地名士汪士鋐相见，旋入黄山，遇雪，趺坐岩石达旦。积雪盈顶，山僧异之，挽留栖居，于炼丹峰东巨壑中结第为庵，名"皮篷"。从此隐居作画。

雪庄作《看雪》诗："始信天公巧，名手色难设。取法月余日，暗补从前缺。精微欲语人，举似不能说。趣味自耽赏，梅花先泄露。造物真我师，指示倍亲切。"

汪士鋐《云舫记》有"康熙己巳重九前一日，翠螺雪庄大师散发携杖来游黄山，过阮溪，信宿即行”，并作《己巳重九日赋送雪庄大师入黄山》诗记之。《黄山志续集》卷六。

九月九，梅清，登宣城鳌峰。

梅清《瞿山清略》卷二十九《己庚二年诗·九日同希白、力仁、悫坪、培翼诸子登鳌峰即事》。

九月，梅清，与梅庚、梅蔚等合作《杂画合作六段卷》。

上海博物馆藏。《中国古代书画图目》第四册。

十月，梅清，作《黄山图》十二开册页。

纸本。广东省博物馆藏。题款：“意之所至。己巳长至，瞿山梅清。”（之一）“天都峰。莲花莲蕊之间。”（之二）“文殊院。西海门。”（之三）“齐云岩。松谷。”（之四）“琴溪积雪。敬亭山。”（之五）“云门。柏枧飞桥。”（之六）“老去怀人已可怜，风流司马倍情牵。梅花忽报三年别，鸿雁难禁十月天。飞盖纵横开洞壑，挥毫呼吸起云烟。中原词客谁能及，不在黄巅在岱巅。己巳阳月，寄呈老年祖台先生大教。宛陵梅清拜稿。”《中国古代书画图目》第十三册。

查士标，作《松壑泉声图》。

纸本，墨笔。山西博物院藏。款署“康熙己巳小春月”。《中国古代书画图目》第八册。

冬，查士标，与桑楚执、朱二玉、高蔚生、萧灵曦、王汉藻、阮月樵、潘冰壶合画《还朝图》册页赠孔尚任。

孔尚任《湖海集》卷六《己巳存稿》有《桑楚执、查二瞻、朱二玉、高蔚生、萧灵曦、王汉藻、阮月樵、潘冰壶合画〈还朝图〉册》，诗云：“八人胸中各有山，八人胸中各有水，胸中各有一使君，使君杂在山水里。秋窗分写《还朝图》，所有胸中尽落纸。广陵城外柳萧萧，烟接蓟门三千里。车行尘绕东蒙根，舟行帆度蒲湾背。两条驿路秋光佳，都有叶黄间叶紫。归途未定画难传，只画车停舟暂舣。送者行者立彷徨，除却琴书无行李。一幅惨淡一幅浓，上下河堤凄风起。使君愁貌幅幅真，但画愁心无妙技。”吴园次评云：“奇绝，妙绝，苍绝，秀绝，非寻常点染可及。”宗定九评云：“画中八友，皆名笔，作图应不愧佳诗也。”

又作《幽壑流泉图》卷。

纸本，墨笔。故宫博物院藏。款署“己巳冬日”。《中国古代书画图目》第二十二册。

又作《山水》八开册页，黄逵书法对题。

纸本，墨笔。浙江省博物馆藏。第一开题款：“深柳读书堂。士标画，己巳冬日。”后有徐郙题跋。《中国古代书画图目》第十一册。

客广陵，为五老道翁重题丙午春夏所作《山水》册页。

纸本，设色，每开尺寸为23.9厘米×21.4厘米。上海博物馆藏。其中第十开题款：“己巳冬，偶客广陵，阅丙午春夏画宋元山水，得十帧，携笈载迁，客五老道翁高斋之白云深处，遂举似正之，五老虑有巧取豪放者，嘱纪其末，见笔墨成就之难，不负作老友也。旅弟查士标。”《中国古

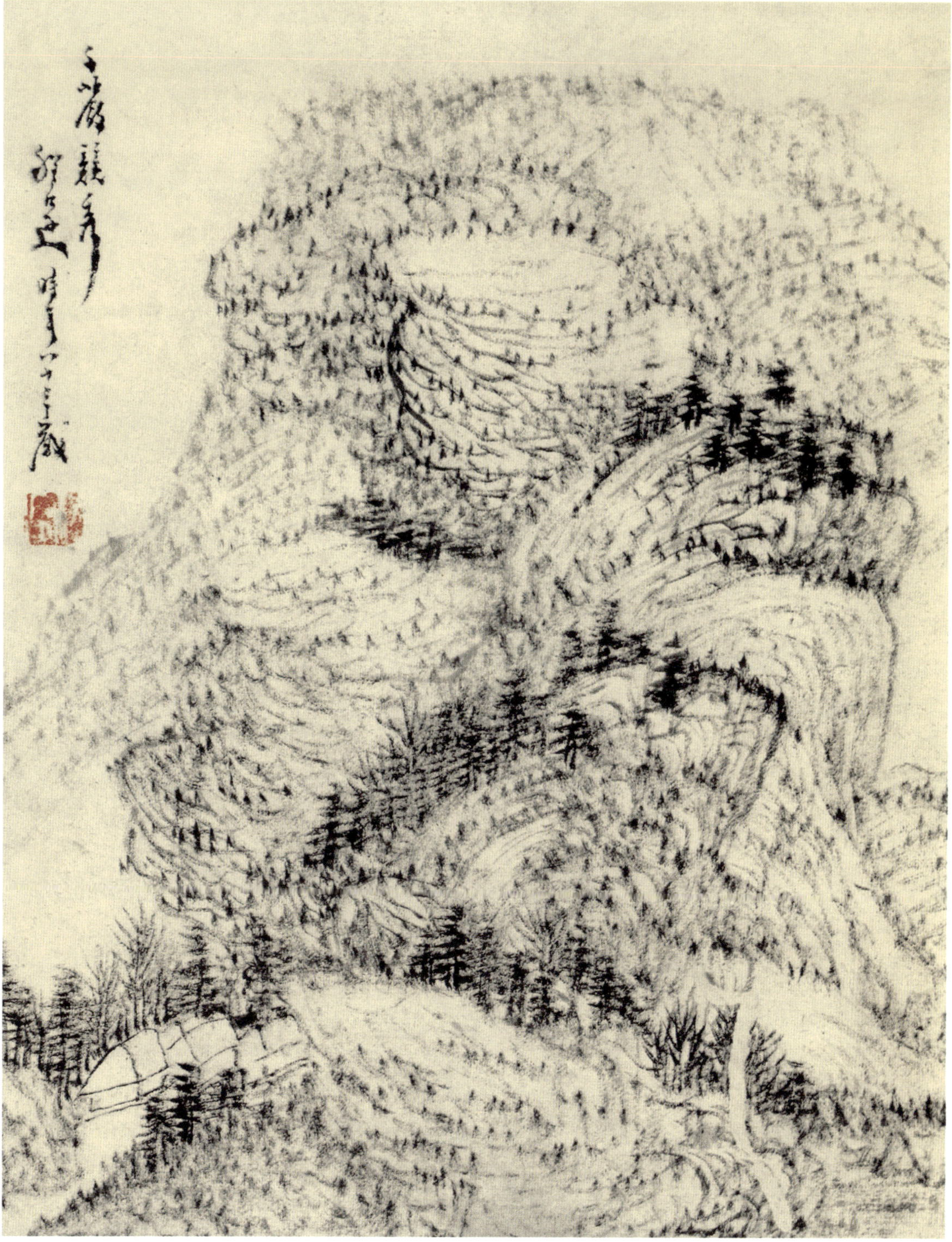

程邃　千岩竞秀图　/　1689年　浙江省博物馆藏

代书画图目》第四册。

十二月，梅清，作《松石图》轴。

日本私人藏。题款："己巳嘉平□□，写祝胡母汪太夫人节寿并请枢老年兄教。瞿山梅清。"梅清绘《梅瞿山画集》，上海人民美术出版社1960年版。

腊月二十日，查士标，作《仿古山水》十二开册页。

纸本，设色。故宫博物院藏。题款："康熙己巳腊月二十日。"《中国古代书画图目》第二十二册。

是年，程守，卒，年七十一。梅清，《己庚二年诗》有《挽程蚀庵先生二首》。

其一："江左真词伯，天都老逸民。鹤归沉华表，星陨冷秋旻。幽抱能无痛，文章实有神。自怜头已白，还哭白头人。"其二："道貌原能古，文心老更奇。竟辜莲社约，曾序友声诗。薤露歌初放，山阳笛久吹。春风生墓草，酌酒俟何时。"

程邃，作《千岩竞秀图》。

浙江省博物馆藏。图上题"千岩竞秀"四字，款署"程邃时年八十三岁"。汪采白编《新安画派》。

作《山水》册页四帧。

神州国光社编《张尔维、程穆倩山水画》合册。

于臣虎，自金沙来访梅清，后游天都。

"九月万山中，游人一杖通。西风吹不断，南望与何穷。满眼飞红叶，高怀放菊丛。天都多唱和，联臂倚秋空。"梅清《送于臣虎游天都》。

李流芳，《檀园集》刊行，陆廷灿重订，李流芳孙李圣芝等参与编校。此重刻本，有谢三宾和徐秉义序，李宜之和陆元辅后序，并录有钱谦益《李先辈长蘅传》和《李长蘅墓志铭》。

姚宋，作《仿吴镇山水》四开册页。

故宫博物院藏，京1-5021。

清康熙二十九年　庚午（1690）

元夕，查士标，于邗上旅居之东郭草堂，作《黄鹤遗规图》卷。

纸本，墨笔，27.5厘米×119.6厘米。题款："余学画五十年，于前人画法无不摹拟，独黄鹤山樵不多涉笔，苦其难合也。平生所见山樵画无虑十数幅，晚见其赠坦然老师一迹，苍率之气纵横笔端，始信确然为此公第一奇迹，时时来往心目间，此卷意欲效之，终未能仿佛一二也。时康熙庚午岁元夕并识于邗上旅居之东郭草堂，士标。"卷后有李世倬题跋。上海博物馆藏。《中国古代书画图目》第四册。

二月，戴本孝，作《湖山逸兴图》。

绢本，墨笔，138厘米×69.5厘米。安徽博物院藏。题款："湖山逸兴，时在上章敦牂之仲春月写。鹰阿山樵戴本孝。"题下加钤"鹰阿山樵"四字朱文竖长方印、"本孝"二字朱文方印各一枚。

春分，梅清，于沙城，与梅庚、梅翀、吴菘、吴瞻泰、汪士鋐、沈泌等宴集。

梅清《瞿山清略》卷二十九《己庚二年诗·绮园、东岩招同栗亭、昕斋、雪坪，陪靳明府宴集沙城寓堂，得声字》。

二月十五日，戴本孝，作《溪山涨潦图》扇面。

纸本，墨笔，18.2厘米×53厘米。故宫博物院藏，京1-4158。

清明，梅清，自沙城将往黄山。

"岁庚午，偶有新安之约。由沙城至岩溪、潜溪诸境。园囿山林，寻游殆遍。乃贾余勇，重浴汤泉，与三十六峰相认如旧友。归路滞仙源。共得诗百有余首，前已灾梨，兹删去差半，存八十二首，为《己庚纪年集》。"梅清《瞿山诗略》卷二十九《己庚二年诗》。

三月，戴本孝，作《天门垂钓图》。

绢本，墨笔，169厘米×58厘米。上海朵云轩藏。

梅清，作客歙县松明山，访汪洪度、汪洋度两兄弟。

按：汪洪度，字于鼎，号息庐，梅清友人，好学通经。清康熙间著有《新安大好山水志》《新安节烈志》及《息庐诗》，其黄山、新安江诸作最为名流所赏。善书画，与弟洋度，称"新安二汪"。

又为汪洪度兄弟作《春草阁诗》行书立轴。

湖北省博物馆藏。题款及诗曰："《春草阁诗》三章为于鼎、文治两先生题。庚午三月予客于歙，将有黄山之游。道经松明山，乃得访于鼎、文治昆仲于此之间。溪山清湛，林木幽深。石门诸峰，罗列在望。始知新安名胜以此为最。醉中得诗三首，吟罢遂曳杖上云门。我寻松明山，乃登春草阁。之中何所见，千峰与万壑。阁中何所闻，幽鸟弄□乐。阁中何所置，图书散光错。始识高人居，俯仰得余乐。我登春草阁，却对松明山。可以舒长啸，可以开欢颜。可以卧白昼，孤云梦胜还。天地于焉古，日月无以闲。安得醉复解，客（容）我常追攀。君家好兄弟，人与地兼之。风流匪自今，实乃司马遗。□独笃友子，百代感孝思。对此池中草，一醉倾千卮。明日上云门，白云无尽期。瞿硎同学弟梅清拜手。"《中国古代书画图目》第十八册。

三月三十日，梅清，耿虞赓招同濮无著、沈泌等人集署斋。

梅清《瞿山清略》卷二十九《己庚二年诗·耿虞赓招同濮无著、沈方邺、程千云、李宋若、家培翼集署斋，即席用亲字，时三月三十日》。

送春前一日，梅清，为东涧年兄作《岩溪别意图》轴。

上海博物馆藏。题款："留岩溪宿横川阁十二日，临别怅然，殊难为怀，因拈笔作横川卷一幅。自觉意味萧然，惟东涧年世兄教之。庚午三月送春前一日，瞿山梅清。"《中国古代书画图目》第四册。

四月，梅清，于水澄园告别新安诸友，将登黄山。怀汪士鋐、吴菘、吴瞻泰诸友。

梅清《瞿山清略》卷二十九《己庚二年诗·水澄园留别新安诸子，时予有黄山之游》载："把酒谁怜醉不胜，故人惜别更挑灯。一旬雨歇山犹湿，四月风和暖乍蒸。踏去青鞵聊自得，呼来黄鹤竟何能。天涯有句如相和，莫忘酣歌在水澄。"

梅清《瞿山清略》卷二十九《己庚二年诗·登文殊院怀栗亭、于鼎、绮园、东岩天士、云逸诸子》载："三十六峰立当面，看山双眼随时变。我来黄海寻旧游，扶筇直到文殊院。此峰突兀不可当，俨然一座凌中央。峰峰罗列拜其下，何异万笏朝天阊。天都在左莲花右，苍茫云气分前后。虽然大海未全铺，意中已觉洪涛骤。忆登高阁倚横川，挥毫日对云门巅。阁上诗人忽分手，空留墨汁生秋烟。诸公俱有寻山约，坐令人事多纷错。□得山灵任我呼，万壑都从腕中落。"

初夏，梅清，作《黄山图》八开册页。

纸本，设色，每开尺寸为26厘米×33厘米。故宫博物院藏。题款："同绮老登春雨杏花楼，坐松明山忆旧作图。瞿山。"（之一）"一篙破寒玉，雨霁微波漾。蜿蜒八九滩，峰峦千万状。爱此良夜游，次第歌声放。群公逸兴牵，暗绿山堂覆。绮席耀华灯，拇阵分红豆。娑罗花未开，香风已仙逗。庚午初夏，绮园先生、东岩世兄，招同于鼎、栗亭、仁远、鹏远、文璇、叔夏、家培翼，泛舟岩溪，晚集虬山堂。各赋短古二首并正。弟清。"（之二）"十年幽梦系轩辕，身历层岩始识尊。海上云都供吐纳，天南山尽列儿孙。峰抽千仞皆成笋，路入重霄独有猿。谁道丹台灵火息，朱砂泉水至今温。黄山天都峰。瞿山。"（之三）"题娑罗园横川阁。娑罗香一院，种就几千年。铁干分今古，虬枝散蜿蜒。参天应翼日，扑地欲流烟。最是垂红豆，抛来亦可怜。瞿山清。"（之四）"仙根谁手种，大地此开花。直饮半天露，齐擎五色霞。人从香国转，路借玉房遮。莲子何年结，沧溟待泛槎。莲花峰。瞿山人。"（之五）"未到幽居地，梅庄几许深。凭将孤客思，如见故人心。书卷摊花径，琴声动竹林。黄山在楼上，他日好相寻。绮园先生同令侄东岩，遇余沙城旅邸。索画《梅庄图》，并题四十字重书教之。同学弟梅清。"（之六）"虬山草堂图。瞿山清。"（之七）"曲径城头转，群峰杖底开。采茶时已近，烧笋客重来。鸟语通山屐，松声落酒杯。旧游成白发，刻竹第三回。同绮老诸公集问政山仿佛图此。瞿山清。"（之八）《中国古代书画图目》第二十二册。

戴本孝，作《山水图》。

日本东京私人收藏。

五月，戴本孝，作《杖头高秋图》。

神州国光社编《神州大观》续六。

又作《峻岭飞泉图》。

上海人民美术出版社编《画苑掇英》卷一，图82，1955年版。

六月，梅清，作《仿古山水图》十开册页。

美国克利夫兰艺术博物馆藏。题款："高山流水接名园，林各幽深鸟雀喧。好友携来还命酌，须□此处胜桃源。仿荆关笔意。瞿山梅清并题。"（之一）"我爱梅华老道人，挥毫落纸尽如神。持将海上千年酒，醉向江南四季春。瞿山人。"（之二）"磊砢材真大，菁葱色不雕。亭亭□直上，身□傍云霄。仿石田老人笔意。庚午夏六月。瞿山梅清并题。"（之三）"百岁惟传黄大痴，云山乱石供题诗。狂来泼墨同倾酒（洒），谁道游仙不画师。瞿山并题。"（之四）"仿倪高士笔意。瞿山。"（之五）"千树梅花旧草堂，依稀十里画生香。寒山独坐无人问，吟就新诗索画尝。仿李营丘《梅花书屋》，瞿山并题。"（之六）"仿范宽《秋江帆影》。瞿山老人。"（之七）"仿柯九思笔意。瞿山。"（之八）"同云千岭白漫漫，□恙青松映户看。鹤氅不须还踏雪，清风吾最慕袁安。仿马遥父笔意。瞿山梅清并题。"（之九）铃木敬编《中国绘画总合图录续编》。

六月下旬，戴本孝，作《寒木虚堂图》。

天津博物馆藏。题款："庚午夏六月下弦，画为逸民老宗台先生，鹰阿山樵子本孝。"

秋，戴本孝，在南京长干寺，与王弘撰重逢，赠王《华山图》中一幅。并请王弘撰为他自撰的《守砚庵文稿》作序。

王弘撰《砥斋集》卷一下。

秋，梅清，黄山归来，病。

"伏枕寻常事，长途得乍归。病能观妙道，老始识危机。药饵何消长，膏肓孰是非。春风吹渐暖，贾勇上渔矶。""梦断又还梦，翻怜梦不成。残灯同冷焰，微雨动春声。卧久千愁过，心空万虑轻。莫言人有数，吾欲与天争。"梅清《瞿山清略》卷二十九《己庚二年诗·伏枕二首》。

重阳，梅清，为王士禛作《仿黄鹤山樵山水》。

上海博物馆藏。题款："仿黄鹤山樵笔意，寄呈阮亭老先生大教。庚午□□瞿山梅清。重九日画。"《中国古代书画图目》第四册。

九月，梅清，作《黄山图》十六开册页。

故宫博物院藏。题款："黄山之游，从新安则入汤口，从仙源则入松谷。松谷上云门，幽深万状，愈进愈奇矣。庚午九月，瞿山梅清。"（之一）"古帝栖真地，天开此一都。霓旌围碧落，阊阖入虚无。火息丹应转，云来海自铺。何当凌鹤羽，随意遍灵区。天都峰，瞿山。"（之二）

梅清　黄山天都峰图　/　年代不详　安徽博物院藏

梅清　黄山汤泉图　/　年代不详　安徽博物院藏

梅清　黄山文殊台图　/　年代不详　安徽博物院藏

梅清　黄山翠微寺图　/　年代不详　安徽博物院藏

黄山汤泉图（局部）

“鸣琴泉为造物最巧之景，以《抚松图》写之，庶可传其清音耳。”(之三)“文殊院乃黄山中央土也，左天都，右莲华，三十六峰四面罗拜其下，须臾铺海，大是奇观。”(之四)“百步云梯，从后海至前海必由之路。一线直上，三面皆空。经过许久，至今心怖。”(之五)“天半云门路，岚光分外明。一筇今日倚，两屐旧时轻。幻境原无数，重来不问名。神鸦吾未识，亲见白猿迎。瞿山。”(之六)“浮丘峰如海上三神山，可望不可即。戏以缥缈笔图之，非必实有是景也。”(之七)“翠微寺为黄山别峰，予游已二十年矣，握笔写山，不胜怅惘。瞿山。”(之八)“黄帝栖真处，遗台旧迹荒。谁怜丹灶冷，不散紫芝香。叆叇生云气，嶙峋吐剑铓。何人采仙药，大冶火重光。炼丹台与蒲团松相望，故合之。”(之九)“始信峰与绕龙松，只(咫)尺可见，黄山四奇松，惟接引、绕龙最奇，故并设之。”(之十)“旷绝光明顶，天南四望空。谁知孤啸处，身在万山中。呼吸风雷过，巑岏日月通。仙踪如可接，何必梦崆峒。瞿山。”(之十一)“由汤口而进，右转渡桥则为汤池。左转为祥符古院，为白龙潭，为桃花源。巨石阻塞，从石隙中侧身而入，皆非人世。”(之十二)“狮子林，用梅华道人笔写其大意。”(之十三)“仙根谁手种，大地此开花。直饮半天露，齐擎五色霞。人从香国转，路借玉房遮。莲子何年结，沧溟待泛槎。题莲华峰旧作，瞿山。”(之十四)“西门海，乃后海之极险极奇之境，每当夕阳西下之时，紫绿万状，惊心夺魄，未易名之。瞿山。”(之十五)“黄山慈光寺，较前此朱砂庵，可谓蓬莱之绀宇矣。图者每以绚烂出之，予独以云林笔意见其岑寂。庶几本来面目不致尽失，噫！此可为知者道耳。庚午九月，瞿山梅清识。”(之十六)

跋：“余游黄山后，凡有笔墨，大半皆黄山矣。此册虽未能尽三十六峰之胜，然而略展一过，亦可聊当卧游。慕潭贤婿客宛陵许久，有约未践，仕籍既登，又当蜀西极奇极怪之境，何有乎？黄山虽然山川异域，未必不在依稀怀想间，因检案头藏画，复题数行，寄西蜀官人，发一□然。癸酉二月重题。瞿山清。”(之十七)《中国古代书画图目》第二十二册。

梅清，重游黄山，得诗九首。

梅清《瞿山清略》卷二十九《己庚二年诗·重游黄山纪事九首》载：“天半云门路，岚光分外明。一筇今日倚，两屐旧时轻。幻境原无数，重来更问名。神鸦吾未识，亲见白猿迎。”(之一)“汤泉香气满，遥指石桥边。凉忆当年最，温怜此际偏。只知如我意，谁解是天然。浴罢轻双腋，高空直可骞。”(之二)“古帝栖真地，天开此一都。霓旌围碧落，阊阖入虚无。火息丹应转，云来海自铺。何当凌鹤羽，随意遍灵区。”(之三)“危磴千层绕，灵泉万壑通。高深难得解，指顾那能穷。上界疑无级，诸天各有宫。一声长啸发，人在翠微中。”(之四)“两源无径觅，丞相与桃花。石隙惊僧人，云根对面遮。隔溪啼乐鸟，半岭焙仙茶。转忆留题处，扶筇兴尚赊。”(之五)“三十六峰下，高人飞锡来。名山留位置，巨斧重徘徊。梅树子初结，木连花正开。相逢成唱和，归骑莫频催。”(之六)“老衲何年别，重来认旧颜。真能成白首，果不负黄山。大海供开眼，孤云伴闭关。苦根与珠菜，采食异人间。”（之七）“关道沙域约，仙凫两悬飞。名山应有主，邻境总相依。览胜风原古，寻源兴不违。追随予未及，峰际见余辉。”（之八）“济胜今非昔，登临独潸然。力衰经石坐，路险借藤牵。香水三回浴，精庐两度眠。还来更何日，拂眼万峰巅。”（之九）

十月，戴本孝，在长干寺作《杜诗山水》十二开册页。

纸本，墨笔，每开尺寸为21.8厘米×16.4厘米。故宫博物院藏，京1-4157。

作《仿倪瓒山水图》。

美国普林斯顿私人收藏。陆心源《穰梨馆过眼录·续录》卷十一。

冬，查士标，于真州半山草堂，仿赵孟频笔意作《湖乡清夏图》轴。

绢本，设色，95厘米×51厘米。上海朵云轩藏。题款：“湖乡清夏，赵承旨笔意。庚午冬日，仿于真州半山草堂，士标。”钤“查二瞻”朱文印。《中国古代书画图目》第十二册。

查士标《种书堂遗稿》卷二《偶客真州，许劲庵为下榻半山草堂，别来寄怀二律》载：“半山园里好岩阿，百里三年未一过。老至自怜游兴减，书来偏说胜情多。放船直拟乘秋月，下榻何期卧薜萝。总是故人真爱客，顿令旅况不蹉跎。”“风流儒雅几人存，永夜从君每细论。壁上清言多逸士，亭边翠竹即江村。才华暂喜应刘近，古道常惭孔李敦。日饮醇醪吾自醉，淹留不待绨袍温。”

查士标，为婿方子东作《山水图》卷。

原北京市文物商店藏。刘九庵《宋元明清书画家传世作品年表》，第523页。

梅清，北上备考，大雪阻路，渡河无望，感叹四十年来功名之路多惆怅。

“漫言此地九经过，四十年中恨已多。白发盈头难冒雪，羸车失路敢凭河。花飞一尺复三尺，水冻千波更万波。同学故人休怅望，予将长啸入烟萝。”梅清《瞿山清略》卷二十九《己庚二年诗·雪阻不得渡河》。

是年，恽南田，卒，年五十八。

查士标，为舜明大词弟作《行书五律诗》轴。

纸本。四川大学藏。有“舜明大词弟”上款。《中国古代书画图目》第十七册。

程邃，为鼒老作十二开册页。

《画苑掇英》下册影印二开。末开题款：“山静似太古，日长如小年。此二语予深味之，盖以山中日月长也。故偃息白下有年，自谓落落他山云尔。鼒老道翁来话旧，深畅知言，因以所图小楮十二博笑，八十四弟程邃。”

又作《读书秋树根图》。

题款：“予久断画兴，而南还白下，枕籍药里，十载再世，眊目复明。然望九老人忽发童心勃勃，技痒难名，正亦不知所起。起于知己乔宝应诸君子也。白庵先生常见属，予窃得其神情之

石涛　山水清音图
约1690年　上海博物馆藏

表，偶制此楮，是读书秋树根。诸教正之。八十四朽弟程邃。”劳天庇编纂《至乐楼书画录》，1973年版。

又为澹人作《山水图》。

《朵云》第四十六期。

梅清，与江注等人集于太平十寺，放舟濠上。

梅清《瞿山清略》卷二十九《己庚二年诗·江允凝、许文涛、汪东大招同家培翼集太平十寺，放舟濠上，即席限山、群二字》。

戴本孝，客东皋百日。冒襄八十，作长歌寿之。冒襄八十得曾孙，作诗贺之。又题《巢民老人避召崖图》。

戴本孝《余生诗稿》卷十《巢民丈人八十得曾孙，即其长孙文博所首出也，于其弥月，遂命以八十名之。忆余初至东皋，谷梁以人日举文博，方弥月，阳羡陈髯暨同人皆贺以诗，迨今三十三年矣，而余复至获与良辰，喜为之赋以纪之》。

又为冒襄作《山水》轴。

纸本，墨笔，82.5厘米×42厘米。北京工艺品进出口公司藏，京10－036。

又作《天门垂钓图》轴。

绢本，墨笔，169厘米×58厘米。上海朵云轩藏，沪7－0272。

又为竹堂道人作《千峰策杖图》。

题《石山四时》长卷寄喻正庵。

又作《山色泉声图》。

程十发藏。

又作《山水》十二开册页。

故宫博物院藏。

石涛，抵京，客且憨斋，发“诗中画”“画中诗”论。

约是年，作《山水清音图》。

纸本，墨笔。上海博物馆藏。

清康熙三十年　辛未（1691）

吴麟，生。

按：吴麟，字尧圃、栗园、质道人、南村、西溪老人。安徽歙县人。山水学黄子久，以疏散简淡为宗，得用墨法。雍正七年己酉（1729），江西景德镇督窑官唐英派吴麟至禹州，调查钧瓷釉料配制方法，从而烧制出一种仿钧瓷，史称“炉钧”。吴麟家有景德镇土窑，自产秘色器，与唐、熊、年三窑齐名，世称“吴窑”。

春，戴本孝，客金陵，宋以伟以秦淮水阁为华山王山史下榻。阁外可凭以望钟山，本孝欣然赋诗。皖江昝元彦以其尊甫仅斋先生遗命征画。因题十四韵寄之。为王道林画兰并题《画兰歌》长诗以赠。作《示林修青溪意图》并题。

戴本孝《余生诗稿》卷十一有《宋以伟以秦淮水阁为华山王山史下榻，阁外可凭以望钟山，山史居此，尝梦钟山，往来其中，以伟因改名其阁曰：山来。云阁中有梅花初放，山史招同杜些山，王艾溪、胡静夫，看梅赋诗。金陵梅花昔以钟山灵谷为盛，近就凋残不可复问。二三年来，竞传神策门外十五里许，曰：石柱冲，连冈断壑，皆老梅不可数记，古干杈枒，大多合抱石柱冲者，乃宋王威定华表，墓上丰碑为传，雩文纪威定战绩，（宋史）多未载也。群梅潜老于此居，民利其实，遂得长子孙蕃衍于其中，度非百年以上不能奇古，若是梅之托根可谓善藏其用矣，近何以遂为好事者所知，游观杂沓，蜂午渐至，是岂老梅之幸也哉。余偶作〈山来阁看梅图〉，遂并记之以志慨。西北梅花不能多见，山史亟携韵僧往探，此后清梦不知当更如何矣》《皖江昝元彦以其尊甫仅斋先生遗命征余画，因题十四韵寄之》《〈画兰歌〉为汪五道林作》诸诗。

正月，程邃，晤费密，费密来访，出示所藏古器物。

按：费密，号燕峰，四川新繁人。入清后流寓扬州。其孙费冕编《费燕峰先生年谱》，记载康熙三十年（1691）正月，费密“会程穆倩，年已八十有五，而谈不倦。观所藏三代秦汉宋元遗物”。

二月，石涛，为博尔都写墨竹，王原祁为补坡石。客且憨斋，为主人慎庵作《搜尽奇峰打草稿图》卷，跋中有“不立一法是吾宗也，不舍一法是吾旨也”之语。

三月，程邃，为香翁作画。

胡积堂《笔啸轩书画录》卷上著录程邃《山水》轴，题款：“丹梯百尺漫云攀，山上须知复有山。日日登游游不尽，喜天特与一身闲。辛未春三月，画为香翁道长先生清玩。黄海八十七弟程邃。”汪世清认为此岁数应为刊刻之误。

梅清，作《仿王蒙山水图》。

美国底特律艺术学院藏。题款：“秋窗训暇，老兴犹存。何以劝我，何以容我，无事闭门。古人在前，瞿山在后。前后高呼，相期不朽。辛未三月，梅清仿黄鹤山樵。”铃木敬编《中国绘画总合图录》卷一。

初夏，查士标，为圣老作《溪淡云深图》。

纸本，设色。中国国家博物馆藏。款署“辛未初夏”，有“圣老”上款。《中国古代书画图目》第一册。

六月，戴本孝，作《山水图》十开册页。和许参军《岳麓纪梦诗》。

方浚颐撰《梦园书画录》卷二十三。

七夕，戴本孝，客东皋，于冒襄寓之堂观前人《七夕图》，集巢民诗次韵。

闰七月初九，戴本孝生日有诗。

诗云：“生当七夕后二日，不记几逢闰七夕。今年我复来东皋，恰值行年七十一……”

客海陵（今江苏泰州），闻黄俞邰讣音，怆然作诗以悼。杜些山故，作诗悼之。

夏日，查士标，题渐江《长松羽士图》轴。

纸本，墨笔。贵州省博物馆藏。画上方诗堂查士标题款：“渐江上人画名重一时，于丘壑竹树无不尽善，独人物不多见。此图作长松羽士，神韵悠闲，笔致皎洁，深得李伯时遗意。往曾为余作《系舟图》，一人危坐篷底，意度潇洒，正与此同。余野人也，固宜赠以野人面目。□□先生深于道者，乃无意而得此蓬瀛之客，岂天之所以赠金门曼倩、柱下老聃乎！辛未夏日，查士标题。”安徽美术出版社《明清安徽画家作品选》，第6页。

七月，石涛，客慈源寺，作山水册，题跋出现“我用我法”四字。

查士标，与瑞道人合作《山水》卷。

纸本，墨笔。怀宁县文物管理所藏。款署“康熙辛未七月”，有“健也仁兄”上款，卷后有查士标自题七绝一首。《中国古代书画图目》第十二册。

中秋日，查士标，作《山水》十开册页。

纸本，墨笔。杭州市文物考古所藏。第十开款署“士标戏墨。辛未八月中秋日”。《中国古代书画图目》第十一册。

查士标，作《仿邹之麟山水》轴。

纸本，设色。题款："余画大都深邃者多，简洁者少，诚以多可藏拙，少难该括，此轴固不敢称合作，颇觉别有趣味。辛未，仿邹之麟妙法。士标。"金瑗辑《十百斋书画录》申集，《中国书画全书》第七册，第710页。

九月，戴本孝，客东皋为丹臣作《象外意中图》卷。

绢本，墨笔，26.5厘米×366厘米。私人藏。此卷有黄宾虹题"戴鹰阿山水卷"签，幅前题"象外意中图"篆书，并识："鹰阿山樵为丹臣道兄作。"姚翁望《安徽画家汇编》。

九月，梅清，寄诗查士标，邀其重阳赴花果会之约。

"先生踪迹寄尘寰，只似千峰闭一关。墨洒林峦传妙手，霜飞须鬓转童颜。守中定秘长生诀，高卧能输尽日闲。耄耋相逢更何处，扁舟花果待追攀。"梅清《瞿山诗略》卷三十《偶存稿辛未·寄查二瞻兼有花果会之约》。

十月，戴本孝，为曹寅作《楝亭图》。

纸本，墨笔。张伯驹旧藏。张伯驹《丛碧书画录》，《考古》1963年第6期。

十月二十日，吴承励卒，年三十。

彭定求《南昀文稿》卷九《吴懋叔墓志铭》载："卒于康熙三十年十月二十日，年止三十。"《种书堂遗稿》卷

渐江　长松羽士图（查士标跋）/　1691年　贵州省博物馆藏

一《送吴懋叔归新安营葬》云："忽尔离群去，知非无故行。过江秋色尽，到岭暮山平。丘垄存亡切，松楸次第营。白云还入梦，夜夜绕芜城。"

冬，梅清，书行书《怀友诗》卷，此卷书自作诗《雪中怀白发老友三十三首》，其中有倪正、吴肃公、姜安节、程邃、戴本孝、汤燕生、宋曹、陈焯、王士禛、陈菁、宋实颖、汪婉、吴云、曹贞吉、黄虞稷、刘遽庵、何帮、查士标、吴圣修、汪士鋐、吴菘、张延世、沈士尊、宗观、沈泌、蔡瑶、汪子广等。作绝句三十三首，辑入《雪吟辛未》。

纸本，27.5厘米×133厘米。南京博物院藏，苏24-0561。梅清《瞿山清略》卷三十《偶存稿辛未》曰："养生家谓老年人欲养气，必先戒思，韵语所当废也，数年来不事苦吟。然而遣兴驱愁，歌声时放。药炉酒盏，并设兼尝。从者窃笑之弗顾也。辛未一年得诗共六十余首，为偶存稿。"梅清《瞿山清略》卷三十一《雪吟辛未》曰："余发白矣。念生平老友，滚滚多谢去。眼中意中，渐如晨星。兹者雪浮万瓦，夜扃双扉。呼儿命酌，意之所至，得绝句三十三首。思有纵横，人无次第。同为老友，半属吾师。实以醉中促笔，遗漏尚多。然而兴尽灯昏，双鬟熟睡，遂尔放笔，原不求备见长也。嗟乎，青春难待，白昼空驰。年少诸君，亦当同一太息云尔。"《中国古代书画图目》第七册。

是年，程邃，作《芒鞋林屋图》。

题诗云："芒鞋行踏踏，林屋悉仍初。世德观居守，文名询绪余。中庸天下誉，内圣外王书。静念诸禽覆，聊谈庄惠鱼。"题款："辛未八十五老人垢道人程邃。"《金石书画》第10期，1934年版。

戴本孝，作《秋山图》轴。

纸本，墨笔，100.9厘米×46.7厘米。上海博物馆藏，沪1-2641。

又作《千岩松啸图》大轴。

绢本，墨笔，181厘米×98厘米。南通博物苑藏，苏8-084。

汪栗亭六十，查士标，有诗寄赠。

查士标《种书堂遗稿》卷一《汪栗亭六十寄赠》二首，诗云："蒲葵不用执，清簟对江云。野客时相访，仙桃大可分。耽吟当满箧，课子已能文。手种青松树，笙簧日夕闻。""荣达早相期，何缘复后时。移文山未语，新板枣皆诗。经世须公杰，旁求或野遗。平津与谢傅，晚遇始称奇。"

梅清，作《仿古山水图》十二开册页。

上海博物馆藏。款署"仿柯九思""大痴""仿米襄阳""云林""仿李咸熙""仿李营丘""云门放艇仿黄鹤山樵""仿巨然""仿梅花道人""北苑法""马远法""仿石田"。《中国古代书画图目》第四册。

汪文柏，作《兰石图》十开册页。

纸本，墨笔，每开尺寸为31.5厘米×30.2厘米。上海市工艺品进出口有限公司藏，沪8-049。

按：汪文柏，字季青，号柯庭，一作柯亭，安徽休宁人，占籍浙江桐乡。清代诗人、画家、藏书家。康熙间官兵马司指挥。性好习静，工诗、画，墨兰雅秀绝俗，点缀坡石，落落大方。山水萧疏简淡。精鉴赏，晚年手定诗稿《柯亭余习》，朱彝尊序之，又有《古香楼吟稿》，家有藏书楼曰“古香楼”“摛藻堂”“拥书楼”。

清康熙三十一年　壬申（1692）

方士庶，生。

按：方士庶，原名询，字循远。号小狮、环山、研云、无慵、小狮道人。安徽歙县人，客居扬州。山水受业黄鼎，落笔苍秀，动依古法，时称“妙品”。与厉樊榭、金寿门齐名，王原祁后推第一手。书学董其昌，名噪芜城。著《环山诗钞》一书传世。

正月，梅清，在宛陵。春雪初晴，画《黄山图》十二开册页并《梅图》一卷赠给王士禛，并寄《梅氏诗略》十二卷与王士禛，向其索序。

王士禛《居易录》卷十七载：“宣城梅孝廉渊公清，别字瞿山。以诗名江左，画山水入妙品，松入神品。数年来罢公车，辑梅氏诗略十二卷。始唐梅远，次宋侍读学士询昌言、都官员外郎尧臣圣俞，迨明守箕、季豹、鼎祚、禹金辈，凡百有八人，寄予请序。又写黄山天都、莲花、云门诸峰，光明顶、文殊台、狮子林、炼丹台、蒲团松、西海门、后海、始信峰、百丈云梯、汤池、桃花源、白龙潭、松谷凡十二幅，备极烟云变幻之妙。自题其首云：‘渔洋山人居身东岱，纵目南溟、西巴蜀、北幽燕，宇内大观，凭轩殆遍，俯视一切直培塿耳。忆十年前，曾讯黄海之胜，索予作图，久而未报。康熙壬申正月春雪初晴，拈毫洒墨，偶尔成云。此则天都第一峰也。’又寄画梅一卷。烟雪历落，枝干奇古，似过王孟端。海内文章之交大半凋谢，惟瞿山岿然尚存。其画已贵重于世，更数十年，断纨零素，当不减‘苏黄’也。”

二月，梅清，作《仿苏轼笔意墨梅图》。

美国檀香山艺术学院藏。题款：“仿坡仙笔意，索雯翁老年台一粲。壬申二月，瞿山弟梅清。”铃木敬编《中国绘画总合图录》。

三月，石涛，于海潮寺为伯昌先生作画。

跋云：“师古人之迹而不师古人之心，宜其不能一出头地也，冤哉！”

梅清，为潘耒作《黄山图》十开册页。

故宫博物院藏。题款：“由汤口进，右转渡桥则为汤池，左转为祥符古院、为白龙潭、为桃花源。巨石阻塞，从石隙中侧身而入，皆非人世。”（之一）“文殊院乃黄山中央土也，左天都，右莲华，三十六峰四面罗拜其下，须臾铺海，大是奇观。瞿山。”（之二）“天都峰，壁立千仞，游屐罕至。朱砂庵，位置峰下，望之真如蓬莱之绀宇，用杨万里法仿佛写之。瞿山清时年七十。”（之三）“接引松与绕龙松，只（咫）尺可见。黄山有四奇松见志中，此其二也。用石田老人笔写之。”（之四）“翠微古寺为黄山别一峰。用黄鹤山樵春蚕吐丝法图之。瞿山。”（之五）“仙根谁手种，大地此开花。直饮半天露，齐擎五色霱。人从香国转，路借玉房遮。莲子何年结，沧溟待泛槎。瞿山。”（之六）“西门海，乃后海极奇极险之境。每当夕照下春之时，紫绿万状，千峰如戟，惊心夺魄，未易名之。瞿山清。”（之七）“黄帝炼丹台与蒲团松，相望不远，故合写之。用马遥父笔。瞿山。”（之八）“百步云梯，从后海至前海必由之路。一线直上，三面皆空。经过许久，至今忆之，犹心怖也。”（之九）“由仙源作黄海游，首夜必宿松谷。由松谷入云门，笋峰毕见，愈进愈奇矣。壬申三月，稼堂先生着屐黄山，予愧衰朽，不能三浴汤池。因作是册，聊志追随之意。瞿山梅清。”（之十）

四月，梅清，作《沚水纪游图》十二开册页。

上海博物馆藏。题款：“壬申四月，偶游沚水。写为格思老年道翁教之。瞿山世弟梅清。”《中国古代书画图目》第四册。

夏孟，查士标，作行书《新建真源义学记》九开册页。

纸本。山西博物院藏。题款：“康熙己巳季秋，邑令古歙吕士骏撰。壬申夏孟，七十八叟白岳查士标书。”《中国古代书画图目》第八册。

任军伟按：刘九庵《宋元明清书画家传世作品年表》第518页误将吕士骏撰写年款当作查士标书写年款。

五月，戴本孝，题诗自遣。

梅清，作《疏林独步图》轴。

上海博物馆藏。题款：“仿郭河阳笔。壬申夏五月既望，瞿山梅清。”《中国古代书画图目》第四册。

六月，梅清，于芜江逗留四十余日，归宣城，留别芜江诸子。

梅清《瞿山诗略》卷三十二《长存集壬申·归舟留别芜江诸子》。

秋，石涛，买舟南下，从北京回扬州，沿运河南下。

石涛《清湘书画稿》。

七月，查士标，作《山水》八开册页。

纸本，设色，每开尺寸为22.2厘米×29厘米。上海博物馆藏。第三开题款：“华亭尚书画法，顷有携其真迹过赏，因仿之此帧。士标，岁在壬申。”第八开题款：“万壑晴云。壬申七月，士标时客邗上。”《中国古代书画图目》第四册。

八月，作《山水图》册页二开。

题款："壬申秋八月写，进牧翁老宪祖台大教，陵阳晚学梅清。"《梅瞿山画山水册》，此作曾藏于刘公鲁处。

九月上浣，查士标，重题丙午岁为志行道兄所作《山水》六条屏。

绢本，设色，每幅尺寸为195.7厘米×47.5厘米。故宫博物院藏。第六屏题款："余年来投老浮家，杜门却扫，自喜不复供知交驱策。忽吴君志行抱余丙午岁所作画障见示，即吾老友子先翁为小阮志行兄赠者。虽题识依然，若隔世事矣。志行复以赠其令侄耳吉世兄，为强仕称觞。余素交耳吉，仰其风雅博识，不让名家，于古今法书名画辨若淄渑，不滥购收，顾独于此障拳拳，历吴氏且三世皆珍重不置。殆昔人所云，相赏在风尘之外者耶，因念余长子先翁一岁，皆年近八旬，志行兄亦雪欲盈颠，若更得疏顽老子，坐耳吉屏间，戏茗话旧，如东坡瑞学桥头故事，未审何时果此缘耳，为纵笔识之，以博一噱。康熙壬申岁菊月上浣，查士标。"《中国古代书画图目》第二十二册。

九月中旬，戴本孝，初至任城（今山东济宁）署中。王安节相继至历下来访，见示新诗，戴本孝和之。偕王安节登华不注峰，次子屏星随同。日暮始返，各赋五言诗四首为记。于历下观察署斋逢贵池刘佶，本孝和韵二首。为李广宁作《四时云山无尽图》卷，并题绝句八首。作五言诗四首记游。客济南，《感遇即事》诗呈皋宪喻正庵、鹾使（旧盐官名）李广宁兼敛朱复斋。喻正庵洽本孝约同王艾溪、安节暨其儿屏星游锦屏山龙洞。打诗记游。戴本孝谢别喻正庵，作诗感述。李广宁修复古历下亭，有诗并记。

戴本孝《余生诗稿》卷十一《初至任城署中》《王安节相继至历下，枉顾邸次，见示新诗属和》诸诗。

立冬日，梅清，与梅庚、梅蔚、梅翀等人集培风阁饮酒吟诗。

梅清《瞿山诗略》卷三十二《长存集壬申·立冬日同石坪、子矩、子蔚、培翼、汝白、采南、畹九、汝为诸子集培风阁即事二首》。

是年，程邃，卒。

陈鼎《垢区道人传》言其"卒年八十六"。王撰《揖山集》卷四《白门访程穆倩，询知去秋弃世，诗以哭之》一诗，作于癸酉。故知是年秋卒于南京。见乔莱《归田集》有《吊程穆倩文》，文曰："呜呼先生，嵚崎倜傥，非仕非隐，州府林莽。文史宕跌，金石欣赏。远性逸情，世无其两。诗兼唐宋，词媲陆辛；蔡钟前辈，关荆后身。艺逾三绝，名满八垠。篆籀一技，尤迈群伦。二篆远宗，八体遥辑，镕铸浑脱，讵云掇拾？悠悠百年，砣然孤立，若文若何，不堪齿及。最耽珍异，罗列班班，几席之上，秦汉之间，如琳比璆，悦志怡颜；倘割其一，便足买山。衣香茴齐，酒态嵇好。车马江干，投辖赠缟。厨顾俊及，谁不倾倒？寸缣尺素，珠玑等宝。余生也晚，交先生迟。先生之艺，实奇嗜之。余家小阮，双鬓如丝，癖尤过余，或目为痴。壬戌夏仲，余过白下，曾访先生，衔杯水榭。弹指十年，岁月可怕。惓怀伊人，不寝中夜。昨岁泼墨，寄至湖边。杈丫老树，二舸浮焉。挂草堂壁，慰我林泉。问君眠食，佥曰如仙。才几时耳，突出凶问。失兹良友，泪不可抆。年逼九十，卒乃其分。所可悲者，流风余韵。近睨卿相，凋落纷纷，没则已矣，有何可云。先生不然，多能多闻，茫茫宇宙，遂少斯人。"

戴本孝，有诗赠顾敏成。王艾溪属画，寄历下李使君。至任城，于泮宫观汉五碑，作歌遥寄淮阴张力臣。于任城太白楼，观少陵南池。时与同游者有会稽王子盛、襄平佟图南暨本孝次子屏星。有诗为记。又感赋七言诗一首，并书于南池亭上。

戴本孝《余生诗稿》卷十一。

又作《山水》十二开册页。

纸本，墨笔，每开尺寸为34.2厘米×23厘米。沈阳故宫博物院藏，辽2-135。

又作《雪峤寒梅图》卷。

纸本，墨笔，35.8厘米×689.8厘米。故宫博物院藏，京1-4158。

又作《溪山涨潦图》扇面。

18.2厘米×53厘米。故宫博物院藏，京1-4159。

又作《摹北苑〈秋山图〉》轴。

纸本，墨笔，80.4厘米×197.5厘米。安徽博物院藏。题款："云山万卷日相亲，训鹤紫关代款兵。世外那知有尘事，百年晨夕素人心。北苑秋山大痴，独探其奥。遂足取法千古，摹拟叔道年兄鉴定。辛未仲商戴生鹰阿山樵本孝画于东皋之借巢，时年七十有一。"题下加钤"鹰阿山樵"四字白文竖长方印、"本孝"二字朱文方印各一枚。题右上方引钤"师真山"三字朱文竖长方印一枚。图右下角压钤"梁倅青吴凤青夫妇珍玩"十字朱文竖长方印一枚。

梅清，忆及少时癖好名山胜水，曾征黄山、白岳、南京、三吴、三楚、三江、泰山、恒山、太行山、王屋山，但未曾攀登过华山。

梅清《瞿山诗略》卷三十二《长存集壬申·再读〈兹山传〉，复作〈五岳游歌〉》。

雪庄，为客居南京的传本师兄作《黄山图》寄赠。

传本有诗《壬申暮秋接雪兄大师书并〈黄山图〉有作》："折柬灯前一解颜，恍然令我到黄山。松盘怪石藓苔上，峰削青天几案间。语好尤增长别思，情真难致两心间。来秋莫负西华约，竹杖芙蓉再共攀。"

吴龙，作《海岫莲云图》轴。

绫本，设色。吉林市博物馆藏，吉1-149。

清康熙三十二年　癸酉（1693）

春，查士标，作《山水图》。

绢本，墨笔，171.3厘米×53.1厘米。日本京都相国寺藏。题款："摹北苑画，唯石田直追堂奥，偶出仿佛，亦近其十一耳。癸酉春，查士标记。"铃木敬编《中国绘画总合图录》卷四。

二月，戴本孝，游历下未归，作《山水》十二开册页。

沈阳故宫博物院藏。末页题："癸酉如月，为子青道年先生，画于古历亭。"

三月，梅清，作《溪山闲适图》卷。

纸本，墨笔，29.1厘米×355.1厘米。上海博物馆藏。题款："溪山闲适，仿石田老人笔意，劲庵先生教之。癸酉三月，瞿山弟梅清。"《中国古代书画图目》第四册。

春，梅清，与诸友人在城南培风阁集会。

梅清《瞿山诗略》卷三十三《长余集癸酉·春日集培风阁，同书泉、鼾石、蕉田、北村、朴庵、鹿墅限韵》。

五月二日，梅清，茶峡草堂遭火灾，天延阁全集刻版尽毁，重又删辑诗作，并将新作《长存》《长余》两卷与旧集合辑成《瞿山诗略》三十三卷。

"今年五月二之夕，突遭宵小，毁我草堂。"梅清《瞿山诗略·自叙》。

长至前三日，梅清，自作小像并题。

"自笑瞿山老面皮，可堪憔悴写须眉。生涯一醉曾何事，倒插梅花唱竹枝。癸酉长至前三日，瞿山人自为写照，时年七十有一。"梅清《瞿山诗略》卷三十三《长余集癸酉·自题小影》。

六月，梅清，与梅庚、沈泌等合作《为屈大均书画》十三开册页。梅清，与老田、梅庚、汪洪度、沈泌、吴肃公、程元愈、汪士鋐、吴瞻泰为屈大均作书画十三开册页。

上海博物馆藏。题款："海上三神山。瞿砌清。""少莱子歌遥祝翁山先生、老伯母太夫人九十上寿。老莱子少莱子，前后风流相继起，却□子老转惊心，鼓作少年巍自喜。粤东才子闽翁山，游号南□先追攀。收拾大名归膝下，高堂九十开欢颜。母发垂黄□发隔，作歌进酒志□少。遥□子志□才秋，指日期□不称老。癸酉夏六月，瞿山梅清拜手。"《中国古代书画图目》第四册。

六月望日，戴本孝，病卧渔邱寺。绝粒兼旬，其孙扶归迢迢谷，一息待尽，书绝句十首，自谓"鹰阿山归樵"。恍惚中犹不忘惦念岁逢旱灾，百年未有，山农不知何以生存？书其梦题于壁间，又于壁间画竹并题，后画梅并题。

七月初一，戴本孝病卒于迢迢谷。葬鹰阿山，时年七十三岁。

高照纂《直隶和州志·戴本孝传》。

七月十五日，梅清，作《柏枧山图》。

题款："危栈山腰断，飞虹渡半天。路惊侵虎豹，人喜入云烟。彩瀑孤筇倚，丹壶大界悬。一声岩下啸，分与万峰传。用王叔明笔写柏枧山小景，□意老祖翁一粲。癸酉佛腊日，瞿山梅清。"梅清《瞿山画集》。

秋，雪庄，应召北上时曾途经南京，寄宿"家观察松峰先生"之江月楼。时师兄传本也客次金陵，还偕其他同门兄弟僧智幻、智楞等过门拜访。

赴京，康熙皇帝因闻雪庄之名，特诏新安太守丁廷楗三入黄山，请其出山进京。在迫不得已的情况下，雪庄于是年秋至都门，见了康熙皇帝即奏请还山，未允，则整日嗜睡，不与人交一言。康熙皇帝见他去意已决，即不再勉强。在京期间，亦有所交相投者，如工部侍郎阮尔询，户部侍郎钱三锡，翰林院侍讲、大理寺少卿孙勷、庞垲，翰林检讨刘琰，礼部尚书王泽弘，给事车万育，詹事史夔，光禄寺卿罗秉伦，黄宗羲门人仇兆鳌等，他们也看中雪庄的品性，多有交往，临别时各以诗相赠。

八月，梅清，为育翁作《仿古山水》十二开册页。

纸本，设色，每开尺寸为30.3厘米×45.5厘米。上海博物馆藏，沪1-2679。题款："仿佛古人得十二家笔意。呈育翁老年祖台大教。此幅临刘松年。癸酉八月既望，治晚梅清。"（之一）"曳杖寻秋。用董北苑法写其大意。"（之二）"小赤壁泛扁舟。仿范宽笔意。"（之三）"登高望远。用马遥父笔意写之。"（之四）"仿李营丘《梅溪独咏》。"（之五）"春山雨霁。仿高房山泼墨法。癸酉秋八月，瞿山清。"（之六）"白虬挂瀑。用荆关法图之。"（之七）"仿石田老人《渔艇晚棹》。"（之八）"江帆挂峡。仿梅华道人。"（之九）"柳荫野泊。用郭河阳随笔写之。"（之十）"竹阁秋光。仿倪云林。"（之十一）"仿黄鹤山樵《云门洞壑图》。"（之十二）《中国古代书画图目》第四册。

九月，望前三日，梅清，作《山水通景》十屏条。

绢本，墨笔，181.5厘米×493.6厘米。广州艺术博物院藏。题款："百岁惟传黄大痴，云山乱石供题诗。狂来泼墨同倾酒，谁道游仙不画师。癸酉九月望前三日写于茶峡草堂。瞿山梅清并题。"《梅清画集》。

十月，梅清，为泽翁作《仿古山水》十二开册页。

美国纽约大都会艺术博物馆藏。款题有"着笔在大米小米之间。瞿山""仿石田老人""仿刘松年""仿范宽""仿梅华道人""仿马遥父兼效荆关""仿李营丘""仿郭河阳笔意""仿华光老人""仿李咸熙笔意""仿吴仲圭笔意""仿黄鹤山樵。癸酉十月，仿十二家笔意寄泽翁先生大教。瞿山梅清"。铃木敬编《中国绘画总合图录续编》。

查士标，与王翚聚会吴门，作《云山梦树图》。

纸本，墨笔，27厘米×23.5厘米。安徽博物院藏。题款："石田先生题画诗云：'看云疑是青山动，云自忙时山自闲。我看云山亦忘我，归来洗砚写云山。'余为续一绝云：'动静无心云出

查士标　云山梦树图　/　1693年　安徽博物院藏

山，山云何处有忙闲？要知心住因无住，忙处看云闲看山。’并录似书，云侄一笑。时癸酉小春月，七十九翁懒老标纪事。”题下加钤“二瞻”二字朱文竖椭圆印一枚。

于邗上待雁楼，作《仿宋元山水》八开册页。

纸本，设色，每开尺寸为25.8厘米×22.6厘米。故宫博物院藏。第八开题款：“癸酉十月，仿宋元画法于邗上待雁楼。查士标。”《中国古代书画图目》第二十二册。

闵影岚，卒。查士标作诗纪之。

查士标《种书堂遗稿》卷二有《哭闵影岚》，诗曰：“癸酉十月闵子死，懒老哭之不能已。十日愁云惨不开，半世知交从此止。呜呼我友真奇人，李贺诗才迈等伦。年少忆为贵公子，裘马不亲诗书亲。弱冠著书已盈尺，野史稗官尽收绎。篇成往往共欣赏，狂言不厌他山石。更耽八法

梅清、梅庚、梅翀、梅蔚、梅琢成　山水册　/　1693年　安徽博物院藏

擅临池，眼前余子谁能知。钟王以还遍摹拟，懒癖何由得追随。可怜一旦风流尽，剡溪雪夜谁乘兴。叹汝感愤触绪生，明月白云皆致病。慧业文人年不丰，人琴恨与古人同。从来修短不足据，潜龙蠖屈悲英雄。哭君两泪无干日，更有一言相慰藉。兰摧玉折气长存，冥顽百岁终何益。”

仲冬长至，梅清，自序《瞿山诗略》。

“康熙癸酉仲冬长至日，瞿山清自述。”梅清《瞿山诗略·自叙》。

腊月，姚宋，题渐江《净寺山水》轴。

诗云：“沙鸥飞已尽，溪流声更清。茅亭闲着处，几点楚峰晴。”款署“癸酉腊月，姚宋”。

是年，姚文燮，卒。

戴本孝，作《茅斋梅鹤图》轴赠子青。

中国国家博物馆藏。

梅清，作《山水通景》十条屏。

绫本，设色，181.5厘米×493.6厘米。广州美术馆藏，粤2-234。

又作《黄山图十九景》十九开册页。

上海博物馆藏。题款：“太古蛰龙醒，蚕丛霹雳开。五浮云不去，三峡雪飞来。九龙潭。瞿

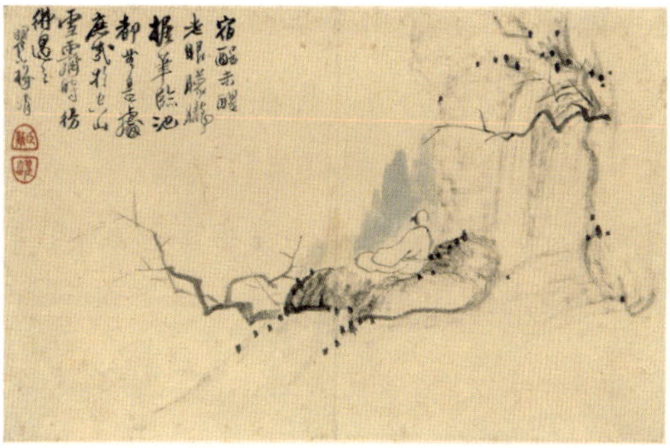

山。”（之一）“喝石居，此亦石公粉本也，予亦未到。乃黄山别业，久不耐用细笔，又不甘以老态自居。他日石公见之，得毋谓老瞿效颦耶。瞿山识。”（之二）“皇帝栖真处，遗台旧迹荒。何年采仙药，大冶火重光。炼丹台。”（之三）“鸣弦泉，石面平流中有石梁贯之。予曾抱琴相对，不必鼓弦动操，而淙淙有声。瞿山。”（之四）“鹦武展翅。”（之五）“仙根谁手种，大地此开花。莲子何年结，沧溟待泛槎。莲花峰。”（之六）“石涛和尚从黄山来，曾写数册见示。中间唯五老峰最奇。予游黄山竟未与五老一面。意中每不能忘，握笔时仿佛得之。老瞿。”（之七）“虎头岩。”（之八）“狮子岩头石，高人此结庐。何时憩黄海，天半问邻居。予曾宿狮子林，此旧作也。”（之九）“云里辟天阊，仙宫俯混茫。万峰齐下拜，一座俨中央。侧足惊难定，凌空啸欲狂。何当凭鸟翼，从此寄行藏。黄山三十六峰，唯天都、莲花二峰最高，而文殊台则黄海之中央也，予写《铺海图》必以此三峰并列焉。瞿山梅清。”（之十）“凝砂喷玉不知寒，闻道仙人此濯丹。浴罢莫疑霄汉远，临流忽已长飞翰。汤池。瞿山。”（之十一）“鹤盖松。”（之十二）“百步云梯。”（之十三）“云门双峰。”（之十四）“五供峰。”（之十五）“蒲团松。”（之十六）“浮丘三峰。”（之十七）“松谷。”（之十八）“西海真天险，苍茫晌落晖。千峰分剑立，一水绕龙飞。钟自云堆出，僧从石罅归。晚风吹动处，仙乐听依稀。西海门看落照。瞿山清。时年七十有一。”（之十九）

《中国古代书画图目》第四册。

与梅庚、梅翀、梅蔚、梅琢成完成八开《山水册》。

纸本，设色。安徽博物院藏。

石涛，在扬州，作《丰溪闲棹图》轴，寄歙县西溪南村好友吴惊远。

题款："溪南山水侠天下，我愧未到不能写。中有高人种树深，门对黄峰列天马。一别江淮不出山，闭门读《易》通天者。昔时与余论风雅，颇放之书足清洒。余生孤僻难同调，与世日远日趋下。时人皆笑客小乘，吾见有口即当哑。思君不见如有失，平生之友似君寡。令子禹声洞达才，金凤都将泥弹打。相思与尔一班深，□怪相思动牵惹。时癸酉北归邗上写寄兼山惊远先生丰溪草堂。清湘苦瓜和尚元济。"

汪松峰，游黄山，次年送雪庄和尚归黄山云舫，为掷钵禅院出资赎田，重修法华楼、藏经阁及观九龙瀑的如意亭、天绅亭等。

清康熙三十三年　甲戌（1694）

正月，查士标，为信斯老侄作《骑驴看山图》轴。

纸本，墨笔，67.8厘米×44.2厘米。上海博物馆藏。题款："甲戌正月，邗上画似信斯老侄并正。懒老标。"款后有查异题跋，杜首昌题诗堂。《中国古代书画图目》第四册。

二月之望，查士标，于邗上文漪堂，作行书《昼锦堂记》卷。

纸本，30厘米×367厘米。题款："时康熙甲戌二月之望，于邗上文漪堂，白岳查士标。"容庚《颂斋书画小记》上册，第272页。

仲春，查士标，作《桃花源图》卷。

纸本，墨笔，35.2厘米×321.9厘米。美国纳尔逊-艾金斯艺术博物馆藏。画无款，仅钤"士标私印"白文正方印、"查二瞻"朱文正方印、"懒是真"朱文方印。卷后有查士标行书《桃花源记》，卷首有长沙程颂万题签。翁方纲《复初斋诗集》卷六十八载："查梅壑画《桃花源图》并书陶记卷，为梅舫题四首。画于甲戌仲春，写记在乙亥长至。"因而知之。铃木敬编《中国绘画总合图录》卷一。

夏初望后四日，查士标，作《拟元人山水图》轴。

纸本，墨笔，185.6厘米×46.5厘米。罗桂祥藏。题款："甲戌夏初望后四日，模元人笔意。查士标写并识。"铃木敬编《中国绘画总合图录续编》卷二。

闰五月望前三日，梅清，在宛陵。作《山水图》十开册页赠吴肃公。

上海博物馆藏。题款："甲戌初夏，予从北归。风雨连旬，兀坐山门。拈毫作画，大约吾适吾意，纵横数笔而已。二十余日得画册九部，置之案头，聊以自娱。一日，草堂盆莲盛放，街南先生同兹山、昕斋、孝虔、逋仙诸君子来草堂，小饮之余，出数册示之。诸公赏识不一，独衔老把玩此册，不欲释手，曰我之所称意不在多，子如知我意而为之也。因一笑而赠。甲戌闰五月望前三日。瞿山弟梅清识，时年七十有二。”《中国古代书画图目》第四册。

闰五月望后三日，查士标，在红桥看灯船。

查士标《种书堂遗稿》卷三《甲戌闰五望后三日红桥看灯船》三首诗云：“买个灯船晚出城，纷纷昼向暮天横。十年灯火今宵盛，不负繁华旧有名。”“月上三更箫鼓催，万枝火树一齐开。桥边逐队人如织，争望彩云飞处来。”“载月归来夜已沉，游人犹自惜分阴。不知此夕红桥会，值得腰缠十万金。”

秋，雪庄，自京经南京返黄山。在南京，拜见汪松峰。

雪庄有《甲戌秋由都门还黄山云舫柬谢汪松峰先生》诗相赠：“野人爱穷谷，一瓢皈嶙峋。实心等木石，枯坐无冬春。起立头触树，经行云满身。自分老岩畔，永作轩皇民。何意冰雪踪，忽踏京洛尘。自顾屡踟躇，行止时逡巡。今夏荷天眷，纵归实前因。得养草木年，殊恩赖洪钧。往来石城道，皆依潭水滨。一榻望江楼，万竿倚修筠。容我麋鹿性，委曲全其真。更复私盼睐，廑念山中贫。悬崖置屋牢，务使安错晨。气谊笃方外，历久意弥新。感公不能忘，中肠转车轮。何以祝万寿，愿公如灵椿。”

按：此诗显示出雪庄坚请还山的真正原因，还是在于他不屈于清朝统治的民族气节。这次停留，促成了汪松峰对雪庄构云舫的鼎力支助。

汪士鋐撰《黄山志续集·云舫记》记载：“家观察松峰先生常至山，钦师高行，于师还山，为构云舫居之，前为如意亭，后为五峰阁。客堂山门楚楚有致。出师规制，实我松峰先生成之也。”

查士标，为宋荦作《西陂诗意图》对题书法六开合册。

纸本，墨笔，每开尺寸为33厘米×52.8厘米。故宫博物院藏。第六开题款：“篱根一纶竿，檐隙双笭箵。漫堂先生西陂诗句，士标为写其意。康熙甲戌秋日。”《中国古代书画图目》第二十二册。

八月，石涛，为鸣六先生作《山水》册页，并题跋评论画坛诸大家特点，称八大山人“淋漓奇古”，始以“大涤子”署款。

梅清，作《黄山十景图》十开册页。

香港郑德坤旧藏。题款：“日落松阴乱，山空瀑响齐。断云闲不去，幽鸟寂还啼。投足仙源近，回看世路迷。中宵眠更起，孤月在岩西。瞿山清。”（之一）“皇帝栖真处，遗台旧迹荒。谁怜□灶冷，不散紫芝香。叆叇生云气，嶙峋吐剑铓。何人采仙药，大冶火重光。炼丹台。瞿山。”（之二）“旷绝光明顶，天南四望空。仙踪如可接，何必梦崆峒。晚步光明顶。瞿山。”（之三）“仙根谁手种，大地此开花。直饮半天露，齐擎五色霞。人从香国转，路借玉房遮。莲子何年结，沧溟待泛槎。莲花峰。瞿山。”（之四）“狮子峰头石，高人此结庐。孤筇无着处，双展尽凌虚。衣冷疑秋逼，山空觉磬疏。何时憩黄海，天半问邻居。狮子林寻吼堂和尚。瞿山。”（之五）“杖拂老人头，始抵天都脚。凌云千仞高，游者步齐却。无径置緪梯，壁立如直削。微风下縹缈，隐隐闻天乐。天都。瞿山。”（之六）“接引无心不易逢，谁知此意在长松。词人解识西来意，题向黄山第一峰。接引松。瞿山。”（之七）“西海真天险，苍茫睊落晖。千峰分剑立，一水绕龙飞。钟自云堆出，僧从石隙归。晚风吹动处，仙乐听依稀。西海门看落照。瞿山。”（之八）“九迭芙蓉到处青，披襟此日眼初醒。浮丘呼罢如相应，冉冉凌空下杳冥。浮丘峰。瞿山。”（之九）“古刹千峰绕，双幢一涧通。一声长啸处，人在翠微中。翠微源。甲戌八月，瞿山梅清写于茶峡草堂，时年七十有二。”（之十）《木扉藏明遗民画二十家》，载于1976年香港中文大学《中国文化研究所学报》。

中秋前一日，梅清，作《高山流水图》。

故宫博物院藏。题款：“高山流水，仿石川老人笔意。甲戌中秋前一日，瞿山梅清，时年七十有二。”中国美术全集编辑委员会编《中国美术全集·绘画编》。

仲秋，查士标，于广陵客舍，作《仿古山水》十开册页。

纸本，墨笔，每开尺寸为26.5厘米×39厘米。香港郑德坤旧藏。第十开题款：“昔从小辋川见王孟端有《溪山书舍图》，如别出一手，记其笔意，此册似之。甲戌仲秋，偶写此十页于广陵客舍，前人篷处依稀遇之，亦一时兴会也，查士标年八十。”程曦《木扉藏画考评》，第29页。

九月八日，查士标，年八十，有诗记之。

查士标《种书堂遗稿》卷二《生日寓感》六首：“八旬荏苒过无端，蓬鬓休窥似雪攒。有所需羞弹剑铗，未曾溺已弃儒冠。常将白社原愁醉，最喜黄花可耐寒。明日登高呼懒出，应邀明月杜门看。”“农圃衰颓两不堪，等闲心事慕苏耽。未通仕籍何曾隐，欲博廉名孰可贪。掩卷恐嘲无实际，报人常见有空函。谁从五岳恣登眺，垂老还思仔细探。”“不巾不袜笑闲身，性懒翻夸善率真。遣兴或携仪狄氏，忍饥还作葛天民。古来书画看成癖，栽后松筠敬似宾。艰苦交游谁耐久，生平未逐子云贫。”“鄙夫只合在林丘，莫论红颜与白头。足力难同夸父健，心思空抱杞人忧。高歌市上辞屠狗，伏枕床前听斗牛。闲向寒潭窥短鬓，西风萧瑟响深秋。”“宾朋相贺客相嗟，萍梗还羞独泛家。破后常留吾皂帽，生时便见汝黄花。不知感慨从何触，若说风流只自夸。山柿江枫霜叶赤，犹思故国旧桑麻。”“登高预设泛萸卮，莫向今朝说介眉。自笑一生那有用，行年八十亦何奇。梅妻鹤子安知老，李耳庄周实可师。落得痴人无苦恼，喜从袖手看围棋。”

宋荦《西陂类稿》卷十三《述鹿轩诗·寄查梅壑》：“谁擅书画场，元明两文敏。华亭得天授，笔墨绝畦畛。梅壑黄山翁，老向竹西隐。崛起艺苑中，华亭许接轸。昨摹《平原帖》，丰骨何遒紧。更图狮子林，懒瓒韵未泯。只今年八十，抵掌谈元牝。兴发自清夜，深杯每独引。当其挥洒余，卷轴如束笋。破纸及断缣，求乞无远近。闻君初生岁，上与华亭准。印镌后乙卯，好事供一听。维余托同调，思君忧心殷。一官坐束缚，欲往愁靽靷。因风寄此篇，望气等关尹。”

查士标《种书堂遗稿》卷一《呈宋幔堂中丞次见赠原韵》：“龙门何峻极，欲登谢不敏。如何天上飞，吹嘘向塍畛。可怜瓦釜鸣，徒令金石哂。微名抱薄技，贱行辱幽隐。作霖牛女墟，肤寸从翼轸。南国数千里，采后颓风紧。丞相昔列侯，芳徽今未泯。万石铭功勋，三千歌骒騋。玉烛何光辉，堂构迭相引。昔者荷隆眷，仙班识玉笋。海内望阳春，引领无远近。庙算出世家，嘉谋及平准。既拯饥溺人，复润消渴吻。几时继前武，尽慰民心殷。江路去匪遥，挂帆代执靷。吐哺谒姬公，割烹尝商尹。”

查慎行《敬业堂诗集》卷十九《家二瞻兄八十寿》：“我观造化初无权，仁者自寿其天全。老翁小儿两游戏，直以混沌还吾天。不为物用而用物，喷泄元气成云烟。古来绝艺兼者罕，钟王顾陆名各专。辋川摩诘书未称，三绝独数荥阳虔。眉山海岳不复作，松雪两派犹相沿。先朝倪沈及文董，笔力亦足追前贤。吾兄妙手靡不备，书法入圣诗能仙。偶然点染作图画，别有天授非人传。兴来百纸一扫尽，散去半落鸡林船。贵游踏破铁门限，欲乞尺幅终无缘。有时自铭退笔冢，经岁或乏看囊钱。乃知此事因品重，兄岂自负人云然。维扬地薄耆旧少，流寓欲占文星躔。今年九月届大耋，初度恰在重阳前。一门诸弟头尽白（谓楷五、秋山两兄），茱萸醉插随兄肩。羡兄晚节比彭泽，祝兄添丁如玉川。儿年二十翁百岁，及看舞袖黄花边。”

冬日，查士标，作《双松挺秀图》轴。

纸本，墨笔。故宫博物院藏。款署“甲戌冬日”。《中国古代书画图目》第二十二册。

查士标，作行书《录蔡天启、潘无垢题画诗》卷。

题款：“鸿雁归时水拍天，平冈老木尚寒烟。付君余地安鱼艇，乞我春江听雨眠。平野风烟入梦思，舣勒作画更题爵。扁舟卧听横塘雨，正值江南归雁时。天启。老木平冈一棹孤，石尤才山水平铺。寒烟炊暮群鸥下，仿佛江南归雁图。无垢。蔡肇字天启，潘浣字无垢，皆宋人之有逸韵者。余尝见天启画《平冈老木图》，自题二绝，无垢续题一绝，并录之。甲戌冬日，士标记。”卷后有尤侗题款：“梅壑先生文章风雅，推重一时，至于书法，尤得米海岳之神，君家小阮东山，为余门下士，所藏先生书最富，偶携此卷见示，神采焕发，不胜钦佩，因援笔识其后。艮翁尤侗。”《查氏历代名人书画》A卷，第8页。

冬腊，查士标，为濯泉年长兄作《仿夏禹玉山水》轴。

纸本，墨笔。歙县博物馆藏。款署“甲戌冬腊”，有“濯泉年长兄”上款。《中国古代书画图目》第十二册。

是年，查士标，作《村舍归舟图》轴。

纸本，设色，105.2厘米×53.4厘米。上海博物馆藏。《中国古代书画图目》第四册，第267页。

梅清　黄山图册　/　约1694年　安徽博物院藏

作《书画》十二开册页。

郭味蕖《知鱼堂书画录》；徐邦达《改订历代流传绘画编年表》第165页。

吴山涛，作《行书西塞诗》卷。

绫本，24.2厘米×363厘米。故宫博物院藏，京1－4225。

吴岳成进士，查士标，在邗上诗以送之。

乾隆《两淮盐法志》载："吴岳字符五，歙人，湖广江夏籍。康熙三十三年甲戌（1694）进士，有《淳发堂诗稿》。"查士标《种书堂遗稿》卷二有《邗上送吴符五成进士后还新安》诗："官梅东阁雨初肥，送客扬州雁正飞。宴集连宵传妙丽，品题随地有光辉。从知释褐犹儒素，此去还家迓锦衣。遥向江南望江北，应怜白发故人稀。"此诗当作于是年。

约是年，梅清，作《黄山图册》。

纸本，设色。安徽博物院藏。

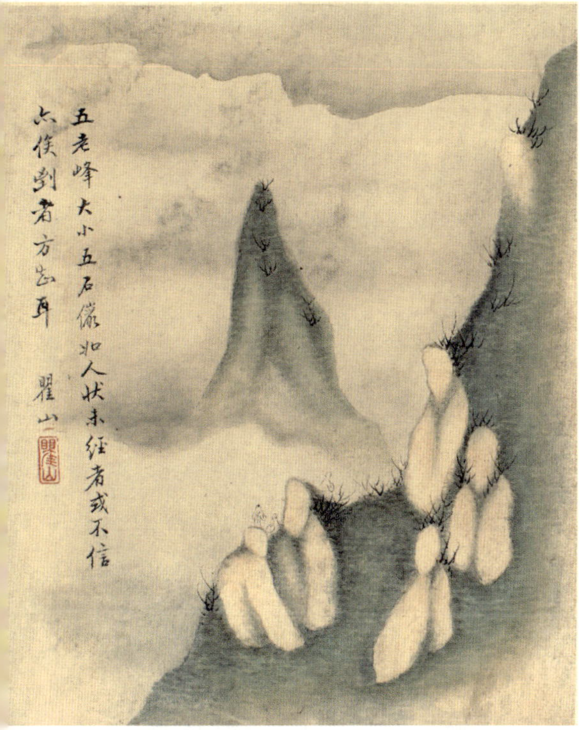

清康熙三十四年　乙亥（1695）

正月，梅清，作《山水图》十二开册页。

纸本，设色，每开尺寸为26.7厘米×33.3厘米。上海博物馆藏。题款："仿高尚书笔意。雪窗初霁，每于酒后戏写数幅，遂成此册。乙亥正月，瞿山梅清。时年七十有三。"（之一）"大痴山人。"（之二）"仿马遥父峰巅望瀑。老瞿。"（之三）"横川阁上别何年，空忆云门在眼前。为问娑萝结红豆，诗魂还系泛浮船。予在岩溪宿横川阁一月，每忆旧游，拈笔得之。瞿山清。"（之四）"云林笔意。"（之五）"孤舟泊不去，高柳绿阴多。长啸一声发，寒烟散晚波。瞿山。"（之六）"大江森无际，四顾共天涯。扁舟曾晓发，何处酒帘斜。仿郭河阳《烟江晓发》。瞿山。"（之七）"仿北苑笔意。老瞿。"（之八）"仿李营丘。"（之九）"海岳山人命意，每在蹊径之外。老瞿。"（之十）"杨柳春江二月时，帆阴发挂即天涯。箫声已入扬州梦，二十四桥何处吹。仿青藤道士。瞿山人。"（之十一）"幽兴寄何处，天台有怪松。拈毫凭腕力，荆浩与关仝。乙亥正月雪窗，瞿山梅清写。"（之十二）《中国古代书画图目》第四册。

春杪，查士标，作《仿一峰山水》轴。

纸本，墨笔，130厘米×50.5厘米。上海友谊商店古玩分店藏。题款："窅渺万山中，飘动白云影。那识绿阴深，藏一钓鱼艇。乙亥春杪，查士标。"《中国古代书画图目》第十二册。

三月，梅清，作《仿古山水图》八开册页。

题款："秋山在望，秋水无边。扁舟载酒，寻我酒仙。仿黄鹤山樵笔意。瞿山梅清并题。"（之一）"已近清和节，何当风日佳。拈毫呼毕韦，空翠落苍阶。乙亥三月，瞿山梅清并题。"（之二）"仿沈石田《溪堂清暑图》。瞿山人。"（之三）"临高房山笔。老瞿。"（之四）"仿荆关笔意。瞿山。"（之五）"我爱梅华老道人，挥毫落纸尽如神。持将海上千年酒，醉向江南四季春。瞿山并题。"（之六）"仿刘松年笔意。瞿山老人。"（之七）"仿松雪老人笔意。瞿山。"（之八）

夏，梅清，作《黄山松谷图》。

重庆博物馆藏。题款："持杖仙源胜，青冥望里赊。片烟开佛座，满地落松花。鹿饮深潭冷，龙归夕照斜。孤茆清味足，云雾煮仙茶。松谷。乙亥夏日写黄山数峰。瞿山梅清。"《中国古代书画图目》第十七册。

五月，石涛，作安徽之行，作《巢湖图》轴。

纸本，设色，128厘米×46厘米。天津博物馆藏。画上题诗四首："百八巢湖百八愁，游人至此不轻游。无边山色排青影，一派涛声卷白头。且蹈浮云登凤阁，慢寻浊酒问仙舟。人生去住皆由定，始信神将好客留。""波中遥望凤崔嵬，凤阁琳琅台壮哉。楼在半空云在野，橹声如过鹤声来。巢湖地陷赤乌事，四邑水满至今灾。几日东风泊沙渚，途穷对客强徘徊。""东风阻我巢湖边，十里五里一泊船。湖头人家白鹅岸，晚风齐送荷花田。水清苔碧鱼可数，金沙各地是何年。主人爱客高且贤，下水采莲意颇坚。谓客有花以诗赠，吾只爱诗不受钱。采花偏采未开全，一枝菡萏最堪怜。始信壶中别有天，插荷相向情更颠。欲开不开日复日，记程好事花当前。""且喜无家杖笠轻，别君回首片湖明。从来学道都非住，上处天然未可成。"

梅清，作《西海千峰图》。

台北故宫博物院藏。题款："西海真天险，苍茫瞰落晖。千峰分剑立，一水绕龙飞。钟自云堆出，僧从石罅归。晚风吹动处，仙乐听依稀。乙亥五月写似老宗台一粲，瞿山梅清。"《明清之际名画特展》，1910年版。

长至日，查士标，作行书《桃花源记》卷。

纸本，墨笔，35.2厘米×321.9厘米。美国纳尔逊-艾金斯艺术博物馆藏。画无款，后有行书《桃花源记》，题款："康熙乙亥岁长至日，邗上旅人查士标书。"卷后有翁方纲、曾熙等人题跋。铃木敬编《中国绘画总合图录》卷一。

六月，梅清，作《山水》十二开册页。

上海博物馆藏。题款："暑中戏写水亭清话，临云林笔意。乙亥六月，瞿山。"（之一）"瞿山。"（之二）"老瞿山人。"（之三）"望到发帆天外去，萧萧落木竟无边。瞿山。"（之四）"高峰千载忆倪迂，笔底尘氛半点无。天末飞帆劳远望，诗怀常抱一亭孤。瞿山。"（之五）"命意在云林、石田之间。瞿山。"（之六）"稍待秋风凉冷后，高寻白帝问真源。瞿痴。"（之七）"瞿山人。"（之八）"瞿山。"（之九）"梦里何年石室开，溪桥松径断尘埃。天然一幅云林画，倚杖无人待我来。此予过山门题壁诗也，作此画因忆此诗。瞿山。"（之十）"秋风吹渭水，石壁下孤帆。瞿山。"（之十一）"拈毫不得多，命意岂必远。雪积有无间，寒光落吾眼。乙亥六月酷暑，写此寄兴。瞿山清。"（之十二）《中国古代书画图目》第四册。

七月，梅清，为朗翁作《松谷图》一页。

天津博物馆藏。题款："陈公游宦地，松古最幽深。几载轻分剑，当时忆抱琴。秋来惊旧梦，天半得贻音。几度风流远，挥毫抱素心。《松谷图》写进朗翁祖台大教，并致陈公一粲。乙亥七月，瞿硎梅清拜手。"中国古代书画鉴定组编《中国绘画全集》清3。

七月，石涛，偕友泛舟白沙翠竹江村。

八月，梅清，作《梅瞿山画册》十开。

纸本。题款："庾岭香何近，孤山影独偏。一枝堪对酌，可共老瞿眼。乙亥八月，瞿山梅清。"胡积堂《笔啸轩书画录》下卷。

查士标，题《朱文公手札》卷。

李佐贤《书画鉴影》卷三手札类著录《朱文公手札》卷，后有查士标题跋，题款："康熙乙亥八月，时年八十有一。"《续修四库全书》，《子部》艺术类。

九月，石涛，为器老作《山水》卷。

十月一日，立冬节，查士标，作行书《临米芾七言诗》卷。

纸本。故宫博物院藏。题款："康熙三十四年，岁在乙亥十月一日立冬节，八十一翁查士标临。"《中国古代书画图目》第二十二册。

冬，石涛，在"真州学道处"为黄砚旅作画，仍在仪征。

是年，吴定，卒。

梅清，作《黄山图》八幅条屏。

题款："松谷。乙亥夏日写黄山数峰。瞿山梅清。"胡积堂《笔啸轩书画录》上卷；卢辅圣主编《中国书画全书》第十四册。

吴之麟，作《菊石图》扇面。

安徽博物院藏。

吴山涛，作行书《西塞诗》。

清康熙三十五年　丙子（1696）

春初，查士标，作《山水》十开册页。

纸本，设色。故宫博物院藏。《中国古代书画图目》第二十二册。

春仲，查士标，作《山水图》轴。

纸本，设色。美国弗利尔美术馆藏。题款："一天鸿雁影，双桨荻芦花。士标画仿石翁笔意。丙子春仲。"

三月，查士标，作《山水》轴。

纸本，墨笔。广州艺术博物院藏。款题"丙子三月"。《中国古代书画图目》第十四册。

四月，查士标，作《清溪载鹤图》卷，草草而成。

纸本，墨笔。题款："清溪载鹤。丙子清和月，梅壑老人士标。"金瑗辑《十百斋书画录》未集；卢辅圣主编《中国书画全书》第七册，第695页。

夏五月，查士标，作《山水》卷。

纸本，墨笔，26厘米×325.4厘米。台北陈启德藏。题款："断涧危崖不可扪，苍茫唯见水云浑。过桥问欲归何处，山坞深林有一村。画为赐玙年先生，并系小诗似正。时康熙丙子夏五月，邗上旅人查士标并识。"后查士标又题："竹篷兰桨水痕分，到处船头触白云。回首桥东村落里，一溪山色带斜曛。梅壑再题。"徐邦达《改订历代流传绘画编年表》，第285页。

六月，查士标，送萧兰陵游庐江兼柬郡守张公。

查士标《种书堂遗稿》卷三有《丙子六月送萧兰陵游庐江兼柬郡守张公》二首诗："阅世应知行路难，宁辞触热走江干。野人亦自临岐送，高卧年来愧素餐。""河梁执手意难申，好事延宾有几人。多谢高情贤太守，为言白屋只安贫。"

长夏，查士标，作《山水》。

题款："康熙丙子长夏，查士标时年八十有二。"胡积堂《笔啸轩书画录》卷下；卢辅圣主编《中国书画全书》第十四册，第311页。

夏六月，石涛，离扬州，至歙县，避暑于程浚松风堂。完成《清湘书画稿》。时程浚之子程鸣二十一岁。

新秋，查士标，作《山水》轴。

纸本。题款："扁舟一叶来何处，定有诗人到草亭。丙子新秋，查士标。"陶梁评曰："二瞻画学从倪高士入手，得其萧瑟荒寒之致，故为可贵，若谓其惜墨如金，犹是皮相。"陶梁《红豆树馆书画记》卷八；卢辅圣主编《中国书画全书》第十二册，第844页。

查士标，作《溪山雨意图》轴。

纸本，设色，98.8厘米×48厘米。南京艺术学院藏。题款："石磴累累卧湿云，山深瑶草不

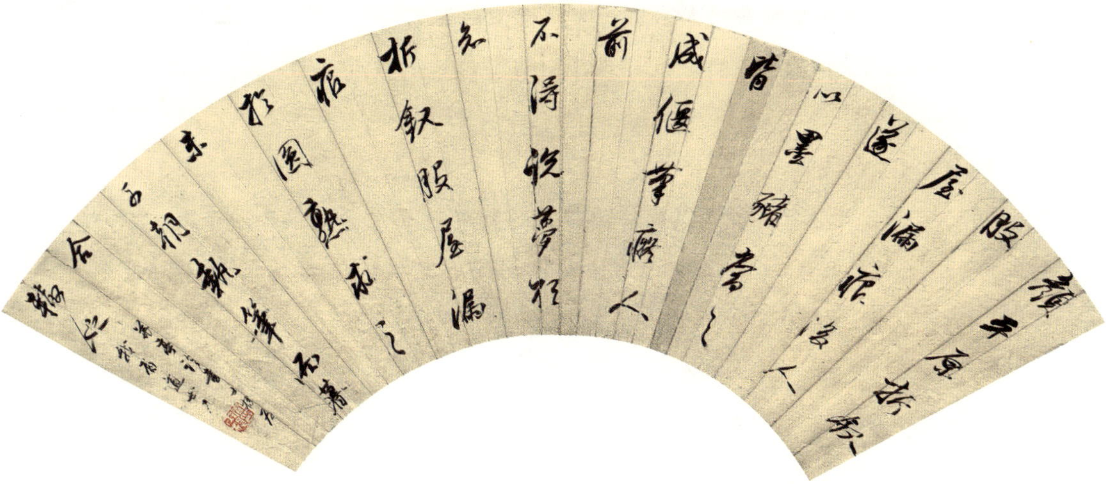

查士标　董文敏论书选一　/　1696年　新安画馆藏

知春。枝头忽见叶如雨，纵有轻寒不着人。丙子秋，查士标。"《中国高等美术院校藏画精选·宋元明清卷》，第79页。

九月，石涛，于扬州作《春江垂钓图》轴寄赠八大山人。是时营建大涤草堂，为此曾致函八大山人，索画《大涤草堂图》。出现"大涤堂""大涤子极"等印，大量使用"大涤子"为号署款，直至去世。

十月，查士标，作《烟江独泛图》卷。

纸本，墨笔，22.2厘米×145.5厘米。题款："康熙丙子十月，士标画，时年八十有二。"《石渠宝笈初编》卷十六。

冬，查士标，客邗上，为绮园年翁作扇面数幅，录董其昌论书数则。

新安画馆藏。其中一幅题款："丙子冬，为绮园年翁录董文敏论书数则。客邗上，八十二叟查士标。"胡积堂《笔啸轩书画录》卷下；卢辅圣主编《中国书画全书》第十四册，第322页。

查士标，为旦老年先生暨戴老夫人双寿，作《双松图》轴。

绢本，设色，192.5厘米×152.5厘米。吉林省博物院藏。题款："丙子冬，画为旦老年先生暨戴老夫人双寿，同里查士标。"《中国古代书画图目》第十六册。

又作《江东烟岚图》轴。

纸本，墨笔。沈阳故宫博物院藏。题款："丙子冬日。"《中国古代书画图目》第十五册。

是年，查士标，为瀛选道翁，题渐江《松涧清音图》轴。

纸本，墨笔，84.1厘米×33.4厘米。故宫博物院藏。查士标题款："渐上人画，入武夷而一变，至晚岁而益奇，绝去规摹蹊径而自成一家。惜其速返道山，不得与之上下千古也。瀛选道翁出以评赏，为识数语，感慨系之。康熙丙子，梅壑老人士标。”《中国古代书画图目》第二十二册。

作《风雨归舟图》轴。

纸本，设色，122厘米×58厘米。周培源藏。题款：“宋徽宗画《风雨归舟图》，往曾见其真迹，追摹拟之，未足称合作也。八十二叟查士标识。”汪世清《清初画苑八家画目系年》。

是年，雪庄，作《黄山纪游草》。

清康熙三十六年　丁丑（1697）

二月，石涛，题八大《水仙图》卷，称八大为“金枝玉叶老遗民”。始见署“若极”之名。

长夏，查士标，作《富春图》卷。

纸本，墨笔，29.7厘米×187厘米。故宫博物院藏。题款：“康熙丁丑长夏。”《中国古代书画图目》第二十二册。

冬，查士标，作《山水图》一开册页。

纸本，墨笔，22.6厘米×30.6厘米。英国大英博物馆藏。题款：“康熙丁丑冬，梅壑散人查士标。”铃木敬编《中国绘画总合图录》卷二。

十月二十六日，查士标，卒。

查士模《皇清处士前文学梅壑先生兄二瞻查公行述》：“先兄卒于皇清康熙三十六年十月二十六日亥时。”公历为1697年12月9日。死后葬于扬州西山俞家桥山麓。查观察谆访其墓，为之封树。李斗《扬州画舫录》卷二。

是年，梅清，卒。

第三部分

传承时期画家艺术活动

（1698—1874）

清康熙三十七年　戊寅（1698）

夏日，八大山人，寄赠石涛《大涤堂图》，石涛题诗于其上。

九月，石涛，作《访戴本孝图》。

纸本，墨笔。藏地不详。

是年，吴山涛，作行书《前后赤壁赋》卷。

纸本，尺寸不详。故宫博物院藏，京1-4226。

石涛，始识李驎（曾作《大涤子传》），两人一见如故。

雪庄，所绘黄山花卉，歙人吴菘择其三十五幅制为彩笺，命以名，编为《卉笺》。

《黄山志定本》重版时将其收录其中。后有吴菘尾记："南唐徐熙善画花卉，多游园圃以求情状，虽蔬菜根茎皆取入图，笔饶生意。梅尧臣题其《夹竹桃花图》有曰：竹真似竹桃似桃，不待生春长在目。此犹凡卉耳。惜不取黄山花令熙见之。黄山奇葩异卉迥绝寰区，不能移植山外。楚州僧传悟居黄山皮篷，时携纸笔于幽远邃壑间，貌形写照，娱人心目。菘因为谱之，题曰'卉笺'，殆嵇含之《草木状》、郑虔之《本草记》所未尝载者，聊附山史之末云耳，虬溪吴菘笺。"

吴菘，将雪庄《卉笺》寄给好友宋荦，宋氏见之，各为赋诗计二十首。并由徽州制墨名家汪节庵将其制成套墨。歙人张潮见此笺，甚为喜爱，重新刻版，并更其名作《笺卉》，前后各加了序辞和跋语。

原文："国朝吴菘字绮园，歙县人。黄

石涛　访戴本孝图　/　1698年　藏地不详

山僧雪庄尝以黄山所产诸卉绘为图，宋荦为题句，菘因各为作笺，凡三十六条。”《笺卉》题辞：“吾邑黄山，初无寸土，松柏皆石上，余以为草本之花必皆其所不产者也。及读宋中丞《沧浪亭》诗，中有题黄山雪庄上人《山花图》，五言短句二十首，又云寄自吴子绮园。予始知黄山中又有异卉奇葩如此之富，皆他山之所不产，举世所未经睹者，予深以未得一见为憾。未几，绮园以此帙贻予，较之中丞之咏，尚溢其八，予又不知雪庄之所图与绮园之所笺遂足以尽黄山之所有乎？抑或有所未足乎？”又云：“楚州雪庄师居皮篷寝，食芳葩，时携纸笔于幽崖邃壑间，貌形写照，务得其神。余因为谱之，命曰‘笺卉’，殆嵇含之《草木状》、郑虔之《本草记》所未尝载者也。”跋曰：“予尝谓草本之花胜于木本，木本者大抵在人意想之中，草本者往往出乎意想之外。黄山诸卉，予虽未见，然观绮园之所笺，诚有足令人爱玩而不忍恝置者也。心斋张潮。”

江注，作《湖天一叶图》卷。

绢本，墨笔。上海文物商店藏，沪11-247。

清康熙三十八年　己卯（1699）

三月，何文煌，作《溪山话别图》手卷。

纸本，墨笔，24厘米×158厘米。安徽博物院藏。题后记云：“君向长安去，依依远别情。当杯愁聚散，对剑说纵横。杨柳新诗意，云山旧客程。行看鹏鹗举，自愧负平生。公绅社兄，应试都门，余亦将游南楚，时同客吴门，连床话别，慷慨激昂，彼所谓黯然销魂者，岂我辈事哉。因作图并诗为赠，己卯三月何文煌识。”题后加钤“文煌私印”四字双边白文方印、“何昭夏”三字朱文方印各一枚。

按：何文煌，具体生卒年不详，主要活动于清康熙年间。字昭夏、竹坡。安徽休宁人，查士标弟子，平生能诗，工画，善作山水。画笔老辣，传其师韵，书亦得其法。

何文煌　溪山话别图　/　1699年　安徽博物院藏

四月，石涛，为吴惊远之子吴尧臣作《卓然庐图》轴。

上海博物馆藏。题款："四边水色茫无际，别有寻思不在鱼。莫谓此中天地小，卷舒收放卓然庐。己卯四月奉赠尧臣世翁博教，清湘大涤子济。"

四月八日，八大山人，为岱老年翁作古树苔石，石涛为补水滩红叶，并题诗一首。

秋日，石涛，作《太白诗意图》轴，款署："己卯秋日，青莲阁下。"

跋郑旼《狮子林图》。

跋文："倩郑君拟《狮子林图》卷，而汪子半亭为藏识已久，请余补记。知穆倩君之用力于倪深矣，余故追思昔时师倪者。然渐江名胜世称独步，梅壑、允凝诸辈独争效之。岂有如穆倩君天机自放，省欲陶情，笔扫岩岫，邈矣千载。其品概之皓皓，与心目之昭昭，岂不绝胜于昔之师倪诸辈者，而今之师倪能美于前乎？览斯图之风韵，知穆倩之独出于倪也。余不辞赘笔者，因汪子深识斯卷之妙，固知穆倩君之风足尚矣。不敢默然，以志同好。如何？"

是年，石涛，作《为拱北作山水图》轴。

款云："己卯有建宁之游。"

方以智，为定甫作《仿子久山水图》。

何文煌，作《山水花卉》八开册页。

纸本，设色，每开尺寸为26厘米×32厘米。新疆维吾尔自治区博物馆藏，新1-39。

雪庄，作《云舫图》。

纸本，设色，271厘米×126.5厘米。安徽博物院藏。题款："夏日寻消暑，开门见秀峰。冰桃与雪藕，总在砚田中。己卯岁，雪道人写并题。"题下加钤"黄山野人"四字白文方印、"雪庄石悟"四字白文方印各一枚。

雪庄　云舫图

1699年　安徽博物院藏

清康熙三十九年　庚辰（1700）

上元前二日，石涛，在扬州。为吴与桥作《溪南八景图》册。

第三开款署："庚辰上元前二日，青莲阁。"

上元后二日，石涛，作《山水花卉图》册页。

秋，石涛，为歙县吴文野作《山水》扇面。

纸本，设色。题款："秋日与文野公谈及四十年前与客坐匡庐，观巨舟湖头如一叶，有似虎头者。今忽忆断烟中也，大涤子济。"

九月，石涛，为其门人洪正治作《写兰》册页，内有染庵居士跋《写兰》册页，涉及八大山人。约于此年前后，托李松庵致函八大山人，再索画《大涤草堂图》。

是年，吴之麟，作浅绛《山水图》。

题诗："疏林不动嫩凉风，天入秋溪万里空。此际一杯闲不得，好山都在夕阳中。"

清康熙四十一年　壬午（1702）

三月，石涛，在南京。在乌龙潭观桃花，作《云山图》轴。

跋云："写画凡未落笔，先以神会。"

八月，石涛，作画，题跋中有"天地浑溶一气，再分风雨四时。明暗高低不同，不似之似似之"语。

清康熙四十二年　癸未（1703）

夏日，石涛，有论画之语，云："笔墨当随时代。"

画跋："笔墨当随时代，犹诗文风气所转。上古之画迹简而意澹，如汉魏六朝之句；然中古之画，如初盛唐之句，雄浑壮丽；下古之画，如晚唐之句，虽清丽而渐渐薄矣；到元则如阮籍、王粲矣，'倪黄'辈如口诵陶潜之句，悲佳人之屡沐，从白水以枯煎，恐无复佳矣。癸未夏日苦瓜痴绝书。"

秋，石涛，为刘石头作画，畅论用"点"，结语云："法无定相，气概成章耳。"

清康熙四十三年　甲申（1704）

七月，石涛，作《赭墨山水图》。

题诗："半空半壑远山村，疑是风烟势欲吞。险到无边堪绝倒，凭天不尽画云门。"

是年，程功，作《白岳图》卷。

绢本，设色。广州美术馆藏，粤2-292。

清康熙四十四年　乙酉（1705）

八月，程鸣，三十初度，石涛赋诗五律两首，书扇以贺之。

题款："时乙酉秋八月二十九，友声老弟三十初度，清湘遗人大涤子极俚言二律书赠博教。"日本兴文社编《中国墨迹大成》第十卷，1937年版。

重九，石涛，画山水以赠道先生，题跋中有体力不支之叹。

雪庄，作《黄海云舫图》并题诗。

常州博物馆藏。题款："云舫皆因屋似船，晴浮银浪景无边。秋林不减春花色，游览人多住世仙。风云吞吐箬篷穿，久雨难为屋保全。抱拙头陀惟信数，一朝盖瓦定前缘。蒙助遮床瓦一千，不愁阴雨客安眠。老僧未敢瞒功德，片片描成在目前。曾许邀朋盖瓦全，钦君季札一般贤。出言已见非轻诺，信极将来语必圆。我自开山十七年，性情真比铁还坚。独能禁足千峰里，有戒逢人不化缘。乙酉秋，写似溪翁先生并题以谢瓦，雪道人悟。"

清康熙四十五年　丙戌（1706）

春，石涛，作《梅花吟》，有"何当遍绕梅花树，头白依然未有家"之句。

程功，作《仿倪瓒溪山图》轴。

纸本，墨笔。故宫博物院藏，京1-4799。

清康熙四十六年　丁亥（1707）

八月，姚宋，在芜湖，作《黄海松石图》。

纸本，设色，131.6厘米×70.3厘米。上海博物馆藏，沪1-3334。

一智，作《黄山图》十二条屏。

纸本，设色，每幅尺寸为172厘米×47.6厘米。安徽博物院藏。第一条题款："画出奇峰人罕信，曾游始信画非诬。澹地拔起百千仞，秀越诸峰势若孤。昔有好事汤宾尹，来此极顶构精庐。身无羽翮险莫度，危桥架壑石来扶。为画薜座三年居，吞纳烟霞读异书。想当风清月明报，冷韵铿然澈太虚。此老声名腾达后，石窗空教山猿守。即今所存惟短垣，游筇历处松风寒。十年前有郑□口，耽奇好古来追攀。奇人奇境留奇迹，至今梦寝心盘桓。向余谡谡著此意，为君图之屏嶂间。拈毫睥睨定形势，略近详古成雄观。怪松危石生腕底，形霞卿云飞毫端。长生何必求还丹，神游图画堪驻颜。仙桥书室致往还，足不疲劳必更闲。相逢仙客藉软草，餐云品石看龙扰。那知身世在尘寰，精神静养蓬莱岛。时康熙丁亥秋月，黄山后海廪峰智学人画并题于五云阁。"题下加钤"廪峰"二字朱文方印、"僧智"二字白文方印各一枚。题前右上角引钤"甚处得来"四字朱文竖椭圆印一枚。

第二条《黄山文殊院图》，题款："灵台木石皆有情，石作蒲团松送迎。升台人自松边过，蒲团小憩堪趺坐。小心坡上小心行，一线天光分晓暮。跻攀赤膪无高声，只应惊回老龙卧。栈危梯险别寂天，文殊台当玉屏前。风吹雪压旧楼颠，新又鸠工运瓦椽。圣迹概已显当年，今何香龛不自全。为令慧乐文人施，金钱培植生生工文字缘。廪峰智学人。"题下加钤"廪峰"二字朱文方印、"僧智"二字白文方印各一枚。题前右上角引钤"甚处得来"四字朱文竖椭圆印一枚。

第三条《黄山皮篷图》，题款："光明顶东下五里，三面峰环古基址。前代闻有一心公，箬叟盖屋呼皮篷。开期讲律聚千指，皮篷名出从兹始。清明鼎革僧仙去，庵基尽长山花树。直至康熙己巳冬，雪翁采石来枯笻。爱兹境好偕山侣，入山不惜冲烟雨。粮断七日雪中眠，世人呼翁为神仙。讵意声名誉京雒，密诏忽传丁令鹤。三面威促上金台，时念松风归去来。幸得纶音遂初志，篷山乐道忘尘世。雨沐群峰海尤晴，推窗一望如波平。山楼冉冉云波上，不应名屋应名舫。我曾习绘舫云边，屈指往来将十年。一树一石皆眼前，鹤处□一可筑焉。此峰云舫最西偏，上有石人踞其巅。葫芦药臼□返照，丹砂之颜望俨然。殷勤叩之得真传，身心无病龄长延。其次一峰居老氏，倚碑而坐谈无始。画成此图留此峰，宛坐峰前云舫里。廪峰智学人。"题下加钤"廪峰"二字朱文方印、"僧智"二字白文方印各一枚。题前右上角引钤"甚处得来"四字朱文竖椭圆印一枚。

第四条《黄山莲华峰图》，题款："游山河如图山乐，足不瘦劳胜驾鹤。秋生笔砚桂庭香，时便解衣恣盘礴。一毫端开万丈莲，上难见顶下无脚。登窠层滩往纡徊，云窦天梯巧纷错。随意点缀客探奇，凭临叫绝势挥霍。云波宽兮石船小，兔长生兮月不落。庵前古柏翠成团，坐之可以解也缚。登峰造极伊何人，风度幽闲郑子真。知君原是过来者，画中之彩君之身。划然长啸惊天阊，衣飘飘兮松风凉。闲阅斯图酌玉觥，酒味纯带池砂香。廪峰智学人画并题。"题下加钤"廪峰"二字朱文方印、"僧智"二字白文方印各一枚。题前右上角引钤"五云阁"三字朱文竖长方印一枚。

第五条《黄山仙掌峰图》，题款："仙掌峰前云舫路，曾栽十里梅花树。孰期梅不耐山寒，托根乌有先生去。香风不禁袅天涯，误吹香雪落诗家。致令海内耽吟客，不到黄山能见花。我爱春归花不谢，消闲补缀诗中画。更将身作画中人，日日看花花长春。廪峰智学人。"题下加钤"廪峰"二字朱文方印、"僧智"二字白文方印各一枚。题前右上角引钤"甚处得来"四字朱文竖椭圆印一枚。

第六条《黄山光明顶图》，题款："我昔光明顶上眠，梦人授我笔如椽。得之不禁狂跳跃，试临碧落挥云烟。割取黟山为古墨，顷泻银河作砚泉。天丝机上裂绢素，飘飙雁阵横芝篇。胜将墨沈洒涧壑，喷出幽香万柎莲。石人鞠躬拜其前，笑谓山僧文必传。何不持之归郑虔，雪儿歌中配管弦。廪峰智学人。"题下加钤"廪峰"二字朱文方印、"僧智"二字白文方印各一枚。题前右

一智　黄山图十二条屏选十　/　1707年　安徽博物院藏

上角引钤“甚处得来”四字朱文竖椭圆印一枚。

第七条《黄山天都峰图》，题款：“浉水遥阙新安江，盈丈滩经三百六。新安固为天上郡，黄山更在高岩谷。城阃西北百廿里，汤溪村近山之麓。侧峰横岭不计数，恍疑武库森攒簇。盘盘低锁白云中，上有天都摩太空。囊坐小心坡上望，积翠叠紫标巄嵸。天帝取都固未必，竞尊之势实壮雄。我亦高张如海目，吞纳天都禀心腹。图成先生开华筵，掷赠君家几案前。愿持此峰祝君年，山高水长无尽焉。廪峰智学人。”题下加钤“廪峰”二字朱文方印、“僧智”二字白文方印各一枚。题前右上角引钤“甚处得来”四字朱文竖椭圆印一枚。

第八条《黄山西海门图》，题款：“雨陟晴登已是奇，雪访冰披更罕稀。意与世人补斯秩，图将西海数峰雪。石势皎如玉削成，松林直似珠盘结。风坐海面玄云收，冲寒人著紫貂裘。想君心地原冰雪，雪里看峰能久留。廪峰智学人。”题下加钤“廪峰”二字朱文方印、“僧智”二字白文方印、“造化在手”四字朱文椭圆印共三枚。

第九条《黄山平天矼图》，题款：“平天矼北峰逾秀，纵有神斧削难就。岂是鸿蒙造化工，

特为轩皇开苑囿。重崇合沓迨秋旻，乱笋迸出金簇瘦。矼势曲如巨努张，括寄满弦纷欲透。曾闻羿射九日落，矢匪如斯力讵彀。长如天仗挺铦矛，挥之可旋蚩尤斗。轩皇入山烧丹砂，时必蚩尤擒获后。旋销兵器亨太平，化为石林满岩岫。我拟偷裁公茆杖，持赠伊人介眉寿。杖乡杖国杖于朝，匡右永作烝民祐。廪峰智学人画并题。”题下加钤“廪峰”二字朱文方印、“僧智”二字白文方印各一枚。题前右上角引钤“甚处得来”四字朱文竖椭圆印一枚。

第十条《黄山九龙瀑图》，题款：“绕亭山桃参差开，山中春从山外来。山雪半消山瀑长，潭潭迸作春雷响。山亭坐看九龙飞，香喷桃花云湿衣。廪峰智学人。”题下加钤“廪峰”二字朱文方印、“僧智”二字白文方印各一枚。

第十一条《黄山青鸾峰图》，题款：“轩后丹成飞云端，台留遗迹至今看。数椽矮屋后人筑，石窗晓夜闻青鸾。帝王统道精治世，神仙圣贤立余事。二者得画而有之。古今特数轩辕氏，我亦夙具金丹缘。非从外得飞人传，两仪未剖礼已全。入世可以为圣贤，出世可以为神仙。有时不出复不入，三世诸佛能比肩。为君游戏一小试，毫铓跳出山与川。本来一窍包六合，君今悟之同具足。茎莞之言再三读，寿齐轩皇介景福。廪峰智画并题。”题下加钤“廪峰”二字朱文方印、“僧智”二字白文方印各一枚。题前右上角引钤“五云阁”三字朱文竖长方印一枚。

第十二条《黄山仙人峰图》，题款：“五峰秋叶丽如花，峰边仙人衣紫霞。仙童相随行且立，秋光映彻仙肌赤。神猿摘果供君餐，红紫间错殊可观。脱非交梨与火枣，定是九转丹砂丸。廪峰智学人画并题。”题下加钤“廪峰”二字朱文方印、“僧智”二字白文方印各一枚。题前右上角引钤“甚处得来”四字朱文竖椭圆印一枚。

清康熙四十七年　戊子（1708）

吴山涛，作《山水》扇面。

金笺，墨笔。四川博物院藏，川1-204。

清康熙四十八年　己丑（1709）

黄锜，作《兰亭序图》。

清康熙四十九年　庚寅（1710）

吴山涛，卒。年八十七。

姚宋，作《三星图》堂幅。

安徽博物院藏。

清康熙五十年　辛卯（1711）

五月，王士禛，卒。年七十八。

汪世清按：“新安画派，崇尚‘倪黄’，以僧渐江开其先路。”此说传出自王士禛，然至今未明其出处。

是年，程鸣，作墨笔《柏石图》。

安徽博物院藏。薛翔著《新安画派》，吉林美术出版社2003年版。

清康熙五十二年　癸巳（1713）

吴元澄，作《夏山高隐图》。

安徽博物院藏。

按：吴元澄，字湛若，一字心庄。安徽休宁人。善画山水，笔气老健，与王翚、王原祁交，雍正十三年（1735）作《武夷山水图》册。

清康熙五十三年　甲午（1714）

姚宋，作《小景山水图》十开册页。

纸本，设色，每开尺寸为21厘米×28厘米。故宫博物院藏，京1-5022。

一智，作《黄山图》二册，四十四开。

绢本，设色，每开尺寸为34.5厘米×31厘米。首都博物馆藏，京5-079。

程萝，作《绝壁松泉》轴。

绢本，墨笔，广州美术馆藏，粤2-276。

清康熙五十四年　乙未（1715）

十二月，姚宋，作《仿倪云林山水图》。

绢本，墨笔，155.5厘米×48厘米。故宫博物院藏。

是年，程鸣，作《板石图》大堂幅。

安徽博物院藏。

清康熙五十五年　丙申（1716）

汪家珍，作《黄山一角图》。

纸本，设色，90.5厘米×36厘米。安徽博物院藏。

清康熙五十六年　丁酉（1717）

程萝，作《枯木竹石图》轴。

姚宋　仿倪云林山水图　/　1715年　故宫博物院藏

汪家珍　黄山一角图　/　1716年　安徽博物院藏

姚宋　山水图　/　1717年　南京博物院藏

纸本，墨笔，97厘米×42厘米。上海博物馆藏，沪1-3100。

四月，姚宋作《山水图》。

纸本，设色，201.3厘米×101厘米。南京博物院藏。

清康熙五十七年　戊戌（1718）

二月初三，程廷，自扬州启程，十四日抵故里岑山。

三月十三日，程廷，作黄山之游。十六日，由云谷寺出发访雪庄。

“将达皮篷，有老者朱颜苍鬓，白髭飘然，逍遥户外。余坐舆中，窃讶斯地又一指路仙耶。就前视之，方知为雪庄上人。”程廷《若庵集·春帆纪程》。北京师范大学图书馆编《稀见清人别集丛刊》第八册《若庵集》。

临别时，程廷留诗《赠雪庄上人》。

诗云：“松鹤清姿薜荔裳，一瓢一笠足徜徉。能从仙佛云霞境，还洒缥缃翰墨香。涧外黑猿参几座，铛中白石当斋粮。高怀不肯因人热，含笑飘然别帝乡。”

九月初八，雪庄，为程廷作《黄海云舫图》。

纸本，设色，100厘米×57.7厘米。美国纳尔逊-艾金斯艺术博物馆藏。题款：“黄海云舫图。蒙君访我季春天，夏又通书寄舫边。欲慰多情难当面，和峰飞到韵人前。今春喜我且硕先生山游过访，夏月又蒙远寄书物。因作《云舫图》寄供清赏，聊慰怀思，兼请教正。时戊戌登高前一日，黄山披发僧悟雪庄氏画，并题于琴窗中。”

是年，石涛，卒。

对石涛卒年各说不一，新版《辞海》及《中国美术辞典》载：“约1718年。”

程梦星，游黄山，晤雪庄。有《云舫喜晤雪庄》诗。

诗云：“云白峰青老闭关，古稀夏腊尚朱颜。参成七佛琴弦里，拈尽千花诗句间。画就案间鸲鹆砚，香残垆印鹧鸪斑。客来转问山中路，三十年前曾下山。”

清康熙五十八年　己亥（1719）

姚宋，作《山水图》大幅。

雪庄，作《黄山十二景屏》。

安徽博物院藏。

清康熙六十年　辛丑（1721）

雪庄，卒。

释一智《云舫继述轩文钞》载：“兹以戊申杪冬望后二日，敬奉华严奥典，延至己酉正月望前四朝，欣看圆满期场。事缘先师示寂八年，恰际常光僧腊八帙。”己酉年是雍正七年（1729），雪庄已去世八年，可推知他卒于康熙六十年（1721）。雪庄弥留之际还“嘻怡留偈以辞众，遗命茶毗其幻身，逮法藏之五级”。赵青藜《漱芳居文钞》卷六有《云舫增建梵宇记》一文，为赵氏应雪庄徒孙雪涯所嘱而作，其中有记“雪公卧雪后未一步出也，凡三十三年”语，若据此，雪庄去世亦当在1721年。

姚宋，作《仿各家笔意山水图》十二开册页。

纸本，设色。故宫博物院藏，京1-5023。

汪后来，作《秋江寄兴图》。

程萝，年八十二，作《古桧图》轴。

绢本，墨笔，197.3厘米×83.7厘米。上海博物馆藏，沪1-3101。

清康熙六十一年　壬寅（1722）

许尚远，卒。

安徽博物院藏其《策杖溪流图》，纸本，墨笔，201.8厘米×94.6厘米。题诗："策杖溪流曲曲，鸟啼烟树重重。独爱青松颜色，移居五老云峰。"题下加钤"许尚远印"四字白文方印、"青亭"二字朱文方印各一枚。

一智，作《黄山图》轴。

绢本，设色，115厘米×53.5厘米。苏州灵岩寺藏，苏2-25。

又作《黄山图》轴。

纸本，设色，75.8厘米×31.6厘米。原北京市文物商店藏。

清雍正元年　癸卯（1723）

程鸣，作《古椿竹石》轴。

纸本，墨笔，66厘米×33厘米。上海朵云轩藏，沪7-0552。

清雍正三年　乙巳（1725）

程鸣，作《荒山野渡图》。

71.3厘米×32厘米。天津市文物公司藏，津6-126。题款："雍正乙巳松门鸣还味轩试墨。"

清雍正五年　丁未（1727）

程廷，卒。

程鸣，作《山水图》卷。

纸本，墨笔。故宫博物院藏，京1-5562。

方士庶，作《林下篱舍图》。

纸本，设色，24.5厘米×35.6厘米。安徽博物院藏。题款："雍正丁未夏四月，模文待诏作，士庶。"题下加钤"山师道人"四字白文竖长方印一枚。

方士庶　林下篱舍图　/　1727年　安徽博物院藏

清雍正六年　戊申（1728）

方十庶，作《云海松涛图》。

纸本，设色，314厘米×100.5厘米。安徽博物院藏。题款：“云海松涛。雍正戊申，写于天慵书屋。环山方士庶。”题下加钤“方询”二字白文竖长方印、“士庶”二字白文方印各一枚。

清雍正七年　己酉（1729）

程鸣，作《山水》册页。

纸本，设色。故宫博物院藏，京1-5563。

方士庶，作《山水》册页。

纸本，墨笔。首都博物馆藏，京5-107。

作《仿黄公望山水》轴。

纸本，设色。上海博物馆藏，沪1-3847。

方士庶　云海松涛图
1728年　安徽博物院藏

莫春晖　山水册　/　约1730年　安徽博物院藏

清雍正八年　庚戌（1730）

程鸣，作《清江泊舟图》。

天津博物馆藏。

约是年，莫春晖，作《山水册》。

纸本，墨笔。安徽博物院藏。

雍正九年　辛亥（1731）

方士庶，三月，作《杂画》八开册页。

绢本，设色，每开尺寸为24厘米×24厘米。上海博物馆藏，沪1-3848。

清雍正十一年　癸丑（1733）

二月十六日，方士庶，为谷庵作《青山秋深图》轴。

纸本，设色，92厘米×56.9厘米。上海博物馆藏，沪1-3849。

九月既望，方士庶，作《红树秋深图》轴。

程鸣　夕山黛色图
约1734年　安徽博物院藏

纸本，设色，109.3厘米×34.8厘米。上海博物馆藏，沪1-3850。

是年，方士庶，作《晴云积翠图》轴。

纸本，设色。上海友谊商店古玩分店藏，沪6-14。

清雍正十二年　甲寅（1734）

中秋，方士庶，作《云海松涛图》轴。

纸本，设色。中国国家博物馆藏，京2-559。

又作《山水四段》长卷。

纸本，设色，每段尺寸不等。上海博物馆藏，沪1-3851。

是年，方士庶，作《补林泉高逸图》。

绢本，设色。故宫博物院藏，京1-5584。

又作《高阁临江图》轴。

纸本，设色。原武汉市文物商店藏。

程鸣，作《山水》八开册页。

纸本，墨笔，每开尺寸为23.2厘米×29.3厘米。新疆维吾尔自治区博物馆藏，新1-40。

约是年，程鸣，作《夕山黛色图》。

纸本，墨笔，114厘米×28.5厘米。安徽博物院藏。

清雍正十三年　乙卯（1735）

谷雨前三日，方士庶，作《断岩人家图》。

纸本，设色，61厘米×35.2厘米。安徽博物院藏。题款："断崖分鸟道，疏树见人家。模黄鹤山樵画法，为自昆有道先生赠。雍正乙卯谷雨前三日，方士庶。"题下加钤"方士庶印"四字白文方印一枚。

是年，方士庶，作《秋山枫叶图》轴。

纸本，设色。原北京市文物商店藏。

吴元澄，作《武夷山水图》册。

清乾隆元年　丙辰（1736）

春，方士庶，作《虚亭秋水图》轴。

纸本，设色，127.3厘米×61.6厘米。上海博物馆藏，沪1-3852。

十二月，方士庶，作《仿米山水》轴。

纸本，墨笔，52.7厘米×37.7厘米。浙江省博物馆藏，浙1-475。

是年，方士庶，作《溪山曳杖图》。

天津博物馆藏。

又作《山庄图》轴。

纸本，墨笔。吉林省博物院藏，吉1-219。

清乾隆二年　丁巳（1737）

方士庶，仿董其昌笔法作《鹤林春社图》。

纸本，设色，113厘米×41.8厘米。南京博物院藏，苏24-0929。

又作《临大痴山水》轴。

纸本，墨笔，132厘米×63.5厘米。苏州文物商店藏，苏3-067。

方士庶　断岩人家图　/　1735年　安徽博物院藏

清乾隆三年　戊午（1738）

汪灏，生。

按：汪灏，字胥原，号涤崖，安徽歙县人，长期客居江苏扬州。平生画山水，宗黄公望。气韵出町畦之外，时称逸品。曾在雍正年间画《黄山图》于法净寺之平远楼。雍正皇帝南巡时，又绘《五岳朝天图》以献，受笔墨赏赐。

夏，方士庶，作《峨眉双涧图》。

纸本，设色，314厘米×141.5厘米。安徽博物院藏。题款："峨眉双涧。黄尊古前辈尝作峨眉山丈幅，苍浑沉古，大得董巨遗意，此亦师其意而兼之。以子久秋山笔法越月而成，愧无古人之意也。乾隆戊午长夏，环山方士庶识。"题下加钤"小师老人"四字白文方印、"方士庶印"四字白文方印各一枚。

是年，方士庶，为爱亭作《仿北苑山水图》。

方士庶　峨眉双涧图

1738年　安徽博物院藏

纸本，墨笔，124厘米×58.4厘米。南京博物院藏，苏24-0930。

又作《短亭曲桥图》轴。

纸本，设色，128厘米×49厘米。沈阳故宫博物院藏，辽2-312。

又作《仿古山水》十开册页。

纸本，设色。故宫博物院藏，京1-5585。

又作《仿古山水》四条屏。

纸本，墨笔，每幅尺寸为209厘米×58.5厘米。原济南文物商店藏。

清乾隆五年　庚申（1740）

秋，方士庶，作《仿董巨山水图》。

纸本，设色，182厘米×56厘米。上海博物馆藏，沪1-3853。

清乾隆七年　壬戌（1742）

春，方士庶，作《谭玄图》。

纸本，设色，51.9厘米×37.8厘米。上海博物馆藏，沪1-3855。

重九，方士庶，作《蹑足苔痕图》。

纸本，设色，152.3厘米×61.9厘米。上海博物馆藏，沪1-3854。

是年，方士庶，作《椿萱芝桂图》轴。

纸本，设色，130.4厘米×44厘米。四川博物院藏，川1-390。

清乾隆八年　癸亥（1743）

程鸣，作《幽涧孤游图》。

方士庶，作《山水》轴。

纸本，设色，87.4厘米×44.4厘米。故宫博物院藏，京1-5588。

又作《山水图》轴。

纸本，设色。清华大学美术学院藏，京8-111。

又作《山水》轴。

纸本，墨笔。浙江省博物馆藏，浙1-476。

清乾隆九年　甲子（1744）

巴慰祖，生。

按：巴慰祖，字予籍，号晋堂、隽堂，又号子安、莲舫。安徽歙县渔梁人，寓居扬州。官候补中书。少时无所不好，亦无所不能。平生雅爱收藏，并怀仿制青铜器的绝技，令精鉴者莫能辨。善篆刻摹印，兼工书画，通文艺。擅作山水、花鸟，然不耐渲染，成幅极少，即其残稿，人亦珍惜。书以隶见长，又学秦汉石刻，形成劲险飞动的格调。与程邃、胡唐、汪肇龙并称“歙四子”。安徽博物院藏其《苍山林居图》册页。

春，方士庶，作《山村归渔图》轴。

纸本，墨笔，90.5厘米×40厘米。南京博物院藏，苏24-0931。

仲夏，方士庶，作《快雪时晴图》。

纸本，设色，131.6厘米×64.7厘米。上海博物馆藏，沪1-3856。

岁除日，方士庶，作《秀色清钟图》轴。

纸本，设色，118.6厘米×40.8厘米。上海博物馆藏，沪1-3857。

是年，方士庶，为徐柱写貌补图。

又作浅绛《山水图》。

安徽博物院藏。

清乾隆十年　乙丑（1745）

仲冬，方士庶，作《仿赵大年〈湖庄春晓图〉》。

纸本，设色，166厘米×75厘米。云南省博物馆藏。题款：“乾隆十年，岁在乙丑仲冬月，仿赵大年《湖庄春晓图》，为二弟画于西畴之读书春草堂，小师老兄士庶。”

十一月，作《山水》十二开册页。

纸本，设色，每开尺寸为30.4厘米×17.7厘米。上海博物馆藏，沪1-3858。

是年，方士庶，作《秋山牧牛图》。

纸本，墨笔。中国美术馆藏，京3-128。

又作《山村归渔图》。

南京博物院藏。

又作《江山佳胜图》卷。

纸本，墨笔，25厘米×264.5厘米。沈阳故宫博物院藏，辽2-313。

清乾隆十一年　丙寅（1746）

奚冈，生。

按：奚冈，初名钢，字纯章，后字铁生，号鹤渚生、蒙泉外史、蒙道士、奚道士、散木居士、冬花庵主、奚九、古水生。原籍安徽歙县，一作黟县，寓杭州西湖，布衣终生。画家华喦的弟子，工诗善书，而画尤擅长。同时兼擅篆刻，宗法秦汉，师从丁敬，并有所发展，风格清隽，为浙派印人之杰出者。"西泠八家"之一。书兼工四体，真书法褚遂良，古隶笔意超逸，高出流辈。山水潇洒清润，骨法肉气俱备，得董其昌遗韵。老年入李流芳一派。花卉有恽南田气格，兰竹亦超脱绝尘。山水风格属娄东派，并有吴门派笔趣，严谨中见洒脱，略有创意，是继"四王"以后较为重要的画家，为浙中画家巨擘。名重当时，但性情孤介，虽要津投刺乞画，非其人不予。著有《冬花庵烬余稿》传世。安徽博物院藏其《秋山行旅图》。

夏，方士庶，作《松荫待客图》卷。

纸本，设色，27厘米×64.2厘米。上海博物馆藏，沪1-3859。此卷后有金农、郑燮等十八家跋。

是年，作《松山春居图》轴。

纸本，设色。沈阳故宫博物院藏，辽2-314。

又作《南圻图》轴。

纸本，设色，143厘米×71厘米。北京市文物局藏，京4-35。

又作《石间曲泉清图》轴。

纸本，墨笔，130.5厘米×59厘米。清华大学美术学院藏，京8-112。

又作《寒潭画舸图》轴。

纸本，设色，131厘米×60厘米。重庆博物馆藏，渝1-291。

又作《东嶂西坡图》轴。

纸本，设色，102.3厘米×44.8厘米。重庆博物馆藏，渝1-290。

清乾隆十二年　丁卯（1747）

夏日，方士庶，游南京，作《山水图》。

题款："丁卯夏日游栖霞舟中作。"安徽博物院藏。

清乾隆十三年　戊辰（1748）

八月至仲冬，方士庶，作《仿古山水》十二开册页。

纸本，设色，每开尺寸为38.6厘米×26.7厘米。上海博物馆藏，沪1-3861。

是年，方士庶，作《桃花庵图》轴。

绢本，墨笔，118厘米×62.4厘米。沈阳故宫博物院藏，辽2-315。

又作《白云叠嶂图》轴。

纸本，设色，159.9厘米×76.6厘米。原北京市文物商店藏。

又作《秋山高隐图》轴。

纸本，设色。原北京市文物商店藏。

又作《泉清图》轴。

纸本，设色。上海博物馆藏，沪1-3860。

又作《唐寅诗意图》轴。

纸本，设色，112.7厘米×22.7厘米。无锡博物院藏，苏6-212。

清乾隆十四年　己巳（1749）

春，方士庶，作《山水》卷。

纸本，墨笔，22.9厘米×141.8厘米。上海博物馆藏，沪1-3862。

清明前一日，汪梅庚，作《兰石图》。

题款："己巳清明前一日，醉后放笔为兰石，是陈白阳、徐天池一辈人畦径，在腕力不足，深感为愧。"安徽博物院藏。

夏，方士庶，作《仿董源山水》轴。

纸本，墨笔，136.8厘米×60.25厘米。浙江省博物馆藏，浙1-477。

是年，方士庶，作《菖蒲图》轴。

纸本，设色，505厘米×58厘米。沈阳故宫博物院藏，辽2-316。

又作《端午即景图》轴。

纸本，设色，78厘米×26厘米。沈阳故宫博物院藏，辽2-317。

又作《山径杂树图》轴。

纸本，墨笔，139.3厘米×30厘米。

清乾隆十五年　庚午（1750）

重九，方士庶，作《天中佳景图》轴。

纸本，设色，77.8厘米×53.8厘米。上海博物馆藏，沪1-3863。

又作《杂画》十六开册页。

纸本，设色。故宫博物院藏，京1-5586。

又作《仿巨然山水》轴。

纸本，墨笔，103.6厘米×41.5厘米。重庆博物馆藏，渝1-292。

清乾隆十六年　辛未（1751）

方士庶，卒。

《黄山画人录》记云：方士庶“清康熙三十一年生，乾隆十二年卒，年六十。”

清乾隆十七年　壬申（1752）

汪后来，卒。是年，作《仿米南宫笔法》。

朱万章《汪后来疑年考》。

乾隆十八年　癸酉（1753）

汪士通，中举（一作进士）。

按：汪士通，字宇亨，号东湖，安徽黟县人。私谥“文洁先生”。清乾隆六年（1741）拔贡，乾隆十八年（1753）举人，官萧山知县。平生工诗文，书精真、草、篆、隶各体，善铁笔。山水风韵秀逸苍老，直入“董巨”之室。著有《公余集》《书经讲义》《陶诗宗派》《东湖诗文集》《延青阁词选》等书传世。安徽博物院藏其《日斜云林图》轴，纸本，墨笔，62.5厘米×39.5厘米。题款：“云林染就秋山色，白石溪湾隐石亭。静对不知斜日下，凉飔飒飒满空庭。荒山白石带古木，个中仍置子云亭。砚坳疑有烟云贮，时见青青落户庭。右二诗及紫芝山人、大痴道人所题云林画作也。用诗意仿倪笔，东湖。”题下加钤“士通之印”四字朱文方印一枚。左上方另行楷书又题：“秋雨积林，蓬蒿抽屋，隔帘新碧油然，生意可观也。雏雀学鸣，庭无客至，迂翁画思，宜在此时。汪士通。”题下加钤“东湖”二字朱文葫芦印一枚。

清乾隆二十年　乙亥（1755）

吴鼒，生。

按：吴鼒，字山尊，又字及之。号抑庵，又号南

汪后来　仿米南宫笔法　/　1752年　藏地不详

汪士通　日斜云林图　/　年代不详　安徽博物院藏

禺山樵、郡玉山樵、达园锄菜叟、夕葵书屋。安徽全椒人。7岁能文，23岁游焦山作《听潮歌》，丹徒王文治惊其才。嘉庆四年（1799）进士，散馆编修，官至侍讲学士。擅山水、花卉，兼工人物。其设色荷花及水墨牡丹，近陈白阳。为有清一代大收藏家、鉴赏家。好藏宋元古籍名本，并亲勘影抄。其学淹贯群籍，而不以考据擅长，独于六朝骈体，渊宏幽峭。诗仿晚唐，宗“韩孟皮陆”，善吟五古。有《吴学士集》《百萼红词》传世。精书法，得“虞褚”俊逸之气。一片光明，雅可赏玩。刻有《韩非子》《晏子春秋》《玉海》《选清代六家文》等传世。

吴之骥，作没骨《菊石》扇面。

安徽博物院藏。

汪恭，作《行书临米帖》卷。

纸本。辽宁省博物馆藏，辽1-611。

清乾隆二十一年　丙子（1756）

汪梅鼎，生。

按：汪梅鼎，字映雪，一作映琴，号畹云、擀云，又号蓼塘，安徽休宁人。乾隆癸丑五十八年（1793）进士，嘉庆十七年（1812）由礼部郎中考选浙江道御史。晚因爱子死，伤悼成疾，六十岁卒于官。为人恬淡真率，好饮酒，善鼓琴，诗、书、画无一不工，书法兼学苏轼、米芾。山水画独开生面，高简得宋、元人神髓；亦工兰石及花卉，尝为林远峰写《双树图》，老干交缠，离奇天娇，笔意纵逸。其笔法皆臻绝妙，出笔之雅，似不食人间烟火者，咸谓之南田后身。

乾隆二十六年　辛巳（1761）

汪恭，作《芭蕉梅禽图》轴。

绢本，设色。安徽中国徽州文化博物馆藏，皖3-14。

乾隆三十一年　丙戌（1766）

吴廌，作《山水》十开册页。

纸本，设色。故宫博物院藏，京1-5591。

又作《山水》十二开册页。

纸本，设色。故宫博物院藏，京1-5592。

清乾隆三十四年　乙丑（1769）

吴廌，作《山水》十二开册页。

纸本，设色，每开尺寸为27.5厘米×33.8厘米。故宫博物院藏，京1–5593。

又作《山水》十开册页。

纸本，设色，每开尺寸为32.4厘米×17.8厘米。故宫博物院藏，京1–5594。

又作《山水》八开册页。

纸本，设色，每开尺寸为24.2厘米×17.6厘米。故宫博物院藏，京1–5595。

清乾隆三十六年　辛卯（1771）

吴麐，作《山水》十二开册页。

纸本，设色，尺寸不等。故宫博物院藏，京1–5596。

清乾隆三十七年　壬辰（1772）

是年春，吴麐作《秋山行旅图》。

纸本，设色，安徽博物院藏。题款："秋山行旅图。壬辰小春，八十有二老人粟原画。"题下加钤"尧圃"二字白文方印一枚，图左下角压钤"翰墨轩芝道人供养"八字朱文方印一枚。

吴麐，卒。

清乾隆三十九年　甲午（1774）

冯照，生。

按：冯照，字菽塘、临川、华屏山樵。安徽歙县人。与诗人画家相契，曾携孙笠人、胡雪湄同游黄山。平生擅画，好摹古人真迹。山水师倪云林，笔墨简淡而深具功力。曾为胡雪湄作《黄山图》，又为汤伯作《丛桂读书图》。胡雪湄赠其诗云："吾郡画家昔有派，笔墨简淡师倪迂。流传既久习气重，韵致渐失存形模。秃树茅亭间以石，开帧一览了无余。歙浦冯君今作者，驱烟染翰格特殊。小李金碧眼花炫，大米游戏云叶粗。拂拭绢素高一丈，扫出雁宕衡匡庐。国初以上元明下，每遇真迹精临摹。去年腊屐遍黄海，为我拟作龙峰图。持归展挂草堂壁，烦热一洗神蘧蘧。"甚为推许。

吴荦，生。

按：吴荦，号伯飏，安徽桐城人。诸生，淡于功名，专研书画，工山水、花鸟。

清乾隆四十一年　丙申（1776）

汪承霈，作行书《临董其昌〈月仪帖〉》卷。

原北京市工艺品进出口公司藏。

清乾隆四十三年　戊戌（1778）

吴鼒，游焦山，作《听潮歌》。

清乾隆四十六年　辛丑（1781）

李流芳，《檀园集》被钦定列入《四库全书》，《集部》，《别集类》。

清乾隆五十三年　戊申（1788）

汪恭，作《携琴归去图》轴。

绢本，设色。南京博物院藏，苏24-1118。

清乾隆五十五年　庚戌（1790）

汪恭，作《山水》六开册页。

纸本，设色。南京博物院藏，苏24-1119。

清乾隆五十六年　辛亥（1791）

冬，汪恭，作《拟梅花道人山水》于读画斋。

题款："辛亥冬夜，拟梅花道人笔意于读画斋。竹坪。"西泠印社2005年首届大型拍卖会拍品。

清乾隆五十八年　癸丑（1793）

十一月，汪梅鼎，作《山水》卷。

安徽博物院藏。题款："古人张灯不观画，予乃作画于灯下，不亦悖哉然，幢幢之影摇动，纸上恍惚，云光林翠，为导毫端，此区区善学香光处，莳香然否。癸丑十一月，浣云汪梅鼎。"

是年，汪梅鼎，中进士。

清嘉庆元年　丙辰（1796）

程庭鹭，生。

按：程庭鹭，初名振鹭，字缊真，又字问初，号绿卿，后改名庭鹭，字序伯，号蘅乡。绘画得钱杜指授，又上追李流芳、程嘉燧，笔墨沉厚苍茫，意境萧疏。能诗词，擅长骈体文。篆刻以丁敬、黄易为法，上溯秦汉。他以艺文之名盛播于江浙。

程堂　云山亭榭图　/　1797年　安徽博物院藏

清嘉庆二年　丁巳（1797）

秋，程堂，作《云山亭榭图》扇面。

纸本，墨笔，17.3厘米×51厘米。安徽博物院藏。题款：“丁巳秋，作于书粟轩，轩以茂林二奇雅品。雨湖程堂。”题下加钤“雨湖氏”三字朱文方印一枚。

按：程堂，清代乾嘉间人士，具体生卒年均未详。字两湖，又字雨湖，号慵庵。安徽休宁人，占籍钱塘。平生工画山水，初法沈周，继参“元四家”笔法。风格苍秀入神。安徽博物院又藏其无年款册页《霜林横琴图》，纸本，墨笔，每开尺寸为28厘米×21.5厘米。其中一开题款：“松风谡谡，流水泠泠。鸣瑟一曲，天外峰清。木落霜气清，秋山净如洗。天空万籁舞，地边孤云起。源径湛寒绿，对此清心耳。呼童扫苍苔，抚琴写流水。雨鸿堂。”题下加钤“臣堂”二字朱文方印一枚。

清嘉庆五年　庚申（1800）

十月二日，汪梅鼎，在夜漏下三十刻作《濯足万里流图》。

题款：“曩读理堂九兄之诗，即慕其人，今来邗上幸得相见。属为作《濯足万里流图》，余时方匆促治装之吴中，拥烛点染，草草竣事，然非有意简略也。此种图意能于笔墨简得一分，则眼界空阔一分，试质之九兄以为然否？时庚申十月二日夜漏下三十刻，浣云鼎并识于景贤楼之西偏。”

奚冈　云崖息艇图　/　1800年　新安画馆藏

秋日，奚冈，作《云崖息艇图》。

新安画馆藏。题款：”云崖息艇。庚申秋日，蒙泉奚冈。”

清嘉庆六年　辛酉（1801）

三月，汪梅鼎，作《山水》卷。

纸本，墨笔，20.7厘米×115.7厘米。浙江省博物馆藏，浙1-668。

清嘉庆七年　壬戌（1802）

初秋，汪梅鼎，作《仿古八册》。

题款：“壬戌初秋，仿古八册，为菊山仁兄大人正，弟汪梅鼎。”

清嘉庆八年　癸亥（1803）

汪梅鼎，重题自作的《山水》十二开册页。

每开尺寸为28厘米×13.3厘米。题款：“予绘事稍稍增长，实始于乾隆甲辰，装潢欲以存留，则始于此册也。越今廿年，画笔虽略进，然酬应奔走之烦，视当日焚香扃户，立意上追古人，其英锐之气，消灭过半矣，思之惘然。嘉庆癸亥九月廿又八日，自识于浣云之庐。”

清嘉庆九年　甲子（1804）

汪廷儒，生。

按：汪廷儒，字醇卿，又字莼青，江苏仪征人。道光十五年（1835）中副榜贡生；道光二十年（1840）中举；道光二十四年（1844）中甲辰科二甲第九名，改庶吉士，后任翰林院编修；道光二十六年（1846），任江西副主考。汪廷儒以学行优异而跻身扬州名儒之列。同治《续纂扬州府志》卷九《人物》有他的传记，表彰他友爱笃行、注重乡邦教化的事迹。著有《延月轩古文钞》《知莱根味轩诗集》。咸丰二年（1852），汪廷儒英年早逝，年仅四十九岁。工书，善山水，极得董其昌用笔用墨之妙，皴减而有法，墨晕骀宕，一种书卷之气，流露行间。

仲冬既望，洪范，作《山水》九开册页。

题款："甲子仲冬既望，夜雪初霁，晴窗展阅所藏各家画册，偶一临之，殊未能惬意也。石农洪范。"

是年，冯照，作《山水图》。

安徽博物院藏。姚翁望编《安徽历代画家汇编》。

汪恭，作《临唐寅〈秋风纨扇图〉》轴。

绢本，设色，90.5厘米×37.7厘米。上海博物馆藏，沪1-4278。

清嘉庆十一年　丙寅（1806）

初冬，汪梅鼎，为法式善录《诗稿手迹》十二开册页。

题款："丙寅初冬，录拙句请梧门先生大人教正，新安汪梅鼎呈稿。"上款梧门先生，即法式善。

按：法式善（1753—1813），蒙古族人，清文学家、藏书家。法式善通古籍，悉心研求文献，博览群书。生平著述有《清秘述闻》《槐厅载笔》《陶庐杂录》等。乾隆四十五年（1780）进士，授检讨，官至侍读。乾隆帝盛赞其才，赐名"法式善"，满语"奋勉有为"之意。法式善曾参与编纂武英殿分校《四库全书》，是我国唯一参加编纂《四库全书》的蒙古族作者。

洪范，临《右军帖》。

首都图书馆藏。

清嘉庆十二年　丁卯（1807）

春日，汪智，作《危栈临溪图》轴。

绢本，设色，57.6厘米×39.6厘米。安徽博物院藏。题款："丁卯春日写，适庵汪智。"题下加钤"汪智之印"四字白文方印、"虚白生氏"四字白文方印各一枚。

汪智　危栈临溪图　/　1807年　安徽博物院藏

按：汪智，清季人士，具体生卒年均未详。字睿生，号适庵、虚白生。安徽歙县人。主要活动于清嘉庆至光绪年间。山水秀润，笔墨健爽，自成一家。画人物亦佳。兼善雕刻桃花石山子，能于其上作楼阁林木、人物花鸟。精巧独创，人均宝之。

洪范，出任山东曹州知府。

清嘉庆十三年　戊辰（1808）

四月，汪梅鼎，再次题跋庚申年作的《山水》卷。

题款："踢倒银河泻地流，天风吹老苇花秋。九年各换青青鬓，让与平山绿不休。衫笠飘然物外身，闲清一往渺无津。软红队里车如水，谁是沧浪濯足人。作此画已越九年，喜晤理堂，为之重题，时戊辰四月，浣云汪梅鼎。"

七月望后二日，汪梅鼎，作《春梦绮霞图》轴。

纸本，设色，61.6厘米×29.5厘米。安徽博物院藏。题款："春梦绮霞图，资舫四兄索画。是图不解其旨趣也，以意造境，随兴赋诗云尔。其诗曰：绿树红阑悬冶时，漫天霞彩正纷披。秾华莫问痴人说，拈得元晖一句诗。戊辰七月望后二日。瀚云汪梅鼎。"题下加钤"臣梅"二字朱文方印一枚。

嘉平月，汪梅鼎，为香东宗伯大人作《狮林图》。

题款："狮林图未得见真迹，昨观耕烟散人临本，古澹中更饶苍郁，模此一角，却参入香光、檀园笔趣。戊辰嘉平月谨呈，香东宗伯大人诲正，汪梅鼎。"

清嘉庆十四年　己巳（1809）

初伏，汪恭，作《古木幽篁》扇面。

题款："柯丹丘《古木幽篁》，毗陵恽寿平墨戏。己巳初伏从真迹临，请翰西先生鉴正。竹坪弟汪恭。"西泠印社2005年首届大型拍卖会拍品。

汪霱，作《青山绿水图》。

纸本，墨笔，205厘米×96厘米。安徽博物院藏。题款："高山长青青，流泉流不息。高山与绿水，绵绵永无极。予性爱山水，予弟同此癖。少小偕嬉游，白头犹钓弋。今年且月朔，余弟寿七十。人寿弟以言，予寿弟以笔。为写山水情，领取智仁益。尺幅万里遥，烟云荡几席。何用劳吾生，杖履恣游历。己巳仲夏，七二老兄霱为季弟画并题。"题左侧加钤"灵石主人"四字白文竖长方印、"汪霱"二字白文方印、"涤涯氏"三字白文方印共三枚。

汪梅鼎　春梦绮霞图　/　1808年　安徽博物院藏

汪鑨　青山绿水图　/　1809年　安徽博物院藏

清嘉庆十五年　庚午（1810）

郑珊，生。

按：郑珊，字雪湖，安徽怀宁人。工山水，笔力坚凝，笔意苍厚。晚客扬州，黄宾虹拜其为师，从学山水。

汪梅鼎，作《扬帆远游图》。

纸本，墨笔。上海博物馆藏，沪1－4354。

清嘉庆十六年　辛未（1811）

吴云，生。

按：吴云，字少甫，号平斋。安徽歙县人，一作归安（今浙江湖州）人。举人，官苏州知府。好古精鉴，偶写山水、花鸟，随意点染，脱尽恒蹊。安徽博物院藏其《仿倪山水图》轴，纸本，设色，108.4厘米×29.5厘米。

吴鼒，作《万壑幽居图》扇面。

纸本，设色，17.6厘米×53.5厘米。安徽博物院藏。题款："辛未夏至写请兰玉三兄正，抑庵吴鼒。"题左加钤"吴鼒之印"四字朱文方印一枚。题前右上角引钤"及之"二字白文竖椭圆印一枚。

清嘉庆十七年　壬申（1812）

汪梅鼎，由礼部郎中考选浙江道御史。作《行书杜诗》轴。

吴鼒 万壑幽居图　/　1811年　安徽博物院藏

纸本，尺寸不详。故宫博物院藏，京1-6140。

清嘉庆十八年　癸酉（1813）

汪恭，作《韵秋像》轴。

纸本，设色。故宫博物院藏，京1-6155。

清嘉庆十九年　甲戌（1814）

十二月，汪梅鼎作《香雪海丙舍读书图》。

题款：“香雪海丙舍读书图，甲戌嘉平月，为谢山先生制，年愚弟汪梅鼎。”该手卷被当时石韫玉、陈希祖、吴廷深、顾莼等很多名人题跋递藏，并多次入选《续修四库全书》。西泠印社2011年春拍成交价207万元。

清嘉庆二十年　乙亥年（1815）

汪梅鼎，卒。

清嘉庆二十一年　丙子（1816）

春日，冯照，作《湖山竞帆图》扇面。

纸本，设色，16.2厘米×50.3厘米。安徽博物院藏。题款：“丙子春日画于万松山馆，请文

冯照　湖山竞帆图　/　1816年　安徽博物院藏

水六兄大人雅教。莪塘弟照。”题左加钤“冯”一字白文方印、“照”一字白文方印各一枚。图左侧钤“万好藏扇”四字朱文方印一枚。

清嘉庆二十二年　丁丑（1817）

冯照，作《蓝田笔意图》扇面。

纸本，墨笔。新安画馆藏。

清嘉庆二十五年　庚辰（1820）

五月下浣，洪范，为衍庭三兄作《风竹图》。

题款：“篔筜仙若白云堆，飒飒风声拂座来。写向东韩最清绝，居然人在小蓬莱。庚辰五月下浣，为衍庭三兄大人清鉴，石农洪范。”钤印为“洪范”二字朱文印、“石农之印”四字白文印、“清时有味是无味”七字白文印。

清道光元年　辛巳（1821）

汪霭，卒。

吴鼒，卒。

安徽博物院藏其无年款作品《烟江叠嶂图》卷，纸本，墨笔，32.5厘米×163.3厘米。题款：“马头看叠峰，鸟道绕三盘。岚气千峰紫，松风六月寒。飞泉鸣石隙，峻塔涌云端。御辇经巡处，楼台壮大观。抑庵吴鼒。”题后左侧加钤“吴”一字朱文方印、“鼒”一字朱文方印各一枚。卷末

冯照　蓝田笔意图　/　约1817年　新安画馆藏

图左下角压钤“十载攻书，半生辛苦”八字白文方印一枚。卷首图右下角压钤“冶春主人”四字白文方印、“子鸿珍玩”四字朱文方印、“术木审定”四字朱文方印、“二桃村庄”四字白文方印各一枚。

清道光三年　癸亥（1823）

虚谷，生。

按：虚谷，俗姓朱，名虚白，字怀仁，号紫阳山民，别号倦鹤，室号觉非庵。籍本安徽歙县，居江苏扬州。青年时曾以清军参将一职与太平天国起义军作战，后意有所触，遂弃官为僧，披缁入山。不礼佛号，唯以书画自娱。工山水、花鸟、蔬果、禽鸟、写真。风格冷逸，别具一格；偶作古器物，尤擅以破笔作松鼠，擅画山水，草草写意，生动超逸，书法亦妙，奇古绝俗。同时如任伯年、胡公寿均为之心折，时颇推意为“海派”名家。往来于苏州、扬州、上海一带卖画糊口。光绪丙申（1896），坐化于城西关庙。其徒狮林寺方丈恬庵自苏州来，扶柩回葬于光福镇铜观音寺之石壁。生平诗不多作，辄有奇句，仁和高聋公编次其著《虚谷和尚诗录》一卷行世。

清道光四年　甲子（1824）

初夏，汪梅鼎，作《仿米云山图》扇面。

纸本，墨笔，16.7厘米×52.4厘米。安徽博物院藏。题款：“甲子初夏，偶仿米氏烟云一角，为讱斋二兄先生品之。澥云汪梅鼎。”题下加钤“翰云”二字朱文方印一枚，图左下角压钤“黄宾虹”三字双边白文方印一枚。

汪梅鼎　仿米云山图　/　1824年　安徽博物院藏

清道光九年　己丑（1829）

冯照，作《松萱云日图》。

安徽博物院藏。姚翁望编《安徽历代画家汇编》。

清道光十二年　壬辰（1832）

江蓉，生。

按：江蓉，字莲峰，号倦云，晚号倦翁、剑华庵主等。生于清道光十二年（1832），卒于清光绪三十二年（1906），终年七十五岁，安徽歙县人。擅长山水、人物、翎毛、花卉，尤工仕女。曾于扬州客居，精品颇多，与扬州画派的王素齐名。

江蓉的生卒年，历来说法不一。歙人汪世清先生认为其生于清道光十二年壬辰（1832），卒于光绪三十一年乙巳（1905），年七十三岁。《黄山画人录》谓其生于清道光十三年（1833），卒于光绪三十一年（1905），年七十二岁。又云安徽博物院藏画有光绪丙午年款（1906），年七十四岁。

清道光十五年　乙未（1835）

汪廷儒，中副榜贡生。辑乡先辈古文二十九卷。

清道光十七年　丁酉（1837）

程庭鹭，作《山水》十二开册页。

纸本，墨笔，每开尺寸为21.4厘米×31.厘米。辽宁省博物馆藏，辽1–698。

清道光十八年　戊戌（1838）

汪滋，生。

按：汪滋，字启滋，号浣香、灞桥、畴梅道人等，斋名无声诗屋，安徽休宁人。平生工画山水，笔墨简健，其韵大类同里汪之瑞之风范而润泽有加。又工诗书。每画必系以诗，才气横溢，性情与元代倪云林相伯仲。安徽博物院藏其《山水》册页两帧，纸本，墨笔，每开尺寸为23.2厘米×15.8厘米。

清道光二十年　庚子（1840）

黄熙，作《松溪气凝图》。

绢本，墨笔，154.6厘米×96.5厘米。安徽博物院藏。题款："松柏冠群木，灵芝秀百草。瑞气山川凝，奇龄人不老。道光庚子之冬画，祝松岩襟大先生八旬寿诞。愚弟黄熙。"题下加钤"黄熙之印"四字朱文竖长方印、"黄真民印"四字朱文方印各一枚。

按：黄熙，具体生卒年均未详。主要活动于清道光年间。字真民，安徽歙县人。家世多蓄名画，多临古迹。画山水学丁云鹏，笔墨精到。尤善画马，松石俱佳。

汪廷儒，中举。作《北湖万柳堂图》。

题款："望湖草堂图。十顷湖光碧，诗人寄于此。柳树烟霭里，吟光意何如。望三大兄大人属画并题即乞两正，醇卿弟汪廷儒。"焦循题引首："北湖万柳堂图，里堂焦循。"后有阮元手书的《扬州北湖万柳堂记》，跋云："道光二十年夏，颐性老人阮元书，时年七十七。"后有吴熙载、郭夔的题跋。上海嘉禾2012年秋拍拍品。

清道光二十一年　辛丑（1841）

吴苹，作《松林庙廊图》。

吴苹　松林庙廊图　/　1841年　安徽博物院藏

纸本，墨笔。安徽博物院藏。

清道光二十三年　癸卯（1843）

汪梅鼎，作《山水小景》八开册页。

纸本，墨笔。中国国家博物馆藏，京2-70。

清道光二十四年　甲辰（1844）

二月，汪廷儒题巨然的《溪山楼阁图》。

题签："宋巨然禅师《溪山楼阁图》。甲辰春二月，醇卿汪廷儒题签。"

十月既望，汪廷儒，题恽寿平的《山水图》。

题款："道光甲辰冬十月既望，醇卿汪廷儒拜观并记。"

是年，汪廷儒，中进士。

清道光二十五年　乙巳（1845）

八月，吴荦，作《江上归舟图》卷。

绫本，设色，41厘米×218厘米。题款："道光乙巳秋八月朔日，牧皋吴荦写于许昌茶半香初之馆，时年七十又三。"新安画馆藏。

程庭鹭，作《山水》十二开册页。

纸本，设色。旅顺博物馆藏，辽5-182。

吴荦　江上归舟图　/　1845年　新安画馆藏

清道光二十六年 丙午（1846）

汪廷儒，任江西副主考。

清道光二十七年 丁未（1847）

汪廷儒，题刘墉的《三字经书册》。

题款：“刘文清公相业卓见，八法其余技，在国朝为一大家。此本圆整秀润，灿若列珠，棣园世叔精于鉴赏，取以上石，洵可宝也。丁未冬日，汪廷儒敬观。”

清道光二十九年 己酉（1849）

黄士陵，生。

按：黄士陵，安徽黟县人，字牧甫，亦作穆甫、穆父。晚年别署黟山人、倦叟、倦游窠主。晚清时期篆刻家，也是近代博古花卉的开创者。

秋，汪廷儒，作《高山飞瀑图》。

纸本，设色。西安市文物局藏。题款：“己酉秋日仿梅道人，应小江仁兄大人属即正，弟汪廷儒。”下钤“莼青书画”印。

清道光三十年 庚戌（1850）

程庭鹭，与沈焯、张熊等合作《菊花合璧》卷。

纸本，设色。常熟市文物管理委员会藏，苏4-127。

清咸丰二年　壬子（1852）

吴秋鹿，生。

按：吴秋鹿，名瑛，字秋鹿，安徽歙县人。清末知名画家、书法家，同盟会会员，上海《申报》美术编辑。擅绘花卉、花鸟等。其作品笔墨爽尽，不拘古人，敢于创新，独具风格。惜诸多"画典""艺论"，不为册入，实人为失允。

汪廷儒，卒，年仅四十九岁。

清咸丰三年　癸丑（1853）

吴淑娟，生。

按：吴淑娟，号杏芬女史，清末著名女画家，安徽歙县人。父吴鸿勋，曾国藩幕僚，工于书画。夫唐光照曾任江宁知府。近代余天遂先生在《天心簃评画》一文中评道：吴女士"无乎不能，无施不可，天地间形形色色，触于目而会于心，皆足以为画稿矣。其笔仗之坚劲，气魄之雄厚，尤非寻常画家所能及"。

四月，陈庶，作《仿米云山图》扇面。

纸本，设色，16.5厘米×50.1厘米。安徽博物院藏。题款："山中宰相有仙骨，坐爱岩头生白云。石谷临学尚书本。癸丑四月仿，为三兄大人正，黄山弟庶。"题左侧加钤"陈庶"二字白文双边方印一枚。

按：陈庶，具体生卒年均未详，主要活动于清朝同治、光绪年间。后名昔凡、树庶（一作恕庶），号石门湖客、石耕老人，室名四石师斋，安徽怀宁人。陈独秀叔父，平生工于书画，初法石谷山水，晚年喜作粗笔人物，形颇苍健。

是年，黄钰，中进士。

按：黄钰（1847—1881），字孝侯、稚渔。安徽休宁人。清咸丰三年（1853）进士，散馆授编修，官至右侍郎。工篆、楷、行书及山水。

清咸丰七年　丁巳（1857）

初秋，黄钰，作《丹邱柯篁图》。

磁青纸本，金笔，27.5厘米×43厘米。安徽博物院藏。题款："模柯丹邱，古木幽篁。略得古人娟秀意境，而苍劲全未也。即呈瘦梅仁兄世大人法鉴。时在咸丰丁巳初秋，弟黄钰作于宣武城南。"题下加钤"黄钰"二字白文方印、"孝侯"二字朱文方印各一枚。图左下角压钤"溧阳黄氏子良审藏印"九字白文方印一枚。

黄钰　丹邱柯篁图　/　1857年　安徽博物院藏

是年，程庭鹭、范玑，合作《乐宝堂图》卷。

纸本，设色。苏州博物馆藏，苏3-125。

清咸丰十年　庚申（1860）

徐丹甫，生。

按：徐丹甫，字端甫，安徽歙县柘林人。十四岁时，遵父命以“融雪”为题作诗，诗中有“依旧青山未白头”句，深得嘉许。书法秀丽，晚年于《郑文公碑》用力最勤。喜集魏碑字作诗赋，古雅有味。康有为评论说：“置于六朝人诗集中，亦不能辨别，况是出于集字。”晚年参与修纂民国《歙县志》。

清同治四年　乙丑（1865）

黄宾虹，生。

按：黄宾虹，原名懋质，因生于正月初一，又取名元吉，又因讳十世祖元吉名，改名质，字朴存。用别号甚多，以宾虹为最。祖籍安徽歙县西乡潭渡村，出生地为浙江金华铁岭头。

清同治五年　丙寅（1866）

黄宾虹，在浙江金华。

清同治六年　丁卯（1867）

汪鞠友，生。

按：汪鞠友，字鞠卣、鞠友，号旧游，安徽歙县人，江南大儒汪宗沂次子。清光绪二十年（1894）举人。擅长诗词书画。诗词幽婉，别具风格，所绘山水、花卉亦有逸致，是著名画家汪采白的启蒙老师。精通鉴别古书。著有《萍蓬庵诗》六卷，《壶中词》《薄寒词》《曷归词》《劫尘词》《荒经词》五种。废科举后，汪鞠友在南京曾接受西方科学教育，后任教南京两江师范学堂和上江公学。清末积极参加反清活动，加入同盟会，弃教从戎，成为清末新军之一员，并谋划军中起义。民国初年，任参议院参议员。后因军阀横行，国事日非，遂愤而离京南归，后隐居贵池乌渡湖畔，垂钓闲居，潜心诗词与书画。

清同治八年　己巳（1869）

程璋，生。

按：程璋，原名德璋，号瑶笙，原籍安徽，后移居江苏泰兴。曾任教江苏省立第二中学。叶圣陶、顾颉刚、吴湖帆、郑逸梅等人都曾亲受其教泽。后来束装北上，到清华大学任教。晚年南返，寓居上海，鬻画自给，在此期间结识了许多朋友，如冯梦华、陆廉夫、黄宾虹、赵叔孺、贺天健等，直至去世。有胡适题签的《程瑶笙先生遗作精品集》行世。

黄宾虹，六岁从邵赋清学。

“前聘汤溪邵赋清师，年六十余，为童子师。家塾藏有《字汇》等，稍稍能检阅，粗知字有形声谊，能好问。”

临摹家藏的沈廷瑞（樗崖）山水册，极得老师亲友的赞许。

王伯敏著《黄宾虹》。

清同治十年　辛未（1871）

黄宾虹，八岁，族侄崇惺授庶吉士，官闽中，绕道来金华八咏楼。宾虹与之答对如流，崇惺大喜。

清同治十一年　壬申（1872）

黄宾虹，在金华，从歙县经师程建行学“四书五经”。

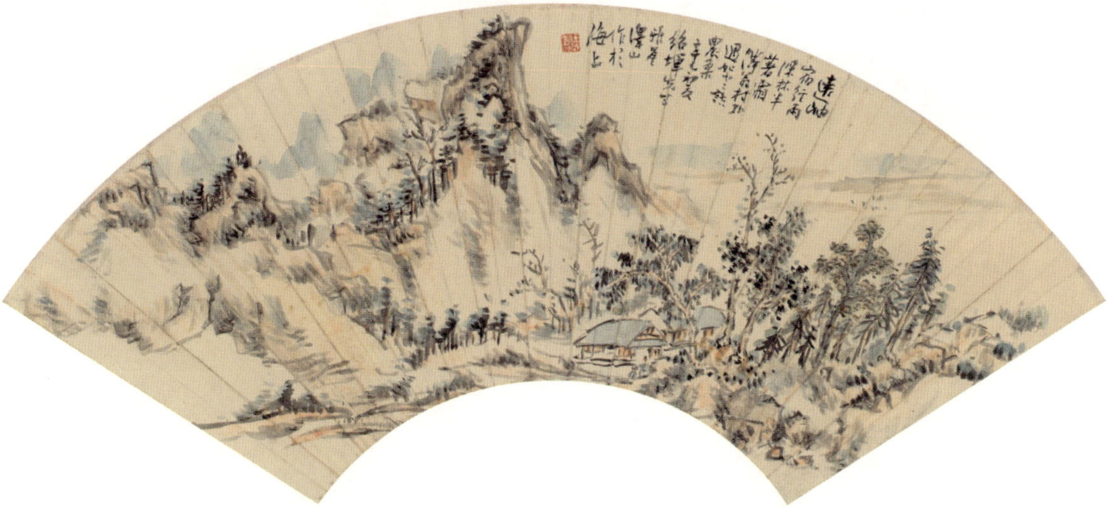

胡位咸　远岫宿雨图　/　年代不详　新安画馆藏

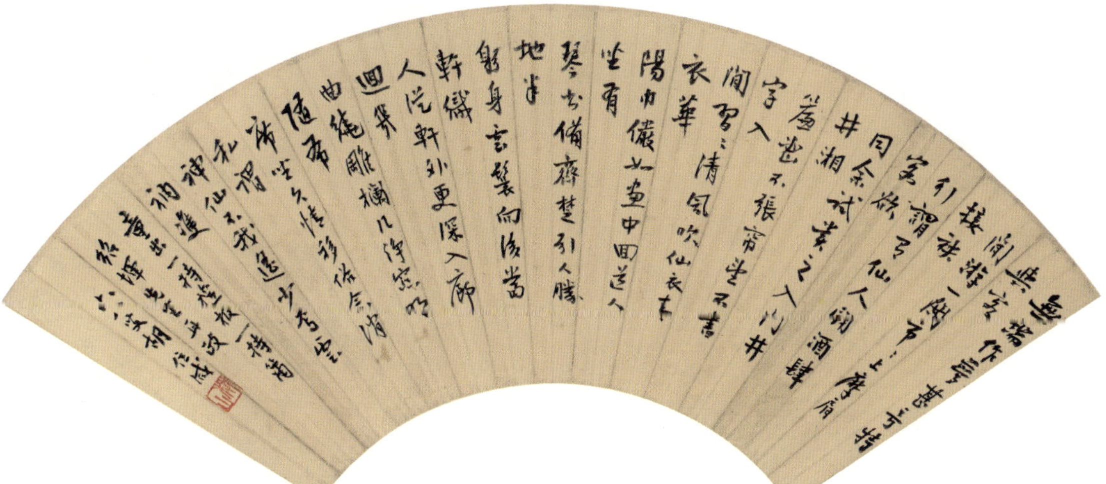

胡位咸　书法　/　年代不详　新安画馆藏

“次子小太史来浙至金华，馆余家塾，为荐歙文学程建行师，为余兄弟授四子书及五经，凡五年。”黄宾虹《自撰年谱稿片断》。

清同治十二年　癸酉（1873）

胡位咸，生。

按：胡位咸，字泽山，号黄山懒禅，安徽绩溪人，寓沪上。晚清进士。精鉴赏，富收藏，工书画，山水粗笔雄健，有新安画派遗风。

黄宾虹，随父游览杭州，见王蒙山水画幅，印象很深，细心临摹。

清同治十三年　甲戌（1874）

许承尧，生。

按：许承尧，单名芚，字芚公、际唐，别号疑庵，室名眠琴别圃、晋魏隋唐四十卷写经楼等。安徽歙县人。近代著名诗人、方志学家、书法家、文物鉴赏家，对新安画派的研究致力尤多。

黄宾虹，开始学篆刻。

第四部分
重振时期画家艺术活动（1875—1949）

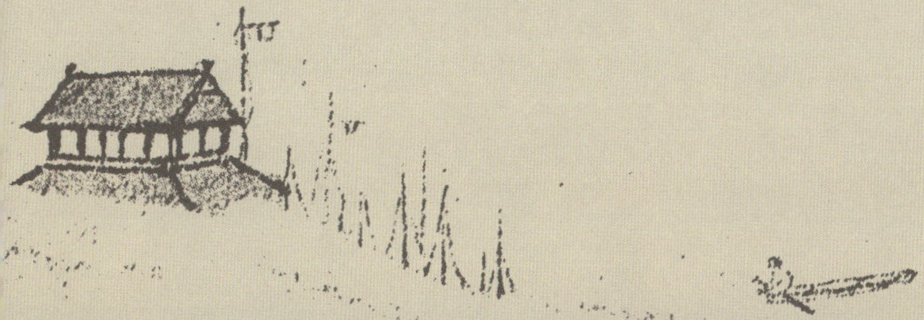

清光绪元年　乙亥（1875）

黄宾虹，“五经毕业，习为诗”。

黄宾虹《自撰年谱稿片断》。

清光绪二年　丙子（1876）

夏，王圻，作《梅花高士图》团扇。

金笺，设色。新安画馆藏。题款：“梅花高士图。丙子夏日，仿六如意奉星渚仁丈大人雅属，即请指政。孟蛟王圻。”

按：王圻，字郇雨，号孟蛟，又号西溪，安徽歙县人，寄居浙江湖州。嘉道时贡生。耽吟

王圻　梅花高士图　/　1876年　新安画馆藏

郑珊　仿宋人笔意　/　1877年　新安画馆藏

咏，精篆隶，擅画兰竹，晚年益工。

黄宾虹，自金华返歙应童子试，考中并名列前茅。

清光绪三年　丁丑（1877）

汪琨，生。

按：汪琨，字仲山，古皖婺源（今江西婺源）人。居上海，为近代海派重要画家之一。自幼善弄笔墨，每见古今名人真迹，辄刻意摹仿，款识图章亦勾出，积二十余年。

黄宾虹，再赴歙县应院试（府试），和汪吉修（汪采白父亲）名列高等。

郑珊，作《仿宋人笔意》团扇。

金笺，设色。新安画馆藏。题款："仿宋人笔，奉坞樵大宗师大人诲正，古皖七十七叟，郑珊。"

清光绪四年　戊寅（1878）

黄宾虹，由歙返金华。

清光绪五年　己卯（1879）

黄宾虹，考取金华丽正、长山两书院值课，用奖学金自购文具，习画益勤。

清光绪七年　辛巳（1881）

朱渊，生。

按：朱渊，字寤生，号少岳，安徽休宁人。上海新华艺专教授，中华人民共和国成立后，任职于上海文史馆。

暮春，江蓉，拟仇十洲法作《长生殿故事》四帧。

安徽博物院藏。题款："光绪辛巳暮春，拟仇十洲法，作《长生殿故事》四帧于邗江客次，莲峰弟江蓉。"

黄宾虹，遵父命从陈春帆师学画，陈授以画理至详。并随陈游义乌。

清光绪八年　壬午（1882）

黄宾虹，春随舅氏方良莱游永康五峰书院等名胜，对景写生。旋返金华，又游览金华诸胜，作有纪游画。

清光绪九年　癸未（1883）

黄宾虹二十岁，春由金华返歙，求观世家旧藏书画，又观汪讯龠藏印，虽跋涉远道，不惮劳瘁。

清光绪十年　甲申（1884）

张翰飞，生。

按：张翰飞，名鹏翎，别号黄山居士，安徽歙县定潭人。父张训臣为前清举人。自幼聪颖，酷爱书画，他刻苦研习，由新安画派上溯"元四家"，同时博学历代各家之长，更外师造化，不断创新，最终自成一体，在当时的民国画坛享有声誉。“七七事变”后，回乡定居，晚年作品多描绘家乡山川风物，笔法锤炼凝重，气势磅礴，风格沉雄浑厚，感情深沉真挚。

春，黄宾虹，由歙经安庆赴扬州，在汪公庙前瞻望新岭，回顾旧庐，感而作《过新岭图》。题诗：“百里行程两日余，敢辞负米路崎岖。白云不隔乡关迥，岭上征人望旧庐。”

是年，黄宾虹，由歙出新安江，经杭州、南京至扬州，游览大江南北山水，沿途写生。

清光绪十二年　丙戌（1886）

汪声远，生。

按：汪声远，名铎，字声远，别号北野山樵、浙江渔父，安徽歙县岑山渡人。毕业于上海美专西画科，曾任上海美专教授、国画系主任及新华艺专、无锡艺专、华东美专、南京艺专等学校教席。教学有理论有实践，边讲边画，深受学生欢迎。教导学生要吸收各家各派之长，结合自己特点，发挥自己优势，形成自己风格。工山水、人物，技法纯熟，与黄宾虹书来信往，互磋画艺。待人真挚，不图名利，不结交权贵。著有《历朝名人画法津梁》八册。

黄宾虹，由扬州回歙，应试获补廪贡生，改名质。

虚谷　山阴草堂图　/　1887年　安徽博物院藏

清光绪十三年 丁亥（1887）

汪采白，生。

按：汪采白，名孔祁，字采伯，号澹庵，别号洗桐居士。安徽歙县西溪人。汪采白传承新安画派正宗，被学界称为“新安画派殿军”。祖仲伊公讳宗沂，著作闳富，世称“弢庐先生”。父吉修公讳福熙，工书法，临池之兴，至老不衰。母章氏，泾县翰林章洪钧之女，亦娴文墨。仲父鞠友公讳律本，工诗词，兼精绘事，时称“旧游先生”。

正月八日，虚谷作《山阴草堂图》手卷。

纸本，水墨，26.6厘米×106.6厘米。安徽博物院藏。图上部行书自题：“山阴草堂图，时光绪十三年正月八日，虚谷写。”题后加钤“白庐”二字白文方印一枚，图右下角压钤“心目同卷”四字朱文方印一枚，题前右上角引钤“补柳翁”三字白文竖方印一枚。

黄宾虹，赴扬州，时郑珊、陈崇光均在扬州，从郑学山水，从陈学花鸟。并先后以廉价购得旧书画近三百件，多为明代名迹。

汪孜庐《黄宾虹先生年谱初稿》。

清光绪十四年　戊子（1888）

黄宾虹，再游金陵、扬州，秋后由扬州经杭州返回金华探望双亲。在杭州晤收藏家金明斋，金明斋将所携书画请价让一部分，忍痛割爱卖给黄宾虹。

汪改庐《黄宾虹先生年谱初稿》。

回金华后，适逢父在金华商业又遭亏累，其父结束所有业务。黄宾虹在金华协助清理账务。

清光绪十五年　己丑（1889）

黄宾虹，因父商业挫折，无意再起，仅留四弟黄赞在金华商店做学徒，全家迁回故乡歙县潭渡村。

清光绪十六年　庚寅（1890）

黄宾虹，在潭渡村，学画废寝忘食。

清光绪十七年　辛卯（1891）

秋，汪滋作《石谷子笔意图》。

纸本，设色，17厘米×51厘米。新安画馆藏。款署："辛卯新秋，拟石谷子笔于汉皋致一

汪滋　石谷子笔意图　/　1891年　新安画馆藏

斋，以应宝之仁兄大人雅属，灞桥，滋。”

黄宾虹，在潭渡村，问业于汪仲伊，并开始搜集古玺印。

汪采白，从黄宾虹受四子书。

清光绪十九年　癸巳（1893）

黄宾虹，在歙县，代为整理已故次孙太史留歙珍藏书画，凡有喜爱，皆细心临摹，积稿盈箧。

汪改庐《黄宾虹先生年谱初稿》。

清光绪二十年　甲午（1894）

六月，黄宾虹父病逝，享年六十有四，葬葛圹寺前猫山。黄宾虹自扬州返歙县，安排丧事。

汪改庐《黄宾虹先生年谱初稿》。

是年，汪鞠友，中举。

郑珊，作《仿元人笔法》扇面。

金笺，设色。新安画馆藏。题款：“仿元人笔法，子青仁兄大人正之，八十四叟郑珊写。”

郑珊　仿元人笔法　/　1894年　新安画馆藏

清光绪二十一年　乙未（1895）

黄宾虹，在歙县。清政府屈辱妥协，跟日本签订《马关条约》，割地赔款，丧权辱国。康有为联合梁启超等人及在北京会试的举人一千三百人，联名上书光绪皇帝，反对《马关条约》，主张变法。宾虹在居丧中得此消息，立即致函康、梁，表示赞同，认为“政事不图革新，国将有灭亡之祸”。

汪孜庐《黄宾虹先生年谱初稿》。

许承尧，中举人，拜著名学者汪宗沂为师。

清光绪二十二年　丙申（1896）

黄宾虹，居丧歙县，收辑家族旧闻。作画，款署“柏琴”。

汪孜庐《黄宾虹先生年谱初稿》。

虚谷，卒。

清光绪二十三年　丁酉（1897）

吴皖生，生。

按：吴皖生，安徽歙县南乡岔口村人，幼时受清代著名画家吴子嘉影响，擅长山水、竹石、兰菊，尤工墨竹。生前有“几生修道梅花”闲章，见得意之作，即钤此章。

黄宾虹，由歙赴安庆，就读于敬敷书院。冬，归歙。

汪鞠友，与乡人汪佐臣等设立教场，收徒练武，为反清储备力量。戊戌变法失败后，谭嗣同等六君子殉难，他被密告“维新派同谋者”。

汪声远，作越国公像，大逾五尺。后向乡儒徐丹书学诗，从姚叔平习山水。

清光绪二十四年　戊戌（1898）

黄宾虹，是年六月十一日，光绪帝下诏变法，实行新政，遭抵制。九月二十一日，慈禧太后等发动政变，软禁光绪，垂帘听政，捕杀谭嗣同等六君子，戊戌变法失败。霜降后，宾虹才听到谭嗣同殉难噩耗，放声大哭，作有挽诗一首，有句云：“千年蒿里颂，不愧道中人！”

清光绪二十五年　己亥（1899）

春，黄宾虹，被人定下“维新派同谋者”罪名，幸事先获悉，立即离歙，经杭州赴上海，并去河南开封。

冬，黄宾虹，返歙，过宣城响山时，写下一首慷慨激昂的《响山》诗："苛敛迫逋谷弃农，盗由民化困穷凶。却为当道豺狼迫，狮吼空山一震聋。"

汪鞠友，出走上海，冬，潜返故里。

清光绪二十六年　庚子（1900）

许士骐，生。

按：许士骐，安徽歙县人，早年毕业于上海美专，19世纪30年代留学法国巴黎美术学院。擅长花鸟和山水画，工写皆能，墨彩传神，取法徐渭、八大山人。历任南京中央大学艺术系、建筑系教授，南京师范学院美术系、教育系教授。生前为中国美术家协会会员，中国陶行知基金会顾问，新安画派研究会顾问，上海杨浦区政协副主席，九三学社上海市委顾问。作品多次参加比利时、英国、日本等国际艺术展览会。其国画《望岳》被成都杜甫草堂收藏；《黄山松峰》被庐山博物馆收藏；《黄山云海松涛图》被安徽博物院收藏。著有《人体解剖与造型美术之研究》《晚学斋吟草》《许士骐、贝聿玿书画集》《黄山纪游画集》《古生物造像》等。

三月初，黄宾虹，第一次游览黄山，著有《黄山前海纪游》一文。

清光绪二十九年　癸卯（1903）

黄宾虹，四十岁。由歙经南京转芜湖又返歙。

在南京，曾与汪鞠友访清凉山龚贤所建之扫叶楼，观赏龚贤所绘黄山山水巨幅十帧。因事去南通，未及临摹，怏怏而去。后重游扫叶楼，此画已不复见，引为生平憾事。

清光绪三十年　甲辰（1904）

春，黄宾虹，作《晴暮江声图》轴。

纸本，水墨，126厘米×47厘米。安徽博物院藏。图右上角草书自题七言诗一首："晴暮江声赴急流，塞垣云护楚天秋。海东回首波澜阔，惟见沙禽送客舟。江行舟中杂咏，古美先生博粲。"款题："宾虹，甲辰春日"。题下加钤"黄宾公"三字朱文方印、"宾虹"二字白文双边方印各一枚。

光复会在上海成立。黄宾虹在管理之余，乘农隙之际，即往芜湖等处与革命志士进行联系。往来歙芜间。

汪采白，随黄宾虹游歙南石耳山，黄作画多帧，适黄宾虹襄理安徽公学。

许承尧，中进士，授翰林院庶吉士。

清光绪三十一年　乙巳（1905）

鲍锡麟，生。

按：鲍锡麟，字君白，号二溪，安徽歙县岩寺人。1925年从黄宾虹学画，1929年以其山水作品参加国民政府教育部组织的中华民国第一届全国美展，1934年毕业于上海美专国画系。曾为黄宾虹领导的上海艺观会会员，亦为中华全国美术家协会的发起人之一。画宗新安，工山水，亦善花卉、人物，笔法浑穆，画风似渐江、查士标，安徽博物院藏有其山水轴，黄宾虹、汪采白等称誉其为新安画派后起之秀。

张君逸，生。

按：张君逸，安徽歙县人，毕业于清华大学和燕京大学，获双学士学位。幼受其父影响，即显露出绘画天赋，又得黄宾虹、汪采白等名家指导，善于吸收各家之长，创造出自己的风格。其作品构图新颖，挺拔俏丽，秀逸清幽，山水、花鸟俱佳。

汪勖予，生。

按：汪勖予，名克劭，汪采白长子。安徽歙县人，北京京华美专西画系毕业，工人物、山水、花鸟。民国三十五年（1946），黄宾虹评其画"至臻妙境"。先后担任山东省第一师范艺术科主任、安徽省立二中教师、杭州艺专教授等职。中华人民共和国成立后，任浙江美术学院教授。

许承尧，创办歙县第一所中学校——"新安中学堂"，于是年四月成立。

黄宾虹，出任新安中学堂国文教席。

清光绪三十二年　丙午（1906）

黄宾虹，与许际唐、陈巢南、陈鲁得、汪鞠友等组织成立"黄社"，以纪念明清之际思想家黄宗羲。

汪采白，入郡城崇一学堂学习，与陶行知、姚文采等同学。

汪鞠友，在新安中学堂与黄宾虹、许承尧等创立"黄社"，以研究诗文为名，进行革命宣传。

许承尧，在徽州府城歙县，先后创办了新安中学堂和紫阳师范学堂。在故里唐模创办了敬宗小学和端则女校。

江蓉，卒。

清光绪三十三年　丁未（1907）

七月，汪采白，崇一学堂毕业。

同时毕业的十六人是：陶行知、汪采白、汪岳年、朱慕庐、姚文采、洪范五、杨雅涵、杨廷桂、江粹青、程家庚、章文启、章文美、章文雅、程祖贻、汪邦镕、汪邦钊。

十月，汪采白，入两江师范学堂选科，主习图画手工。叔父汪鞠友为两江师范学堂教习，李瑞清为校长。

是年，黄宾虹，因革命党私铸铜币被人告发，闻讯连夜避往上海。

张翰飞偕同吴承仕进京参加“举贡会考”，中榜后在清廷任职。民国期间，张翰飞曾在叶恭绰属下任职铁道部部长高级助理、副部长，《北京晨报》编辑，故宫文物管理委员会成员等要职。与陈师曾、王梦白、张大千、黄宾虹、汪采白等书画名家来往密切。

清光绪三十四年　戊申（1908）

汪采白，就读两江师范学堂。

黄宾虹，与邓实合编《美术丛书》，编辑《神州国光集》及各种书画册。一度赴南京文艺学堂讲西汉学（公羊学），以经术鼓吹革命，为顽固派士大夫所反对。

汪孜庐《黄宾虹先生年谱初稿》。

清宣统元年　己酉（1909）

黄宾虹，在上海。除应神州国光社、《国粹学报》等编辑职务外，更襄办留美预备学堂，担任文科教员。

汪声远，工作于上海怡大纸行。与同乡黄宾虹相过从，常虚心请教，画乃精进。

程璋，参与发起成立豫园书画善会，又与杨逸、汪仲山、朱文侯、沈心海等参加宛米山房书画会，并任会长，又参加上海书画研究会。

汪琨，曾参与发起成立以书画艺术补益于社会的豫园书画善会。

豫园书画善会设于豫园得月楼，有钱慧安、蒲华、吴昌硕、王一亭等二百多名会员，该会活动延续四十多年，除开展书画艺术创作、交流、研讨外，还开创了书画团体参与社会慈善活动和会员经济互助的先河。抗战结束后，汪琨一度任该会会长之职。

清宣统二年　庚戌（1910）

九月，黄宾虹，母方孺人病逝于无锡三弟廉叔寓所，享年六十九岁。由三弟媳扶柩归歙，暂厝于潭渡葛圹寺。

腊月，黄宾虹，由沪返里，会同二弟合葬母于葛圹寺前之猫山父墓内。

汪采白，毕业于两江师范学堂选科，清廷部试奖给举人。返歙，初游黄山。同年毕业于两江师范学堂者有曹毓麒，字致远，岩镇人，为制墨名家曹素功后裔，汪鞠友之婿。

程璋，与黄山寿、倪田合作《九秋图》。

汪琨，加入上海书画研究会，同年其作品代表江苏省参加南洋劝业会组织的展览，其绘画作品获优等奖。

吴淑娟，作品参加在罗马举办的意大利博览会，意大利王后对其绘画非常欣赏，以重金全部买下并收藏于皇宫。

清宣统三年　辛亥（1911）

程啸天，生。

按：程啸天，名岳，字仲芳，号啸天，以号行世。安徽歙县虹梁村人。早年曾拜浙江张伯英为师，青年时期漫游江浙及沪上，以卖画维持生计。1936年，上海《新闻日报》以“现代名人书画古歙程啸天先生作品”为题，发表了他的《山村烟雨图》，开始为世人所知。1946年以后得黄宾虹直接教诲，为他亲自评改画稿四十余幅，技艺提高较快。晚年在黄山设“程啸天画室”。其作品得到了黄宾虹、丰子恺、林散之等书画大家高度评价，如丰子恺称程啸天系新安画派中的佼佼者。

春，黄宾虹，自歙回沪。与邓实合编之《美术丛书》开始出版发行。

六月，汪采白，作《秋江晚照图》，或属最早之作。

陈明哲编著《汪采白研究》，安徽美术出版社2015年版。

民国元年　壬子（1912）

二月，黄宾虹，作山水立轴，并题诗一首。

款署“宾虹写”，署年“壬子二月”。是为用“宾虹”署名之始见于题画者。

九月二十八日至十月十九日，汪采白，偕杨禾甫在歙西丰乐水流域实地测绘。携有照相机，随地摄影。

十月二十日，汪采白，偕杨禾甫、吴萃华由小源入黄山，在长坞、大刀尖、小容、曹溪等地勾留十日，始由程芳村入山，日暮抵茅蓬，夜游慈光寺，翌日出山返西溪。沿途拍照，从此近代黄山有了摄影照片，迎客松第一次进入镜头与世人见面，均始于汪采白。后《民国歙县志》卷首所附的《歙县全图》，即以此次实测所绘之图为蓝本绘制而成。

是年，黄宾虹，任《神州日报》主编。

许承尧，应安徽省都督柏文蔚之聘，出任都督府高级参谋、全省铁路总办，负责筹建芜（湖）屯（溪）铁路。

民国二年　癸丑（1913）

黄宾虹，与吴昌硕合作《蕉石图》，宾虹补石。

吴昌硕题款："耕民将东渡，索余画已久，写此以应。适朴存先生来，补一石，增色不少。吴昌硕时年七十。"汪已文、王伯敏《黄宾虹年谱》。

是年，黄宾虹，为邓实作《仿古山水》册页。

为蔡哲夫作《泰岱游踪》卷。

为陈佩忍作《征献论词图》。

为潘兰史作《剪淞阁图》。

为刘三作《黄叶楼图》。

为庞檗子作《龙禅语业室图》。

为秦更年治印。

许承尧，受甘肃督军张广建（安徽人）之聘，赴甘肃，历任甘肃省政府秘书长、甘凉道尹代理兰州道尹、政务厅长等要职。

民国三年　甲寅（1914）

黄宾虹，与苏曼珠、蔡哲夫、王一亭为叶楚伧合作《分湖吊梦图》。

作画寄赠柳亚子，与柳亚子书。

原文："饥驱来海滨，蜷缩尘湫，赁宇觅食，佣力恒不能得值，忽忽数稔，窭且益加，今报学两界，势难植足以枵腹也。"

民国四年　乙卯（1915）

秋，汪采白，作《群山过眼图》。

陈明哲编著《汪采白研究》，安徽美术出版社2015年版。

十二月，汪采白作《兰竹石榴图》。

陈明哲编著《汪采白研究》，安徽美术出版社2015年版。

是年，黄宾虹，任上海《时报》编辑。

汪声远，毕业于上海美专西画科。旋与乡先辈黄宾虹相过从，画乃精进。

汪鞠友，隐居贵池乌渡湖畔，垂钓闲居，潜心诗词与书画。

汪采白，三游黄山。赴鄂，任教于武昌高等师范学校。

吴淑娟，集生平杰作百条幅，用照相玻璃版印刷成一部画册，发行国内外，中外报界争相发表评论文章。

民国五年　丙辰（1916）

春，黄宾虹，为黄晦闻作《山水画》轴，晦闻有《春日题滨虹山水障诗》。

冬，鲁迅过沪，偕友人至宙合斋相访，阅嘉祥画像石刻拓本，并谈及琉璃厂古玩肆近况。

汪己文、王伯敏《黄宾虹年谱》。

是年，黄宾虹，在上海与南社诸子经常小集。

作《黄山狮子村》。

汪己文、王伯敏《黄宾虹年谱》。

作《写陆放翁诗意》。

香港大公报社《黄宾虹先生画集》。

程璋，作《霜雪松鼠图》。

民国六年　丁巳（1917）

三月，朱渊作《仿董其昌笔意》扇面。

纸本，墨笔，18厘米×51厘米。新安画馆藏。题款："宪臣仁兄先生鉴正，丁巳闰月仿董思翁笔意，少岳朱渊。"

夏，黄宾虹，作《金华雅岩村山水图》，题诗并跋。

朱渊　仿董其昌笔意　/　1917年　新安画馆藏

钤赠高奇峰印谱二册。致函李尹桑论金石，极推垢道人程邃、巴慰祖。并为其作《秦斋治铄图》。潘达微在香港编辑《天荒画报》，特约黄宾虹撰稿。

是年，程璋，作《花卉草虫图》八开册页。

又作《牡丹双鸽》。

中国艺术研究院美术研究所藏。

民国七年　戊午（1918）

六月，黄宾虹，与黄晦闻赴杭州参加苏曼殊殡葬，为曼殊画册题签："曼殊上人妙墨。"

十月，黄宾虹，自沪经杭乘船由新安江返歙。游黄山，并在歙啸琴山馆观赏旧藏书画，为之鉴定，代制目录。

是年，黄宾虹，为蔡哲夫作《校碑图》卷并题长跋。

汪采白，在武昌。时偕四弟大同与内弟胡舜荪就读武昌。

民国八年　己未（1919）

三月，黄宾虹，往南京，视三弟廉叔病，见其"神气委顿，心甚惊异"。

四月，汪鞠友，以国会议员身份来到上海，见到黄宾虹并劝其脱离政海而务实业。

冬至日，黄宾虹，《滨虹杂著》撰写完毕。

十月，汪鞠友，与李瑞清等两江师范学堂旧友拟在贵池兴办垦牧渔业公司。黄宾虹受邀来到贵池考察。

十二月，黄宾虹自费付印《滨虹杂著》，分赠亲友。

民国九年　庚申（1920）

五月，张翰飞，与金城、陈师曾、王梦白、周肇祥等著名画家共同发起成立"中国画学研究会"。

冬，汪鞠友，在池州集股一万二千元兴渔业，黄宾虹参与贵池垦田的事务。

黄宾虹有诗《贵池乌渡湖北坨古松歌为汪鞠友题》，诗云："髯翁手植黄山松，虬枝夭矫皆如龙。粗盆细盎恣罗列，斗室已孕千奇峰。滨江乌渡湖边路，浦溆深深宿渔父。中有灵源好避秦，未受秦封松更古。柯叶交加密不嫌，到此一撚髯翁髯。解衣盘礴坐其下，赤日当午忘梅炎。书签画轴纷披久，凉阴谡谡风生肘。霜缣雪楮任挥洒，时喜晴晖落窗牖。今看出岫云无心，及时沛泽为甘霖。鳞鳞漫遗化龙去，涛声留听鸣瑶琴。清冷莫慨知音少，流水高山寄怀抱。且向松根劚伏苓，服之可驻童颜老。汗漫名山归卧游，千株万株囊中收。抚弦动操得真趣，成连海上吾其俦。"

黄宾虹　设色山水　/　约1920年　安徽博物院藏

约是年，黄宾虹，作《设色山水》。

程璋，作《秋圃逸趣》。

中国美术馆藏。

作《花卉图》四幅条屏。

天津博物馆藏。

许士骐，考入上海美专。

民国十年　辛酉（1921）

四月，高吹万，游黄山归来，黄宾虹为写《黄山图》相赠。

秋，黄宾虹，任上海商务印书馆美术部主任。为罗原觉所藏《宋拓云麾将军碑》题跋。

汪采白，始至北京，执教于北京师范学校。

民国十一年　壬戌（1922）

三月，汪琨，与吴澂、颜元、杨逸、汪洛年、徐行敏合作《山水》六条屏。

题款："查梅壑寄意于倪高士能自具门径，恽王之外别立一格也。壬戌三月，仲山汪琨记于映雪庐。"

五月十八日，黄宾虹，居上海。宝山路宅邻居失火，突有匪人乘乱闯入行窃，古玺印被劫去一部分。

汪采白，全家七口居北京宣武门外歙县会馆。是月，父亲来北京长住。好友杨禾甫在北京，时有聚。

汪琨，集积年仿古之作二百四十页，编绘有《芥子园画谱》六集。

程啸天，开始学习绘画。

吴淑娟　溪桥野老图　/　1923年　新安画馆藏

民国十二年　癸亥（1923）

春，黄宾虹，应汪鞠友之约，从上海偕夫人宋若婴到贵池，又游览了贵池乌渡湖，勾起他的定居之念，想以“耕钓自经”。可是，此后贵池“频逢水灾，屡修皆废弃。计划未能实现”。后偕宋夫人回到歙县。因宋夫人初次回里，按俗“完族制”，宴请族人。

后与宋夫人于“梅炎入黄山”，作有《黄山野卉图》。作《贵池湖中投宿北垞汪氏别业》诗二首。

其一：“舟行曲曲隐居家，投宿茅斋近水涯。出甑喷香红粒饭，齐檐接叶紫藤花。无妨世俗呼牛马，且任阴晴噪鹊鸦。读画看山皆不厌，骎骎岁月此中赊。”其二：“宿雨云收夜见星，知君门外击诗舲。相梅骏马无妨瘦，探石通犀更倍明。会见吉祥虚白室，不嫌寂寞草玄亭。营田遂我归耕愿，矫首遥岑一抹青。”

吴淑娟，作《溪桥野老图》扇面。

纸本，设色，18厘米×51厘米。新安画馆藏。题款：“溪桥野老。紫东先生法家雅正。癸亥春日，杏芬老人画于沪寓。”

夏，汪采白，作《仿元人设色山水》和《竹石芭蕉图》。

秋，汪采白，师梅瞿山笔意作《莲花峰图》，今所见先生之黄山图，当以此为最早。

汪勖予，就读京华美专。

是年，黄宾虹，作《春江水暖鸭先知》《拟杜东原笔意》。

汪声远　石田笔意图　/　1924年　新安画馆藏

民国十三年　甲子（1924）

春，汪采白，为同在京华的汪济双作《山水图》，题“此境当于黄山中求之”，画逐渐以黄山为题材。

三月，汪声远作《石田笔意图》扇面。

纸本，设色，17厘米×51厘米。新安画馆藏。题款：“石田翁大意而不袭其貌。甲子春三月，与吾贤甥清玩，声远。”

九月，黄宾虹，与夫人宋若婴偕子黄鉴（映亭）经铜陵大道至贵池平天湖避居，回上海时已冬尽。游苏州，金松岑招饮于虎丘冷香阁，与椿澍、雪□合作《冷香阁图》卷，并作有《金松岑招饮虎丘冷香阁，用刘龙堪原韵》七古一首。为潘飞声作《剪淞阁图》。主编的《中国名画集》出版。

汪改庐《黄宾虹先生年谱初稿》。

秋，汪采白子克全考入北京师范大学附属中学初级。

冬，汪采白，作《招隐图》，次年春，老友南溪过访，辄为题赠。

是年，许承尧，因不满官场黑暗，愤而辞去官职，回归故里。

民国十四年　乙丑（1925）

冬，汪采白，以华嵒赋色作《山水图》，以大李将军法作《仙山楼阁图》，逐步尝试青绿山水。始用“停云书屋”书室名。

汪琨　桃园问津图　/　年代不详　新安画馆藏

是年，黄宾虹，所著《古画微》由上海商务印书馆以“小说世界丛刊”小册子形式出版，是为《古画微》的第一个版本，后又收入《万有文库》，1961年该馆香港分馆又出版《古画微（附黄山画苑略）》。所撰另一部画史著作《鉴古名画论略》，在《东方杂志》二十二卷三号、十七号、二十一号以及次年二十三卷四号连载。任上海市博物馆临时董事会董事，辞去上海商务印书馆职务。

黄宾虹，作《遥山苍翠》。

汪采白，居北京，目睹军阀混战，遂作《山水图》。

题款：“寄迹京华，瞬息数载，耳目所接，不能成欢。漫写此帧，以寄感喟。”

汪声远，与钱瘦铁、杨逸、熊松泉等活动于素月画社。

鲍锡麟，入安徽省立第一师范学校。

汪勖予，娶同乡吴竹如之女吴蕙芬。

程璋，作《松鹤遐龄图》。

刘曦林编《中国现代绘画》，人民美术出版社1997年版。

民国十五年　丙寅（1926）

三月，汪采白，作《竹石双清图》，为绍甫作《竹石图》，为竹铭作《山水图》。

四月，汪采白，为惠民以王原祁法作《山水图》。

六月，汪采白，在中山公园举办画展。后从展品中选二十一幅印成《采白画存》一册。

自序："丙寅仲夏，北京之三日。既又取若干帧，谓尤余心力之所萃也，映印为是集。余谓造化之设施，无细大、险夷、显隐、恒变，其足以动人无涯之感，一也。妙万有于笔端，使览者喻其兴趣，襟抱于言辞想象之外，固画家所有事。而或工，或不诣，有浅深焉。余学画二十年，学其风流自放，挥洒云烟，虽极宇宙之幽杳雄奇，悲愉怨慕，几疑集于尺幅之内，何其快也。而当时所欣，已乃废然若无可于意者，亦往往有之。此岂兴趣之适然欤？抑所诣故有浅深之不同欤？诸生之集录余画也，余诚愧其意。虽然，进乎？退乎？它日有作，此焉可征，亦一快也。乃从其请，过而存之。采白汪孔祁。"

是年，黄宾虹，复任神州国光社编辑。整理三版《美术丛书》。春，发起组织"中国金石书画艺观学会"，为实际负责人，主持《艺观画刊》创刊，双周四开一张，以图为主。共出四期，即改为《艺观》杂志。六月十日出版第一集。

汪勖予，毕业于京华美专。

鲍锡麟，加入黄宾虹发起组织的"中国金石书画艺观学会"，"以保存国粹，发扬国光，研究艺术，启人稚尚之心"为宗旨。会员有刘晦之、汪旭云、徐积余、王雪帆、宣愚公、李公度、朱伯荫、秦曼青、高君介、姚光、罗完白、吕荫任、葛子严、吴履夷、蒋莲僧、邓尔雅、蔡哲夫、谈月色等。

民国十六年　丁卯（1927）

黄宾虹，辑录古玺印谱于丁卯年刊行。

为陆丹林作《红树室图》。

又为冯文凤作《碧梧仙馆图》及《丹枫白凤图》卷。

汪采白，在北京，仍居宣武门外歙县会馆，时在南院兰心轩中作画。时同邑吴检斋居宣武门内，与之时相过从。与汪慎生亦有来往。

鲍锡麟，正式受业于黄宾虹。

民国十七年　戊辰（1928）

春，汪采白，为次范作《岩积雪图》。

安徽中国徽州文化博物馆藏。

四月，黄宾虹，为郑午昌著《中国画学全史》作序。为丁辅之《商卜文集联》作序。

夏，黄宾虹，应广西教育厅邀请，与陈柱尊教授等赴桂林，在暑期讲习会讲学。应香港老友蔡哲夫、谈月色夫妇之邀，经香港小游，与香港名书画家、篆刻家邓尔雅、李茗柯先生等谈文论艺，极一时之盛。返沪，即任上海暨南大学艺术系国画讲师。与俞剑华、张大千、熊松泉、马企周、陈刚叔、蔡逸民共八人组织“烂熳社”。是年出版《烂熳社国人画册第一集》，由黄宾虹题签。画册前二页即黄宾虹作品。与丁福保、胡朴安、姚明晖等组织成立“中国画学会”。

姜集，作《秋山访友图》扇面。

纸本，设色，21.4厘米×57厘米。安徽博物院藏。图右上方楷书自题：“戊辰夏日，仿耕烟散人笔意。为箬泉世叔正之，侄姜集。”题左加钤“姜”一字白文方印、“集”一字白文方印各一枚。

按：姜集，姜筠孙。具体生卒年均未详。字孝先，安徽怀宁人。

八月，黄宾虹为《美术丛书》三版作序。

是年，黄宾虹，作《淡宕颇似徐功文》《霜客点碧岚》《秋云堆里松光》《微雨过溪上》《渡头风雨急》等。

程璋，作《仕女图》扇面。

民国十八年　己巳（1929）

三月，汪采白，游杭州西湖，为胡舜荪作《朱竹黝石图》。

十月，黄宾虹，赴贵池，料理圩田事务，并购进荒屋基地二亩许。

十一月初，黄宾虹，归，并接林散之所寄《山水画法类编》，此间与汪鞠友晤叙，并转请工于词律的汪鞠友代作《虞美人》词，归途中略改数句，以合吴湖帆请题其所藏《虞美人志》本义。担任中国文艺学院院长，一学期后辞院长职，专任教授。并兼新华、昌明两艺术（专科）学校教授。与汪鞠友合作画卷。集金文篆联赠余绍宋。为神州国光社出版《释石涛花卉册》，撰文《释石涛小传》。神州国光社成立二十五周年，黄宾虹代表该社邀集上海文艺界作家数十人聚餐庆祝，并撰《神州国光社二十五年纪念刊行书目引》。继续编辑出版《神州大观续编》，黄宾虹为主编。

是年，黄宾虹，作品《黄山》《虞山》《九华山》《阳朔》入选国民政府教育部组织的中华民国第一届全国美展。

汪采白，自北京南返，任教于南京国立中央大学艺术系。

程璋，作品《猫》入选国民政府教育部组织的中华民国第一届全国美展。

张翰飞，作品《云栈泉声图》《杪秋图》入选国民政府教育部组织的中华民国第一届全国美展。

汪琨，作品《人物山水》入选国民政府教育部组织的中华民国第一届全国美展。

鲍锡麟，返乡，短期担任风山小学图画教员。《山水》《独钓》入选国民政府教育部组织的中华民国第一届全国美展。

张君逸　小榭听泉图　/　1930年　新安画馆藏

林散之，从宾虹学画。女弟子顾飞经侄女黄映芬介绍，从宾虹学画。此后女弟子有沅陵、赵含因、汪水清、谈月色等。新辑录《滨虹草堂古印谱》在沪刊行。

民国十九年　庚午（1930）

三月，史学家邓之诚为张翰飞画题诗。

诗云："谁比黄山老画师，梦魂常在水之涯。江南乱后人文变，未必峦容似旧时。"

夏，张君逸，作《小榭听泉图》。

纸本，墨笔，50厘米×68厘米。新安画馆藏。

秋，黄宾虹作《仿垢道人山水图》轴。

纸本，设色，94.5厘米×39.5厘米。安徽博物院藏。图左上角草书自题："庚午新秋，芚公先生将旋唐模里居，写此以赠。画仿垢道人，愧不能得其万一也，即博笑正。黄宾虹同客沪上。"题后加钤"宾鸿"二字朱文方印一枚。

十月，黄宾虹，填《虞美人》词一阕，寄吴湖帆。歙县郑篡钦作家传，黄宾虹题曰"郑篡钦隐君家传"。为《善斋印录》制序。为汪已文作《卷施阁图》并诗。为邓尔疋作《绿绮园图》。邓为刻"宾虹"二字印章。

是年，黄宾虹，所编《陶钤文字合证》由神州国光社影印出版。所撰《近数十年画者评》在是年《东方杂志》二十七卷一号发表。《古印概论》又在《东方杂志》二十七卷二号发表。夏，黄宾虹，闻贵池遭水灾，因作《庚午夏涨，池阳圩田闻没水中，筑舍将朽坏，感而赋此》。

黄宾虹与日本画家田边华互相通信、赠画。比利时独立一百周年纪念举办国际博览会，刘海粟携黄宾虹作品参展，获“珍品特别奖”。与叶恭绰、陆丹林开始筹组“中国画会”。

汪采白，在南京，任中央大学艺术系教授，兼任金陵大学中国文化研究所研究员，从事新安画派研究，有专著《新安画派》出版。初住城北，后移居白下路北马府街22号徽州会馆后院。

按：1929年，中央大学教育学院艺术专修科改学制为4年，增设西画组，徐悲鸿是西画组主任，吕凤子是国画组主任，1930年汪采白出任艺术系主任，这时分管西画和国画的仍是徐悲鸿和吕凤子。汪采白在中央大学期间与徐悲鸿、吕凤子、高剑父、张大千、张书旂、潘玉良、陈之佛、黄君璧等共事。此时汪采白始用“采白”字，后以字行世。

程璋，作《南山献寿图》《饮马长城窟》。

上海博物馆藏。

鲍锡麟，赴上海，在黄宾虹处继续学习绘事，与吴待秋、张大千、钱瘦铁等名家交游。

许承尧，开始撰写《歙事闲谭》。

《歙事闲谭》自序一：“是书随手掇录，经始于民国十九年，至民国二十一年春，已得二十一卷。”

许士骐，留学法国巴黎美术学院，而后又去德国德累斯顿卫生博物馆研究人体解剖，历游英、德、比、意、波兰、前苏联等国。

民国二十年　辛未（1931）

二月，汪采白，作《溪亭对话图》。

四月，汪鞠友，在乌渡湖患腰疽症，又患糖尿症、血吸虫病，在上海宝隆医院就治，半年后因胃癌去世。

是月，汪采白，拟华喦笔意作《山岚图》，参唐寅笔意作《听泉图》。

夏，黄宾虹，在沪购得傅青主手札。

五月，黄宾虹，自沪乘轮经舟山赴乐清游雁荡。著有《游雁荡日记》。为蒋叔南作《雁宕山》轴。又有《雁宕三折瀑》诗跋。此游共写雁荡纪游诗十余首，得图稿百余幅。大幅有《雁荡山巨幛》《大龙湫图》《三折瀑图》《响岩三景》《铁城壮观之图》等数十幅，以及《雁荡纪游》册页四十图。

“一九三一年，他游雁宕山，居灵岩寺，一日晓起静对天柱，展旗诸峰，他说看久了，便觉得四山有如生龙活虎出现，有跳有跃。后来他对朋友说：‘这次看山，给我印象极深，使我懂得了什么叫万壑奔腾。’”王伯敏《黄宾虹》。

汪采白　花卉四条屏 / 1931年　私人藏

八月，汪采白，为孝肃作《花卉》四条屏。

十二月，汪鞠友在上海逝世。汪采白奔丧赴沪，暇中为方献南作《黄山丘壑图》。

是年，黄宾虹，为张大千藏王石谷画《南巡图》粉本题七绝二首。为俞剑华题《雁荡纪游》画册。为谢玉岑题张大千《青绿山水图》卷。为瞿兑之题《双海棠阁图》卷。为王秋湄作《北濠草堂图》。为诸贞壮作《大至阁图》。为铭初先生作山水并题诗。是年画迹：《雁宕风景》《焦山北岸浮屿》《甘露寺》《墨石》《无数飞花送小舟》《浅绛山水》。

黄宾虹，在上海美专任教授，教国画理论课。仍兼任神州国光社编辑主任。“中国画会”在上海成立，参加筹办工作，被选为监察委员。

汪声远，作《中国历代名家画法津梁》，黄宾虹为之作序。

程啸天，拜著名画家张伯英为师，专攻山水，并随师漫游江浙等地。

民国二十一年　壬申（1932）

春，黄宾虹，与谢玉岑、张善孖、张大千同游浦东周浦，观顾氏园中桃花。作画题《观桃花杂咏》八首诗赠大千、善孖、玉岑。

元月，汪采白，在南京作《黄山图》大幅以寿父执金安伯宗祁六十诞辰。

三月，黄宾虹，为唐天如（思溥）得潘仕成“听帆楼”旧额，补作《听帆图》。

夏，黄宾虹，为《画学月刊》撰《弁言》及《画学常识》。

汪采白，离南京返歙。此次居南京两年余，旧好新知咸聚于此，益广交游。其交往最密切者为姚文采，时为南京安徽中学校长。人之欲得汪采白画者，往往通过姚氏以求，汪采白无不应之。后汪采白影印《黄海卧游集》，亦得姚氏之力为多。

秋，黄宾虹，赴四川讲学游览。

汪采白，赴休宁万安新棠村，就任安徽省立第二中学校长。

十月，鲍锡麟，参加上海美专二十周年校庆活动，在陈英士纪念堂聆听教育部部长蔡元培致辞演讲。

是年，作《潜县落云山·浙皖纪游》《黄山智慧海一角》《丹台·黄山纪游》《临安县留山·浙皖纪游》《舟山》《罗东埠》《白帝城》《峨眉山春色》《孤舟山水云晴时》《湖荷忆昨图》等。

鲍锡麟，插班入学黄宾虹任教的上海美专中国画系。

许承尧，开始参与《安徽丛书》的编刊。

汪采白　溪山清远图　/　1933年　私人藏

汪采白　溪畔村后图　/　1933年　黄山市博物馆藏

民国二十二年　癸酉（1933）

元月，汪采白，作《除旧布新》元旦贺词，发表在《徽州日报》。

春，黄宾虹，七十岁，在成都代陶冷月在四川大学教课数月。在成都市津购得巴王、蜀王者印，甚赞“最奇古”。

早春，黄宾虹，游青城，遇大雨，浑身湿透。次日，经过半天“蒙被酣眠打腹稿”，作《青城烟雨》册十余幅。

春夏之间，汪采白，在省立第二中学任校长并授课，往来于歙县、休宁之间。工作之余，时挥洒作画。

夏秋间，黄宾虹，自重庆回沪。沪后复任暨南大学之聘，任文学院国画研究会导师。

秋，汪采白，辞去二中校长，返西溪。作《溪山清远图》。

十月，黄宾虹，与王济远、吴梦非、诸闻韵等发起创立“百川书画会”。歙县修县志，许承尧任主纂，邀黄宾虹任分纂，负责“方技门”。与程镛（字律谐，晚号笠翁）在沪创办《沪黄报》（小报）。沪上好友宣公愚、邓秋枚、张大千、王秋湄、秦更年、商承祚等议刻《滨虹纪游画册》为祝黄宾虹七十寿诞。

冬，汪采白，离歙复至南京，仍居马府街。时子汪勖予已在安徽中学任教，随侍在侧。

作《溪畔村后图》。

黄山市博物馆藏。

是年，黄宾虹，作《北碚纪游》《江郎山化石亭》《大背口》《海山南望》《尧山》《象鼻山》《桂林山水》，以及《设色山水》扇面。

程璋，作《天都山猿》。

上海朵云轩藏。

作《三猫戏雀图》。

上海朵云轩藏。

鲍锡麟，撰写论文《中国画的超现实性》。

吴秋鹿，作《花鸟》扇面。

安徽博物院藏。

许承尧，倡议重修《歙县志》，被推为总纂，得到县长石国柱和县内各界人士一致赞同，并取得旅沪同乡会经济上的大力支持。

程啸天，画作《拟梅道人笔意》在《申报》发表。

民国二十三年　甲戌（1934）

春，黄宾虹，在上海，歙人陶行知、许士骐来沪商建黄山文物馆与创设国画研究社事宜。

汪采白，在南京，复任中央大学教授，兼国画系主任。作《黄山丘壑图》《新安江图》《黄岳山色图》《独坐看云图》。

春末，黄宾虹，被邀参加“东南交通周览会”，至黄山游览。回沪后，应南京监察院之聘，去南京鉴定古画三月。

夏，汪采白，作《黄海峰峦图》卷、《云气凉生图》横幅。

五月，鲍锡麟，上海美专毕业，成绩展览会在上海文庙路民众教育馆开幕，毕业作品

鲍锡鳞　天都云门图　/　约1934年　私人藏

《九龙瀑图》参展。

约是年，作《天都云门图》。

纸本，设色。私人藏。题款："借问天都路，云门在此开。古今从不闭，尘屐哪能来？"

唐熊，作《逸趣图》扇面。

纸本，设色，17厘米×51厘米。新安画馆藏。题款："豪梁意趣。甲戌夏六月，拟徐崇嗣意，唐熊。"

八月，黄宾虹，与俞剑华、孙黼公合编之《中国画家人名大辞典》，由神州国光社出版发行。但仅署孙黼公名。

秋，黄宾虹，与叶恭绰同游苏州，并丁惠荫山庄观藏画。汪采白，为秀民作《西泠垂钓图》。

十一月，黄宾虹，《滨虹纪游画册》刻成。

冬，汪采白为鲍锡麟补画山水，作《俯听潭声图》《树石图》。

是年，黄宾虹作《峨眉道中》《白华》《听帆楼图》《松石》《甲戌题蜀游诗》《山水赠天如》。

汪声远，为妙涛作《西庐老人笔意》。

许承尧，与江彤侯发起重修渐江墓，重建、修葺、新建了墓地附近的披云亭、经藏寺、长庆塔、漱芳楼等景观，疏浚了五明寺泉。

是年，王康乐，开始投黄宾虹门下求教。

民国二十四年　乙亥（1935）

二月，汪采白，在南京与方介堪、郑曼青、郑午昌举行四人书画联展。

三月，黄宾虹，为"东南交通周览会"编辑出版之《东南揽胜》，撰写《黄山析览》一

唐熊　逸趣图　/　1934年　新安画馆藏

文。所写《画学升降之大因》在《教育杂志》发表。为余越园主编之杭州《东南日报》副刊《金石书画》（半月刊）题写刊头。

汪采白，返歙，四游黄山，旋回南京。为遂侯作《仿梅壑山水图》，为圆甫作《桃花源书画》卷，为直复作《桐阴抚琴图》。

夏，黄宾虹，应广西“省政府”邀请，由上海经香港再赴南宁，担任“全省中等学校教职员暑期讲习班”讲师，主讲金石学史、书法发微、国画概论。

五月，黄宾虹，上海金城工艺社出版发行《黄宾虹画册》，共十二页，刊水墨山水画十二幅。

六月，《学术世界》杂志创刊，黄宾虹任编辑。

八月四日，黄宾虹，与在港名画家李凤坡、张谷雏、黄般若及蔡哲夫等同游九龙半岛，商榷绘事，有所问答，由张谷雏分条记录，辑为《宾虹画语录》，刊于1936年《学术世界》一卷十二期。返沪后作《四川山水》《西湖》两幅长卷赠陈柱尊。

九月，黄宾虹，与几位画友在刘海粟家聚会谈艺，大家乘兴挥毫，合作了一幅《苍鹰松石图》。在新华艺专校长汪亚尘家一次雅集中，与徐悲鸿合作《杂树岩泉图》，并题字赠给黄苗子。

初冬，黄宾虹，返歙，重游黄山，作有《乙亥重游黄山和许疑庵原韵》十六韵。为女弟子朱砚因辑《海盐画史》制序，并题诗。

冬，为友人东美先生《荆溪家塾印谱》制序。

十一月，汪采白，应柏文蔚、陶行知、许世英的促请，在南京玄武湖举行画展。

是年，黄宾虹，任上海博物馆理事（董事）。在《国画月刊》发表《新安派论略》《中国山水画今昔之变迁》《论画宜取所长》《精神重于物质说》。《画法要旨》在《国画月刊》分期连载，又在《学艺》杂志全文发表。

黄宾虹，作《灌县离堆》《黄牛山风景》《龙凤潭风景》《设色花卉》《黄鹏湾》《宋王台》《翠崖》《深壑危磴》《疏林春意》《泛舟》《渔乐》《粤江风便图》。

张翰飞，在北京荣宝斋、上海荣宝斋，南京、武汉等地出版发行山水画集并举办画展。

汪声远，作《山水》四屏。

鲍锡麟，受聘于省立徽州师范，教授美术。作品《张公洞图》入编《东南揽胜》首页。

《东南揽胜》是郁达夫、林语堂、叶恭绰、黄宾虹、邵洵美、张光宇、叶浅予、潘光旦一行八人，应“东南五省交通周览会”之请，遍游浙西、皖东名胜，纵情山水，归来即出版《东南揽胜》。

鲍锡麟，受许承尧嘱托，临摹新安画派先贤《黄海真形图》四十五幅，涉及黄山四十余景。

民国二十五年　丙子（1936）

一月，黄宾虹，为唐蔚芝作《茹经堂图》。

二月，汪采白，五游黄山，旋返南京。为印《黄海卧游集》，完成《黄山图》三十六幅。该画集有许世英、胡光炜、胡适三人作序。

许世英序文：沈熙远论画，以为非学问、襟期、品行，三者俱备，不足以传世。盖观画者，即画以观人，而知其学养之所至。是以览前贤名迹，足以遗世累而养天真，怡性情而去贪兢，非徒较量笔墨之工拙已也。采白之画，落笔沉着，而气息清新；布局灵警，而意境超远，耿介之性，冲淡之怀，固已见画如接其人。此册写黄山实景，一一逼真。余从事开发黄山，于兹二载。春秋佳日，不废登临。自从去国，无忘梦寐。展视此作，恍若置身三十六峰、云涛雪浪间，闻松声鹤唳，悠然忘其在万里外也。今采白年甫五十，所造已如此。他日当与“二石”、瞿山并传。识者当知余言之非谬。廿五年夏，许世英序于东京行馆雪楼。

胡光炜序文：今年夏，同白华诸君游黄山，登天都，观云海，留连信宿，共叹东南诸名山，雄奇当未有过此者。居人常住，真奇福也。采白世家山下，自少治画，即得江山之助。顷见其所为《黄海卧游集》，驻云烟于腕底，三十六峰之胜，不劳攀陟，皆可于尺素中得之。盖所追摹诸境，悉其生平弋钓所经，故特亲切如此。昔年于长沙见雪庄上人画黄山图册子，喜其笔墨遒峭，今复得此，信新安之多艺人也。丙子十月，光炜。

胡适序文：近人作山水画，多陈陈相因，其层峦叠嶂，不是临摹旧本，即是闭门造山。汪采白先生此册，用青绿写他最熟悉的黄山山水，胆大而笔细，有剪裁而无夸张，是中国现代画史上的一种有意义的尝试。胡适。廿五,六，廿一。

夏，汪采白，为张善孖藏僧雪庄《黄山图》作长歌并跋。作《为张目寒扇》。

四月，神州国光社印行《黄宾虹纪游画册》，共一、二两辑，每辑十帧，珂罗版印刷。黄宾虹被聘为故宫古物鉴定委员会委员，每日至中央银行保管库鉴定古物四五十件。上海鉴定完毕，继续赴北平鉴定故宫尚存古画，鉴毕返沪。余越园在《东南日报》主编之《金石书画》副刊，自是年六月先后发表宾虹之珍藏书画精品多幅。所撰《诫某校学子宣言》在《学术世界》一卷八期发表。撰《吴衡之译某女士画谱序》。撰《虹庐评画》在《学术世界》二卷一期发表。

秋，汪采白，应北平艺专之聘北上，任该校国画系教授。

时齐白石、溥心畬、张善孖、张大千、吴镜汀、王雪涛诸名家均在北平，汪采白与他们时有交往。

七月，汪声远，作《青绿山水图》轴。

九月，黄宾虹原配在歙病逝，享年六十九岁。黄宾虹因病留沪，夫人宋若婴先率子女回里治丧。黄宾虹撰《洪夫人行状略述》，以志悼念。

十月，汪采白，参加在南京中华路青年会大礼堂举行的“京沪名家书画联合展览会”。

参加画家有于右任、王一亭、柳子谷、张书旂、许士骐、谢公展等。时南京《中央日报》有专题报道。

十二月，汪采白，为文明之作《梅窗课子图》，后有黄宾虹、张伯英、邵章、潘龄皋等诸家题跋。

题款：“余昔在金陵与明之同学，以性情近，深相契。休沐日，明之辄返家省母，以是知其孝，益敬爱之。别后或数年一见，或十数年一见，见必剧谈至深夜。今岁余北来，明之喜余至，为余觅馆舍，时相过从。其真挚之情，犹金陵同学时也。明之每为余言，平生恨事，以母氏劬劳，未能尽养，至今耿耿。其孝思之笃，有非常人所能及者。十一月廿二日为其太夫人七十生日致祭之辰，余见其孺慕之诚，犹如赤子，思有以慰之。就余所习知者，明之童时就傅归，太夫人必课其复习以为常，乃作《梅窗课子图》赠作纪念。明之故居，窗外多梅，因取以为名。俾明之时一展览，少慰思亲之意。明之其亦笑而许之乎？丙子嘉平，弟汪孔祁并题。”

黄宾虹题：“浮玉山前玉蕊香，书声曾记潋华堂。母仪钟郝垂彤史，千古慈云拥故乡。庭阶茁秀长孙枝，树德由来信务滋。家学根深期实用，和羹应手好匡时。明之先生出示《母太夫人梅窗课子图》，属题。丁丑长夏黄宾虹，时同旅燕京。”

腊月，南返度岁。在歙县西园为崇竹作《柳下居士图》。

汪采白　黄山图选四　/　1936年　安徽博物院藏

汪采白　黄山自狮林至始信峰道中图　/　1936年　安徽博物院藏

汪采白　黄山云谷寺图　/　1936年　安徽博物院藏

汪采白　为张目寒扇　/　1936年　新安画馆藏

是年，程璋因心脏病卒于上海。是年，墨缘堂出版《程瑶笙画册》影印本。

黄宾虹，作《横槎江上》《湖波如镜绕山斜》《翠峦帆影》《浓荫喁语》《江外彩屿》。

汪采白，青绿山水画获巴黎画展一等奖。

鲍锡麟，作为发起人之一，成立中华美术协会，理事会常务理事为刘海粟、王济远、谢公展，协会有自己的章程，并在上海市教育局备案。

鲍锡麟，先后邀请黄宾虹、刘海粟莅临徽州师范，刘海粟此行为鲍锡麟作油画《太平桥图》留念。

鲍锡麟，在许承尧处临摹渐江《晓江风便图》长卷。

许承尧，《歙事闲谭》成书。新《歙县志》十六卷告成，被誉为“内容博赅、质量上乘”的志书。

程啸天，作品《山村烟雨图》以“现代名人书画古歙程啸天先生作品”为题发表在上海《新闻日报》。

民国二十六年　丁丑（1937）

春，黄宾虹，在上海为钱萼孙作《梦苕图》。

二月，汪采白，携季子承侃同来北平，居西城文昌胡同，仍在北平艺专任教。

三月，汪采白，同高剑父、张大千、刘海粟、刘开渠、潘天寿、吴湖帆等四十六人出任“中华民国第二届全国美术作品展”评审委员会委员。

三月，鲍锡麟，至南京参观全国美术作品展，拜访师友，作画互赠。宗白华、汪采白等为其赠画并题词。

汪采白为鲍锡麟作《山水图》，安徽博物院藏。题款："新安画派，寝息已久，迄今百年，无有佳作。余谓继四家而起者，必君白也。证之知君白画者，必不以余言为谬。君白其亦是吾言乎？采白并识。"

四月，黄宾虹，自上海迁北平。应北平古物陈列所邀请鉴定故宫南迁古画。对"易培基盗窃故宫书画案"曾提出审查报告。应聘兼任北平艺专教授及国画研究室导师。家属于七月始自沪迁居北平，暂租居于西城石驸马后宅七号。

黄宾虹《一九三七年日记片段》载："四月十六日三时由沪起程，宿南京莫愁路，寄存汪勖予处，歙砚一，程大本轴，自画七幅。……四月二十一日会周肇祥、汪采白，往京畿道艺专校。"

七月，卢沟桥事变，初陷危城。汪采白，旋由汪世清于农历七月二十一日护送全家南下，黄宾虹拟同行未果。

黄宾虹《一九三七年日记片段》载："七月二十四，采白南返已三日，余拟同行未果。二十五日，付洋一百元鉴古斋去代购火车票，拟南归。二十八日，电津，闻铁道北津不通，代购车票款退回。三十日，购车票等拥挤，退。八月十四日，往车站，客满。十五日，挤上车，不得坐，返。十七日，访车。二十四日，候车，误时未到。二十九日，往京畿道，校开会。接田雨梅函，闻采白已返徽。"

十二月，汪采白，避乱携家入蜀源，居鲍氏绿雨楼。作《黄山纪游图》，图后有时任安徽省政府主席李品仙和林散之题跋。

是年，黄宾虹，作《海山揽胜》大轴赠叶恭绰。所撰《虹庐论画》在《学术世界》二卷五期发表。作《水墨山水》二幅及《海山揽胜》。

张翰飞，拒绝郑孝胥拉拢去伪满洲享高官厚禄，离京返乡，潜心诗词书画。

汪声远，面对国家危急的形势，在《美术界》上发表《思乡乎？思美乎？》等进步文章。

鲍锡麟，兼任歙县凤山小学校长。

许承尧，主编的《歙县志》（民国版）出版。

民国二十七年　戊寅（1938）

春，汪采白，仍居蜀源鲍氏绿雨楼。

春，汪声远，作《岭上多白云》。

二月，汪采白，偕郑韶九至唐模，欣赏许承尧所藏的渐江《晓江风便图》卷和八大山人

汪声远　岭上多白云　/　1938年　私人藏

汪采白　溪柳群山图　/　1938年　安徽博物院藏

册页等，为许公际唐作《眠琴别圃图》，此图今藏歙县博物馆。创办西溪剑华小学。

作《溪柳群山图》。

安徽博物院藏。

秋，汪采白，游屯溪，居未几返歙。

与子汪勖予合作《耄耋图》，父汪福熙题款。

题款："戊寅秋九月，命孙克劭画狸奴，儿子孔祁补景，奉赠璞珩先生、超南夫人博粲。汪福熙题。时年七十又九。”上有齐白石题“耄耋”二字。

冬，黄宾虹，作《宋故行宫图》寄陈柱尊。为香港黄居素作《光网楼图》。

是年，黄宾虹，在北平。闭门读书，作画著述。寄往南方和港、澳友人的书画，署“宾虹”或“虹叟”。凡在北平刊物上发表之作品与著作，均署“予向”。

作设色山水，上题七绝一首，抒发江南故国之思。

张翰飞，在家乡出资创办定潭初级学校。

民国二十八年　己卯（1939）

春，汪采白，复至屯溪，为惠如作《山水图》。旋返故里，时居韬庐，作画之余，常以对弈敲诗为消遣。

夏，汪采白，被毒蚊所咬，途致感染而红肿溃烂，因来郡城就诊，不幸为医误，及返西溪，病情乃日益加剧。

冬，汪采白，游郡城。为汪己文作《风柳鸣蝉图》。

黄宾虹，在北平一向杜门谢客，不与外界来往。一次日本画家荒木石亩来访，亦拒而不见。为一尘草堂所藏古玺印撰弁言。为张伯英作《东岩老屋图》水墨小卷。出卖所藏部分“四王”山水画件。购金石研究资料，潜心著作。为香港黄居素作设色山水长卷，并题长跋，追忆生平。所编《画史编年表》在是年三月出版之《古学丛刊》第一期发表。《古玺中之三代图画》一文在《古学丛刊》第二期发表。撰《画学之大旨》稿，提出“人非生知，皆宜有学”，“愚者当求学，智者更当求学”等观念。

黄宾虹，作《黄山风景》《淡沱云波见》《息茶庵图》《海岸一角》《李莼客句》多幅作品。

汪采白，病重，重庆中央大学又频来函电，敦请赴渝任教，均未果行。

民国二十九年　庚辰（1940）

春，汪采白，病情恶化，全身溃肿，痛苦万状，遂卧床不起。

黄宾虹，《滨虹草堂集古玺印谱》庚辰版在北平刊行，自作弁言。所撰《滨虹草堂藏古印自叙》一文，无署，何时刊行，亦待考。

七月二十三日，汪采白，卒。黄宾虹，闻耗大恸，当即为其题“云海英光”挽之。

十二月，张翰飞，染疾逝世。

是年，黄宾虹，在北平《中和月刊》一卷各期发表多篇画学及金石学论著。此时作画尝钤“蝶居士”三字白文方印。

作《匡庐白云》《拟李息古写蜀中山景》《白云深处药苗香》《夏峦清流》《叠翠泉生》《春

雨朦霏》《设色山水》卷。

鲍锡麟，执教于省立徽州师范，任训导处主任兼级任导师；组织并参加徽州剧团，以抗日救亡话剧的方式进行宣传，演出所得全部送往前线，慰劳和支援抗日将士；组织学校师生成立假期回乡工作队宣传抗日，于岩寺鲍氏宗祠作军民抗击日寇大幅壁画，用笔刚劲，人物生动。为诗人汪定执绘《岑山话雨图》。

民国三十年　辛巳（1941）

夏，黄宾虹，作花鸟轴寄黄居素，画中一鸟站立的枝条有明显断笔，而鸟儿依然稳立枝头，这是最为显著的笔断意不断之笔。为陈叔通补绘《听园校书图》。

继续为《中和月刊》撰稿，先后发表了《阳识象形商受解说》《释绶古印谈之一》《古印文字证》，均署名“予向”。

是年，曾被日军拘捕，旋即释放。

由北平文物研究会推荐为美术馆馆长，婉辞不就。

作《西山有鹤鸣》《粤西兴坪纪游之一、之二》《设色花鸟》《具区渔艇》《潭上清兴》。

程璋，遗画八十余帧，经由商务印书馆珂罗版精印成《程瑶笙先生遗作精品集》行世，他的学生胡适为之题签。

民国三十一年　壬午（1942）

冬，汪琨，用杨子鹤大意作《春水茅屋图》。

图上有“新安汪琨印信”白文印。

是年，黄宾虹，困居北平，思亲怀乡之情，有增无已。取出《家庆图》，题诗其上。为蔡哲夫《寒琼遗稿》作序。

作《写李空同诗意》《没骨山水》《萧疏淡远》《拟李檀园笔意》。

民国三十二年　癸未（1943）

十一月，黄宾虹，在上海举办“黄宾虹八十书画展”，同时出版《黄宾虹先生山水画册》及《黄宾虹书画展特刊》。

黄宾虹八十寿辰，海内外好友与弟子函电驰贺。日本人为他举行“庆寿会”，坚决拒绝。齐白石作《蟠桃图》贺之。北平好友瞿兑之、傅远叔、郭啸麓、黄公渚等数十人，分别在北海及蛰园设宴祝贺。在上海，沪上好友傅雷、张元济、邓秋枚、陈叔通、秦更年、高吹万、姚光、王秋湄及女弟子朱砚因、顾飞等为黄宾虹庆祝八十寿诞。

是年，黄宾虹在《中和月刊》四卷三期、四期发表《垢道人佚事》和辑录之《垢道人遗著》。

鲍锡麟，离开徽州师范，潜心作画，收集乡邦文物，以供观摩。

时许承尧在写给黄宾虹的信中说："乡下少年，近有曹一尘、鲍二溪俱颇孟晋，所藏玺印图书亦多可玩赏。"

民国三十三年　甲申（1944）

春，黄宾虹，去东单，经长安街，目睹日本侵略军结队于新华门前，愤而回家作《黍离图》。

题诗曰："太虚蠓蠛几经过，瞥眼桑田海又波。玉黍离离旧宫阙，不堪斜照伴铜驼。"王伯敏《黄宾虹》。

老友王秋湄病逝于沪，黄宾虹闻耗至为悲痛。

夏，为郭味蕖编《宋元明清书画家年表》作序。撰《画家轶事》，刊于《中和月刊》五卷十期。

是年，作《拟董巨大意》《闲闲草堂》和《山水》扇面。

鲍锡麟，发现并收藏石涛手书长诗《戊寅水》真迹。与许承尧在屯溪组织举办了休、歙二县收藏名家的藏画展，展览中尽为书画精品。

民国三十四年　乙酉（1945）

黄宾虹，奋笔作《黄河冰封图》，画长二米，稿已作成。适值八月抗战胜利消息传来，兴奋异常，说："黄河解冻，来日再写黄河清。"作画特多，致函友人，说自己"无异脱阶下之囚"，而喜悦心情"自难笔墨形容"。

王伯敏《黄宾虹》。

是年，作《归猎》《灵岩》《南桥》《桂林山水》《设色山水》《金文联》及《山水》扇面三帧。

民国三十五年　丙戌（1946）

秋，汪声远，作《万壑树声图》。

纸本，设色，17厘米×50厘米。新安画馆藏。题款："万壑树声满，千崖秋气高。丙戌秋日，璞庄老友属正，声远。"

黄宾虹，任北平艺专教授。仍住石驸马后宅七号。齐白石来会，二老畅叙甚欢。李可染

汪声远 万壑树声图 / 1946年 新安画馆藏

从黄宾虹习山水。得故宫所藏旧纸，作米家山水大幅。

是年，黄宾虹，作《挹翠阁图》《设色山水》《松涛》《阳朔山水》。

鲍锡麟，参与歙县中正中学（紫阳中学）筹建工作，为建校筚路蓝缕，不辞辛劳，虽是校董会成员却担任义务教师。在岩寺建“读画楼”，黄宾虹特地作《读画楼图》相赠，并寄胡长庚手书篆字“红叶楼”作为贺礼。

程啸天，经许承尧介绍拜黄宾虹为师。

许承尧，病逝于唐模家中，享年七十三岁。葬于“眠琴别圃”故居园中。

民国三十六年 丁亥（1947）

黄宾虹，南归之念切，致友人函有“老且病，不能拔身归黄山为恨”。为贺高吹万七十大寿作篆书金文联；致傅雷书论画；为汪孝文作《聪训草堂图》。

是年，作《拟元人花卉》《拟董北苑笔意》《写元人诗意》《金华洞风景》《武夷山水》《蜀山玲珑》《严陵上游写景》《闽江舟中所见》《虎溪》《青山敛轻云》《红尘飞尽》等。

汪声远，与唐云、应野平、樊少云等同为上海市美术馆筹备处征集委员。

作《钓雪图》。

《中国美术年鉴》1947年版。

作《为裕为山水图》轴。

黄宾虹　青城峰峦图　/　1949年　安徽博物院藏

题诗："良友欣然来，不暇道寒暑。笑指碧螺峰，问松长几许。"

民国三十七年　戊子（1948）

春，黄宾虹，在北平，傅雷夫妇来访，谈艺观画，至为欢惬。

夏，应杭州艺专之聘，乘航空班机飞沪。随身携带的仅两件物品：一捆数十幅（去木轴）最珍爱的古画，一袋近千方古印。临行前几天，正在作画，徐悲鸿等前来送行，刚画一巨石，徐悲鸿欣然在石上添一展翅雄鹰，作为临别纪念。在沪受到海上老友亲故和美术界的热烈欢迎，酬应无虚日。

八月十二日，黄宾虹，全家离沪赴杭，寓岳坟栖霞岭19号美专宿舍，与程曼叔为邻。作《雁宕二灵图》稿。为香港弟子刘君量赠近作山水；又为浙江《艺林展望》撰写《浙江僧》及《三僧传》。

是年，作《山水轴》《蜀山纪游》《江山无尽》《阳朔山水》《水墨山水》《嘉陵江上小景》《坐看枫林百叠秋》《蜀江玉垒关写景》《拟米南宫意》《山水诗轴酬君量》。

民国三十八年　己丑（1949）

五月三日，杭州解放。黄宾虹仍任杭州美专教授。

是年，作《潭渡村图》。

题诗："丰溪萦带黄潭上，德泽棠阴载口碑。瞻望东山云再出，万方草木雨华滋。"

是年，至杭州玉泉、灵峰一带游览写

生。作《梅竹双清图》。

作《秋山独修图》《幽谷清话图》。

两幅均藏于安徽博物院。

作《设色山水》。

铁砚斋藏。

作《西泠桥畔》。

北京诚轩2011年春拍拍品。

又作《云山叠翠》《湖滨纪游》《新安江舟行所见》《西湖栖霞岭南望》《仙山楼阁》《黄山异卉》等。

中华全国美术工作者协会成立，黄宾虹当选为该会委员，并被聘为全国第一届美术展览会审查委员。

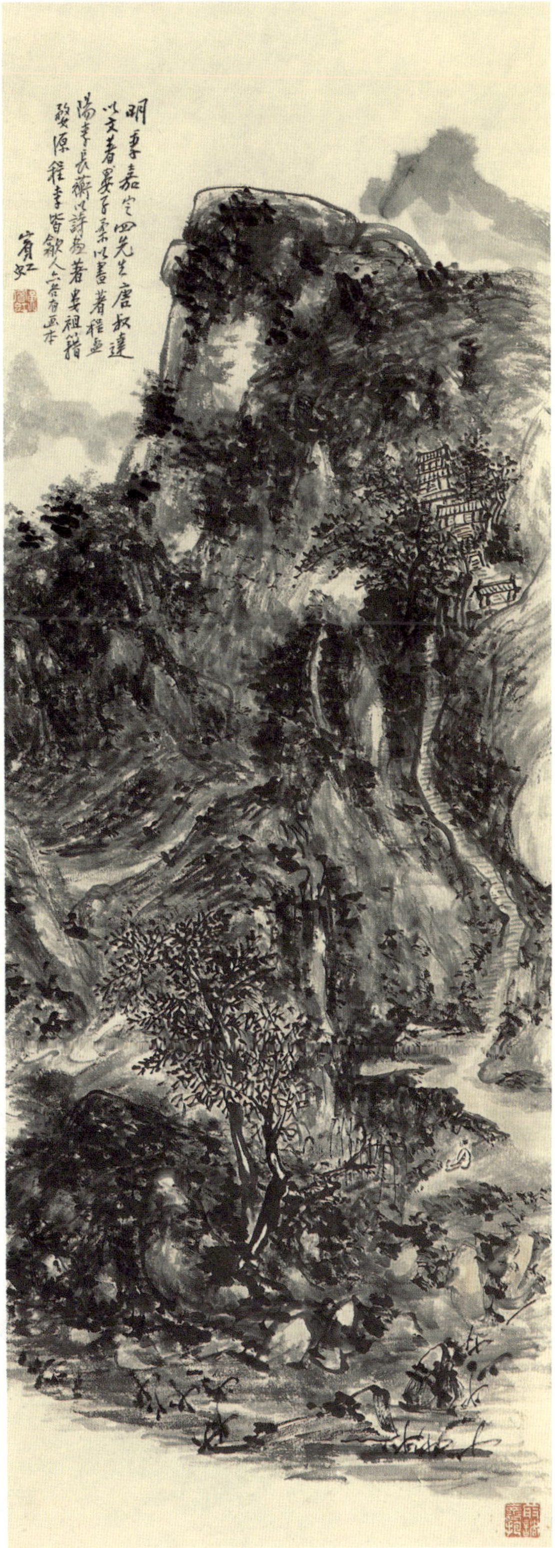

黄宾虹　秋山独修图

1949年　安徽博物院藏

黄宾虹　幽谷清话图
1949年　安徽博物院藏

黄宾虹　设色山水

1949年　铁砚斋藏

黄宾虹　西泠桥畔　/　1949年　北京诚轩2011年春拍拍品

黄宾虹　设色山水

1949年　铁砚斋藏

黄宾虹　西泠桥畔　/　1949年　北京诚轩2011年春拍拍品